Die Besteuerung von Erträgen aus ausländischen Investmentfonds unter besonderer Berücksichtigung der Doppelbesteuerungsabkommen

Europäische Hochschulschriften
Publications Universitaires Européennes
European University Studies

Reihe II
Rechtswissenschaft

Série II Series II
Droit
Law

Bd./Vol. 4235

PETER LANG
Frankfurt am Main · Berlin · Bern · Bruxelles · New York · Oxford · Wien

Stefan Angsten

Die Besteuerung von Erträgen aus ausländischen Investmentfonds unter besonderer Berücksichtigung der Doppelbesteuerungsabkommen

PETER LANG
Europäischer Verlag der Wissenschaften

Bibliografische Information Der Deutschen Bibliothek
Die Deutsche Bibliothek verzeichnet diese Publikation in der Deutschen Nationalbibliografie; detaillierte bibliografische Daten sind im Internet über <http://dnb.ddb.de> abrufbar.

Zugl.: Trier, Univ., Diss., 2004

D 385
ISSN 0531-7312
ISBN 3-631-54164-3

www.peterlang.de

Meinen lieben Eltern

Vorwort

Die vorliegende Arbeit wurde im Sommersemester 2004 vom Fachbereich Rechtswissenschaft als Dissertation angenommen. Sie beruht auf dem Rechtsstand März 2004.

Sehr herzlich danke ich meiner verehrten akademischen Betreuerin Frau Prof. Dr. Burmester, die mit einem selten anzutreffenden Engagement mein Interesse am Steuerrecht geweckt hat. Meine Arbeit hat sie mit großer Sorgfalt und Umsicht begleitet. Die wissenschaftliche Mitarbeit an ihrem Lehrstuhl zeichnete sich ausnahmslos durch einen wohlwollenden Umgang aus.

Mein Dank gebührt ferner Herrn Prof. Dr. Dr. h. c. Peter Bülow für die bereitwillige Übernahme des Zweitgutachtens. Zusätzlicher Dank gilt Herrn Prof. Dr. Volker Krey und Herrn Prof. Dr. Thomas Raab für die Bereitschaft, sich als Prüfer im Rahmen des Rigorosums zur Verfügung zu stellen.

Nicht zuletzt danke ich meiner Schwester Tanja Angsten und meiner Tante Dr. Maria Angsten für die unermüdliche Korrektur des Manuskripts in sprachlicher Hinsicht sowie meiner Schwester Dipl.-Kauffrau Bettina Feldkämper für die fachbezogene Durchsicht. Auch meinen Eltern danke ich für ihre stets aufmunternde Unterstützung.

Inhaltsverzeichnis

Abkürzungsverzeichnis

a. A.	anderer Auffassung.
Abl. EG	Amtsblatt der Europäischen Gemeinschaften
Abs.	Absatz
a. F.	alte Fassung
AG	Die Aktiengesellschaft (Zeitschrift)
Alt.	Alternative
Amtl. Begr.	Amtliche Begründung
AO	Abgabenordnung
Art.	Artikel
AStG	Außensteuergesetz
Aufl.	Auflage
AuslInvestmG	Auslandinvestmentgesetz
AWD	Außenwirtschaftsdienst des Betriebsberaters
BAFin	Bundesanstalt für Finanzdienstleistungsaufsicht
BAKred	Bundesaufsichtsamt für das Kreditwesen
BB	Der Betriebsberater (Zeitschrift)
Bd.	Band
BFH	Bundesfinanzhof
BFH/NV	Sammlung amtlich nicht veröffentlichter Entscheidungen des Bundesfinanzhofs (Zeitschrift)
BGB	Bürgerliches Gesetzbuch
BGBl.	Bundesgesetzblatt
BMF	Bundesministerium der Finanzen
BR-Drs.	Bundesrats-Drucksache
BStBl.	Bundessteuerblatt
BT-Drs.	Bundestags-Drucksache
Buchst.	Buchstabe
BuW	Betrieb und Wirtschaft (Zeitschrift)
BVerfG	Bundesverfassungsgericht
BVerwG	Bundesverwaltungsgericht
bzw.	beziehungsweise
CDFI	Cahiers de Droit Fiscal International (Zeitschrift)
DB	Der Betrieb (Zeitschrift)
DBA	Doppelbesteuerungsabkommen

ders.	derselbe
d. h.	das heißt
dies.	dieselbe(n)
DStR	Deutsches Steuerrecht (Zeitschrift)
DStRE	Deutsches Steuerrecht Entscheidungsdienst (Zeitschrift)
DStZ	Deutsche Steuer-Zeitung (Zeitschrift)
DStZ/A	Deutsche Steuer-Zeitung Ausgabe A (Zeitschrift)
EFG	Entscheidungen der Finanzgerichte (Zeitschrift)
EG	Europäische Gemeinschaft
Einf.	Einführung
Einl.	Einleitung
EStB	Der Ertragsteuerberater (Zeitschrift)
EStG	Einkommensteuergesetz
FAZ	Frankfurter Allgemeine Zeitung
F.	Fach
f.	folgende
ff.	fortfolgende
FB	Finanzbetrieb (Zeitschrift)
FG	Finanzgericht
FinArch	Finanzarchiv
FM	Finanzministerium
Fn.	Fußnote
FR	Finanzrundschau (Zeitschrift)
FS	Festschrift
gem.	gemäß
gl. A.	gleiche Ansicht
GmbH	Gesellschaft mit beschränkter Haftung
GmbHR	GmbH-Rundschau (Zeitschrift)
GrS	Großer Senat
GStB	Gestaltende Steuerberatung (Zeitschrift)
HGB	Handeslgesetzbuch
h. L.	herrschende Lehre
h. M.	herrschende Meinung
Hrsg.	Herausgeber
Hs.	Halbsatz

i. E.	im Ergebnis
IFA	International Fiscal Association
InfStW	Die Information über Steuer und Wirtschaft (Zeitschrift)
InvG	Investmentgesetz
InvStG	Investmentsteuergesetz
InvStG-E	Investmentsteuergesetz-Entwurf
i. S.	im Sinne
IStR	Internationales Steuerrecht (Zeitschrift)
i. V. m.	in Verbindung mit
IWB	Internationale Wirtschaftsbriefe (Zeitschrift)
JbFStR	Jahrbuch der Fachanwälte für Steuerrecht
JZ	Juristenzeitung (Zeitschrift)
KAGG	Gesetz über Kapitalanlagegesellschaften
KFR	Kommentierte Finanzrechtsprechung (Zeitschrift)
KG	Kommanditgesellschaft
KÖSDI	Kölner Steuerdialog (Zeitschrift)
krit.	kritisch
KStG	Körperschaftsteuergesetz
m. w. N.	mit weiteren Nachweisen
NJW	Neue Juristische Wochenschrift
Nr.	Nummer
NWB	Neue Wirtschaftsbriefe (Zeitschrift)
OECD	Organization for Economic Cooperation and Development
OECD-MA	OECD-Musterabkommen
OFD	Oberfinanzdirektion
OGAW	Organismen für gemeinsame Anlagen in Wertpapieren
PIStB	Praxis Internationale Steuerberatung (Zeitschrift)
REIT	Real Estate Investment Trust
RFH	Reichsfinanzhof
RFHE	Amtliche Sammlung der Entscheidungen des Reichsfinanzhofes
RGBl.	Reichsgesetzblatt

RIW	Recht der Internationalen Wirtschaft (Zeitschrift)
RIW/AWD	Recht der Internationalen Wirtschaft/Außenwirtschaftsdienst des Betriebsberaters (Zeitschrift)
RL	Richtlinie
RStBl.	Reichssteuerblatt
Rz.	Randziffer
S.	Satz; Seite
SICAF	Société d'Investissement à Capital Fixe
SICAV	Société d'Investissement à Capital Variable
sog.	sogenannte
Sp.	Spalte
StB	Der Steuerberater (Zeitschrift)
StBp	Steuerliche Betriebsprüfung (Zeitschrift)
str.	streitig
st. Rspr.	ständige Rechtsprechung
StuB	Steuern und Bilanzen (Zeitschrift)
StuW	Steuer und Wirtschaft (Zeitschrift)
Tz.	Textziffer
UN	United Nations
USA	United States of America
Vfg.	Verfügung
vgl.	vergleiche
v. H.	von Hundert
VG	Verwaltungsgericht
VJSchrStFR	Vierteljahresschrift für Steuer- und Finanzrecht
WID	Wirtschafts- und Investment-Digest
WiWiSt	Wirtschaftswissenschaftliches Studium
WM	Wertpapier-Mitteilungen (Zeitschrift)
WuB	Entscheidungssammlung zum Wirtschafts- und Bankrecht
WÜRV	Wiener Übereinkommen über das Recht der Verträge
ZfK	Zeitschrift für das gesamte Kreditwesen (Zeitschrift)

Einleitung

Der freie Zugang zu den Immobilien- und Kapitalmärkten stärkt die Bedeutung von Investmentfonds. Diese transferieren anlagebereite Gelder in die genannten Märkte und gelten als eine kapitalwertsichernde und auf Ertragssteigerung gerichtete Form der Kapitalanlage. Ein internationaler Vergleich des Pro-Kopf-Investmentvermögens lässt darauf schließen, dass die Bundesrepublik Deutschland zu den größten Wachstumsmärkten zählt.[1] Beteiligen sich inländische Anleger an ausländischen Investmentfonds, resultieren daraus zahlreiche internationale Steuersachverhalte.

Der deutsche Gesetzgeber hat die inländische Steuerpflicht von ausländischen Investmenteinkünften speziellen und quantitativ weitreichenden Vorschriften unterworfen. Durch das am 1. November 1969 in Kraft getretene Auslandinvestmentgesetz (AuslInvestmG)[2] wurde erstmalig ein besonderes Regelwerk für den Vertrieb ausländischer Investmentanteile im Inland sowie die Besteuerung von Erträgen aus solchen Anteilen geschaffen. Aufgrund der rechtlichen Vielgestaltigkeit ausländischer Investmentfonds verzichtete der Gesetzgeber auf eine formaljuristische Definition des Fondsbegriffs. Ein gesetzlich weitreichender Besteuerungsumfang ergab sich daraus, dass in Anlehnung an die Ertragsbesteuerung aus inländischen Investmentfonds nach dem Gesetz über Kapitalanlagegesellschaften (KAGG)[3] sowohl ausgeschüttete als auch thesaurierte Fondserträge steuerlich erfasst wurden. Die Besteuerung thesaurierter Fondserträge erklärte sich wiederum aus der gesetzgeberischen Zielvorstellung, die Investmentanlage mit einer Direktanlage steuerlich gleichzustellen; denn auch bei unmittelbarem Bezug hätte der Anteilsinhaber diese Erträge versteuern müssen.[4] In Anknüpfung an diese Zielvorstellung hat das am 1. Januar 2004 in Kraft getretene In-

---

[1] Nach einer vom Bundesverband Investment und Asset Management e. V. (BVI) veröffentlichten Statistik für das Jahr 2002 betrug das durchschnittliche Pro-Kopf-Investmentvermögen eines US-amerikanischen Bürgers 21.647 Euro, das eines französischen Bürgers 13.700 Euro und das eines deutschen Bürgers 4.650 Euro; BVI, Entwicklung der Investmentfonds im Jahr 2002, S. 1, 9, im Internet abrufbar unter http://www.bvi.de/downloads/INTR-5MWH2Jjb031223.pdf.

[2] Gesetz vom 28.07.1969, BGBl. I 1969, 986.

[3] Gesetz vom 16.04.1957, BGBl. I 1957, 378.

[4] Die Besteuerung der thesaurierten Erträge ist durch das Änderungsgesetz zum KAGG vom 09.08.1960 (BGBl. I 1960, 682) eingeführt worden. Anlass war die Gründung eines Investmentvermögens, bei dem die Erträge nicht ausgeschüttet, sondern in vollem Umfang wieder angelegt wurden. Dadurch bestand für die Anteilsinhaber die Möglichkeit, Investmenterträge unversteuert zu vereinnahmen. Vgl. *K.-J. Henkel*, S. 111 ff.; *Scholtz*, in Beckmann/Scholtz/Vollmer, KAGG, § 39 Rz. 27.

vestmentsteuergesetz (InvStG)[5] die Systematik des AuslInvestmG in Bezug auf den Fondsbegriff und den Besteuerungsumfang weitgehend übernommen.[6]
Der nationale Besteuerungsanspruch ist jedoch bei grenzüberschreitenden Fondsanlagen einem rechtlichen und tatsächlichen Konfliktpotenzial ausgesetzt. Werden ausländische im Unterschied zu inländischen Investmentvermögen nicht von der Ertragsbesteuerung befreit, weicht die Gesamtsteuerbelastung der Investmenterträge, ungeachtet unilateraler Ausgleichsmaßnahmen, regelmäßig voneinander ab. Besteht zwischen dem Sitzstaat des Investmentfonds und dem deutschen Ansässigkeitsstaat des Anlegers ferner ein Abkommen zur Vermeidung der Doppelbesteuerung (DBA), kann der nationale Steueranspruch aus rechtlichen Gründen eingeschränkt sein. In den DBA verzichten die Vertragsstaaten auf Steueransprüche. Sie verpflichten sich darin gegenseitig, entweder keine oder nur ermäßigte Steuern zu erheben, wenn das Abkommen dem anderen Vertragsstaat ganz oder teilweise die Ausübung des Besteuerungsrechts belässt.
Die Besteuerung von Erträgen aus Anteilen an ausländischen Investmentfonds stellt den Rechtsanwender eines DBA vor weitgehend ungelöste Probleme. Diese resultieren zum einen aus der heterogenen Behandlung von Investmentfonds durch die jeweiligen Staaten in zivilrechtlicher und steuerrechtlicher Hinsicht. Zum anderen steht die abkommensrechtliche Behandlung der Investmentfondserträge unter anderen Vorzeichen als die innerstaatliche Steuerpflicht. So muss überprüft werden, inwieweit die nationale Besteuerung der Investmentfondseinkünfte mit den Einkunftskategorien der DBA in Einklang steht.
Im Schrifttum findet erst seit geraumer Zeit eine Auseinandersetzung mit der Ertragsbesteuerung aus Anteilen an ausländischen Investmentfonds unter Anwendung der DBA statt.[7] Dies mag mit der ständigen, dem Steuerpflichtigen nicht unwillkommenen Praxis der Finanzverwaltung zusammenhängen, Invest-

---

[5] Artikel 2 des sog. Investmentmodernisierungsgesetzes vom 15.12.2003, BGBl. I 2003, 2676.

[6] Der hauptsächliche Anlass für die Neuordnung der investmentrechtlichen Vorschriften liegt in der Umsetzung zweier Änderungsrichtlinien der EU-Investmentrichtlinie (Richtlinie vom 20.12.1985, 85/611/EWG des Rates zur Koordinierung der Rechts- und Verwaltungsvorschriften betreffend bestimmte Organismen für gemeinsame Anlagen in Wertpapieren (OGAW), ABl. EG L 375/3 vom 31.12.1985) in deutsches Recht. Vgl. Richtlinie vom 21.01.2002, ABl. EG L 41/20 vom 13.02.2002; Richtlinie vom 21.01.2002, ABl. EG L 41/35 vom 13.02.2002.

[7] Vgl. *Wolf Wassermeyer*, IStR 2001, 193 ff.; *Schmidt/Blöchle*, IStR 2002, 645 ff.; *Fock*, RIW 2003, 118 ff.

menterträge generell als Dividenden im abkommensrechtlichen Sinne zu klassifizieren.[8] Andererseits hat der weite Besteuerungsumfang des AuslInvestmG sowie des InvStG eine lebhafte Diskussion um den steuerlichen Anwendungsbereich dieser Gesetze ausgelöst und zu Ausweichreaktionen in der Praxis geführt.[9] Dementsprechend hat die Rechtsprechung die Vereinbarkeit der speziellen Steuervorschriften mit dem Recht der DBA bislang nicht behandeln müssen. Gegenstand dieser Arbeit ist die abkommensrechtliche Behandlung der steuerpflichtigen Einkünfte aus Anteilen eines Steuerinländers an ausländischen Investmentfonds. Dabei wird eine unbeschränkte Steuerpflicht des Anteilsinhabers zu Grunde gelegt. Außen vor bleibt die Betrachtung ausländischer Anleger an inländischen Investmentfonds, abgesehen von den Grundzügen der nationalen Besteuerung. Die abkommensrechtliche Untersuchung setzt die Bestimmung des nationalen Besteuerungsumfangs voraus. Zu diesem Zweck werden die speziellen Vorschriften des InvStG unter Anknüpfung an die Darstellung des AuslInvestmG vorneweg erläutert. Die Untersuchung des DBA-Rechts erfolgt aus der Sicht des deutschen Anwenderstaates auf der Grundlage des OECD-Musterabkommens und der deutschen Abkommenspraxis. Im Grundsatz wird dabei von einer einheitlichen Qualifikation des ausländischen Investmentfonds sowie der erzielten Investmenteinkünfte durch den ausländischen Vertragsstaat ausgegangen, um den Untersuchungsgegenstand von Fragestellungen abzugrenzen, die nicht spezifisch Investmentfonds betreffen. Die Arbeit schließt mit Reformüberlegungen auf bilateraler und innerstaatlicher Ebene sowie einer Zusammenfassung der Ergebnisse.

---

[8] Vgl. BMF, Schreiben vom 21.05.1999, RIW 1999, 984.

[9] So veranlasste die Anwendbarkeit des AuslInvestmG auf ausländische Immobilienfonds mit mehr als drei Objekten im Fondsvermögen die Praxis dazu, keine Anteile an geschlossenen Immobilienfonds mit einer höheren Anzahl als drei Objekten im Inland zu vertreiben. Hintergrund ist der befürchtete Verlust von Steuervergünstigungen der DBA. Vgl. *Kahl*, FAZ vom 05.07.2002, S. 45.

Kapitel 1: Grundlagen

A. Begriffsbildung und Investmentidee

Ein „Fonds“ ist allgemein definiert ein abgegrenzter Geld- oder Vermögensbestand, welcher unter besonderer Verwaltung steht.[10] Der Begriff „Investmentfonds“ bezeichnet gem. § 2 Abs. 1 InvG die von einer Kapitalanlagegesellschaft verwalteten Publikums-Sondervermögen. Gesetzestechnisch gehören Investmentfonds damit zu den inländischen Investmentvermögen i. S. der § 1 S. 1 Nr. 1 InvG[11], § 1 Abs. 1 Nr. 1 InvStG. Im Zusammenhang mit ausländischen Investmentvermögen i. S. des § 2 Abs. 8 InvG wird der Begriff „Investmentfonds“ hingegen nicht verwandt. Jedoch steht der Begriff gem. § 3 Abs. 1 InvG unter einem besonderen Bezeichnungsschutz, der sich auf den Vertrieb registrierter ausländischer Investmentanteile erstreckt. Darüber hinaus werden die Begriffe „ausländisches Investmentvermögen“ und „ausländischer Investmentfonds“ bzw. „Auslandsfonds“ sowohl in der Gesetzesbegründung des InvStG als auch in der Literatur und im allgemeinen Sprachgebrauch synonym verwendet. Daher wird diese Begriffsbildung der vorliegenden Untersuchung zu Grunde gelegt.[12] Ausländische Investmentanteile sind gem. § 2 Abs. 9 InvG Anteile an ausländischen Investmentvermögen, die von einem Unternehmen mit Sitz im Ausland ausgegeben werden.

Die wirtschaftliche Bedeutung eines Investmentfonds liegt darin, Kapital von einer Vielzahl von Investoren einzusammeln, in einer einheitlichen Vermögensmasse zusammenzufassen und nach einer gemeinsamen Zielsetzung in eine Vielzahl von Anlagegegenständen zu investieren. Um das Risiko der Anlage möglichst gering zu halten, werden die Anlagegelder nach dem Grundsatz der Risikomischung angelegt. Der Vorteil für den Investor liegt im Wesentlichen darin, dass er im Vergleich zu einer Direktinvestition auch bei recht geringen Anlagesummen eine breite Risikodiversifizierung erreicht und zudem die Vorteile eines professionellen Managements nutzen kann.[13] Kennzeichnend für In-

---

[10] *Büschgen*, S. 478.

[11] Das Investmentgesetz (InvG) ist zusammen mit dem InvStG im Rahmen des Investmentmodernisierungsgesetzes vom 15.12.2003 (BGBl. I 2003, 2676) am 01.01.2004 in Kraft getreten. Es enthält neben allgemeinen Bestimmungen besondere ordnungsrechtliche Vorschriften für inländische Investmentfonds sowie vertriebsrechtliche Vorschriften für in- und ausländische Investmentfonds.

[12] Vgl. BT-Drs. 15/1553, S. 120.

[13] Vgl. *Baur*, in Assmann/Schütze, § 18 Rz. 1.

vestmentfonds ist ferner die Verpflichtung zur jederzeitigen Rücknahme der Anteilsscheine oder, in den Fällen der als Gesellschaft organisierten Fonds, der börsentägliche Handel der Investmentanteile. Damit verwirklicht sich in der Investmentidee eine „Chancengleichheit aller an allen Anlagemärkten.“[14]

B. Investmentfonds unter Rechtsformgesichtspunkten

Als privatrechtliche Organisationsformen werden grundsätzlich drei Investmentfondstypen genannt, die auch von der Investment-Richtlinie der EU ausdrücklich als zulässig erachtet werden.[15] Dazu zählt der Vertragstyp, der Gesellschaftstyp sowie der Trusttyp.[16]

I. Vertragstyp

Beim Vertrags- oder Treuhandtyp besteht zwischen den Anlegern und der Investmentgesellschaft, die den Fonds auflegt, eine vertragliche Beziehung. Darin verpflichtet sich die Investmentgesellschaft, das eingezahlte Kapital und die angeschafften Vermögensgegenstände getrennt von ihrem eigenen Vermögen zu verwalten.[17] Das Rechtsverhältnis zwischen den Anteilsinhabern und der Kapitalanlagegesellschaft ist ein Geschäftsbesorgungsvertrag, dessen Einzelheiten durch die besonderen Vorschriften des InvG und durch Vertragsbedingungen konkretisiert werden.[18] Die getrennt verwaltete und zumeist von einer Bank als dritte Partei verwahrte Vermögensmasse ist der Investmentfonds. Der Investmentfonds verfügt selbst über keine Rechtspersönlichkeit im privatrechtlichen Sinne.[19]

Innerhalb der Vertragslösung wird danach unterschieden, in wessen Eigentum sich die Gegenstände des Fondsvermögens befinden. Nach der sogenannten Miteigentumslösung werden die Anleger unmittelbar Miteigentümer des Fondsvermögens.[20] Die Investmentgesellschaft verwaltet in dieser Konstellation fremdes Vermögen und tritt nach außen als Vertreterin der Eigentümer auf. Nach der

---

[14] *Laux/Päsler*, S. 9.
[15] Art. 1 Abs. 3 OGAW-Richtlinie, ABl. EG L 375/3 vom 31. 12. 1985.
[16] *Baur*, KAGG, Einl. I, Rz. 70 ff.
[17] *Baur*, KAGG, Einl. I, Rz. 72 f.; *Beckmann*, in Beckmann/Scholtz/Vollmer, KAGG, § 6 Rz. 2; *Pfüller/Schmitt*, in Brinkhaus/Scherer, AuslInvestmG, § 1 Rz. 35; *von Caemmerer*, JZ 1958, 41, 45 f.
[18] *Geßler*, WM 1957, Sonderbeilage Nr. 4, S. 10, 18; *Baur*, in Assmann/Schütze, § 18 Rz. 78.
[19] *Baur*, KAGG, Einl. I, Rz. 72; *Beckmann*, in Beckmann/Scholtz/Vollmer, KAGG, § 6 Rz. 2; *Pfüller/Schmitt*, in Brinkhaus/Scherer, AuslInvestmG, § 1 Rz. 35.
[20] *Baur*, KAGG, Einl. I, Rz. 73; *Beckmann*, in Beckmann/Scholtz/Vollmer, KAGG, § 6 Rz. 2; *Baranowski*, Rz. 1613.

sogenannten Treuhandlösung nimmt die Investmentgesellschaft die Eigentümerstellung ein und verwaltet das Sondervermögen als Treuhänderin der Anteilsinhaber.[21] Beide Ausgestaltungsarten des Vertragstyps sind im deutschen Investmentrecht nach § 30 Abs. 1 S. 1 InvG zulässig, wobei grundsätzlich eine Wahlfreiheit für die eine oder andere Lösung besteht. Lediglich Immobilien-Sondervermögen müssen gem. § 66, § 75 InvG nach dem Treuhandtyp konstruiert sein.

Die Fondsverwaltung obliegt der Investment- oder Kapitalanlagegesellschaft. Nach dem deutschen Investmentrecht muss die Kapitalanlagegesellschaft gem. § 6 Abs. 1 S. 2, § 7 InvG den Rechtsstatus der Aktiengesellschaft oder der Gesellschaft mit beschränkter Haftung aufweisen und ein der Bankenaufsicht unterliegendes Kreditinstitut sein.[22] Die Ertragsbesteuerung der Kapitalanlagegesellschaft ist von der des Investmentfonds zu trennen. Sie richtet sich nach den allgemeinen Vorschriften des KStG für Kapitalgesellschaften.

Der Vertragstyp findet sich in zahlreichen ausländischen Rechtsordnungen.[23] Nach dem österreichischen Investmentfondsgesetz[24] werden sogenannte Kapitalanlagefonds als zivilrechtlich nicht rechtsfähige Sondervermögen gegründet, deren Vermögensgegenstände im Miteigentum der Anteilsinhaber stehen. Das luxemburgische Gesetz über die Organismen für gemeinsame Anlagen[25] regelt Investmentfonds der Vertragsform unter der Bezeichnung „Fonds communs de placement", bei denen der Anleger einen Miteigentumsanteil am Fondsvermögen erhält.

II. Gesellschaftstyp

Beim Gesellschaftstyp ist der Investmentfonds als Körperschaft ausgestaltet, die Anteilseigner erhalten entsprechende Gesellschafter- bzw. Mitgliedschaftsrechte.[26] In der Regel wird als Rechtsform die Aktiengesellschaft gewählt, daneben

---

21 *Baur*, KAGG, Einl. I, Rz. 73; *Beckmann*, in Beckmann/Scholtz/Vollmer, KAGG, § 6 Rz. 2; *Baranowski*, Rz. 1613.

22 Bankaufsichtsbehörde ist nach § 5 InvG die Bundesanstalt für Finanzdienstleistungsaufsicht (BAFin). Diese vereint die Geschäftsbereiche der ehemaligen Bundesaufsichtsämter für das Kreditwesen (BAKred), für das Versicherungswesen (Versicherungsaufsicht) sowie für den Wertpapierhandel (Wertpapieraufsicht).

23 Vgl. den ausführlichen Länderüberblick von *Baur*, in Assmann/Schütze, § 19 Rz. 123 ff.

24 Österreichisches BGBl. 1963, 192.

25 Gesetz vom 20.12.2002, Amtsblatt vom 31.12.2002, Mémorial A, Nr. 151, S. 3660.

26 *Beckmann*, in Beckmann/Scholtz/Vollmer, AuslInvestmG, § 1 Rz. 3; *Baranowski*, Rz. 1612; *Pfüller/Schmitt*, in Brinkhaus/Scherer, AuslInvestmG, § 1 Rz. 34.

kommen vergleichbare Rechtsformen in Betracht, darunter die Genossenschaft oder die GmbH. Das Gesellschafts- und Anlagevermögen bilden eine Einheit, wobei die Gesellschaft das Geld der Anleger im eigenen Namen und auf eigene Rechnung in die jeweiligen Vermögensgegenstände investiert. Damit gewinnt der Investmentfonds als juristische Person eigenständige Rechtspersönlichkeit, wodurch eine Zurechnung der Anlagegegenstände zum Fonds ermöglicht wird. Die eingelegten Gelder werden als Betriebsvermögen der Gesellschaft angelegt und verwaltet.

Der deutsche Gesetzgeber hatte sich bei Verabschiedung des KAGG zunächst gegen die gesellschaftsrechtliche Lösung entschieden. Diese war zwar nicht gesetzlich untersagt, doch galten für sie nicht die im KAGG verankerten Vorschriften, sondern allgemeine Steuervorschriften.[27] Erst das Dritte Finanzmarktförderungsgesetz[28] führte mit der sogenannten Investmentaktiengesellschaft gem. §§ 51 ff. KAGG eine Ausprägung des Gesellschaftstyps im deutschen Investmentrecht ein. Dieser Typ des Investmentvermögens wird durch das neue InvG sowie das InvStG gesetzlich fortentwickelt. Gem. § 96 Abs. 2, § 105 InvG ist die Gründung einer Investmentaktiengesellschaft mit veränderlichem Grundkapital und damit verbunden der jederzeitige Rückkauf eigener Aktien durch die Gesellschaft ermöglicht worden. In steuerlicher Hinsicht sind Investmentaktiengesellschaften ebenso wie inländische Sondervermögen gem. § 11 Abs. 1 InvStG von der Körperschaft- und Gewerbesteuer befreit.

Solange das den Gesellschaftern oder Mitgliedern gehörende Vermögen nach dem Grundsatz der Risikomischung angelegt wird, ist unerheblich, ob es sich um offene oder geschlossene Investmentfonds handelt.[29] Maßgebend ist, dass die eingelegten Gelder nicht als Sondervermögen, sondern als Betriebsvermögen der Gesellschaft angelegt und verwaltet werden.

Zu den Investmentfonds des Gesellschaftstyps zählt etwa die in Luxemburg in der Form der Aktiengesellschaft strukturierte „Société d'Investissement à Capital Fixe“ (SICAF) sowie die „Société d'Investissement à Capital Variable“ (SICAV) nach dem Gesetz über die Organismen für gemeinsame Anlagen.[30] Das

---

[27] *Baur*, KAGG, § 1 Rz. 24.
[28] Gesetz vom 24.03.1998, BGBl. I 1998, 529.
[29] *Pfüller/Schmitt*, in Brinkhaus/Scherer, § 1 AuslInvestmG Rz. 31 ff.; vgl. zu geschlossenen Immobilienfonds *Baur*, KAGG, Einl. I, Rz. 30 ff.
[30] Gesetz vom 20.12.2002, Amtsblatt vom 31.12.2002, Mémorial A, Nr. 151, S. 3660.

US-amerikanische Investmentrecht kennt Fonds des Gesellschaftstyps in der Rechtsform der „Corporation".[31]

III. Trusttyp

Die dem angelsächsischen Rechtskreis entstammende Trustlösung ist dadurch gekennzeichnet, dass durch einen Treuhandvertrag zwischen einer Verwaltungsgesellschaft und einer Treuhandgesellschaft ein zweckgebundenes Treuhandvermögen in Form eines sogenannten Trusts gegründet wird, der zwar rechtlich selbständig sein kann, jedoch nicht über eigene Organe verfügt.[32] Die Verwaltungsgesellschaft übernimmt die Organfunktion, indem sie den Trust nach außen vertritt und die Geschäftsführung übernimmt. Demgegenüber verwahrt die Treuhandgesellschaft die Vermögensgegenstände des Trusts im Interesse der Anleger. Das Vermögen des Trust steht sowohl im Eigentum der Treuhandgesellschaft in Form des „legal ownership" als auch im Eigentum der Anteilsinhaber in Form des „beneficial ownership".[33] Über die Anteile am Investmentvermögen werden Anteilsscheine ausgestellt, die zum Börsenhandel zugelassen werden können.

C. Schwierigkeiten der grenzüberschreitenden Besteuerung

Die Besteuerung des grenzüberschreitenden Fondsinvestments rückte erst spät ins Blickfeld des deutschen Gesetzgebers[34] und sieht sich aufgrund mehrerer Umstände vielfältigen Schwierigkeiten ausgesetzt. So haben zwar einige Länder mit deutschen Sondervermögen vergleichbare Rechtsformen für Investmentfonds gesetzlich verankert.[35] Neben steuerrechtlichen Abweichungen vergleichbarer Ausgestaltungsarten sind jedoch auch gänzlich abweichende Rechtsformen verbreitet, die infolge der unterschiedlichen Wertungen in den beteiligten Staaten Unstimmigkeiten bei der Besteuerung des internationalen Fondsinvestments auslösen können. Darüber hinaus löst die Umsetzung des sogenannten Transparenzgrundsatzes neue Zweifelsfragen aus.

---

[31] Vgl. *Baur*, KAGG, Einl. III, Rz. 269; *ders.*, in Assmann/Schütze, § 19 Rz. 163.

[32] *Baur*, KAGG, Einl. I, Rz. 74; *Beckmann*, in Beckmann/Scholtz/Vollmer, AuslInvestmG, § 1 Rz. 3; *Pfüller/Schmitt*, in Brinkhaus/Scherer, AuslInvestmG, § 1 Rz. 36.

[33] *Baur*, KAGG, Einl. I, Rz. 74; *Pfüller/Schmitt*, in Brinkhaus/Scherer, AuslInvestmG, § 1 Rz. 36.

[34] Das AuslInvestmG vom 28.07.1969 trat am 01.11.1969 in Kraft. Zur einkommensteuerlichen Behandlung der Erträge aus ausländischen Investmentanteilen bis 1969 *Tullius*, DB 1969, 1307 ff.

[35] Vgl. das österreichische Bundesgesetz über Kapitalanlagefonds (Investmentfondsgesetz), öBGBl. 1963, 192.

I. Der Transparenzgrundsatz als gesetzgeberische Zielvorstellung

Der Transparenzgrundsatz des deutschen Investmentwesens beruht auf dem Gedanken, dass der Anteilsinhaber eines Investmentfonds mit einem Direktanleger im Grundsatz gleich zu behandeln ist.[36] In steuerlicher Hinsicht besagt der Grundsatz, dass die Erträge aus einem Investmentfonds beim Anleger so besteuert werden, als ob sie diesem unmittelbar zugeflossen wären, d. h. ohne Zwischenschaltung des Investmentfonds.[37]

Die Vermeidung einer Doppelbelastung von Erträgen auf der Fondsebene einerseits und der Anlegerebene andererseits soll durch eine möglichst umfassende steuerliche Transparenz des Investmentvermögens erreicht werden. Dementsprechend sieht § 11 Abs. 1 S. 2 InvStG für inländische Sondervermögen, die gem. § 11 Abs. 1 S. 1 InvStG als Zweckvermögen i. S. des § 1 Abs. 1 Nr. 5 KStG gelten, eine Steuerbefreiung von der Körperschaftsteuer und der Gewerbesteuer vor. Gleiches gilt für inländische Investmentaktiengesellschaften gem. § 11 Abs. 1 S. 3 InvStG. Nach Aufhebung des körperschaftsteuerlichen Anrechnungsverfahrens unterliegen Sondervermögen zudem keiner sogenannten Ausgleichsteuerpflicht mehr, wie sie zuvor für Ausschüttungsbestandteile galt, die zur Anrechnung oder Vergütung von Körperschaftsteuer auf Anlegerseite berechtigten.[38] Bestrebungen, die steuerlichen Sondervorschriften für inländische und ausländische Investmentfonds zu beseitigen, konnten sich bislang nicht durchsetzen; dazu zählt insbesondere der in einem Referentenentwurf geäußerte Vorschlag, Investmentfonds des Vertragstyps wie Kapitalgesellschaften zu besteuern.[39]

II. Einschränkungen des Transparenzgrundsatzes

Da der Gedanke der steuerlichen Transparenz lediglich lückenhaft gesetzlich verankert ist, folgt die Besteuerung von Investmentfondserträgen einem eingeschränkten Transparenzprinzip.[40] Zu den wichtigsten Einschränkungen gehört

---

[36] *Tormann*, in Herrmann/Heuer/Raupach, AuslInvestmG, Einf. Rz. 17.

[37] BFH, BStBl. II 2001, 22, 23; *Scholtz*, in Beckmann/Scholtz/Vollmer, KAGG, Vor § 37a Rz. 4 ff.; *Baur*, KAGG, Vor § 37a Rz. 22; *Lübbehüsen*, in Brinkhaus/Scherer, KAGG, Vor §§ 37n ff. Rz. 11.

[38] Vgl. zur alten Gesetzeslage nach § 38a KAGG *Sorgenfrei*, IStR 1994, 465, 466.

[39] Entwurf eines „Gesetzes zur Reform der Unternehmensbesteuerung und zur Senkung der Steuersätze", Januar 2000, vgl. dazu *Schumacher*, in Schaumburg/Rödder, Unternehmenssteuerreform 2001, S. 758.

[40] *Baur*, KAGG, Vor § 37a Rz. 32 ff.; *Scheurle*, DStZ 1995, 646; *Beckmann/Scholtz*, in Beckmann/Scholtz/Vollmer, KAGG, Vor § 37a Rz. 11 ff.; *Fock/Stoschek*, FR 2000, 591, 592; *Sorgenfrei*, IStR 1994, 465; *Lindemann*, FR 2003, 890, 891.

die Qualifizierung der Einkünfte eines privaten Anteilsinhabers gem. § 2 Abs. 1 S. 1 InvStG als Einkünfte aus Kapitalvermögen i. S. des § 20 Abs. 1 Nr. 1 EStG. Insbesondere die Umqualifizierung der von einem Immobilienfonds erzielten, bei völliger Transparenz des Fonds regelmäßig unter die Vermietungseinkünfte nach § 21 Abs. 1 EStG einzuordnenden Erträge in solche aus Kapitalvermögen verdeutlicht die Durchbrechung des Transparenzprinzips.[41] Die Begründungsansätze für die Einkunftsqualifikation des InvStG und des früheren KAGG bzw. AuslInvestmG gehen auseinander. Der Gesetzgeber hielt die einheitliche Qualifikation als Einkünfte aus Kapitalvermögen für sachgerecht, da die Investition über einen Immobilienfonds eine deutliche Trennung von der ursprünglichen Einkunftsquelle bewirke.[42] Die Ursache für die Umqualifikation der Fondseinkünfte könnte auch in der beabsichtigten Gleichbehandlung von Anteilsscheininhabern deutscher Sondervermögen mit Anteilsinhabern ausländischer Investmentfonds in der Form des Gesellschaftstyps gesehen werden, welche stets Kapitalerträge erzielen.[43] Demgegenüber wird im Schrifttum eingewandt, die Stellung eines Anteilsscheininhabers eines Investmentfonds weise wenig Gemeinsamkeiten mit der eines Aktionärs oder GmbH-Gesellschafters auf.[44] Da der ausländische Investmentfonds ferner nicht der inländischen Steuerhoheit unterliege, könne es bei diesen im Unterschied zu inländischen Fonds nicht vordringlich auf die Gleichstellung der Direkt- mit einer Investmentfondsanlage ankommen.[45]

Neben der Einkunftsqualifikation zeigt die zeitlich inkongruente Besteuerung von ausgeschütteten Erträgen einerseits und thesaurierten, erst zum Jahresende als zugeflossen geltenden Erträgen gem. § 2 Abs. 1 S. 3 InvStG andererseits, dass eine nur eingeschränkte steuerliche Transparenz normiert wurde. Vorteilhaft wirkt sich bei Anteilsscheinen im Privatvermögen die Steuerfreiheit der ausgeschütteten Erträge aus, die auf Gewinne aus der Veräußerung von Wertpapieren und Bezugsrechten auf Anteile an Kapitalgesellschaften gem. § 2 Abs. 3 Nr. 1 S. 1 InvStG entfallen; diese wären im Falle einer Direktanlage bei Erzie-

---

[41] *Sorgenfrei*, IStR 1994, 465, 467.
[42] BT-Drs. 5/4414, S. 6 f.; ebenso *Philipps*, AuslInvestmG, § 17 Rz. 12.
[43] Vgl. *Geßler*, WM 1957, Beilage Nr. 4, S. 10, 11, in Bezug auf historische Vorläufer deutscher Sondervermögen im US-amerikanischen Recht.
[44] *Scheurle*, DStZ 1995, 646, 647.
[45] *Fock/Stoschek*, FR 2000, S. 591, 599.

lung innerhalb des sogenannten Spekulationszeitraumes von einem Jahr als sonstige Einkünfte gem. § 22 Nr. 2, § 23 Abs. 1 Nr. 2 EStG steuerpflichtig.
Der Transparenzgrundsatz ist mithin nicht durchgängig im deutschen Investmentsteuerrecht verankert. Er gilt nur partiell, wobei der Umfang seiner Geltung durch die vom Gesetzgeber getroffenen Spezialregelungen bestimmt wird.[46] Nach Ansicht des BFH kommt es bei ausländischen Investmentfonds für die Anwendung des Transparenzgrundsatzes nicht darauf an, ob der Fonds als juristische Person ausgestaltet ist oder nicht.[47] Des Weiteren ist es nach überwiegender Auffassung unzulässig, die gesetzlichen Vorschriften über den möglichen Wortsinn hinaus im Sinne einer völligen Durchsetzung des Transparenzprinzips auszulegen.[48]

III. Internationale Geltung

Die Zielsetzung des Transparenzprinzips im deutschen Recht entspricht internationalen Bestrebungen, den Investmentanleger steuerlich nicht schlechter zu stellen als den Direktanleger. Die International Fiscal Association (IFA) erörterte auf ihrem 16. Kongress 1962 in Athen erstmals die grenzüberschreitenden Besteuerungsprobleme von Investmentfonds. In einem gemeinsamen Entschluss wurde gefordert, die Anleger eines Treuhand-Investmentfonds unabhängig von dessen Rechtsform zu Steuerzwecken soweit wie möglich in der gleichen Weise zu behandeln, als wären die Anleger unmittelbare Eigentümer der zum Fondsvermögen gehörenden Wertpapiere. Der Investmentfonds sollte ungeachtet seiner Rechtsform nicht als Steuersubjekt betrachtet werden und daher weder der Einkommen- noch der Vermögensteuer unterliegen.[49] Damit trat der IFA-Kongress für ein reines Transparenzprinzip ein.
Auf dem 25. Kongress der IFA 1971 in Washington wurde die Thematik erneut behandelt. Der Generalberichterstatter plädierte dafür, Investmentfonds steuerfrei zu stellen und ihre laufenden Erträge und Veräußerungsgewinne nur mit dem persönlichen Steuersatz des Anlegers zu belasten, soweit sie ausgeschüttet

---

[46] BFH, BStBl. II 2001, 22, 23; BFH/NV 2001, 1539, 1541; BStBl. II 1992, 786, 787; BStBl. II 1980, 453, 455; FG München, EFG 1976, 293.
[47] BFH, BStBl. II 2001, 22, 23.
[48] BFH, BStBl. II 1992, 786, 787; *Sorgenfrei*, IStR 1994, 465, 467 ff.; *Brinkhaus/Schmitt*, in Brinkhaus/Scherer, AuslInvestmG, Vor §§ 16-20 Rz. 6; OFD Kiel, Vfg. vom 29.04.1999, FR 1999, 1015, 1016; a. A. *Baur*, KAGG, Vor § 37a Rz. 22.
[49] *Renk*, CDFI 1962/1970, S. XI, XLII.

würden. Der Forderung nach einer steuerlichen Transparenz in diesem Sinne schloss sich der IFA-Kongress durch eine Resolution an.[50]

Schließlich wurden in dem Generalbericht zum 51. IFA-Kongress 1997 in Neu Delhi fünf weltweit verbreitete Modelle der Fondsbesteuerung skizziert, die den Transparenzgrundsatz in unterschiedlichem Maße verwirklichen.[51] Die Vermeidung der steuerlichen Mehrfachbelastung durch Einschaltung eines Investmentfonds wird in mehreren Varianten dadurch verhindert, dass der Fonds selbst keiner Steuerlast unterliegt. Der Investmentfonds ist entweder kein Steuersubjekt, ein von der Steuer befreites Steuersubjekt oder aber ein steuerpflichtiges Steuersubjekt, das die Ausschüttungen an die Anteilseigner von der Bemessungsrundlage abziehen kann oder das einem geringeren Steuersatz unterliegt.[52] Daneben stellt der Generalbericht Modelle dar, bei denen die Entlastungsmaßnahmen erst auf der Ebene des Anlegers eingreifen. Die Erträge werden auf der Ebene des Fonds regulär besteuert und anschließend beim Anleger von der Steuer befreit, oder es erfolgt eine Anrechnung der gezahlten Steuern auf die Steuerschuld des Anlegers.[53] Während das erste der fünf Modelle zu einer völligen steuerlichen Neutralität des Investmentfonds führt, wird der Transparenzgrundsatz in den Fällen der Entlastungsmaßnahmen auf der Anlegerebene nicht verwirklicht. Im Ergebnis spricht sich der Generalbericht für eine eigenständige Begriffsdefinition von Investmentfonds in den DBA aus, um eine interstaatliche Grundlage zur Abkommensberechtigung des Fonds herzustellen. Gleichzeitig entfernt sich die IFA von der Idee einer völligen Durchsetzung des Transparenzprinzips auf der Abkommensebene.[54]

Im Anschluss an die Vorschläge des 51. IFA-Kongresses hat der Steuerausschuss der OECD in einem eigenen Bericht mehrere Problembereiche der internationalen Besteuerung von Investmentfonds aufgezeigt.[55] Dazu zählt die Abkommensberechtigung des Investmentfonds, die Berechtigung zur Anrech-

[50] *Ammon*, CDFI 1971, S. I/1, 26 ff.
[51] *Ed/Bongaarts*, CDFI 1997, S. 107, 127 f.
[52] Das zweite Modell liegt der Besteuerung inländischer Investmentvermögen zu Grunde, § 1 Abs. 1 Nr. 1, § 11 Abs. 1 InvStG.
[53] *Ed/Bongaarts*, CDFI 1997, S. 107, 128.
[54] *Ed/Bongaarts*, CDFI 1997, S. 107, 150: „Es ist wichtig anzuerkennen, dass dieser Vorschlag sich von dem Konzept entfernt, wonach die Kapitalanlage über einen Investmentfonds im steuerlichen Sinne mit einer Direktanlage gleichzusetzen ist. Dies hat sich in der Vergangenheit nicht bewährt und ist noch immer mit Fragen belastet, die in nächster Zukunft kaum zu lösen sind."
[55] OECD-Bericht, Taxation of Cross-Border Portfolio Investment, S. 45.

nung von Quellensteuern, gesetzliche Beschränkungen des Vertriebs ausländischer Fondsanteile durch den Wohnsitzstaat des Anlegers sowie Dreieckssachverhalte, bei denen der Anleger in einen ausländischen Investmentfonds investiert, der Erträge aus Drittstaaten erzielt. Die Qualifikation der aus einem ausländischen Investmentfonds erzielten Erträge beim inländischen Anteilsinhaber aus Sicht des deutschen Vertragsstaates wurde jedoch nicht untersucht. Zum einen konzentrierte sich das Augenmerk auf die Besteuerung sowie den Abkommenszugang des Fonds. Zum anderen hätte eine darüber hinausreichende Einkunftsqualifikation aufgrund der Vielzahl unterschiedlicher nationaler Steuerordnungen keine Anerkennung auf multilateraler Ebene gefunden.[56]

Obwohl sich auch der 51. IFA-Kongress 1997 nicht näher der abkommensrechtlichen Qualifikation von Einkünften aus Investmentanteilen widmete, wurde im Generalbericht auf die Bedeutung der Frage hingewiesen, um welche Art von Ertragsausschüttungen aus einem Investmentfonds es sich für Abkommenszwecke handelt.[57] Diese Frage ist Gegenstand der vorliegenden Untersuchung.

---

[56] Vgl. *Ed/Bongaarts*, CDFI 1997, S. 107, 118: „Wie das Land des Anlegers die Einkünfte oder Kapitalgewinne besteuert, liegt völlig in seinem Ermessen und richtet sich nach seinen politischen Zielen und Zwecken. (...) Anders ausgedrückt, setzen unsere Vorschläge nicht eine einheitliche Besteuerung an der Quelle oder auf Fondsebene voraus. Ebenso illusorisch ist eine einheitliche Besteuerung der Anleger."

[57] *Ed/Bongaarts*, CDFI 1997, S. 107, 150.

Kapitel 2: Grundzüge der Besteuerung inländischer Investmentfonds

Die Ertragsbesteuerung inländischer Investmentfonds ruft klassischerweise vier Besteuerungssubjekte ins Blickfeld.[58] Ausgangspunkt des früheren KAGG sowie des heutigen InvG ist eine sogenannte Kapitalanlagegesellschaft, welche das Geld der Anleger für Rechnung eines Sondervermögens getrennt von ihrem eigenen Vermögen einnimmt und verwaltet. Da die Anlage der bei der Kapitalanlagegesellschaft eingelegten Gelder im eigenen Namen für gemeinschaftliche Rechnung der Anteilsinhaber erfolgen muss, wird die Kapitalanlagegesellschaft zum Treuhänder gegenüber der Gemeinschaft der Anteilsinhaber.[59] Als inländisches Kreditinstitut in der Rechtsform der Aktiengesellschaft oder der Gesellschaft mit beschränkter Haftung nach § 6 Abs. 1 InvG unterliegt die Kapitalanlagegesellschaft der unbeschränkten Körperschaftsteuerpflicht gem. § 1 Abs. 1 Nr. 1 KStG.

Von der Kapitalanlagegesellschaft zu unterscheiden ist die sogenannte Depotbank, welche in erster Linie die Verwaltung des Sondervermögens sowie die Ausgabe und Rücknahme der Anteilsscheine übernimmt. Die Depotbank unterliegt gem. § 20 Abs. 1, 2 InvG als inländisches Kreditinstitut bzw. als inländische Zweigniederlassung eines ausländischen Kreditinstituts der unbeschränkten bzw. beschränkten Einkommen- oder Körperschaftsteuerpflicht. Als weitere Steuersubjekte kommen das nichtrechtsfähige Sondervermögen sowie die Anteilsinhaber in Betracht. Neben diese Ausprägung von Investmentfonds des Vertragstyps treten sogenannte Investmentaktiengesellschaften i. S. des § 2 Abs. 5 InvG. Bei dieser Form des Gesellschaftstyps werden Gesellschafts- und Fondsvermögen nicht getrennt; die Anteilsinhaber nehmen die Position von Aktionären ein.

A. Steuerliche Behandlung des Investmentfonds

In der steuerlichen Behandlung der Sondervermögen und Investmentaktiengesellschaften manifestiert sich der gesetzgeberische Wille zur Verwirklichung des Transparenzgrundsatzes. Sondervermögen werden im Wege einer gesetzlichen Fiktion gem. § 11 Abs. 1 S. 1 InvStG als Zweckvermögen i. S. des § 1 Abs. 1 Nr. 5 KStG und damit als selbständiges Steuersubjekt qualifiziert. Als

---

58 *Lübbehüsen*, in Brinkhaus/Scherer, KAGG, Vor §§ 37n ff. Rz. 1.

59 *Baur*, KAGG, § 1 Rz. 13. Uneinigkeit bestand darüber, ob das KAGG auch auf solche Kreditinstitute anzuwenden war, die nicht in eigenem, sondern in fremdem Namen handelten, vgl. einerseits *Baur*, KAGG, § 1 Rz. 14, andererseits *von Caemmerer*, JZ 1958, 54.

solches wäre das Sondervermögen grundsätzlich körperschaftsteuerpflichtig. Um eine doppelte Belastung der Investmenterträge auf der Ebene des Sondervermögens und auf der Ebene des Anlegers zu vermeiden, wird das Sondervermögen nach § 11 Abs. 1 S. 2 InvStG von der Körperschaftsteuer befreit. Auch Investmentaktiengesellschaften sind gem. § 11 Abs. 1 S. 3 i. V. m. S. 2 InvStG steuerbefreit. Der Fonds unterliegt daher selbst keiner Ertragsteuerpflicht.

Soweit der Anwendungsbereich des InvStG eröffnet ist, werden allgemeine steuerliche Vorschriften des EStG und des KStG verdrängt.[60] Die allgemeinen Steuergesetze kommen bei der Besteuerung von Investmenterträgen regelmäßig nur dann zur Anwendung, wenn und soweit das InvStG ausdrücklich auf sie verweist. Da das InvStG die Besteuerung der Investmentanleger nicht abschließend in allen Bereichen regelt, sind die Vorschriften des EStG und des KStG darüber hinaus ergänzend in den durch das InvStG ungeregelten Bereichen anzuwenden. In der Literatur wird zudem eine analoge Anwendung zugunsten des Anlegers befürwortet.[61]

B. Besteuerung der Anteilsinhaber

Während inländische Investmentfonds von der Besteuerung ihrer Einnahmen befreit sind, werden die Investmenterträge auf der Ebene der Anteilsinhaber besteuert. Zu unterscheiden sind in erster Linie ausgeschüttete und thesaurierte Investmentfondserträge. Die auf Investmentanteile ausgeschütteten Erträge gehören gem. § 2 Abs. 1 InvStG zu den Einkünften des Anteilsinhabers aus Kapitalvermögen i. S. des § 20 Abs. 1 Nr. 1 EStG, wenn sie nicht Betriebseinnahmen des Anlegers oder Leistungen i. S. des § 22 Nr. 5 EStG sind. Nach § 2 Abs. 3 InvStG werden bestimmte ausgeschüttete Erträge beim Anteilsinhaber steuerfrei gestellt, insbesondere Gewinne aus der Veräußerung von Wertpapieren, soweit sie für den Anleger keine Betriebseinnahmen darstellen. Für Gewinne aus der Veräußerung von Grundstücken und grundstücksgleichen Rechten gilt die Steuerbefreiung nach § 2 Abs. 3 Nr. 2 InvStG nur dann, wenn kein privates Veräußerungsgeschäft i. S. des § 23 Abs. 1 S. 1 Nr. 1 und 3, Abs. 2 und 3 EStG vorliegt. Neben den ausgeschütteten Erträgen gehören auch die sogenannten ausschüttungsgleichen Erträge gem. § 2 Abs. 1 InvStG zu den steuerpflichtigen Einkünf-

[60] Vgl. zum KAGG *Baur*, KAGG, Vor § 1 Rz. 63; *Lübbehüsen*, in Brinkhaus/Scherer, KAGG, Vor §§ 37n ff. Rz. 16 f.

[61] *Lübbehüsen*, in Brinkhaus/Scherer, KAGG, Vor §§ 37 n ff. Rz. 16.

ten aus Kapitalvermögen i. S. des § 20 Abs. 1 Nr. 1 EStG bzw. den betrieblichen Einkunftsarten gem. § 13, § 15 und § 18 EStG. Es handelt sich um bestimmte, von dem Investmentfonds thesaurierte Erträge i. S. des § 1 Abs. 3 S. 3 InvStG. Soweit in dieser Vorschrift nicht aufgezählte Erträge erzielt werden, kommt es zu deren Besteuerung erst im Falle ihrer Ausschüttung, es sei denn, die Erträge wären nach § 2 Abs. 3 InvStG steuerfrei. Als Zuflusszeitpunkt der ausschüttungsgleichen Erträge gilt der Ablauf des Geschäftsjahres des Fonds, § 2 Abs. 1 S. 2 InvStG.

Die ausgeschütteten bzw. ausschüttungsgleichen Erträge unterliegen nach der Regel-Ausnahme-Vorschrift des § 2 Abs. 1 S. 1 Hs. 2 i. V. m. Abs. 2 InvStG dem Halbeinkünfteverfahren, soweit in den Erträgen solche i. S. des § 43 Abs. 1 S. 1 Nr. 1 EStG enthalten sind, also insbesondere Dividenden und ähnliche Beteiligungserträge.[62]

Im Übrigen wird auf die Ausführungen zur Besteuerung von Erträgen aus ausländischen Investmentanteilen nach dem InvStG verwiesen, da dieses nach Zusammenführung und Vereinheitlichung der steuerlichen Vorschriften des KAGG und des AuslInvestmG für inländische und ausländische Investmentvermögen gleichermaßen Geltung hat.[63]

---

[62] Zur Frage der Einbeziehung ausländischer Erträge in das Halbeinkünfteverfahren *Fock/Stoschek*, FR 2000, 591, 595 f.

[63] Vgl. Kapitel 3, D., S. 77 ff.

Kapitel 3: Die Besteuerung unbeschränkt Steuerpflichtiger mit Erträgen aus ausländischen Investmentanteilen

A. Sachlicher Anwendungsbereich des InvStG

Am 01.01.2004 ist das Investmentsteuergesetz (InvStG) im Rahmen des übergreifenden Artikelgesetzes zur Modernisierung des Investmentwesens und zur Besteuerung von Investmentvermögen in Kraft getreten.[64] Die Zusammenführung der vertriebs- und steuerrechtlichen Vorschriften des KAGG und des AuslInvestmG gingen mit einer Reihe von Änderungen einher, die für die hier zu untersuchende Thematik jedoch nur teilweise von Bedeutung sind. Beide Gesetze treten mit der erstmaligen Anwendbarkeit des InvG und des InvStG außer Kraft. Das InvG enthält aufsichtsrechtliche Regelungen sowohl für inländische als auch für ausländische Investmentfonds.[65] Dementsprechend gilt das InvStG für die Besteuerung der Anleger inländischer und ausländischer Investmentfonds. Nach § 18 S. 1 InvStG sind die neuen Steuervorschriften erstmals für das Geschäftsjahr des Investmentvermögens anzuwenden, das nach dem 31.12.2003 beginnt, sowie auf Erträge, die dem Investmentvermögen in diesem Geschäftsjahr zufließen. Eine besondere Übergangsvorschrift betrifft die Aufhebung der Zwischengewinnbesteuerung. Gem. § 19 Abs. 3 S. 3 InvStG sind die Vorschriften zum Zwischengewinn ab dem 01.01.2004 nicht mehr anzuwenden.

Der Anwendungsbereich der neuen steuerlichen Vorschriften erstreckt sich gem. § 1 Abs. 1 InvStG sowohl auf inländische als auch auf ausländische Investmentvermögen sowie auf die Anteile an diesen Investmentvermögen. Investmentvermögen sind gem. § 1 S. 2 InvG Vermögen zur gemeinschaftlichen Kapitalanlage, die nach dem Grundsatz der Risikomischung in bestimmten Vermögensgegenständen angelegt sind. Letztere entsprechen im Wesentlichen den bisherigen Vermögensgegenständen i. S. des § 1 Abs. 1 S. 1 AuslInvestmG.[66] Zu den inländischen Investmentvermögen gehören gem. § 1 Abs. 1 Nr. 1 InvStG die von

---

[64] Investmentmodernisierungsgesetz vom 15.12.2003, BGBl. I 2003, 2676.

[65] Vgl. zu den Änderungen der aufsichtsrechtlichen Bestimmungen nach dem InvG *Leistikow/Ellerkmann*, BB 2003, 2693 ff.

[66] Der Katalog der zugelassenen Vermögensgegenstände i. S. des § 2 Abs. 4 InvG umfasst Wertpapiere, Geldmarktinstrumente, Derivate, Bankguthaben, Immobilien, Beteiligungen an Immobilien-Gesellschaften, Anteile an in- und ausländischen Investmentfonds und in Bezug auf Sondervermögen mit zusätzlichen Risiken i. S. des § 112 Abs. 1 InvG (sog. Hedgefonds) inländische stille Beteiligungen sowie Edelmetalle, Warenterminkontrakte und Unternehmensbeteiligungen. § 2 Abs. 4 InvG ist nach § 2 Abs. 8 i. V. m. § 1 S. 2 InvG auch für ausländische Investmentvermögen maßgebend.

Kapitalanlagegesellschaften verwalteten Publikums- oder Spezial-Sondervermögen i. S. des § 2 Abs. 1 InvG sowie Investmentaktiengesellschaften i. S. des § 2 Abs. 5 InvG.[67] Das Investmentvermögen ist ein inländisches, wenn die Kapitalanlagegesellschaft nach § 2 Abs. 1 i. V. m. § 5 Abs. 1 S. 3 InvG bzw. die Investmentaktiengesellschaft nach § 2 Abs. 5 i. V. m. § 97 Abs. 1 Nr. 2 InvG ihren satzungsmäßigen Sitz und ihre Hauptverwaltung bzw. Geschäftsleitung in Deutschland unterhält.

Darüber hinaus unterliegen gem. § 1 Abs. 1 Nr. 2 InvStG ausländische Investmentvermögen und ausländische Investmentanteile i. S. des § 2 Abs. 8, 9 InvG dem Anwendungsbereich des InvStG. Ausländische Investmentvermögen liegen nach § 2 Abs. 8 S. 1 InvG vor, wenn die Investmentvermögen dem Recht eines anderen Staates unterstehen. Ausländische Investmentanteile sind Anteile an ausländischen Investmentvermögen, die nach § 2 Abs. 9 InvG von einem Unternehmen mit Sitz im Ausland, einer sogenannten ausländischen Investmentgesellschaft, ausgegeben werden.

Entgegen dem ersten und zweiten Regierungsentwurf des Investmentmodernisierungsgesetzes[68] hat das InvStG den sogenannten wirtschaftlichen Investmentbegriff des AuslInvestmG beibehalten. Die ursprünglichen Gesetzentwürfe sahen eine Übergangsfrist von zwei Jahren vor, nach deren Ablauf das InvStG nur dann auf ausländische Investmentvermögen und Investmentanteile anwendbar sein sollte, wenn die ausländische Investmentgesellschaft dem Recht und der Investmentaufsicht eines anderen Mitgliedstaats der EU unterlegen hätte oder wenn die ausländischen Investmentanteile entweder zum öffentlichen Vertrieb oder an einer inländischen Börse zum amtlichen Handel bzw. zum geregelten Markt zugelassen gewesen waren.[69] Es wurde von einem sogenannten formellrechtlichen Investmentbegriff des InvStG gesprochen.[70] Der Finanzausschuss des Bundestages hat in einem Bericht vom 05.11.2003 die Beibehaltung des wirtschaftlichen Investmentbegriffs damit begründet, dass die Einführung

---

67 Andere kollektive Anlageformen deutschen Rechts wie z. B. geschlossene Publikumsfonds in der Rechtsform der GmbH & Co. KG fallen nicht in den Anwendungsbereich des InvStG, *Sradj/Mertes*, DStR 2004, 201.

68 Vgl. den Regierungsentwurf vom 20.08.2003, BT-Drs. 15/1553.

69 BT-Drs. 15/1553, S. 55; § 1 Abs. 1 Nr. 2 InvStG-E.

70 *Wolf Wassermeyer*, DB 2003, 2085; *Sradj/Mertes*, DStR 2003, 1681, 1682; *dies.*, DStR 2004, 201. Krit. gegenüber der Zulassungsregelung und der zweijährigen Übergangsfrist *Fock*, BB 2003, 1589, 1592 f.; *Lübbehüsen/Schmitt*, DB 2003, 1696.

eines formellrechtlichen Investmentbegriffs mit der generellen Besteuerung von Veräußerungsgewinnen aus Wertpapieren verbunden werden sollte.[71] Bis zur Umsetzung dieses Vorhabens bleibe der bisherige wirtschaftliche Investmentbegriff bestehen. Im Schrifttum wird hingegen die Auffassung vertreten, der Fortbestand des bisherigen Begriffs sei rein fiskalisch veranlasst.[72]

Da der wirtschaftliche Investmentbegriff des AuslInvestmG gem. § 1 Abs. 1 Nr. 2 InvStG weiterhin Bestand hat und damit ein ausländisches Investmentvermögen bzw. Anteile an diesem Vermögen den gesetzlichen Anwendungsbereich des InvStG eröffnet, orientiert sich die Auslegung dieser Begriffe an den gleichen Tatbestandsmerkmalen, die dem steuerlichen Anwendungsbereich des AuslInvestmG zu Grunde lagen. Im Folgenden soll daher zunächst der sachliche Anwendungsbereich des AuslInvestmG und dessen steuerliche Vorschriften umrissen werden, bevor auf die wesentlichen Änderungen des InvStG eingegangen wird.

B. Sachlicher Anwendungsbereich des AuslInvestmG

Die Besteuerung von Erträgen aus Anteilen an ausländischen Investmentvermögen wurde spezialgesetzlich sowohl für Anlagen im Privatvermögen wie auch im Betriebsvermögen bis zum In-Kraft-Treten des InvStG durch das AuslInvestmG geregelt. Die §§ 17-20 AuslInvestmG beinhalteten Vorschriften zur laufenden Besteuerung der inländischen Anteilsinhaber. Im ersten und zweiten Abschnitt (§§ 1-14 und §§ 15-15k AuslInvestmG) wurden die vertriebsrechtlichen Rahmenbedingungen für den öffentlichen Vertrieb ausländischer Investmentanteile in Deutschland geregelt. Während § 7 AuslInvestmG als vertriebsrechtlicher Grundtatbestand ein umfangreiches Anzeigeverfahren für ausländische Investmentanteile regelte, sah § 15 AuslInvestmG als Ausnahme hierzu Vereinfachungen für solche Investmentvermögen vor, die in den Anwendungsbereich der OGAW-Richtlinie[73] fielen (sogenannte EG-Investmentanteile).

Sowohl der vertriebsrechtliche als auch der steuerrechtliche Regelungskomplex knüpfte an § 1 Abs. 1 AuslInvestmG an, der sowohl für den Anwendungsbereich der vertriebsrechtlichen als auch der steuerrechtlichen Vorschriften maßgebend

---

[71] BT-Drs. 15/1896; BT-Drs. 15/1944, S. 17. Demgegenüber hieß es noch in der Begründung zum Regierungsentwurf vom 20.08.2003, der materielle Investmentbegriff habe zu Rechtsunsicherheiten geführt und sich nicht bewährt; BT-Drs. 15/1553, S. 120.

[72] *Sradj/Mertes*, DStR 2003, 1681, 1685.

[73] Richtlinie 85/611/EWG des Rates, ABl. EG L 375/3 vom 31.12.1985.

war. Im Rahmen der steuerrechtlichen Vorschriften verwies § 17 Abs. 1 S. 1 AuslInvestmG für die sogenannten weißen Fonds auf § 1 Abs. 1 AuslInvestmG, während § 18 Abs. 1 S. 1 AuslInvestmG für die sogenannten grauen Fonds und § 18 Abs. 3 i. V. m. § 18 Abs. 1 S. 1 AuslInvestmG für die sogenannten schwarzen Fonds ihrerseits auf § 17 AuslInvestmG verwiesen.[74] Nach der Legaldefinition des § 1 Abs. 1 S. 1 AuslInvestmG verstand man unter ausländischen Investmentanteilen Anteile „an einem ausländischen Recht unterstehenden Vermögen aus Wertpapieren, Forderungen, über die eine Urkunde ausgestellt ist, Einlagen oder Grundstücken, das nach dem Grundsatz der Risikomischung angelegt ist". Die steuerlichen Vorschriften der §§ 16 ff. AuslInvestmG setzten damit folgende Merkmale eines Investmentvermögens voraus: Erstens ein Vermögen, das ausländischem Recht unterstellt ist, zweitens das Innehaben von Investmentanteilen an einem solchen Vermögen, drittens Anlagegegenstände i. S. des § 1 Abs. 1 AuslInvestmG und schließlich viertens eine risikogemischte Anlage. Diese Merkmale mussten kumulativ erfüllt sein, damit der Anwendungsbereich der steuerlichen Vorschriften des AuslInvestmG eröffnet war, während die übrigen in § 1 Abs. 1 S. 1 AuslInvestmG genannten Voraussetzungen lediglich für die vertriebsrechtlichen Regelungen der §§ 2-15k AuslInvestmG Bedeutung erlangten.[75]

I. Ausländisches Investmentvermögen im Sinne des § 17 Abs. 1 AuslInvestmG

Grundlegendes Kriterium eines ausländischen Investmentanteils i. S. des § 1 Abs. 1 S. 1 AuslInvestmG war ein Anteil an einem Vermögen, das ausländischem Recht untersteht, von § 17 Abs. 1 S. 1 AuslInvestmG auch als ausländisches Investmentvermögen bezeichnet. Zweifelsfragen ergaben sich aus der Vielzahl ausländischer Rechtsformen, welche unter den wirtschaftlichen Begriff eines Vermögens im vorgenannten Sinne fielen.

---

[74] Die Bezeichnungen „weiße", „graue" und „schwarze" Fonds sind in der neueren Literatur, Finanzverwaltung und Praxis allgemein gebräuchlich. Im Schrifttum wurden die Begriffe, soweit ersichtlich, erstmals im Jahr 1995 von *Rädler* verwandt. Vgl. *Rädler*, in FS Heidinger, 1995, S. 53, 57, verwendet.

[75] *Baur*, AuslInvestmG, § 1 Rz. 1.

1. Amtliche Gesetzesbegründung

Nach der amtlichen Begründung des AuslInvestmG lag der Bestimmung des Anteilsbegriffs eine wirtschaftliche Betrachtungsweise zu Grunde.[76] Aufgrund der Vielzahl ausländischer Rechtsformen hielt es der Gesetzgeber für sachlich geboten, das Tatbestandsmerkmal „ausländische Investmentanteile“ durch die wirtschaftlichen Kriterien des ausländischen Vermögensanteils und der Anlage nach dem Grundsatz der Risikomischung zu umschreiben. Als typische ausländische Rechtsformen wurden beispielhaft „Investment-Companies, Trusts und Schweizer Anlagefonds“ aufgezählt.[77] Die Anwendbarkeit des AuslInvestmG sollte ferner nicht davon abhängig sein, ob die Anteile Miteigentum am Fondsvermögen verkörperten, einen schuldrechtlichen Anspruch auf Beteiligung in bestimmter Höhe oder aber mitgliedschaftliche Rechte gewährten. Nach gesetzgeberischem Wille war die Rechtsform des ausländischen Investmentfonds unbeachtlich, wenn die wirtschaftlichen Kriterien des § 1 AuslInvestmG erfüllt waren. Demnach war entscheidend, ob das Vermögen nach dem Grundsatz der Risikomischung angelegt wurde oder angelegt werden sollte. Risikomischung in diesem Zusammenhang setzte voraus, dass die der Investmentgesellschaft zufließenden Gelder in einer Vielzahl von Wertpapieren oder Grundstücken bzw. beiden angelegt wurden.[78]

2. Auffassung der Finanzverwaltung und der Rechtsprechung

Die Finanzverwaltung hat in gleichlautenden Erlassen der Länder stets den wirtschaftlichen Investmentbegriff zu Grunde gelegt.[79] Auch das BAKred hat in seiner ständigen Auslegungspraxis die Rechtsform des ausländischen Investmentfonds als unbeachtlich eingestuft, wenngleich die Aussagekraft auf vertriebsrechtliche Zwecke beschränkt war.[80]

---

[76] BT Drs., 5/3494, S. 17.
[77] BT Drs., 5/3494, S. 17.
[78] BT Drs., 5/3494, S. 17.
[79] Vgl. Erlass FM Niedersachsen vom 30.10.1970, DB 1970, 2102; Erlass FM Nordrhein-Westfalen vom 02.12.1970, DB 1970, 2405.
[80] BAKred, Schreiben vom 05.08.1986, betreffend „Units US-amerikanischer Limited Partnerships“ als ausländische Investmentanteile, abgedruckt in Beckmann/Scholtz/Vollmer, Schreiben des BAKred zum AuslInvestmG, Nr. 19, S. 25; BAKred, Schreiben vom 16.07.1985, betreffend „Shares“ als Anteile einer US-amerikanischen Gesellschaft, abgedruckt in Beckmann/Scholtz/Vollmer, Schreiben des BAKred zum AuslInvestmG, Nr. 18, S. 24.

Die finanzgerichtliche Rechtsprechung hat die Frage bislang nicht klären müssen. Demgegenüber haben die Verwaltungsgerichte den wirtschaftlichen Investmentbegriff für ordnungs- und vertriebsrechtliche Anwendungsfragen des AuslInvestmG herangezogen.[81] So musste das BVerwG in der sogenannten Hapimag-Entscheidung beurteilen, ob die Beteiligung unbeschränkt Steuerpflichtiger an einer schweizerischen Aktiengesellschaft, deren Gesellschaftszweck in dem Erwerb und Betrieb von Wohneigentum bestand, welches den eigenen Aktionären zur Verfügung gestellt wurde, ausländische Investmentanteile i. S. des § 1 Abs. 1 S. 1 AuslInvestmG begründete.[82] Das BVerwG qualifizierte die von der Schweizer Aktiengesellschaft ausgegebenen Aktien als Anteile an einem ausländischen Recht unterstehenden Vermögen aus Grundstücken. Mangels Anlage dieses Grundvermögens nach dem Grundsatz der Risikomischung hätten jedoch keine ausländischen Investmentanteile i. S. des § 1 Abs. 1 S. 1 AuslInvestmG vorgelegen. Daher wurde die schweizerische Aktiengesellschaft nicht den strengen vertriebsrechtlichen Vorschriften des AuslInvestmG unterworfen.[83] In seiner Entscheidung bezog sich das BVerwG auf die gesetzgeberisch intendierte wirtschaftliche Betrachtungsweise. Das Gesellschaftsvermögen der Schweizer Gesellschaft wäre nicht nach dem Grundsatz der Risikomischung angelegt gewesen, dessen Charakteristikum die Geldanlage mit der Zielsetzung der Kapitalwertsicherung war. Stattdessen habe der Geschäftszweck der Hapimag-Aktiengesellschaft darin bestanden, den persönlichen Bedürfnissen ihrer Aktionäre durch Bereitstellung eines aus Feriengrundstücken bestehenden Vermögens zu entsprechen.[84] Trotz der ablehnenden Entscheidung im konkreten Einzelfall setzte das BVerwG die prinzipielle Anwendbarkeit des AuslInvestmG auf ausländische Aktiengesellschaften bzw. Investmentfonds des Gesellschaftstyps voraus.

3. Überwiegende Literaturauffassung

Im Schrifttum wurde der gesetzgeberische Wille der Einbeziehung aller ausländischen Rechtsformen unter Berufung auf die wirtschaftliche Betrachtungsweise

[81] BVerwG, NJW 1980, 2482; VG Berlin, Beschluss vom 02.12.1986, 14 A 247/86, abgedruckt in Bankaufsichtsrecht, AuslInvestmG, § 1 Nr. 2 S. 6, 8.
[82] BVerwG, NJW 1980, 2482.
[83] BVerwG, NJW 1980, 2482.
[84] BVerwG, NJW 1980, 2482, 2483; a. A. die Vorinstanz OVG Berlin, BB 1973, 914, 915.

frühzeitig aufgegriffen.[85] Nach herrschender Literaturmeinung war das AuslInvestmG nicht auf einzelne Rechtsformen ausländischen Rechts beschränkt, sondern stellte hinsichtlich des Vorliegens eines ausländischen Investmentanteils rechtsformunabhängig auf wirtschaftliche Kriterien ab.[86] Die Vertreter dieser wirtschaftlichen Betrachtungsweise beriefen sich darauf, dass die Einbeziehung aller ausländischen Rechtsformen dem gesetzlich angestrebten Schutz der inländischen Investmentsparer weitestgehend entspreche.[87] Neben der Schwierigkeit, die Vielzahl der potenziellen ausländischen Rechtsformen begrifflich zu bestimmen, hätte eine rechtsformspezifische Aufzählung ausländischer Investmentfonds die Gefahr einer Gesetzesumgehung verstärkt.[88] Dennoch hat die Literatur nicht auf eine Auflistung der typischerweise unter das Gesetz fallenden rechtlichen Erscheinungsformen ausländischer Investmentvermögen verzichtet.[89]

4. Abweichende Literaturauffassungen

Gegenüber der herrschenden Meinung, die eine wirtschaftliche Betrachtungsweise favorisierte, hatten sich im Schrifttum abweichende Auffassungen gebildet.

a) Formelle Auslegung des Anteilsbegriffes

Vereinzelt wurde dafür plädiert, den Begriff des ausländischen Investmentanteils in Anlehnung an den rechtstechnischen Sprachgebrauch des KAGG auszulegen.[90] Gem. § 6 KAGG bildete das bei der Kapitalanlagegesellschaft eingelegte Geld ein Sondervermögen, das den Anlegern durch Anteilsscheine ihre Miteigentums- bzw. Treugeberrechte verbriefte. Zu einem „Anteil" eines inländischen Investmentfonds gehörte die Mitberechtigung an einem Sondervermögen im vorgenannten Sinne, nicht jedoch Gesellschafts- oder Mitglied-

---

[85] *Philipps*, AuslInvestmG, § 1 Rz. 8; *Nissen*, ZfK 1968, 917; *Heinze*, DB 1969, 1955; *Flachmann*, ZfK 1972, 59.

[86] *Baur*, AuslInvestmG, § 1 Rz. 28; *ders.*, in Assmann/Schütze, § 19 Rz. 14; *Beckmann*, in Beckmann/Scholtz/Vollmer, AuslInvestmG, § 1 Rz. 6; *Tormann*, in Herrmann/Heuer/Raupach, AuslInvestmG, Einf. Rz. 20; *Schnatmeyer*, WM 1997, 1796 f.; *Kayser/Steinmüller*, FR 2002, 1269, 1274; *Graetz*, S. 109, 115; krit. *Pfüller/Schmitt*, in Brinkhaus/Scherer, AuslInvestmG, § 1 Rz. 24 f.; *Fock*, RIW 2003, 118, 122 f.

[87] *Baur*, AuslInvestmG, § 1 Rz. 28.

[88] *Baur*, AuslInvestmG, § 1 Rz. 28.

[89] Vgl. *Philipps*, WID 1969, 22, 26; *ders.*, AuslInvestmG, § 1 Rz. 8; *Flachmann*, ZfK 1972, 59.

[90] Vgl. *Philipps*, WID 1969, 22, 28.

schaftsrechte, wie sie aus Beteiligungen an juristischen Personen erwachsen.[91] Nach Auffassung von *Philipps* sollten inländische und ausländische Investmentfonds gleich behandelt werden, indem lediglich Investmentfonds in Form des Vertragstyps der inländischen Besteuerung nach dem AuslInvestmG zu unterwerfen waren.[92] Insbesondere Aktien ausländischer Investmentgesellschaften hätten danach nicht dem Anwendungsbereich des AuslInvestmG unterlegen, weder in vertriebs- noch in steuerrechtlicher Hinsicht. Ebenso wären Gesellschafteranteile an ausländischen Personengesellschaften vom Anwendungsbereich des AuslInvestmG ausgenommen gewesen.

b) Auffassung von Strobl-Haarmann/Krause

Strobl-Haarmann und *Krause* hielten die in der gesetzgeberischen Begründung vorgenommene Konkretisierung des Anteilsbegriffs anhand typischer ausländischer Rechtsformen für unzureichend und vertraten demgegenüber eine Begriffsauslegung, welche den typischen Investmentzweck des Investmentsparerschutzes berücksichtigte.[93] Ausgehend von der Überlegung, dass nicht jedes Gläubigerrecht als Investmentanteil qualifiziert werden könne, sei die in der amtlichen Begründung des Gesetzes niedergelegte Formel eines „schuldrechtlichen Anspruchs auf Beteiligung am Fondsvermögen in bestimmter Höhe“[94] verfehlt.[95] Die Autoren grenzten die Investmentfondsanlage dahingehend ein, dass ein Anleger sein Geld einer Investmentgesellschaft zur Verfügung stelle, damit diese es fremdnützig oder treuhänderisch im Interesse des Anlegers zur Erzielung eines möglichst hohen Gewinns investiere. Das Ergebnis des Investments müsse nach dem Willen beider Vertragspartner in vollem Umfang an den Anleger ausgekehrt werden, während die Fondsgesellschaft lediglich eine im Voraus bestimmte Vergütung für ihre Verwaltungsleistung erhalte, nicht aber am Investmenterfolg partizipiere. Im Gegensatz zu anderen Unternehmen, die eine eigennützige Gewinnerzielungsabsicht kennzeichne, trage die Fondsgesellschaft diesbezüglich kein unternehmerisches Risiko. Vor dem Hintergrund dieser Vertragsbeziehung zwischen Fondsgesellschaft und Anleger vertraten *Strobl-*

---

[91] Vgl. *Beckmann*, in Beckmann/Scholtz/Vollmer, KAGG, § 6 Rz. 2 f.; *Zeller*, in Brinkhaus/Scherer, KAGG, § 6 Rz. 6 f.
[92] *Philipps*, WID 1969, 22, 28.
[93] *Strobl-Haarmann/Krause*, in FS Müller, S. 365, 368 ff.
[94] BT-Drs., 5/3494, S. 12.
[95] *Strobl-Haarmann/Krause*, in FS Müller, S. 365, 369.

Haarmann und *Krause* die Ansicht, dass zwischen dem inländischen Anleger und der ausländischen Fondsgesellschaft eine besondere Vermögensbetreuungspflicht im Rahmen eines Geschäftsbesorgungsverhältnisses bestehen müsse, aufgrund derer der Anleger alle Chancen und Risiken der Wertentwicklung des Investments trage.[96] Bei Nichtvorliegen einer solchen Vermögensbetreuungspflicht sei zwischen den Parteien lediglich ein einfaches schuldrechtliches Forderungsverhältnis gegeben, welches nicht als ausländischer Investmentanteil zu qualifizieren sei. Ein Indiz für eine Vermögensbetreuungspflicht könne sein, dass der Schuldner, also die potenziell als Investmentfonds zu qualifizierende Gesellschaft, gegenüber dem inländischen Gläubiger rechenschaftspflichtig sei und das Anlageergebnis in nachprüfbarer Weise offen zu legen habe.[97]

c) Steuerspezifische Auslegung des Anteilsbegriffs

Nach Auffassung von *Pfaar* und *Welke* sollte für die Begriffsauslegung des ausländischen Investmentanteils zwischen dem vertriebs- und dem steuerrechtlichen Anwendungsbereich des AuslInvestmG unterschieden werden. Während für die vertriebsrechtlichen Regelungen der §§ 2-15k AuslInvestmG der Gesetzeszweck des wirksamen Anlegerschutzes eine möglichst umfassende Begriffsdefinition der ausländischen Investmentanteile nahe legte, bezweckten die steuerrechtlichen Vorschriften der §§ 16 bis 20 AuslInvestmG die Besteuerung des inländischen Anlegers nach seiner wirtschaftlichen Leistungsfähigkeit.[98] Ausgehend von der Fallgestaltung, dass sich ein inländischer privater Anleger an einem inländischen Dachfonds in der Rechtsform der Personengesellschaft beteiligt, der in ausländische Zielfonds investiert, die ihrerseits als Personengesellschaft ausgestaltet in sogenannte Zielkapitalgesellschaften investieren, differenzierten die Autoren zwischen gewerblichen und vermögensverwaltenden Personengesellschaften anhand allgemeiner steuerrechtlicher Zurechnungsregeln.[99] Die Autoren wandten auf transparente vermögensverwaltende Personengesell-

---

[96] *Strobl-Haarmann/Krause*, in FS Müller, S. 365, 370.
[97] *Strobl-Haarmann/Krause*, in FS Müller, S. 365, 370.
[98] *Pfaar/Welke*, IWB, Gr. 3, S. 1317, 1326.
[99] *Pfaar/Welke*, IWB, Gr. 3, S. 1317, 1326, deren Ausführungen sich auf sogenannte „Private-Equity- und Venture-Capital-Fonds“ bezogen. Private Equity bezeichnet Beteiligungen am Eigenkapital von Unternehmen, die an keiner Wertpapierbörse gehandelt werden. In „Private-Equity-Fonds“, die von „Private-Equity-Gesellschaften“ gegründet werden, schließen sich Kapitalanleger zur Finanzierung dieser Unternehmen zusammen. „Venture-Capital-Fonds“ sind als spezielle Ausgestaltung auf die Finanzierung junger Wachstumsunternehmen gerichtet. Vgl. *Bärenz/Veith*, BB 2004, 251 f.; *Bünning*, FR 2002, 982, 983 m. w. N.

schaften die allgemeine Zurechnungsvorschrift des § 39 Abs. 2 Nr. 2 AO an und gelangten zu dem Ergebnis, dass die Zwischenschaltung von Personengesellschaften zu einer unmittelbaren Zurechnung der Beteiligungen an den Zielkapitalgesellschaften dem privaten Anleger gegenüber führe. Infolge mangelnder Risikomischung des ausländischen Vermögens wäre in dieser Konstellation kein ausländischer Investmentanteil gegeben, das AuslInvestmG infolgedessen nicht anwendbar gewesen.[100]

5. Kritische Würdigung

a) Vorzüge der wirtschaftlichen Betrachtungsweise

Eine enge formellrechtliche Auslegung des Begriffs „ausländische Investmentanteile“ in Anlehnung an Anteile eines inländischen Sondervermögens konnte sich entgegen der Auffassung von *Philipps* nicht aus dem Wortlaut beider Gesetze ergeben. Die Verwendung des Begriffs „Vermögen“ in § 1 S. 1 KAGG bezog sich einzig und allein auf inländische Sondervermögen gem. § 6 KAGG. Da auch die steuerlichen Vorschriften der §§ 37n ff. KAGG von Erträgen aus Anteilsscheinen an entsprechenden Sondervermögen ausgingen, unterlag das KAGG entgegen dem AuslInvestmG einen strengen Typenzwang.[101] Das AuslInvestmG konnte im Unterschied zum KAGG die rechtliche Ausgestaltung ausländischer Investmentfonds mangels deutscher Gesetzgebungskompetenz keinem Typenzwang unterwerfen. Eine ausdrückliche Anknüpfung an ausländische Sondervermögen entsprechend dem deutschen Typus hätte jedoch unweigerlich zu Besteuerungslücken geführt, da die ausländischen Investmentfonds nach dem Recht ihres Sitzstaates oftmals nach dem Gesellschaftstyp strukturiert waren.[102]
Die von *Strobl-Haarmann* und *Krause* geäußerte Kritik an der gesetzgeberischen Umschreibung eines Vermögensanteils war dadurch gerechtfertigt, dass die bloße Fremdkapitalaufnahme eines ausländischen Investmentfonds den Darlehensgeber nicht per se zum Inhaber eines ausländischen Investmentanteils werden lassen konnte. Dies ergab sich bereits aus § 2 Abs. 1 Nr. 4 Buchst. a AuslInvestmG. Nach dieser Vorschrift war der Vertrieb von ausländischen In-

[100] *Pfaar/Welke*, IWB, Gr. 3, S. 1317, 1330 f..
[101] Investmentaktiengesellschaften i. S. der §§ 51 ff. KAGG bildeten aus steuerlicher Sicht eine Ausnahme des Typenzwangs, da diese Investmentfonds den allgemeinen steuerlichen Vorschriften des KStG unterlagen.
[102] Vgl. aus dem Schrifttum im Zeitraum des In-Kraft-Tretens des AuslInvestmG *Tullius*, DB 1969, 1307; *Kerscher*, StuW 1969, 489, 498

vestmentanteilen nur dann zulässig, wenn dem Käufer nach den Vertragsbedingungen oder der Satzung der Investmentgesellschaft Anteile „übertragen" wurden. Ein obligatorischer Anspruch des Käufers auf Beteiligung am Fondsvermögen reichte also keinesfalls aus.[103] Das von den Autoren vorgeschlagene Kriterium einer besonderen Vermögensbetreuungspflicht wäre aber seinerseits konkretisierungsbedürftig gewesen. Es hätte jedenfalls nicht einem grundsätzlich rechtsformneutralen Anwendungsbereich des AuslInvestmG widersprochen. Die Befürworter der wirtschaftlichen Betrachtungsweise argumentierten zutreffend dahin gehend, dass eine Aufzählung ausländischer Investmentfonds nach ihrer rechtlichen Ausgestaltung wegen der kaum überschaubaren Vielzahl ausländischer Rechtsformen kaum möglich gewesen wäre. Eine weiter formulierte Begriffsdefinition hätte hingegen die Gefahr einer steuergestalterischen Gesetzesumgehung durch geeignete Rechtsformwahl im Ausland heraufbeschworen. Dem sollte der wirtschaftlich zu verstehende Gesetzeswortlaut Rechnung tragen. Diese Argumentationsweise war auch unter Bezugnahme auf den eindeutigen gesetzgeberischen Willen nahe liegend und für nationale Besteuerungszwecke folgerichtig. Inwieweit dabei der aufsichtsrechtliche Aspekt des größtmöglichen Anlegerschutzes mit dem steuerrechtlichen Aspekt und gesetzgeberischen Willen, die Anleger inländischer und ausländischer Investmentfonds steuerlich gleich zu behandeln, in Einklang stand, konnte sich nur aus einem Vergleich der steuerlichen Einzelvorschriften der §§ 38 ff. KAGG und der §§ 17 ff. AuslInvestmG ergeben. Die amtliche Begründung zu § 17 AuslInvestmG stellte klar, dass diese Vorschrift die Besteuerung der Erträge aus ausländischen Investmentanteilen der Besteuerung der Erträge aus inländischen Sondervermögen angleichen sollte.[104] Die Einbeziehung von anderen ausländischen Rechtsformen neben nichtrechtsfähigen Sondervermögen sprach nicht zwangsläufig gegen eine steuerliche Gleichbehandlung.

Eine Ungleichbehandlung inländischer Anteilsinhaber an ausländischen Investmentfonds gegenüber inländischen Anteilsinhabern an inländischen Sondervermögen lag jedoch vor, wenn die Untersagung des öffentlichen Vertriebs bestimmter ausländischer Fonds zu einer schärferen Besteuerung des Anlegers führte. Eine derartige Sanktionierung der Tätigkeit eines Investmentfonds mit

---

[103] *Beckmann*, in Beckmann/Scholtz/Vollmer, AuslInvestmG, § 1 Rz. 44.
[104] BT-Drs., 5/3494, S. 14.

steuerlich nachteiligen Rechtsfolgen beim Anteilsinhabers war dem KAGG fremd.[105] Die steuerliche Benachteiligung inländischer Anleger an ausländischen Investmentfonds, die aufgrund ihrer Satzung oder Vertragsbedingungen die formalen Voraussetzungen des § 17 Abs. 3 i. V. m. 2 Abs. 1 Nr. 4 AuslInvestmG nicht erfüllen konnten, hätte eine Beschränkung des steuerlichen Anwendungsbereichs des AuslInvestmG auf solche Fonds rechtfertigen können, welche zumindest imstande waren, die für die Regelbesteuerung als weiße Fonds relevanten Vertriebsvoraussetzungen zu erfüllen.[106] Dies hätte jedoch eine Verankerung des gesetzgeberischen Willens nach einer Gleichbehandlung in- und ausländischer Investmenterträge vorausgesetzt. De lege lata war demnach ein Begriffsverständnis des ausländischen Investmentanteils unter Anwendung einer rechtsformneutralen, wirtschaftlichen Betrachtungsweise vorzugswürdig.

b) Nichtanwendbarkeit allgemeiner steuerlicher Zurechnungsvorschriften

Richtigerweise verdrängten die steuerlichen Sondervorschriften des AuslInvestmG allgemeine steuerliche Zurechnungsvorschriften. Dies ergab sich jedoch nicht aus der Rechtsprechung zum Vorrangverhältnis des AuslInvestmG gegenüber dem EStG[107], sondern aus Sinn und Zweck der steuerlichen Zurechnungsvorschriften des AuslInvestmG gegenüber allgemeinen Zurechnungsvorschriften.[108] Die von *Pfaar* und *Welke* vertretene Differenzierung zwischen gewerblichen und vermögensverwaltenden Fondsgesellschaften zur Bestimmung des steuerlichen Anwendungsbereiches des AuslInvestmG kann nicht überzeugen. Nach der von den Autoren herangezogenen Vorschrift des § 39 Abs. 2 Nr. 2 AO sind Wirtschaftsgüter, die mehreren zur gesamten Hand zustehen, den Beteiligten anteilig zuzurechnen, soweit eine getrennte Zurechnung für die Besteuerung erforderlich ist. Das Kriterium der Erforderlichkeit ist hierbei auf den Inhalt des

---

[105] Stattdessen war der BAFin als Bankaufsichtsbehörde gem. § 2 Abs. 1 KAGG das Recht eingeräumt, im Rahmen der Aufsicht über die Kapitalanlagegesellschaften und Depotbanken alle Anordnungen zu treffen, die erforderlich und geeignet waren, das Investmentgeschäft zu gewährleisten. Verstöße der Kapitalanlagegesellschaft gegen Vorschriften des KAGG wirkten sich auf die Besteuerung des Anteilsinhabers nicht aus.

[106] Vgl. *Fock*, RIW 2003, 118, 123, in Bezug auf ausländische „Private-Equity-Fonds“ oder „Hedgefonds“, die gem. § 2 Abs. 1 Nr. 4 Buchst. g AuslInvestmG im Inland nicht öffentlich vertrieben werden durften und dadurch auf Seiten des inländischen Anlegers Gefahr liefen, die verschärfte Besteuerung nach § 18 Abs. 1 oder 3 AuslInvestmG nach sich zu ziehen.

[107] Vgl. BFH, BStBl. II 2001, 22.

[108] A. A. insoweit *Bünning*, FR 2002, 982, 989.

einzelnen Steuergesetzes zu beziehen.[109] Als Spezialgesetz in diesem Sinne war § 17 Abs. 1 i. V. m. § 1 Abs. 1 S. 1 AuslInvestmG zu Grunde zu legen. Aus der darin normierten einheitlichen Einkunftsqualifikation ergab sich, dass eine bruchteilsanteilige Zurechnung ausländischer Vermögensanteile im Gesamthandsvermögen einer Personengesellschaft, die ein Investmentvermögen abbildete, an die inländischen Anleger nicht erforderlich war. Die Einkünfte des inländischen Anlegers waren gem. § 17 Abs. 1 S. 1, § 18 Abs. 1 S. 1 AuslInvestmG stets Einkünfte aus Kapitalvermögen i. S. des § 20 Abs. 1 EStG, wenn sie nicht zu dessen Betriebseinnahmen gehörten. Ein Durchgriff auf die Gesellschafter im Sinne einer bruchteiligen Zurechnung des Investmentvermögens war nicht erforderlich, um eine sachlich zutreffende Besteuerung zu gewährleisten.[110] § 39 AO wurde insoweit von § 17 Abs. 1, § 18 Abs. 1 AuslInvestmG verdrängt.[111]

c) Ergebnis

Im Ergebnis war das AuslInvestmG daher auf ausländische Investmentfonds jeder Rechtsform anwendbar, auch auf vermögensverwaltende Personengesellschaften. Der wirtschaftlichen Betrachtungsweise entsprechend verzichtete das AuslInvestmG bewusst darauf, von verbrieften Investmentanteilen, den Anteilsscheinen, zu sprechen. Anders als bei der inländischen Kapitalanlagegesellschaft, die gem. § 1 Abs. 1 KAGG dazu verpflichtet war, über die Anteile eines Anteilsinhabers am Sondervermögen Investmentzertifikate auszustellen[112], war dies nach dem Recht im Sitzstaat des ausländischen Investmentvermögens unter Umständen nicht erforderlich.[113] Gleichwohl wurde mit dem erweiterten Anwendungsbereich ein breiteres Feld internationaler Doppelbesteuerung eröffnet, das bei Anwendung eines DBA zu einer Einschränkung des innerstaatlichen Besteuerungsrechts führen konnte. Dieses Spannungsverhältnis, welches nach In-Kraft-Treten des InvStG durch Beibehaltung des wirtschaftlichen Investmentbegriffs fortbesteht, wird in Kapitel 4 näher untersucht.[114]

---

[109] *Tipke/Kruse*, AO, § 39 Rz. 87 f.; BFH, BStBl II 1967, 539; BStBl II 1997, 678.
[110] *Bünning*, FR 2002, 982, 989.
[111] *Fock*, RIW 2003, 118, 121.
[112] H. M., *von Caemmerer*, JZ 1958, 41, 44 f.; *Baur*, KAGG, § 1 Rz. 26; *Zeller*, in Brinkhaus/Scherer, KAGG, § 1 Rz. 30; a. A. *Beckmann*, in Beckmann/Scholtz/Vollmer, KAGG, § 1 Rz. 18.
[113] *Baur*, AuslInvestmG, § 1 Rz. 29.
[114] Vgl. Kapitel 4, S. 101 ff.

6. Steuergestaltungsüberlegungen

In der Literatur sind frühzeitig steuergestalterische Maßnahmen zur Vermeidung der strengen vertriebs- uns steuerrechtlichen Vorschriften des AuslInvestmG diskutiert worden. Neben der richtigerweise verworfenen Idee der Nichtanwendung des Gesetzes durch geeignete ausländische Rechtsformwahl sollte die Zwischenschaltung inländischer Gesellschaftsformen zwischen den inländischen Anleger und das ausländische Investmentvermögen die Anwendbarkeit des AuslInvestmG verhindern.

a) Zwischenschaltung einer inländischen GmbH & Co. KG

Philipps sah in der Beteiligung an einer inländischen GmbH & Co KG, welche die ausländischen Fondsanteile erwarb und den Anlegern Kommanditanteile einräumte, eine geeignete Maßnahme, um die strengen Vertriebsvorschriften sowie die als nachteilig empfundenen steuerrechtlichen Vorschriften des AuslInvestmG zu vermeiden.[115] Begründet wurde die Einschaltung einer GmbH & Co. KG mit der Überlegung, dass diese keine öffentliche Vertriebshandlung im Inland vornehme, wie es § 1 Abs. 1 S. 1 AuslInvestmG voraussetzte. Das Argument fehlender öffentlichen Vertriebstätigkeit des Fonds oder der Investmentgesellschaft war jedoch nicht stichhaltig, da der Absatz der Kommanditanteile ohne Hinweis auf die Anteile des ausländischen Investmentfonds nicht denkbar gewesen wäre. Letztlich hätte der Geschäftszweck der Kommanditgesellschaft, die Anlage in ausländische Fondsanteile, in irgendeiner Form bekannt gegeben werden müssen, so dass ein öffentliches Anbieten i. S. des § 1 Abs. 1 S. 1 AuslInvestmG zu bejahen gewesen sein dürfte.[116] Im Übrigen führte die Nichteinhaltung der strengen Vertriebsvorschriften des AuslInvestmG nicht etwa zur Vermeidung des steuerlichen Anwendungsbereichs, sondern im Gegenteil zu einer umfassenderen Steuerpflicht des Anteilsinhabers gem. § 18 Abs. 1, 3 AuslInvestmG.[117]

---

[115] *Philipps*, WID 1971, S. 8, 9 f.; i. E. ebenso *Pfaar/ Welke*, IWB 2001, Gr. 3, S. 1317, 1331, für eine nicht gewerblich geprägte GmbH & Co. KG; vgl. ferner zu sog. inländischen Parallelfonds in der Rechtsform der GmbH & Co. KG *Bünning*, FR 2002, 982, 992.

[116] *Flachmann*, ZfK 1972, 59, ließ bereits die Angabe des Geschäftszweckes der Anlage in ausländische Fondsanteile – ohne konkrete Angabe bestimmter Fonds – genügen, da das Gesetz eine solche Konkretisierung nicht voraussetzte.

[117] Vgl. § 18 Abs. 1 S. 1 AuslInvestmG, der an die Nichterfüllung der Voraussetzungen des § 17 AuslInvestmG und damit auch an dessen strenge vertriebsrechtliche Anforderungen anknüpfte.

Eine Abschirmung der inländischen Gesellschafter von einer Besteuerung nach dem AuslInvestmG war jedenfalls nicht gegeben. Zwar begründete die Beteiligung an der inländischen Kommanditgesellschaft unmittelbar keinen ausländischen Investmentanteil, da die inländische Personengesellschaft keinem ausländischen Recht unterlag. Auf das Verhältnis der inländischen Kommanditgesellschaft zu dem ausländischen Investmentfonds fand das AuslInvestmG jedoch sehr wohl Anwendung, wenn der ausländische Fonds ein Investmentvermögen i. S. der § 1 Abs. 1 S. 1, § 17 Abs. 1 S. 1 AuslInvestmG abbildete.[118]

b) Zwischenschaltung einer inländischen Kapitalgesellschaft

Die Beteiligung an einem ausländischen Investmentvermögen über eine inländische Kapitalgesellschaft konnte aus Sicht der einzelnen Gesellschafter die Besteuerung nach dem AuslInvestmG verhindern, da die inländische Kapitalgesellschaft kein ausländisches Investmentvermögen verkörperte. Auf der Ebene der inländischen Kapitalgesellschaft waren die steuerrechtlichen Vorschriften des AuslInvestmG hingegen anwendbar, so dass lediglich ein Austausch des den Investmentanteil haltenden Steuersubjekts stattfand. Im Übrigen unterlag die Kapitalgesellschaft der inländischen Körperschaft- und Gewerbesteuer.[119]

II. Anlagegegenstände

§ 1 Abs. 1 S. 1 AuslInvestmG enthielt eine abschließende Aufzählung der Anlagegegenstände des Investmentfonds. Danach musste sich das dem ausländischen Recht unterfallende Vermögen aus Wertpapieren, Forderungen aus Gelddarlehen, über die eine Urkunde ausgestellt ist, Einlagen oder Grundstücken zusammensetzen, welches nach dem Grundsatz der Risikomischung angelegt war. Dieses Vermögen bildete gem. § 17 Abs. 1 S. 1 AuslInvestmG das „ausländische Investmentvermögen". Eine originäre Definition der Begriffe Wertpapiere, Einlagen oder Grundstücke enthielt das AuslInvestmG nicht, so dass die Auslegung dieser Begriffe an die Inhalte gebunden war, die im allgemeinen recht-

[118] *Bünning*, FR 2002, 982, 992. Zu keinem anderen Ergebnis führt auch das Schreiben des BAKred vom 22.10.1984, abgedruckt in Beckmann/Scholtz/Vollmer, Schreiben des BAKred zum AuslInvestmG, Nr. 16, S. 21. Darin vertrat das BAKred die Auffassung, dass § 1 Abs. 1 AuslInvestmG „auf das öffentliche Angebot von Beteiligungen an einer deutschen Kommanditgesellschaft oder Gesellschaft bürgerlichen Rechts", die sich ihrerseits an US-amerikanischen „Limited Partnerships" beteiligen, auch dann nicht anwendbar sei, wenn das Vermögen der US-amerikanischen Gesellschaften nach dem Grundsatz der Risikomischung angelegt sei. Zweifelnd *Pfüller/Schmitt*, in Brinkhaus/Scherer, AuslInvestmG, § 1 Rz. 30.

[119] Vgl. *Kayser/Steinmüller*, FR 2002, 1269, 1279.

lichen Sprachgebrauch oder in anderen Gesetzen zur Anwendung kamen. Nach zivilrechtlichem Verständnis sind Wertpapiere Urkunden, die ein Vermögensrecht derart verbriefen, dass zur Geltendmachung des Rechtes die Innehabung der Urkunde erforderlich ist.[120] Stellte das ausländische Recht geringere Anforderungen an ein deutschen Rechtsvorstellungen wirtschaftlich gleichwertiges Wertpapier, sollte nach verbreiteter Literaturauffassung das ausländische Recht zu Grunde gelegt werden.[121] Jedoch konnte das ausländische Recht nicht isoliert zur Begriffsdefinition herangezogen werden, vielmehr bedurfte es in Zweifelsfällen einer Auslegung nach innerstaatlichen Grundsätzen, insbesondere einer wirtschaftlichen Betrachtungsweise unter Berücksichtigung des ausländischen Rechtsverständnisses. Nur insoweit, als die dem ausländischen Recht unterworfenen Anlagegegenstände bei wirtschaftlicher Betrachtungsweise einem Wertpapier im deutschen wertpapierrechtlichen Sinne entsprachen, handelte es sich um einen Anlagegegenstand nach § 1 Abs. 1 S. 1 AuslInvestmG. Auch unter Heranziehung der wirtschaftlichen Betrachtungsweise setzte die Wertpapiereigenschaft richtigerweise eine Verbriefung der Rechtsposition voraus. Der Anwendbarkeit des AuslInvestmG stand die Anlage des ausländischen Vermögens in Gesellschaftsbeteiligungen, die nicht verbrieft waren, aber nur dann entgegen, wenn diese Vermögensanlage gegenüber den anderen in § 1 Abs. 1 S. 1 AuslInvestmG genannten Anlagegegenständen überwog.[122]

Einlagen sind Gelder, die bei dritten Stellen auf Sicht oder Termin gehalten werden und von diesen mit dem vollen Betrag einschließlich der gegebenenfalls angefallenen Zinsen zurückzuzahlen sind.[123] Forderungen aus Gelddarlehen, über die eine Urkunde ausgestellt ist, sind vor allem Schuldscheindarlehen oder vergleichbare verbriefte Forderungen.[124]

---

[120] *Hueck/Canaris*, S. 1. Zu den Wertpapieren zählen vor allem mitgliedschaftliche Papiere wie Aktien, ferner Zins- und Gewinnanteilsscheine, Genussscheine sowie Schuldverschreibungen, vgl. *Baur*, in Assmann/Schütze, § 19 Rz. 15.

[121] *Beckmann*, in Beckmann/Scholtz/Vollmer, AuslInvestmG, § 1 Rz. 13 unter Hinweis auf den Anlegerschutzgedanken; *Pfüller/Schmitt*, in Brinkhaus/Scherer, § 1 AuslInvestmG Rz. 38.

[122] *Beckmann*, in Beckmann/Scholtz/Vollmer, AuslInvestmG, § 1 Rz. 22 f. Zu solchen unverbrieften Unternehmensbeteiligungen gehörten z. B. Kommandit- oder GmbH-Anteile. Vgl. zu Derivaten *Pöllath/Rodin*, in FS Rädler, 487, 497. Auf eine fehlende Bagatellgrenze tauglicher Anlagegegenstände hinweisend *Pfüller/Schmitt*, in Brinkhaus/Scherer, § 1 AuslInvestmG Rz. 43.

[123] *Beckmann*, in Beckmann/Scholtz/Vollmer, AuslInvestmG, § 1 Rz. 17.

[124] *Baur*, in Assmann/Schütze, § 19 Rz. 15a; *Beckmann*, in Beckmann/Scholtz/Vollmer, AuslInvestmG, § 1 Rz. 15.

Nach Verwaltungsauffassung war der Grundstücksbegriff nicht zivilrechtlich, sondern wirtschaftlich auszulegen. Folglich konnten mehrere Grundstücke im sachenrechtlichen Sinne[125] eine wirtschaftliche Einheit bilden und als ein Grundstück i. S. des § 1 Abs. 1 S. 1 AuslInvestmG angesehen werden.[126]

III. Grundsatz der Risikomischung

Die Frage der Anwendbarkeit der steuerlichen Vorschriften des AuslInvestmG auf den ausländischen Investmentfonds hing maßgeblich davon ab, ob das Vermögen des Fonds nach dem Grundsatz der Risikomischung angelegt war, § 17 Abs. 1 S. 1 i. V. m. § 1 Abs. 1 S. 1 AuslInvestmG. Von einer Risikomischung des Investmentvermögens war auszugehen, wenn das Vermögen in eine Vielzahl der genannten Anlagegegenstände investiert wurde oder investiert werden sollte.[127]

Uneinigkeit bestand darüber, ab welcher Anzahl an den im Fondsvermögen gehaltenen Anlagegegenständen von einer Vielzahl im oben genannten Sinne gesprochen werden konnte. Nach einer Auffassung war eine quantitative Bestimmung bei Wertpapieren, verbrieften Forderungen aus Gelddarlehen und Einlagen nicht möglich. Auch eine im Vergleich zu § 8a KAGG geringere Streuung der Vermögensgegenstände sollte genügen können.[128] Demgegenüber gingen andere von einer Vielzahl von Wertpapieren aus, wenn mindestens drei verschiedene Anlagen bestanden.[129] Die Mindestgrenze einer Risikomischung im Grundstücksvermögen wurde überwiegend bei vier Grundstücken gesehen, in Anlehnung an die Abgrenzung zwischen privater Vermögensverwaltung und gewerblichem Grundstückshandel.[130] Damit übereinstimmend ging das BAKred bei Anteilen einer US-amerikanischen „Limited Partnership" von Investmentanteilen i. S. des § 1 Abs. 1 S. 1 AuslInvestmG aus, wenn das Gesellschaftsvermö-

---

125 *Bassenge*, in Palandt, Vor § 873 Rz. 1. Danach ist ein Grundstück ein räumlich abgegrenzter Teil der Erdoberfläche, der im Bestandsverzeichnis eines Grundbuchblattes unter einer besonderen Nummer vermerkt ist.

126 BAKred, Schreiben vom 01.07.1977, abgedruckt in Beckmann/Scholtz/Vollmer, Schreiben des BAKred zum AuslInvestmG, Nr. 10, S. 13.

127 Amtl. Begr., BT-Drs. 5/3494, S. 17; *Baur*, in Assmann/Schütze, § 19 Rz. 18.

128 *Beckmann*, in Beckmann/Scholtz/Vollmer, AuslInvestmG, § 1 Rz. 26; auf eine Einzelfallprüfung abstellend *Pfüller/Schmitt*, in Brinkhaus/ Scherer, AuslInvestmG, § 1 Rz. 51; *Bünning*, FR 2002, 982, 991.

129 *Baur*, AuslInvestmG, § 1 Rz. 39; *Strobl-Haarmann/Krause*, in FS Müller, S. 365, 370 f.

130 *Baur*, AuslInvestmG, § 1 Rz. 39; *Beckmann*, in Beckmann/Scholtz/Vollmer, § 1 Rz. 26; a. A. *Gründl*, WiWiSt 1993, 163, 165, der ab einer Zahl von 10 Grundstücken analog § 28 Abs. 1 KAGG von einer risikodiversifizierten Immobilieninvestition ausging.

gen zu 75 v. H. aus drei Grundstücken und zu 25 v. H. aus Anteilen an „Real Estate Investment Trusts“ bestand, die ihrerseits mehr als drei Grundstücke in ihrem Vermögen verwalteten.[131]

Nach herrschender Meinung musste die Zielsetzung einer Risikomischung aus einer Mischung möglicher Verlustrisiken und Gewinnchancen bestehen, gleich welchen Schwerpunkt die Fondsanlage im Einzelfall setzte.[132] Ein Vermögen war jedoch nur dann nach dem Grundsatz der Risikomischung angelegt, wenn die Schaffung dieses Investmentvermögens die Anlage von Geldvermögen bezweckte und der Geschäftsbetrieb des Fonds nach seiner objektiven Ausgestaltung gerade auf die Anlage von Geldvermögen in den gesetzlich genannten Vermögensgegenständen gerichtet war und nicht auf andere Zwecke.[133] In der Anlaufzeit des Fonds reichte es aus, dass die Investmentgesellschaft eine Risikomischung anstrebte oder eine solche zumindest als Folge ihrer Anlagestrategie erwartet wurde.[134]

Das immanente Ziel der Risikomischung sollte unmittelbar und ausschließlich die Kapitalwertsicherung der Anlage sein.[135] Das BAKred lehnte hieran anknüpfend eine Risikomischung ab, wenn die Anlagestrategie über eine bloße Partizipation am Kapitalwert des unternehmerisch selbständig bleibenden Anlageobjektes hinausging, indem in den Entscheidungs- und Verantwortungsbereich der Unternehmen eingegriffen wurde, an denen sich der Fonds beteiligte.[136] Eine Gesellschaft, deren Zweck ausschließlich darin bestand, Unternehmen durch eine Kapitalbeteiligung zu fördern und ihnen eine qualifizierte Betreuung in der Geschäftsführung zukommen zu lassen, vermittelte ihren Gesellschaftern keine

---

131 BAKred, Schreiben vom 13.02.1989, abgedruckt in Beckmann/Scholtz/Vollmer, Schreiben des BAKred zum AuslInvestmG, Nr. 20, S. 26, unter Rückgriff auf § 1 Abs. 1 S. 2 AuslInvestmG.

132 *Baur*, § 1 Rz. 39, der daher auch Wachstumsfonds, bei denen die Wertsteigerung Hauptmotiv der Anlage ist, als Gegenstand einer risikogemischten Anlage betrachtete; ebenso *Beckmann*, in Beckmann/Scholtz/Vollmer, AuslInvestmG, § 1 Rz. 30.

133 BVerwG, NJW 1980, 2482; *Beckmann*, in Beckmann/Scholtz/Vollmer, AuslInvestmG, § 1 Rz. 31; *Baur*, AuslInvestmG, § 1 Rz. 41; *ders.*, in Assmann/Schütze, § 19 Rz. 18; *Pfüller/Schmitt*, in Brinkhaus/Scherer, AuslInvestmG, § 1 Rz. 47.

134 BAKred, Schreiben vom 01.07.1977, abgedruckt in Beckmann/Scholtz/Vollmer, Schreiben des BAKred zum AuslInvestmG, Nr. 10, S. 13.

135 *Baur*, in Assmann/Schütze, § 19 Rz. 19, in Anlehnung an BVerwG, NJW 1980, 2482.

136 BAKred, Schreiben vom 30.08.1990, abgedruckt in Beckmann/Scholtz/Vollmer, Schreiben des BAKred zum AuslInvestmG, Nr. 26, S. 32.

auf Risikomischung ausgelegte Kapitalanlage.[137] Diese Argumentation beruhte auf dem Gedanken des § 8a KAGG, der für Wertpapier-Sondervermögen eine prozentuale Begrenzung des Erwerbs von stimmrechtsberechtigten Aktien eines Ausstellers vorsah. Danach gehörte es zum Wesen des Investmentfonds, keine Einflussnahme auf die Geschäftsführung der Unternehmen anzustreben, in die investiert wurde. Übertragen auf das AuslInvestmG ließ sich daraus ein Abgrenzungskriterium des ausländischen Investmentvermögens von der bloßen Holding- oder Beteiligungsgesellschaft gewinnen, die auf eine konzernmäßige Steuerung von Unternehmensrisiken zielte.[138] Je größer der unternehmerische Einfluss der Fondsgesellschaft auf die anteilig im Gesellschaftsvermögen gehaltenen Kapitalgesellschaften war, desto eher war das Kriterium der Risikomischung i. S. des § 1 Abs. 1 S. 1 AuslInvestmG nicht erfüllt.

Gem. § 1 Abs. 1 S. 2 AuslInvestmG galt der Grundsatz der Risikomischung auch dann als gewahrt, wenn das Vermögen in nicht nur unerheblichem Umfang Anteile an einem oder mehreren anderen Vermögen enthielt und diese anderen Vermögen unmittelbar oder mittelbar nach dem Grundsatz der Risikomischung angelegt waren. Ausreichend war also, dass die Risikomischung zumindest bei einem oder dem letzten mehrerer zwischengeschalteter Fonds verwirklicht wurde.[139]

---

[137] BAKred, Schreiben vom 28.08.1991, abgedruckt in Beckmann/Scholtz/Vollmer, Schreiben des BAKred zum AuslInvestmG, Nr. 27, S. 33; BAKred, Schreiben vom 07.12.2001, abgedruckt in Beckmann/Scholtz/Vollmer, Schreiben des BAKred zum AuslInvestmG, Nr. 38, S. 91.

[138] *Beckmann*, in Beckmann/Scholtz/Vollmer, AuslInvestmG, § 1 Rz. 32; *Baur*, AuslInvestmG, § 1 Rz. 47. Nach Ansicht von *Kayser* und *Steinmüller* dient dieses Kriterium auch der Abgrenzung gegenüber klassischen „Private-Equity-Fonds"; *Kayser/Steinmüller*, FR 2004, 137, 145.

[139] *Beckmann*, in Beckmann/Scholtz/Vollmer, AuslInvestmG, § 1 Rz. 35; *Baur*, AuslInvestmG, § 1 Rz. 43; vgl. zum Verbot einer Anlage durch einen Dachfonds in einen anderen Dachfonds (sog. Kaskadenfondsverbot) *Pfüller/Schmitt*, in Brinkhaus/Scherer, AuslInvestmG, § 1 Rz. 61.

C. Ertragsbesteuerung nach dem AuslInvestmG

Die steuerrechtlichen Vorschriften des AuslInvestmG ließen sich in die steuerliche Behandlung der Repräsentanten und Vertreter gem. § 16 AuslInvestmG, die Besteuerung der Erträge aus ausländischen Investmentanteilen gem. §§ 17 und 18 AuslInvestmG, die Anrechnung bzw. den Abzug ausländischer Steuern gem. § 19 AuslInvestmG, Vorschriften über die zeitliche Anwendung nach § 19a AuslInvestmG und die sinngemäße Anwendung der vorgenannten Vorschriften auf sogenannte EG-Investmentanteile i. S. des § 15 Abs. 1 AuslInvestmG gem. § 20 AuslInvestmG unterteilen.

§§ 17 f. AuslInvestmG regelten die Besteuerung der Erträge aus ausländischen Investmentanteilen und nahmen eine Einteilung unter drei verschiedene Investmentvermögen vor. Die jeweiligen Besteuerungsfolgen richteten sich nach der Mitwirkung der ausländischen Investmentgesellschaft bei der Ermittlung der inländischen Besteuerungsgrundlagen und dem Vorhandensein inländischer Vertreter. Zwar hat das InvStG die Unterscheidung zwischen weißen, grauen und schwarzen Investmentfonds aufgehoben. Indes wurde mit § 6 InvStG die nachteilige Besteuerung aus Anteilen nichtregistrierter Investmentvermögen bzw. schwarzen Fonds in abgemilderter Form beibehalten und auf inländische Sondervermögen ausgeweitet. Das InvStG ist insoweit an die Vorschriften des AuslInvestmG angelehnt.[140] Da auch die steuerpflichtigen Einkünfte, abgesehen von Zwischengewinnen, ihrer Art nach in das InvStG Eingang gefunden haben, soll im Folgenden neben der neuen auch die bisherige Gesetzeslage betrachtet werden. Steuerpflichtige Einkünfte, bei denen es sich materiell steuerrechtlich nicht um Erträge aus Investmentfonds handelt, werden mit Ausnahme der Gewinne aus der Veräußerung oder Rückgabe von Investmentanteilen nicht näher untersucht.[141]

---

[140] Vgl. *Sradj/Mertes*, DStR 2004, 201, 205.

[141] Hauptanwendungsfall ist der sog. Ertragsausgleich bzw. Ertragsanteil i. S. des § 17 Abs. 2 S. 2 AuslInvestmG bzw. § 9 InvStG, vgl. dazu *Heller*, DStZ 2003, 261, 263; *Tormann*, in Herrmann/Heuer/Raupach, AuslInvestmG, § 17 Rz. 7; *Baranowski*, Rz. 1630 f.; *Baur*, KAGG, § 15 Rz. 31 f.

I. Anteile an registrierten Investmentfonds mit Ertragsnachweis (sogenannte weiße Fonds)

§ 17 AuslInvestmG regelte die Besteuerung der Erträge aus solchen ausländischen Investmentanteilen, bei denen entweder der öffentliche Vertrieb der Anteile in Deutschland nach § 17 Abs. 3 Nr. 1 Buchst. a AuslInvestmG zugelassen war oder deren Anteile an einer inländischen Börse zum amtlichen Handel zugelassen waren und über den Handel an der Börse hinaus nicht öffentlich im Inland vertrieben wurden, § 17 Abs. 3 Nr. 1 Buchst. b AuslInvestmG. Im Falle der börsenzugelassenen Anteile war die ausländische Investmentgesellschaft gem. § 17 Abs. 3 Nr. 1 Buchst. b AuslInvestmG verpflichtet, einen inländischen Vertreter zu bestellen, der sie gegenüber den Finanzbehörden und vor den Gerichten der Finanzgerichtsbarkeit vertrat.[142] Schließlich hatte die Investmentgesellschaft gem. § 17 Abs. 3 Nr. 2 AuslInvestmG den Anteilsinhabern bei jeder Ausschüttung die Besteuerungsgrundlagen bekannt zu machen. Dies betraf nach § 17 Abs. 3 Nr. 2 Buchst. a, b AuslInvestmG sowohl Ausschüttungen als auch ausschüttungsgleiche Erträge sowie deren steuerlich relevante Zusammensetzung. Diese Bekanntmachung hatte spätestens drei Monate nach Ablauf des Geschäftsjahres zu erfolgen, in dem die ausschüttungsgleichen Erträge als zugeflossen galten, d. h. in dem sie von der ausländischen Investmentgesellschaft vereinnahmt worden waren.[143] Schließlich musste die Investmentgesellschaft gem. § 17 Abs. 3 Nr. 3 AuslInvestmG sowohl den Zwischengewinn als auch die Summe der noch nicht dem Steuerabzug unterworfenen thesaurierten steuerpflichtigen Erträge börsentäglich ermitteln und mit dem Rücknahmepreis veröffentlichen. Die Richtigkeit ihrer Angaben waren auf Anforderung nachzuweisen, etwa dadurch, dass der Repräsentant oder Vertreter auf Verlangen der deutschen

---

[142] Gem. § 16 AuslInvestmG galt dieser Vertreter nicht als ständiger Vertreter i. S. des § 49 Abs. 1 Nr. 2 Buchst. a EStG, soweit er die ausländische Investmentgesellschaft gerichtlich oder außergerichtlich vertrat und hierbei weder über die Anlage des eingelegten Geldes bestimmte noch bei dem Vertrieb der Investmentgesellschaft tätig wurde. Gleiches galt für den Repräsentanten einer ausländischen Investmentgesellschaft, der nach § 2 Abs. 1 Nr. 1 i. V. m. § 17 Abs. 3 Nr. 1 Buchst. a AuslInvestmG benannt werden musste, wollte die Investmentgesellschaft die Zulassung zum öffentlichen Vertrieb der Investmentanteile erhalten. Im Umkehrschluss aus § 16 AuslInvestmG galten Repräsentant bzw. Vertreter als ständiger Vertreter, wenn sie Funktionen der Geschäftsleitung wahrnahmen oder sich in den Vertrieb der Investmentanteile einschalteten, vgl. *Söffing*, InfStW 1969, 412, 416; *Tormann*, in Herrmann/Heuer/Raupach, AuslInvestmG, § 16 Rz. 4.

[143] Dies ergab sich aus § 17 Abs. 3 Nr. 2 i. V. m. § 17 Abs. 1 S. 3 AuslInvestmG.

Finanzbehörden diesen die erforderlichen Unterlagen zur Verfügung stellte.[144] Erfüllte ein ausländisches Investmentvermögen diese Anforderungen, sprach man von einem registrierten ausländischen Investmentvermögen oder kurz von einem weißen Fonds.[145]

1. Steuerpflichtige Erträge

Zu den beim Anteilsinhaber steuerpflichtigen Erträgen aus registrierten Investmentvermögen gehörten gem. § 17 Abs. 1 S. 1, Abs. 2a AuslInvestmG Ausschüttungen, ausschüttungsgleiche Erträge sowie Zwischengewinne.

a) Ausschüttungen

Ausschüttung i. S. des § 17 Abs. 1 S. 1 AuslInvestmG bedeutete Bruttoausschüttung, also die Ausschüttung einschließlich einer im Sitzstaat der ausländischen Investmentgesellschaft auf die Ausschüttung erhobenen Abzugsteuer.[146] Abzugrenzen von der Auskehrung ordentlicher Erträge war die vom Wortlaut „Ausschüttungen" umfasste, jedoch nicht als Ausschüttung zu erfassende Substanzauskehrung oder Kapitalrückzahlung.[147] Die Herkunft der Ausschüttung war für nationale Besteuerungszwecke grundsätzlich nicht von Bedeutung.[148] Sie konnte sich etwa aus Dividenden und Zinsen, bei Immobilienfonds zusätzlich aus Erträgen aus Vermietung und Verpachtung zusammensetzen.

aa) Steuerfreie Erträge

Bestimmte Teile der Ausschüttungen auf ausländische Investmentanteile waren unter den Voraussetzungen des § 17 Abs. 2 AuslInvestmG steuerfrei, wenn die Investmentanteile im Privatvermögen gehalten wurden. Die Steuerfreiheit bestand gem. § 17 Abs. 2 S. 1 Nr. 1 AuslInvestmG für die Gewinne aus der Veräußerung von Wertpapieren und Bezugsrechten auf Anteile an Kapitalgesellschaften. Die Vorschrift führte zu einer Besserstellung des Investmentfondsanlegers gegenüber dem Direktanleger, da letzterer Spekulationsgewinne aus

---

[144] *Tormann*, in Herrmann/Heuer/Raupach, AuslInvestmG, Einf. Rz. 5; *Söffing*, InfStW 1969, 412, 415.

[145] *Söffing*, InfStW 1969, 412, 414; *Bölter/Linner/Otto*, S. 29; *Wolf Wassermeyer*, IStR 2001, 193, 195.

[146] *Baur*, AuslInvestmG, § 17 Rz. 11; *Scholtz*, in Beckmann/Scholtz/Vollmer, AuslInvestmG, § 17 Rz. 18; *Tormann*, in Herrmann/Heuer/Raupach, AuslInvestmG, § 17 Rz. 5.

[147] Str., vgl. *Tormann*, in Herrmann/Heuer/Raupach, AuslInvestmG, § 17 Rz. 5; *Brinkhaus*, in Brinkhaus/Scherer, AuslInvestmG, § 17 Rz. 25.

[148] Ausnahmen galten für die in Ausschüttungen enthaltenen, zuvor als ausschüttungsgleiche Erträge behandelten Einnahmen, vgl. *Brinkhaus*, in Brinkhaus/Scherer, AuslInvestmG, § 17 Rz. 16.

Wertpapierveräußerungsgeschäften gem. § 23 Abs. 1 S. 1 Nr. 2 EStG zu versteuern hatte. Nicht steuerbefreit waren Veräußerungsgewinne aus Termingeschäften i. S. des § 23 Abs. 1 S. 1 Nr. 4 EStG.
Steuerfrei waren gem. § 17 Abs. 2 Nr. 2 AuslInvestmG auch die Gewinne aus der Veräußerung von Grundstücken und grundstücksgleichen Rechten, sofern es sich nicht um Veräußerungsgeschäfte i. S. des § 23 Abs. 1 S. 1 Nr. 1, 3 EStG handelte.[149] Im Gegensatz zu Wertpapierveräußerungsgeschäften, die innerhalb eines Jahres seit Anschaffung getätigt wurden, bestand aufgrund der für Grundstücke geltenden Zehnjahresfrist kein Vereinfachungsgrund, Gewinne aus Veräußerungsgeschäften des Investmentvermögens steuerlich unberücksichtigt zu lassen.[150] Folglich ergab sich bei Grundstücken keine Abweichung der Fondsanlage gegenüber der Direktanlage, in beiden Fällen waren Gewinne aus privaten Veräußerungsgeschäften innerhalb der Spekulationsfrist beim Anleger steuerpflichtig.

bb) Ausschluss des Halbeinkünfteverfahrens

Eine steuerliche Ungleichbehandlung gegenüber inländischen Investmentfonds ergab sich bei ausländischen Investmentvermögen daraus, dass auf Dividenden und Veräußerungsgewinne, die der Fonds an den Steuerpflichtigen auszahlte, gem. § 17 Abs. 1 S. 1, Abs. 2 Nr. 1 S. 1 AuslInvestmG das Halbeinkünfteverfahren gem. § 3 Nr. 40 EStG, § 8b Abs. 1, Abs. 2 KStG keine Anwendung fand. Demgegenüber war das Halbeinkünfteverfahren bei inländischen Sondervermögen gem. § 40 Abs. 1, 2, § 40a Abs. 1 KAGG sowohl auf die Ausschüttungen und ausschüttungsgleichen Erträge als auch auf die von betrieblichen Anlegern erzielten Gewinne aus der Veräußerung von Anteilen anzuwenden. Der Gesetzgeber des Steuersenkungsgesetzes[151] begründete die Unterscheidung damit, dass ausländische Investmentvermögen durch die Systemumstellung auf das Halbeinkünfteverfahren nicht zusätzlich belastet worden seien, sondern, soweit sie inländische Aktien hielten, sogar günstiger gestellt worden seien. Daher hätte

---

149 *Baur*, AuslInvestmG, § 17 Rz. 59; *Scholtz*, in Beckmann/Scholtz/Vollmer, AuslInvestmG, § 17 Rz. 82.

150 Zweifelhaft ist, ob dieser Vereinfachungsgrund auch nach der früheren Rechtslage bestand, nach der eine lediglich zweijährige Spekulationsfrist bestand; vgl. *Baur*, KAGG, § 17 Rz. 59; *Tullius*, DB 1969, 1722; *Tormann*, in Herrmann/Heuer/Raupach, AuslInvestmG, § 17 Rz. 23; *Söffing*, InfStW 1969, 412, 414; *Hundertmark*, BB 1969, 1262, 1263.

151 Gesetz vom 23.10.2000, BGBl. I 2000, 1433.

kein Anlass bestanden, die ausgeschütteten oder thesaurierten Dividenden oder ähnliche Erträge ausländischer Fonds nur zur Hälfte zu besteuern.[152] Nach herrschender Literaturauffassung verletzte die Nichtanwendung der § 3 Nr. 40 EStG, § 8b KStG das Transparenzprinzip und stellte eine nicht gerechtfertigte Ungleichbehandlung gegenüber inländischen Investmentfonds dar.[153]

cc) Ausschüttungen von Personengesellschaften

In den steuerlichen Anwendungsbereich des AuslInvestmG fielen infolge des rechtsformneutralen Anteilsbegriffs gem. § 17 Abs. 1 S. 1 i. V. m. § 1 Abs. 1 AuslInvestmG auch ausländische Personengesellschaften. Unklar blieb jedoch, ob Zahlungen der Personengesellschaft an ihre inländischen Anteilsinhaber als Ausschüttungen oder als thesaurierte bzw. ausschüttungsgleiche Erträge zu behandeln waren. Nach nationalem allgemeinen Steuerrecht werden die Einkünfte steuerlich transparenter Personengesellschaften den Gesellschaftern mit Gutschrift auf den Gesellschafterkonten anteilig unmittelbar zugerechnet und von diesen versteuert. Die Auszahlung an den Gesellschafter wirkt sich als Entnahme steuerlich nicht aus, es sei denn, die Zahlung beruht auf einem besonderen Rechtsverhältnis zwischen Gesellschafter und Personengesellschaft.[154] Es ließ sich vertreten, dass das AuslInvestmG mangels ausdrücklicher Regelung die allgemeine Systematik der Personengesellschaftsbesteuerung zu Grunde legte. Danach wären alle Einkünfte des steuerlich transparenten Fonds als ausschüttungsgleiche Erträge beim inländischen Anteilsinhaber zu besteuern gewesen, soweit ein DBA keine Einschränkung vorgesehen hätte. Die zeitlich nachfolgende Auszahlung wäre als steuerlich irrelevante Entnahme zu behandeln gewesen.[155] Überzeugender erschien es, dass der Gesetzgeber mit den Begriffen „Ausschüttung“ und „ausschüttungsgleiche Erträge“ investmentsteuerrechtlich spezifische Regelungen zur Ermittlung der steuerbaren Einkünfte schaffen wollte, und zwar auch für ausländische Personengesellschaften.[156] Für diese Auslegung sprach die

[152] BT-Drs. 14/2683, S. 132.
[153] *Schumacher*, in Schaumburg/Rödder, S. 771 f.; *Brinkhaus*, in Brinkhaus/Scherer, AuslInvestmG, § 17 Rz. 17. Vgl. auch *Tibo*, DB 2000, 2291, 2293; *Fock/Stoschek*, FR 2000, 591, 599 f.; *Harenberg*, GStB 2001, 456; auf die Vorteile der Nichtanwendung der § 3 Nr. 40 EStG, § 8b KStG bei Verlusten ausländischer Fonds hinweisend *Hammer*, DStZ 2001, 857, 858; *Heller/Hammer*, DStZ 2001, 118, 121.
[154] Vgl. *Weber-Grellet*, in L. Schmidt, EStG, § 15 Rz. 560 ff.
[155] Vgl. *Brinkhaus*, in Brinkhaus/Scherer, AuslInvestmG, § 17 Rz. 24.
[156] *Brinkhaus*, in Brinkhaus/Scherer, AuslInvestmG, § 17 Rz. 24.

beabsichtigte Gleichbehandlung inländischer und ausländischer Investmentfonds. Soweit für deutsche Investmentfonds in Form von Sondervermögen zwischen Ausschüttungen bzw. ausgeschütteten Erträgen, die teilweise steuerbefreit sind, und ausschüttungsgleichen Erträgen unterschieden wurde, musste diese Unterscheidung auch für ausländische Investmentfonds gelten. Im Ergebnis waren Ausschüttungen einer ausländischen Personengesellschaft nicht als Entnahme zu behandeln, sondern unterlagen beim Anteilsinhaber der Besteuerung. Damit waren die gem. § 17 Abs. 2 AuslInvestmG steuerfreien Erträge auch bei Ausschüttungen einer Personengesellschaft zu berücksichtigen.

b) Ausschüttungsgleiche Erträge

Zu den ausschüttungsgleichen Erträgen gehörten gem. § 17 Abs. 1 S. 1 AuslInvestmG die von einem Investmentvermögen vereinnahmten Zinsen, Dividenden, Erträge aus der Vermietung und Verpachtung von Grundstücken und grundstücksgleichen Rechten, Gewinne aus privaten Veräußerungsgeschäften i. S. des § 23 Abs. 1 S. 1 Nr. 1, 3 und 4, Abs. 2 und 3 EStG sowie sonstige Erträge, die nicht zur Kostendeckung oder Ausschüttung verwendet worden waren. Ausschüttungsgleiche Erträge galten gem. § 17 Abs. 1 S. 3 AuslInvestmG mit Ablauf des Geschäftsjahres, in dem sie vereinnahmt wurden, als zugeflossen.[157] Die Gesetzesfiktion bezweckte damit die zeitnahe Besteuerung der im Fondsvermögen thesaurierten Erträge und die Herstellung gleicher Wettbewerbsverhältnisse zwischen in- und ausländischen Investmentvermögen.[158] Bis zum In-Kraft-Treten des AuslInvestmG konnten diese Erträge im Inland regelmäßig nicht besteuert werden, es sei denn, bei Rückgabe oder Veräußerung der Investmentanteile war ein Gewinn erzielt worden und die Anteile gehörten entweder zu einem Betriebsvermögen oder es lag ein steuerpflichtiges Veräußerungsgeschäft i. S. des § 23 EStG vor.[159] Die Anteilsinhaber thesaurierender ausländischer Investmentvermögen konnten der gesetzgeberischen Begründung zufolge gegenüber den Anteilsscheininhabern inländischer Sondervermögen Steuervorteile erlangen, da die Besteuerung thesaurierter Erträge bei inländischen Sondervermögen

---

[157] Abgesehen von ausschüttungsgleichen Erträgen, die als Leistungen aus Altersvorsorgeverträgen zu den sonstigen Einkünften i. S. des § 22 Nr. 5 EStG gehörten.

[158] Amtl. Begr., BT-Drs. 5/3494, S. 16; *Philipps*, AuslInvestmG, § 17 Rz. 1, 7; *Scholtz*, in Beckmann/Scholtz/Vollmer, AuslInvestmG, § 17 Rz. 27; *Lohr/Graetz*, S. 81.

[159] Erlass FM Nordrhein-Westfalen vom 16.06.1967, BB 1967, 827; *Scholtz*, in Beckmann/Scholtz/Vollmer, AuslInvestmG, § 17 Rz. 27; *Brosch*, BB 1967, 792, 794; *Hundertmark*, BB 1969, 532; *Kerscher*, StuW 1964, Sp. 479, 491; *Tullius*, DB 1969, 1362.

bereits mit dem Änderungsgesetz zum KAGG vom 09.08.1960[160] eingeführt worden war. Die Steuerbarkeit ausschüttungsgleicher Erträge war aus Sicht der Finanzverwaltung mit dem gesetzgeberischen Willens legitimiert, einen Kapitalanleger durch die Zwischenschaltung eines Investmentvermögens steuerlich nicht schlechter, aber auch nicht besser zu stellen als er im Falle einer unmittelbaren Kapitalanlage in Aktien, Rentenwerten oder Grundstücken stünde.[161] Hätte sich der Anleger an einer ausländischen Aktiengesellschaft beteiligt und eine Dividende erzielt, wäre diese bei ihm steuerpflichtig gewesen. Nichts anderes könne gelten, wenn die Dividende von einem ausländischen Investmentfonds erzielt und zunächst thesauriert werde. Demgegenüber ging eine Literaturmeinung davon aus, dass die thesaurierten Erträge eines ausländischen Investmentfonds vielfach durch die angefallenen, nicht zur Anrechnung berechtigenden Zuflusssteuern einer wirtschaftlichen Gesamtsteuerbelastung unterlegen hätten, die der eines ausschüttenden Investmentfonds entsprach.[162]

aa) Besteuerung ausschüttungsgleicher Erträge beim Gesellschaftstyp

In den Anfangsjahren nach In-Kraft-Treten des AuslInvestmG bestand Uneinigkeit darüber, ob die Besteuerung ausschüttungsgleicher Erträge auf alle ausländischen Rechtsformen anwendbar sein sollte, insbesondere neben dem Vertragstyp auch auf die nach dem Gesellschaftstyp organisierten ausländischen Fonds.[163]

aaa) Restriktive Auffassung

Hundertmark und *Klöne* traten dafür ein, die ausschüttungsgleichen Erträge nur bei solchen ausländischen Investmentvermögen zu besteuern, die nach dem Vertragstyp organisiert waren.[164] Die aus dem Typenzwang inländischer Investmentfonds gem. § 1 Abs. 1, § 6 KAGG sowie dem Transparenzprinzip entwickelte Zurechnung thesaurierter Erträge des Sondervermögens gegenüber den Anteilsscheininhabern gem. § 39 Abs. 1 S. 1 KAGG war nach ihrer Auffassung auf ausländische Investmentfonds nicht übertragbar. Eine Einkunftszurechnung an Anteilsinhaber eines ausländischen Investmentvermögens, das nach dem Ge-

[160] BGBl. I 1960, 682.
[161] FM Niedersachsen, DStZ 1970, 453.
[162] *Brüggemann*, S. 90 ff.
[163] Diese Bedenken bestehen theoretisch mit der Steuerpflicht ausschüttungsgleicher Erträge gem. § 2 Abs. 1 InvStG fort.
[164] *Hundertmark/Klöne*, S. 60 f.; *dies.*, StB 1969, 205, 209; ebenso *Hundertmark*, BB 1969, 1262, 1263.

sellschaftstyp organisiert war, hätte frühestens bei Vorliegen eines Gewinnausschüttungsbeschlusses durch den ausländischen Investmentfonds angenommen werden können.[165] Die Autoren gingen bei der Steuerpflicht thesaurierter Fondserträge gem. § 17 Abs. 1 S. 1 AuslInvestmG davon aus, dass der Gesetzgeber die nach dem gesellschaftsrechtlichen Typ ausgestalteten Investmentfonds nicht in seine Überlegungen mit einbezogen habe.[166] Die für den Vertragstyp vertretbare Ausschüttungsfiktion hätte bei Anwendung auf Investmentkapitalgesellschaften zu einer willkürlichen Ungleichbehandlung inländischer Anteilsinhaber ausländischer Investmentkapitalgesellschaften gegenüber inländischen Direktanlegern und damit zu einem Verstoß gegen Art. 3 GG geführt.[167] Diese verfassungsrechtlichen Bedenken erforderten eine verfassungskonforme Auslegung des § 17 Abs. 1 S. 1 AuslInvestmG. Danach hätten ausschüttungsgleiche Erträge lediglich bei Investmentgesellschaften des Vertragstyps besteuert werden können, nicht hingegen bei solchen des Gesellschaftstyps.

bbb) Auffassung der Finanzverwaltung und herrschenden Lehre

Die Finanzverwaltung ging davon aus, dass die ausschüttungsgleichen Erträge auch dann zu besteuern waren, wenn diese Erträge aus einem Investmentvermögen in der Form des Gesellschaftstyps erzielt worden waren.[168] Es sei das erklärte Ziel des Gesetzgebers gewesen, einen Kapitalanleger durch die Zwischenschaltung eines Investmentvermögens steuerlich nicht schlechter, aber auch nicht besser zu stellen als im Falle einer unmittelbaren Kapitalanlage. Dementsprechend seien ausschüttungsgleiche Erträge für steuerpflichtig erklärt worden, da der Anteilseigner diese Erträge auch bei unmittelbarem Bezug hätte versteuern müssen. Auch die überwiegende Literaturmeinung sprach sich dafür aus,

---

165 *Hundertmark*, BB 1969, 1262, 1263.

166 *Hundertmark/Klöne*, StB 1969, 205, 209: „Daß es im Ausland aber auch anders gestaltete Fonds gibt als in Deutschland, nämlich solche, die nach dem gesellschaftsrechtlichen Typ organisiert sind, ist anscheinend nicht gesehen worden".

167 Die Ausführungen *Hundertmarks*, BB 1969, 1262, 1263, sind an dieser Stelle undeutlich. Die verfassungswidrige Ungleichbehandlung wurde offenbar in der Besteuerung von Inhabern ausländischer Investmentanteile gegenüber anderen Aktionären gesehen, die an ausländischen Kapitalgesellschaften beteiligt waren. Während erstere mit den von der Gesellschaft ausgeschütteten und thesaurierten Erträgen steuerpflichtig waren, hatten letztere gem. § 20 Abs. 1 Nr. 1 EStG lediglich Dividenden zu versteuern. In diesem Sinne *Hundertmark/Klöne*, S. 62.

168 Koordinierte Erlasse, vgl. FM Niedersachsen, DStZ 1970, 453.

ausschüttungsgleiche Erträge bei ausländischen Investmentvermögen zu erfassen, selbst wenn letztere in der Form des Gesellschaftstyps statuiert waren.[169]

ccc) Vermittelnde Auffassung

Eine von *Rutkowsky* vertretene vermittelnde Ansicht sah in der Besteuerung ausschüttungsgleicher Erträge bei ausländischen Investmentvermögen des Gesellschaftstyps zwar eine Benachteiligung der Anteilsinhaber, wandte sich jedoch gegen eine Nichterfassung thesaurierter Erträge. Andernfalls wäre eine Besserstellung gegenüber den Anteilsinhabern sonstiger Fonds eingetreten.[170] Die wirtschaftliche Doppelbesteuerung der thesaurierten Erträge, die zunächst bei der ausländischen Investmentgesellschaft und anschließend beim inländischen Anteilsinhaber besteuert werden konnten, sei zwar unbillig gewesen. Jedoch seien die inländischen Anteilsinhaber durch die weitgehende Nichtbesteuerung ausgeschütteter Veräußerungsgewinne gem. § 17 Abs. 2 AuslInvestmG an anderer Stelle privilegiert worden. De lege ferenda plädierte *Rutkowsky* dafür, Anteilsinhaber solcher Investmentvermögen, die nach dem Gesellschaftstyp strukturiert waren, lediglich mit den tatsächlichen Einkünften auf ihre Anteile zu besteuern, worunter Ausschüttungen einschließlich aller Veräußerungsgewinne verstanden wurden. Nach bestehendem Recht schloss sich *Rutkowsky* der herrschenden Meinung an und ging von der Steuerbarkeit ausschüttungsgleicher Erträge für alle ausländischen Investmentvermögen gleich welcher Rechtsform aus.[171]

ddd) Stellungnahme

Die Besteuerung ausschüttungsgleicher Erträge gem. § 17 Abs. 1 S. 1, § 18 Abs. 1 S. 1 AuslInvestmG könnte das Prinzip der Besteuerung nach der wirtschaftlichen Leistungsfähigkeit verletzt haben, da dem Anteilsinhaber diese Erträge nicht tatsächlich zuflossen.[172] Die Leistungsfähigkeit erhöhte sich vielmehr erst bei Rückgabe oder Veräußerung des Anteils oder aber bei Ausschüttung der thesaurierten Erträge. Respektiert man jedoch das steuerliche Motiv des Gesetzgebers, den Investmentanleger mit einem Direktanleger steuerlich gleichzustellen, erwies sich die Besteuerung ausschüttungsgleicher Erträge für nationale Besteu-

---

[169] *Philipps*, AuslInvestmG, § 17 Rz. 2; *Scholtz*, in Beckmann/Scholtz/Vollmer, AuslInvestmG, § 17 Rz. 29; *Tormann*, in Herrmann/Heuer/Raupach, AuslInvestmG, § 17 Rz. 9; *Baranowski*, Rz. 1615.

[170] *Rutkowsky*, NJW 1971, 1348, 1349.

[171] *Rutkowsky*, NJW 1971, 1348, 1349.

[172] Vgl. *Scheurle*, DStZ 1995, 645, 647.

erungszwecke durchaus als sachgerecht. Dabei war der von *Hundertmark* und *Klöne* vorgetragenen Behauptung zu widersprechen, der Gesetzgeber des AuslInvestmG habe bei Einführung der ausschüttungsgleichen Erträge nicht an die Besteuerungsunterschiede von Investmentfonds des Gesellschaftstyps gegenüber denen des Vertragstyps gedacht. Die in der amtlichen Begründung zum AuslInvestmG erläuterte wirtschaftliche Betrachtungsweise bei der Begriffsbestimmung ausländischer Investmentanteile sollte gerade den unterschiedlichen, ausländischen Rechtsformen Rechnung tragen.[173] Soweit mit der Besteuerung ausländischer Investmentfonds des Gesellschaftstyps, insbesondere Kapitalgesellschaften, eine wirtschaftliche Doppelbesteuerung thesaurierter Erträge bei der Gesellschaft einerseits und dem Gesellschafter andererseits einherging, wurde diese vom Gesetzgeber in Kauf genommen. Der Wortlaut des Gesetzes gem. §§ 17 Abs. 1 S. 1, § 18 Abs. 1 S. 1 AuslInvestmG sowie der Wille des Gesetzgebers sprachen eindeutig für die Steuerpflicht ausschüttungsgleicher Erträge unabhängig von der Rechtsform des Investmentfonds. Daran änderte auch der Transparenzgedanke der Investmentfondsbesteuerung nichts, da die Auslegung der gesetzlichen Regelungen nicht zu einer Durchsetzung des Transparenzprinzips über den Wortlaut des Gesetzes hinaus führen konnte.[174] Im Ergebnis war der heute allgemein anerkannten Auffassung zu folgen, wonach ausschüttungsgleiche Erträge sowohl bei Anteilen an ausländischen Investmentfonds des Vertragstyps als auch bei solchen des Gesellschaftstyps der inländischen Steuerpflicht zu unterwerfen waren.[175] Inwieweit diese Besteuerung allerdings bei Anwendung von DBA im deutschen Ansässigkeitsstaat ausgeübt werden konnte bzw. ausgeübt werden kann, wird in Kapitel 4 näher untersucht.[176]

dd) Umfang der Steuerpflicht

Waren in Ausschüttungen Erträge enthalten, die nachweisbar bereits früher als ausschüttungsgleiche Erträge besteuert worden waren, konnten diese nach Auffassung der Finanzverwaltung bei der Bekanntmachung nach § 17 Abs. 3 Nr. 2

---

[173] BT-Drs. 5/3494, S. 17.
[174] BFH, BStBl. II 1980, 453, 455; BStBl. II 1992, 786, 787; BStBl. II 2001, 22, 23; BFH, BFH/NV 2001, 1539, 1541; OFD Kiel, FR 1999, 1015, 1016.
[175] *Brinkhaus*, in Brinkhaus/Scherer, AuslInvestmG, § 17 Rz. 30; *Scholtz*, in Beckmann/Scholtz/Vollmer, AuslInvestmG, § 17 Rz. 29; *Baur*, AuslInvestmG, § 17 Rz. 19; *Rosenberger*, StBp 1972, 245, 248.
[176] Vgl. Kapitel 4, S. 101 ff.

Buchst. a AuslInvestmG von den Ausschüttungen abgezogen werden.[177] Eine Literaturmeinung bevorzugte wegen den Gesetzesregelungen in den § 17 Abs. 1 S. 1, § 18 Abs. 1 AuslInvestmG, die undifferenziert die Besteuerung von Ausschüttungen anordneten, eine teleologische Reduktion des Gesetzeswortlauts.[178] Infolge der Einbeziehung sogenannter sonstiger Erträge wurde der Umfang steuerpflichtiger Erträge gegenüber dem inländischer Investmentfonds i. S. des § 39 Abs. 1 S. 1 KAGG erweitert. Zu den sonstigen Erträgen gehörten alle Erträge, die aus Kapitalanlagen sowie Finanzinnovationen erzielt wurden und die nicht Zinsen, Dividenden, Einkünfte aus Vermietung und Verpachtung oder Veräußerungsgewinne i. S. des § 23 Abs. 1 Nr. 1, Nr. 3 oder Nr. 4 EStG waren.[179]

Unter kostendeckende Ausgaben i. S. des § 17 Abs. 1 S. 1 AuslInvestmG fielen insbesondere allgemeine Verwaltungskosten des Investmentfonds wie Gebühren und Vergütungen an die Verwaltungsgesellschaft sowie die Kosten, die bei Kapitaleinkünften als Werbungskosten abzugsfähig waren.[180] Gem. § 17 Abs. 1 S. 2 AuslInvestmG zählten zu den abzugsfähigen Kosten auch Absetzungen für Abnutzung oder Substanzverringerung in Höhe der nach § 7 EStG zulässigen Beträge. Führten die kostendeckenden Aufwendungen zu negativen ausschüttungsgleichen Erträgen, wurde ein Verlustausgleich mit Ausschüttungen aus dem Investmentvermögen oder mit positiven Einkünften aus anderen Einkunftsarten befürwortet.[181] Eine gesetzliche Regelung über den Verlustausgleich auf der Ebene des Investmentfonds enthielt weder das AuslInvestmG noch das KAGG.

---

[177] FM Niedersachsen, DStZ 1970, 453. Für eine Kürzung der Ausschüttungen zur Vermeidung einer systemwidrigen doppelten Erfassung auch *Scholtz*, in Beckmann/Scholtz/Vollmer, AuslInvestmG, § 17 Rz. 65; *Lohr/Graetz*, S. 85; *Tormann*, in Herrmann/Heuer/Raupach, AuslInvestmG, § 17 Rz. 5; *Baranowski*, Rz. 1625.

[178] *Strobl-Haarmann/Krause*, in FS Müller, S. 365, 375; *Altfelder*, FR 2000, 299, 309.

[179] *Baur*, AuslInvestmG, § 17 Rz. 24; FM Niedersachsen, DStZ 1970, 453. Die Nichteinbeziehung von Veräußerungsgewinnen wurde damit begründet, dass diese durch die ausdrückliche Erwähnung in § 18 Abs. 1 AuslInvestmG neben den sonstigen Erträgen nur bei nicht-registrierten Fonds steuerpflichtig waren, vgl. *Söffing*, InfStW 1969, 412, 414.

[180] Erlass FM Niedersachsen vom 20.05.1975, DB 1975, 1052; *Scholtz*, in Beckmann/Scholtz/Vollmer, AuslInvestmG, § 17 Rz. 50 ff.; *Tormann*, in Herrmann/Heuer/Raupach, AuslInvestmG, § 17 Rz. 9. Erzielte der Anteilsinhaber auch steuerfreie Investmenterträge, waren bei der Ermittlung der steuerpflichtigen ausschüttungsgleichen Erträge nur die anteiligen Kosten abzugsfähig, die den steuerpflichtigen Einnahmen zuzurechnen waren.

[181] *Scholtz*, in Beckmann/Scholtz/Vollmer, AuslInvestmG, § 17 Rz. 63.

c) Zwischengewinne

Zu den steuerpflichtigen Einkünften aus ausländischen Investmentvermögen gehörte gem. § 17 Abs. 2a S. 1 AuslInvestmG auch der sogenannte Zwischengewinn. Dieser umfasste bestimmte Zinserträge des Fonds aus dem laufenden Jahr, die mangels Ausschüttung oder Ausschüttungsfiktion bei Anteilsveräußerung oder -rückgabe durch den privaten Anteilsinhaber bei diesem noch nicht als steuerpflichtige Einnahme erfasst werden konnten, es sei denn, es lag ein privates Veräußerungsgeschäft i. S. des § 23 EStG vor.[182]

Bis zur Einführung der Zwischengewinnbesteuerung durch das Missbrauchsbekämpfungs- und Steuerbereinigungsgesetz vom 21.12.1993[183] ergab sich die als missbräuchlich angesehene Gestaltungsmöglichkeit, den in einem höheren Anteilspreis verkörperten Zwischengewinn bei Anteilen im Privatvermögen steuerfrei zu vereinnahmen, indem die Fondsanteile nach Ablauf der Spekulationsfrist kurz vor Ende des Fondsgeschäftsjahres und damit kurz vor der gesetzlichen Ausschüttungsfiktion an die Investmentgesellschaft zurückgegeben wurden.[184] Bei Anteilen, die im Betriebsvermögen gehalten wurden, war der Zwischengewinn stets steuerpflichtig, da die Wertsteigerung bei Rückgabe oder Veräußerung der Anteile realisiert und steuerlich erfasst wurde.

§ 17 Abs. 2a S. 2 AuslInvestmG zählte abschließend die Erträge auf, aus denen sich der steuerpflichtige Zwischengewinn zusammensetzte. Dazu gehörten Einnahmen i. S. des § 20 Abs. 1 Nr. 7 EStG, d. h. Erträge aus sonstigen Kapitalforderungen jeder Art wie Zinsen aus Einlagen und Guthaben bei Kreditinstituten, und Einnahmen i. S. des § 20 Abs. 2 mit Ausnahme der Nr. 2 Buchst. a EStG, wozu besondere Entgelte und Vorteile gehörten, die der Kapitalertragsteuer nach § 43 Abs. 1 S. 2 EStG unterlagen.[185] § 17 Abs. 2b AuslInvestmG schloss die Anwendbarkeit des Halbeinkünfteverfahrens auf Einnahmen aus der Rückgabe und der Veräußerung der Anteilsscheine aus.

---

[182] Auf die nicht vom Zwischengewinn erfassten Erträge eingehend *Graetz*, S. 109, 120; *Mader*, StBp 1997, 106.

[183] Gesetz vom 21.12.1993, BGBl. I 1993, 2310.

[184] Der BFH sah in der Ausnutzung des Stichtagsprinzips hingegen keinen Rechtmissbrauch i. S. des § 42 AO, BFH, BStBl. II 2001, 22; vgl. aus dem umfangreichen Schrifttum *Brinkhaus*, in Brinkhaus/Scherer, AuslInvestmG, § 17 Rz. 111; *Dembowski*, BuW 1994, 266, 267.

[185] *Scheurle*, NWB, F. 3, S. 9101, 9102 f.

2. Zurechnung der Erträge

Die Ausschüttungen sowie die ausschüttungsgleichen Erträge gehörten nach § 17 Abs. 1 S. 1 AuslInvestmG zu den Einkünften aus Kapitalvermögen i. S. des § 20 Abs. 1 Nr. 1 EStG, wenn die Anteile im Privatvermögen gehalten wurden. Entsprechendes galt für den steuerpflichtigen Zwischengewinn gem. § 17 Abs. 2a S. 1 AuslInvestmG.[186] Befanden sich die Anteile in einem Betriebsvermögen, waren die Erträge Betriebseinnahmen des Steuerpflichtigen, zählten also zu den Einkünften aus Gewerbebetrieb, Land- und Fortwirtschaft oder selbständiger Arbeit.[187]

Diese Einkunftsfiktion wurde in der Literatur kritisiert.[188] Danach sollte die Zwischenschaltung eines ausländischen Fondsvermögens, soweit es sich um ein transparentes Rechtsgebilde nach dem Vertragstyp handelte, aufgrund des Transparenzprinzips und der Zurechnung der Einkünfte an die Anteilsinhaber die Rechtsnatur der steuerpflichtigen Einkünfte nicht verändern. Exemplarisch wurde auf die Umqualifizierung der durch das Investmentvermögen erzielten Erträge aus Vermietung und Verpachtung in Einkünfte aus Kapitalvermögen gem. § 17 Abs. 1 S. 1 AuslInvestmG verwiesen.[189]

Dieser Ansatz vernachlässigte jedoch den Charakter des AuslInvestmG als ein Spezialgesetz, das den allgemeinen Vorschriften des EStG vorging.[190] Die einheitliche, wenngleich fiktive Qualifikation der steuerpflichtigen Erträge auf Seiten des Privatanlegers als Einkünfte aus Kapitalvermögen entsprach der Systematik der Besteuerung von Anteilsscheininhabern inländischer Sondervermögen gem. § 39 Abs. 1 S. 1, § 45 Abs. 1 S. 1 KAGG und beruhte auf der Zielsetzung des Gesetzgebers nach einer Gleichbehandlung aller in- und ausländischen Investmentfonds. Dass die Erträge aus Anteilen an ausländischen Immobilienfonds zu den Einkünften aus Kapitalvermögen i. S. des § 20 Abs. 1 Nr. 1 EStG

---

186 Krit. *Scheurle*, DStZ 1995, 646, 648; *Schuhmann*, DStZ 1997, 371, 372.

187 In der Literatur wird, insoweit missverständlich, meist verkürzt von Einkünften aus Gewerbebetrieb gesprochen, vgl. *Philipps*, AuslInvestmG, § 17 Rz. 13. Sonstige Einkünfte i. S. des § 22 Nr. 5 EStG waren, unabhängig von der Anteilszugehörigkeit zum Privat- der Betriebsvermögen, bei Leistungen aus Altersvorsorgeverträgen gegeben, die von ausländischen Investmentfonds erbracht wurden.

188 *Hundertmark/Klöne*, S. 64, hielten die Zurechnungsfiktion für systematisch unzutreffend. Jedenfalls sei die Absetzbarkeit von Werbungskosten bzw. Betriebsausgaben i. S. des § 9 Abs. 1 S. 3 Nr. 7 S. 1 und § 4 Abs. 1 S. 6, Abs. 4 i. V. m. § 7 EStG bei den Einkünften aus Kapitalvermögen gem. § 17 Abs. 1 Sätze 1 und 2 AuslInvestmG inkonsequent.

189 Vgl. *Scholtz*, in Beckmann/Scholtz/Vollmer, AuslInvestmG, § 17 Rz. 130.

190 Vgl. BFH, BStBl. II 2001, 22.

gehörten, begründete der Gesetzgeber mit der Zwischenschaltung des Fonds zwischen die Quelle der Erträge und die Anteilsinhaber.[191] Inwieweit diese innerstaatliche Einkunftsqualifikation auf die Abkommensebene zu übertragen war bzw. nach der inhaltlich übereinstimmenden Fassung des § 2 Abs. 1 S. 1 InvStG auf die Abkommensebene zu übertragen ist, wird in Kapitel 4 ausführlich untersucht.[192]

II. Anteile an nicht-registrierten Investmentfonds mit Ertragsnachweis und inländischem Steuervertreter (sogenannte graue Fonds)

Die Vorschrift des § 18 Abs. 1, 2 AuslInvestmG regelte die Besteuerung der Erträge aus ausländischen Investmentanteilen, bei denen der öffentliche Vertrieb der Anteile nicht zulässig war oder die anderen Voraussetzungen i. S. des § 17 Abs. 3 AuslInvestmG nicht vollständig gegeben waren. Die Ertragsbesteuerung gem. § 18 Abs. 1 AuslInvestmG setzte voraus, dass die ausländische Investmentgesellschaft nach § 18 Abs. 2 S. 3 AuslInvestmG einen inländischen Vertreter zu ihrer Vertretung gegenüber den Finanzbehörden und vor den Finanzgerichten bestellt hatte und sie nach § 18 Abs. 2 S. 1, 2 AuslInvestmG die Besteuerungsgrundlagen in deutscher Sprache nachwies. Wurden diese Anforderungen erfüllt, sprach man von einem nicht-registrierten Investmentfonds mit Ertragsnachweis oder einem sogenannten grauen Fonds.[193]

1. Steuerpflichtige Erträge

Waren die ausländischen Investmentanteile solche eines grauen Fonds, erweiterte sich der Besteuerungsumfang gegenüber Erträgen aus Anteilen an weißen Fonds. Neben Ausschüttungen des Fonds sowie dem Zwischengewinn wurden gem. § 18 Abs. 1 S. 1 AuslInvestmG die sogenannten „als ausgeschüttet zu behandelnden Erträge“ beim Anteilsinhaber besteuert.

a) Ausschüttungen

Unter dem Begriff der Ausschüttungen nach § 18 Abs. 1 S. 1 AuslInvestmG waren wiederum die Bruttoausschüttungen des ausländischen Investmentvermögens zu verstehen. Abweichend von der weitgehenden Steuerfreiheit der in den Ausschüttungen auf weiße Fonds enthaltenen Veräußerungsgewinnen waren

---

[191] Amtl. Begr., BT-Drs. 5/3494, S. 25.

[192] Vgl. Kapitel 4, S. 101 ff.

[193] *Baur*, AuslInvestmG, § 18 Rz. 8; *Tormann*, in Herrmann/Heuer/Raupach, AuslInvestmG, Einf. Rz. 5; *Scholtz*, in Beckmann/Scholtz/Vollmer, AuslInvestmG, § 18 Rz. 9 ff.

solche bei grauen Fonds stets steuerpflichtig. Dies galt unabhängig davon, ob sich die Anteile im Privat- oder im Betriebsvermögen befanden.[194]

b) Als ausgeschüttet zu behandelnde Erträge

Zu den als ausgeschüttet zu behandelnden Erträgen gehörten gem. § 18 Abs. 1 S. 1 AuslInvestmG die von einem ausländischen Investmentvermögen vereinnahmten, nicht zur Kostendeckung oder Ausschüttung verwendeten Zinsen, Dividenden, Erträge aus der Vermietung und Verpachtung von Grundstücken und grundstücksgleichen Rechten, sonstige Erträge und Veräußerungsgewinne. Inhaltlich erklärte sich die Begriffsunterscheidung von den ausschüttungsgleichen Erträgen des § 17 Abs. 1 S. 1 AuslInvestmG daraus, dass sowohl ausgeschüttete als auch einbehaltene Veräußerungsgewinne des Investmentvermögens beim Anteilsinhaber steuerpflichtig waren.[195]

Der Begriff Veräußerungsgewinne wurde zwar nicht ausdrücklich definiert; aus der Stellung des Begriffs in § 18 Abs. 1 AuslInvestmG wurde jedoch gefolgert, dass es sich um diejenigen Veräußerungsgewinne handeln musste, deren Steuerfreiheit in § 17 Abs. 2 AuslInvestmG bei Anteilen im Privatvermögen ausdrücklich festgestellt wurde.[196] Ferner implizierte der Begriff das Erfordernis einer Gewinnrealisierung durch Veräußerung, nicht durch bloße Wertsteigerung der Anlagegegenstände des Investmentvermögens.

Wurden die Anteile im Betriebsvermögen gehalten, waren Wertsteigerungen innerhalb des Investmentfonds durch realisierte Veräußerungsgewinne beim inländischen Anteilsinhaber bereits dann steuerpflichtig, bevor der im Wert gestiegene Anteil zurückgegeben, veräußert oder dem Betriebsvermögen entnommen wurde.[197] Eine doppelte Besteuerung des Betriebsvermögens durch Gewinnrealisierung bei späterer Ausschüttung oder Veräußerung bzw. Rückgabe der Anteile war ebenso wie im Rahmen des § 17 Abs. 1 AuslInvestmG dadurch

---

[194] *Baur*, AuslInvestmG, § 18 Rz. 12. Dies entsprach der steuerlichen Situation des Anteilsinhabers vor In-Kraft-Treten des Gesetzes. Ausschüttungen wurden bei ausländischen Investmentanteilen wie Dividenden behandelt und darin enthaltene Veräußerungsgewinne der Einkommensteuer unterworfen, vgl. *Nissen*, ZfK 1968, 917; *Tullius*, DB 1969, 1306, 1307.

[195] Vgl. BFH, BStBl. II 1992, 786, zur Vereinbarkeit der unterschiedlichen Behandlung der Erträge aus Veräußerungen in § 17 und § 18 Abs. 1 AuslInvestmG; *Franken*, WuB I G 3. - 1.92; *Baur*, AuslInvestmG, § 18 Rz. 14; *Fleischmann*, StuB 2002, 216, 220; *Hundertmark/Klöne*, StB 1969, 205, 210.

[196] *Baur*, AuslInvestmG, § 18 Rz. 15; *Scholtz*, in Beckmann/Scholtz/Vollmer, AuslInvestmG, § 18 Rz. 34.

[197] *Baur*, AuslInvestmG, § 18 Rz. 19.

zu vermeiden, dass die steuerpflichtigen Ausschüttungserträge bzw. Veräußerungs- oder Rückgabegewinne um die bereits erfassten Veräußerungsgewinne gekürzt wurden.[198]

Die als ausgeschüttet zu behandelnden Erträge galten gem. § 18 Abs. 1 S. 3 AuslInvestmG mit Ablauf des Geschäftsjahres, in dem sie vereinnahmt wurden, als ausgeschüttet und zugeflossen. Diese Ausschüttungs- und Zuflussfiktion galt nach Auffassung der Finanzverwaltung auch für einen Dachfonds, selbst wenn dessen Unterfonds keine Ausschüttungen an den Dachfonds vornahmen. Die bei den Unterfonds thesaurierten Erträge seien mit Ablauf des Geschäftsjahres der Unterfonds als dem Dachfonds zugeflossen anzusehen und bei Ermittlung der Erträge aus dem Dachfonds nach § 18 Abs. 1 AuslInvestmG dem Anteilsinhaber des Dachfonds zuzurechnen.[199]

c) Zwischengewinne

Auch bei ausländischen Investmentanteilen an grauen Fonds gehörten die Zwischengewinne i. S. des § 17 Abs. 2a AuslInvestmG zu den steuerpflichtigen Einkünften. Die ausdrückliche Erwähnung in § 18 Abs. 1 S. 1 AuslInvestmG hatte für Anteile im Privatvermögen steuerbegründende Wirkung, während sich die Steuerbarkeit für Anteile im Betriebsvermögen schon aus dem allgemeinen Grundsatz der steuerpflichtigen Gewinnrealisierung von Wertsteigerungen bei Veräußerung ergab.[200]

2. Zurechnung der Erträge

Die Ausschüttungen, die als ausgeschüttet zu behandelnden Erträge sowie der Zwischengewinn waren kraft gesetzlicher Fiktion gem. § 18 Abs. 1 S. 1 AuslInvestmG Einkünfte aus Kapitalvermögen i. S. des § 20 Abs. 1 Nr. 1 EStG, wenn die Anteile im Privatvermögen gehalten wurden. Soweit sich die ausländischen Investmentanteile in einem Betriebsvermögen befanden, waren die Erträge als

---

[198] *Baur*, AuslInvestmG, § 18 Rz. 19; *Brinkhaus*, in Brinkhaus/Scherer, AuslInvestmG, § 18 Rz. 14.

[199] FM Nordrhein-Westfalen, Erlass vom 02.12.1970, DB 1970, 2405; *Baur*, AuslInvestmG, § 18 Rz. 21; a. A. *Hofmann*, AG 1971, 287, 290, der einen tatsächlichen Eingang der Erträge beim Dachfonds verlangte; *Philipps*, AuslInvestmG, § 17 Rz. 19; *Scholtz*, in Beckmann/Scholtz/Vollmer, AuslInvestmG, § 18 Rz. 42; ablehnend auch *Brinkhaus*, in Brinkhaus/Scherer, AuslInvestmG, § 17 Rz. 71, der auf das Fehlen einer dem § 14 AStG entsprechenden Zurechnungsvorschrift im AuslInvestmG hinweist.

[200] *Baur*, AuslInvestmG, § 18 Rz. 17.

Betriebseinnahmen im Rahmen der jeweiligen Gewinneinkunftsart steuerpflichtig.

III. Anteile an nicht-registrierten Investmentfonds ohne Ertragsnachweis oder inländischen Steuervertreter (sogenannte schwarze Fonds)

Die dritte Kategorie ausländischer Investmentanteile bildeten gem. § 18 Abs. 3 AuslInvestmG Anteile an solchen Investmentvermögen, die weder die Voraussetzungen für eine Besteuerung der Erträge nach § 17 Abs. 3 AuslInvestmG erfüllten, d. h. über keine Vertriebsberechtigung im Inland verfügten, noch den Anforderungen des § 18 Abs. 2 AuslInvestmG genügten. Diese Investmentvermögen erbrachten entweder den Nachweis der Besteuerungsgrundlagen nicht einwandfrei oder hatten keinen inländischen Vertreter bestellt.[201] Man sprach bei diesen nicht-registrierten Investmentfonds ohne Ertragsnachweis auch von sogenannten schwarzen Fonds.

1. Steuerpflichtige Erträge

Handelte es sich bei den ausländischen Investmentanteilen um solche eines schwarzen Fonds, waren die Erträge aus diesen Anteilen neben den tatsächlichen Zuflüssen pauschal zu ermitteln. Zunächst waren beim inländischen Anteilsinhaber die Ausschüttungen steuerpflichtig, die gegebenenfalls um die im Sitzstaat der Investmentgesellschaft einbehaltenen Abzugsteuern zu erhöhen waren. Gleichsam der Besteuerung von Erträgen aus Investmentanteilen an grauen Fonds wurden die in den Ausschüttungen enthaltenen Veräußerungsgewinne beim privaten Anteilsinhaber vollständig erfasst.[202]

Beim Empfänger waren gem. § 18 Abs. 3 S. 1 AuslInvestmG zusätzlich zu den Ausschüttungen auf die Anteile 90 v. H. des Mehrbetrags anzusetzen, der sich zwischen dem ersten im Kalenderjahr festgesetzten Rücknahmepreis und dem letzten im Kalenderjahr festgesetzten Rücknahmepreis eines ausländischen Investmentanteils ergab. Mindestens waren 10 v. H. des letzten im Kalenderjahr festgesetzten Rücknahmepreises anzusetzen, § 18 Abs. 3 S. 1 Hs. 2 AuslIn-

---

[201] Das Merkmal des „einwandfreien Nachweises" wurde nach einer Auffassung derart ausgelegt, dass an den Nachweis der Besteuerungsgrundlagen strenge Anforderungen zu stellen waren, die etwa durch beweiskräftige Unterlagen erfüllt werden konnten, *Söffing*, InfStW 1969, 412, 416.

[202] *Scholtz*, in Beckmann/Scholtz/Vollmer, AuslInvestmG, § 18 Rz. 60; *Baur*, AuslInvestmG, § 18 Rz. 32.

vestmG.[203] Fehlte es an einem festgesetzten Rücknahmepreis, war der pauschalierte Anteilswert nach § 18 Abs. 3 S. 2 AuslInvestmG über den Börsenpreis oder bei nicht börsennotierten Anteilen über den Marktpreis zu ermitteln. Umstritten war, ob der Mindestbetrag von 10 v. H. des letzten Rücknahmepreises um die Gewinnausschüttungen des Kalenderjahres zu kürzen war. Während eine Literaturauffassung diese Frage bejahte[204], gingen andere davon aus, dass die Mindestbesteuerung i. S. des § 18 Abs. 3 S. 1 Hs. 2 AuslInvestmG als eigenständige Alternative zu der Regelvorschrift des § 18 Abs. 3 S. 1 Hs. 1 AuslInvestmG zu verstehen war und dem Gesetzeswortlaut entsprechend Ausschüttungen steuerlich von vornherein nicht zu erfassen waren.[205] Die zweite Auffassung verdiente aufgrund der grammatischen Trennung zwischen den beiden Besteuerungsgrundlagen den Vorzug.

Der Gesetzgeber verfolgte mit der Pauschalbesteuerung nach § 18 Abs. 3 AuslInvestmG die Zielsetzung, Anteilsinhaber von überwiegend thesaurierenden Investmentvermögen, die sich den vertriebsrechtlichen Zulassungsvorschriften des AuslInvestmG nicht unterordnen wollten und auch nicht den Nachweis der Besteuerungsgrundlagen erbrachten, mit ihren Erträgen nicht zu niedrig zu besteuern.[206] Die proportionale Besteuerungsgrundlage von 90 v. H. des Mehrbetrages ergab sich aus der Überlegung, dass in den Rücknahmepreisen stille Reserven enthalten sein konnten, die nach dem System des Einkommensteuerrechts vor ihrer Realisierung nicht besteuert wurden.[207]

Der Mindestbetrag in Höhe von 10 v. H. des letzten im Kalenderjahr festgesetzten Rücknahmepreises sollte selbst dann ermittelt und zu den steuerpflichtigen Erträgen gezählt werden, wenn im Kalenderjahr kein Wertzuwachs erzielt worden, sondern der Wert des Investmentanteils gesunken war.[208] Während die

---

[203] Dies betraf etwa die Fälle, dass sich kein Wertzuwachs ergab oder während des Kalenderjahres nur ein einziger Rücknahmepreis festgesetzt worden war, vgl. *Baur*, AuslInvestmG, § 18 Rz. 33.

[204] *Scholtz*, in Beckmann/Scholtz/Vollmer, AuslInvestmG, § 18 Rz. 64; *Tormann*, in Herrmann/Heuer/Raupach, AuslInvestmG, § 18 Rz. 22; *Baur*, in Assmann/Schütze, § 19 Rz. 109; *ders.*, AuslInvestmG, § 18 Rz. 34; *Bölter/Linner/Otto*, S. 39.

[205] *Brinkhaus*, in Brinkhaus/Scherer, AuslInvestmG, § 18 Rz. 50; *Lohr/Graetz*, S. 95 f.; *Schmidt/Blöchle*, IStR 2002, 645, 647.

[206] Amtl. Begr., BT-Drs. 5/3494, S. 26.

[207] *Scholtz*, in Beckmann/Scholtz/Vollmer, AuslInvestmG, § 18 Rz. 62 ff.

[208] *Scholtz*, in Beckmann/Scholtz/Vollmer, AuslInvestmG, § 18 Rz. 63; *Brinkhaus*, in Brinkhaus/Scherer, AuslInvestmG, § 18 Rz. 50; *Baur*, AuslInvestmG, § 18 Rz. 33; *Söffing*, InfStW 1969, 412, 416; *Philipps*, AuslInvestmG, § 18 Rz. 7.

Ausschüttungen den Anteilsinhabern grundsätzlich am Ausschüttungsstichtag zuflossen, galt als Zuflusszeitpunkt für den Mehrbetrag der Ablauf des jeweiligen Kalenderjahres gem. § 18 Abs. 3 S. 3 AuslInvestmG. Im Falle der Anteilsveräußerung vor Ablauf des Kalenderjahres war der Mehrbetrag beim Anteilserwerber zu erfassen, da der Mehrbetrag erst mit Ablauf des Kalenderjahres als ausgeschüttet und als dem Erwerber zugeflossen galt.[209]

Schließlich waren gem. § 18 Abs. 3 S. 4 AuslInvestmG im Fall der Rückgabe oder Veräußerung der Anteile oder der Abtretung der Ansprüche aus diesen Anteilen 20 v. H. des Entgelts für die Rückgabe, Veräußerung oder Abtretung anzusetzen. Ein Teil der Literatur ging davon aus, dass ebenso wie bei der Pauschalbesteuerung nach § 18 Abs. 3 S. 1 AuslInvestmG die im laufenden Kalenderjahr erfolgten Ausschüttungen den pauschalen Zwischengewinn minderten.[210] Auf die Einnahmen aus der Rückgabe oder Veräußerung der ausländischen Investmentanteile war das Halbeinkünfteverfahren gem. § 3 Nr. 40 EStG, § 8b Abs. 2 KStG nicht anzuwenden, § 18 Abs. 4 AuslInvestmG.[211]

2. Zurechnung der Erträge

Anders als die übrigen steuerpflichtigen Erträge enthielt § 18 Abs. 3 AuslInvestmG keine ausdrückliche Zurechnungsvorschrift. Dennoch dürfte der steuerpflichtige Teil des Mehrbetrages den Einkünften aus Kapitalvermögen i. S. des § 20 Abs. 1 Nr. 1 EStG zuzurechnen gewesen sein, sofern er nicht zu den Betriebseinnahmen des Steuerpflichtigen gehörte. Zum einen war § 18 Abs. 3 AuslInvestmG als Ersatztatbestand für § 18 Abs. 1 AuslInvestmG anzusehen, welcher eine ausdrückliche Zurechnung vorsah. Zum anderen kam in der Zurechnung der Investmenterträge zu den Einkünften aus Kapitalvermögen i. S. des § 20 Abs. 1 Nr. 1 EStG ein allgemeiner Besteuerungsgrundsatz zum Ausdruck.[212]

3. Verfassungskonformität von § 18 Abs. 3 AuslInvestmG

a) Literaturauffassungen

In der Literatur wurde die Besteuerungsvorschrift des § 18 Abs. 3 AuslInvestmG aufgrund ihrer substanzbesteuernden Wirkung als „Strafbesteuerung" bezeichnet

---

[209] *Baur*, AuslInvestmG, § 18 Rz. 33; *Philipps*, AuslInvestmG, § 18 Rz. 7; *Brinkhaus*, in Brinkhaus/Scherer, AuslInvestmG, § 18 Rz. 52.

[210] *Baur*, AuslInvestmG, § 18 Rz. 39.

[211] Dazu ausführlich *Walter*, GmbHR 2002, 1015, 1016.

[212] *Scholtz*, in Beckmann/Scholtz/Vollmer, AuslInvestmG, § 18 Rz. 79.

und ihre Verfassungsmäßigkeit in Zweifel gezogen.[213] Nach einer Auffassung erforderte die zweimalige Minderung der Vermögenssubstanz durch die pauschale Ermittlung des Mehrbetrags einerseits und des Zwischengewinns andererseits eine verfassungskonforme Auslegung der fiktiven Zwischengewinnbesteuerung gem. § 18 Abs. 3 S. 4 AuslInvestmG. Danach sollte der pauschale Steuersatz von 20 v. H. nur auf die Differenz zwischen dem Entgelt bei Erwerb und dem Entgelt bei Veräußerung, Rückgabe oder Abtretung der Fondsanteile erhoben werden.[214] Dies hätte zur Folge gehabt, dass zumindest keine Zwischengewinnbesteuerung vorgenommen werden durfte, wenn sich der Anteilswert während der Haltezeit rückläufig entwickelt hatte oder noch kein Wertzuwachs erfolgt war. Andere sahen in der pauschalen Zwischengewinnbesteuerung bei solchen Investmentvermögen eine Übermaßbesteuerung, die nur in geringem Umfang Zinseinnahmen erzielten, welche dem Zwischengewinn i. S. des § 17 Abs. 2a S. 2 AuslInvestmG zuzuordnen waren.[215] Teilweise wurde in § 18 Abs. 3 S. 1 Hs. 2 AuslInvestmG ein Verstoß gegen das Gleichheitsgebot gem. Art. 3 GG gesehen.[216] Die pauschale Ermittlung eines fiktiven Ertrages in Höhe von 10 v. H. des letzten im Kalenderjahr festgesetzten Rücknahmepreises hätte willkürlich die Anleger derjenigen ausländischen Investmentvermögen benachteiligt, die keine oder nur geringe Erträge im Kalenderjahr erzielt hatten. Darüber hinaus verletzte § 18 Abs. 3 S. 1 Hs. 2 AuslInvestmG nach einer Ansicht die rechtsstaatlichen Grundsätze der Verhältnismäßigkeit und Zweckgerechtigkeit von Steuergesetzen.[217]

b) Urteil des FG Köln vom 22.08.2001

In der einzigen hierzu ergangenen Entscheidung der Finanzgerichte wurde die Verfassungsmäßigkeit des § 18 Abs. 3 AuslInvestmG bejaht. Dem Urteil des FG

---

213 *Harenberg*, PIStB 2002, 201, 207 f.; *Schmitt*, DStR 2002, 2193, 2195 ff., jeweils in Bezug auf § 18 Abs. 3 S. 1 Hs. 2 AuslInvestmG; *Baur*, AuslInvestmG, § 18 Rz. 30 f.; krit. auch *Hundertmark*, BB 1969, 532 f.; *ders.*, BB 1969, 1262 f.; *Hundertmark/Klöne*, S. 67 ff.; *dies.*, StB 1969, 205, 210; *Rutkowsky*, NJW 1971, 1348; *Tormann*, in Herrmann/Heuer/Raupach, AuslInvestmG, § 18 Rz. 24; *Philipps*, AuslInvestmG, § 18 Rz. 7; *Hofmann*, AG 1970, 73, 77. *Strobl-Haarmann/Krause*, in FS Müller, S. 365, 376, bezweifelten die Vereinbarkeit mit der Eigentumsgarantie des § 14 Abs. 1 GG. Überwiegend zustimmend *Scholtz*, in Beckmann/Scholtz/Vollmer, AuslInvestmG; § 18 Rz. 67-70; *Kerscher*, StuW 1969, 489, 504; *Söffing*, InfStW 1969, 412, 416; *Tullius*, DB 1969, 1719.

214 *Baur*, AuslInvestmG, § 18 Rz. 39; krit. auch *Schmitt*, DStR 2002, 2193, 2198.

215 *Lohr/Graetz*, S. 107, in Bezug auf US-amerikanische „Real Estate Investment Trusts".

216 *Plewka/Watrin*, DB 2001, 2264, 2266; *Hundertmark*, BB 1969, 1262, 1264; ähnlich *Harenberg*, PIStB 2002, 201, 207.

217 *Hundertmark/Klöne*, S. 69 f.; *dies.*, StB 1969, 205, 210.

Köln[218] lag der Sachverhalt zu Grunde, dass eine inländische Anteilsinhaberin ihre Einkünfte aus zwei thesaurierenden luxemburgischen Investmentfonds, die in Deutschland keinen steuerlichen Vertreter bestellt hatten und daher als schwarze Fonds behandelt wurden, nicht ordnungsgemäß erklärt hatte. Aus den vorgelegten Rechenschaftsberichten der Investmentfonds ergab sich ein positiver ordentlicher Ertrag. Das Finanzamt setzte unter Anwendung von § 18 Abs. 3 AuslInvestmG 10 v. H. des letzten Rücknahmepreises der Anteile als steuerpflichtigen Ertrag an. Nach Einlegung einer mit dem Argument der verfassungswidrigen Substanzbesteuerung erhobenen Klage entschied das FG Köln, dass eine Verletzung des Gleichheitsgrundsatzes nicht vorlag.[219] Der Gesetzgeber könne sich bei der Ausgestaltung von Normen in weitem Umfang generalisierender, typisierender und pauschalierender Regelungen bedienen, solange er nicht willkürlich gleiche Lebenssachverhalte ungleich oder ungleiche Lebenssachverhalte gleich behandele. Die Mindestbesteuerung gem. § 18 Abs. 3 AuslInvestmG sei sachlich geboten, da bei fehlendem Nachweis der Besteuerungsgrundlagen nur eine pauschale Ertragsermittlung möglich sei. Der Fall sei mit einer Schätzung von Erträgen aus inländischen Sondervermögen nach § 162 AO vergleichbar, welche ihre Erträge nicht nachwiesen. Dabei sei die Anknüpfung an den letzten im Kalenderjahr festgesetzten Rücknahmepreis gerechtfertigt, da dieser Rücknahmepreis einfach feststellbar und jedenfalls keine sachfremde Besteuerungsgrundlage sei.[220]

c) Stellungnahme

Der dem FG Köln zu Grunde liegende Sachverhalt behandelte einen schwarzen Fonds mit positiven Erträgen, so dass die Aussagekraft des Urteils nicht die gesamte Tragweite der Vorschrift erfasste. Nach vorzugswürdiger Auffassung führte die Pauschalbesteuerung gem. § 18 Abs. 3 AuslInvestmG zumindest bei nachgewiesener Ertraglosigkeit des Investmentfonds zu einem Verstoß gegen das Übermaßverbot und war insoweit verfassungswidrig.[221] Es war kein sachlich überzeugender Grund ersichtlich, um bei ausbleibendem Ertragsnachweis nicht die übliche Schätzung der Besteuerungsgrundlagen gem. § 162 AO anstelle der

---

[218] FG Köln, EFG 2002, 144.
[219] FG Köln, EFG 2002, 144.
[220] FG Köln, EFG 2002, 144, 145.
[221] *Brinkhaus*, in Brinkhaus/Scherer, AuslInvestmG, § 18 Rz. 43.

festen Pauschalierungssätze gesetzlich zu verankern. Der Gesetzgeber ging zwar von der nachvollziehbaren Annahme aus, dass sich ausländische Investmentfonds einer deutschen Investmentaufsicht entziehen und die Voraussetzungen für die Zulassung zum öffentlichen Vertrieb bewusst nicht erfüllen wollten. Die daran anknüpfende Strafbesteuerung des Anteilsinhabers führte allerdings zu einer Übermaßbesteuerung, die mit dem Grundsatz der Besteuerung nach der wirtschaftlichen Leistungsfähigkeit nicht zu vereinbaren war. Nicht überzeugen konnte ferner die verschärfte Besteuerung gegenüber Erträgen aus Anteilen an grauen Fonds, da auch deren Besteuerungsgrundlagen von den deutschen Steuerbehörden nicht unmittelbar verifiziert werden konnten.[222]

IV. Berücksichtigung inländischer und ausländischer Steuern

Die Beteiligung eines unbeschränkt Steuerpflichtigen an ausländischen Investmentvermögen eröffnet mehreren Staaten Anknüpfungspunkte für eine Besteuerung der dem Anteilsinhaber zuzurechnenden Erträge. Deutschland als Ansässigkeitsstaat des Anteilsinhabers besteuert aufgrund des Universalitätsprinzips gem. § 1 Abs. 1 S. 1 EStG, § 1 Abs. 1 KStG alle dem unbeschränkt steuerpflichtigen Anteilsinhaber zuzurechnenden Erträge gleich welcher Herkunft (Welteinkommensprinzip). Daneben beansprucht der ausländische Sitzstaat des Investmentfonds regelmäßig ein eigenes Besteuerungsrecht auf die seitens des Fonds oder seitens der Gesellschaft erzielten Gewinne. Aus Sicht des inländischen Anteilsinhabers kann sich entweder eine doppelte oder sogar eine dreifache Besteuerung der ihm zuzurechnenden Erträge ergeben, wenn der Investmentfonds mit den erzielten Erträgen in einem dritten Staat steuerpflichtig ist.

Die Berücksichtigung von Steuern beim inländischen Anleger bezieht sich auf Quellensteuern bei Ertragszufluss zu dem Investmentvermögen einerseits, den sogenannten Zuflusssteuern, und auf Abzugsteuern auf Ausschüttungen des Investmentvermögens andererseits. Unter dem Begriff Quellensteuer werden Steuerabzüge verstanden, die an der Zahlstelle der Kapitalerträge erhoben werden. Eine Quellensteuer ist, anders als eine reine Abgeltungsteuer, keine eigene Steu-

---

[222] Vgl. *Philipps*, AuslInvestmG, § 18 Rz. 7. Auf die europarechtlichen Bedenken des § 18 Abs. 3 AuslInvestmG soll an dieser Stelle nur hingewiesen werden, da sich die Problematik durch die gleichmäßige Anwendung des Halbeinkünfteverfahrens auf die Einkünfte aus in- und ausländischen Investmentfonds nach § 2 Abs. 2 InvStG weitgehend entschärft hat. Vgl. dazu ausführlich *Rädler*, in FS Heidinger, S. 53 ff.; *Harenberg*, PIStB 2002, 201, 208 f.; *Plewka/Watrin*, DB 2001, 2264, 2267 f.; *Schmitt*, DStR 2002, 2193, 2198 f.

erart, sondern nur eine spezielle Erhebungsform.[223] Im Folgenden werden die speziellen unilateralen Maßnahmen des AuslInvestmG zum Ausgleich ausländischer Quellensteuern betrachtet. Das AuslInvestmG regelte die Anrechnung sowie den Abzug von Abzug- und Zuflusssteuern in § 19 AuslInvestmG.

1. Anrechnung ausländischer Abzugsteuern

Unter den Voraussetzungen des § 19 Abs. 1 S. 1 bis 3 AuslInvestmG war eine ausländische Abzugsteuer, die auf Ausschüttungen auf ausländische Investmentanteile erhoben wurde, auf die deutsche Einkommen- oder Körperschaftsteuer unbeschränkt steuerpflichtiger Anteilsinhaber anteilig anzurechnen. Die Vorschrift setzte die Anrechenbarkeit der ausländischen Steuer nach § 34c Abs. 1 EStG, § 26 Abs. 1 KStG oder nach einem DBA voraus und orientierte sich damit an allgemeinen Grundsätzen.

a) Anrechnung gemäß § 34c Abs. 1 EStG

§ 34c Abs. 1 EStG berechtigt unbeschränkt Steuerpflichtige zur Anrechnung im Ausland gezahlter Steuern. Der unbeschränkt Steuerpflichtige, der die ausländischen Einkünfte nach deutschem Steuerrecht erzielt, muss zugleich Schuldner der ausländischen Steuer sein, deren Anrechnung er begehrt; erforderlich ist also eine Steuersubjektidentität.[224] Zu diesem Zweck ist das ausländische Investmentvermögen auf seine Steuersubjektfähigkeit hin zu untersuchen. Handelt es sich um eine juristische Person, insbesondere eine Kapitalgesellschaft, die für Zwecke der deutschen Besteuerung als Kapitalgesellschaft anzuerkennen ist, dann sind beim inländischen Anteilseigner nur die ausländischen Steuern anrechenbar, die auf seine Einkünfte aus Kapitalvermögen erhoben werden. Eine ausländische Körperschaftsteuer auf den Gewinn der Kapitalgesellschaft ist beim Anteilseigner hingegen nicht anrechenbar.[225] Ist das ausländische Investmentvermögen in der Rechtsform der Personengesellschaft strukturiert und stimmt diese Qualifikation mit der Wertung des deutschen Steuerrechts überein, können ausländische Steuern, die von der Personengesellschaft geleistet wurden, vom inländischen Personengesellschafter angerechnet werden; Gesellschaft und

[223] Vgl. BFH, BStBl. II 1973, 452.
[224] BFH, BStBl. II 1992, 187, 190; *Probst*, in Herrmann/Heuer/Raupach, EStG, § 34c Rz. 56; *Burmester*, in Gassner/Lang/Lechner, Methoden, S. 241, 246.
[225] *Probst*, in Herrmann/Heuer/Raupach, EStG, § 34c Rz. 56; *Jacobs* (Hrsg.), S. 40.

Gesellschafter sind insoweit also identisch.[226] Für die vorliegende Untersuchung wird die Identität des Steuersubjekts unterstellt, ohne auf die Besonderheiten unterschiedlicher Qualifikationen der Rechtsgebilde durch die beteiligten Staaten einzugehen.[227] Unerheblich ist schließlich die Erhebung der Quellensteuer bei der ausländischen Investmentgesellschaft. Eine Identität des Steuersubjekts wird bei ausländischen Abzugsteuern bereits dann bejaht, wenn die Steuer auf Rechnung des unbeschränkt Steuerpflichtigen erhoben wird.[228]

Ferner setzt die Anrechnung gem. § 34c Abs. 1 EStG eine in einem ausländischen Staat festgesetzte, gezahlte und keinem Ermäßigungsanspruch mehr unterliegende Steuer voraus.[229] Soweit dem Steuerpflichtigen im Ausland die konkrete Möglichkeit einer Steuerermäßigung durch Antrag oder Rechtsbehelf offen steht, ist er insoweit auf die Durchsetzung dieser Ansprüche zu verweisen, ohne dass eine Anrechnungsmöglichkeit im Inland besteht.[230] Weiterhin muss der Steuerpflichtige mit den ausländischen Einkünften in dem Staat, aus dem sie stammen, zu einer der deutschen Einkommensteuer entsprechenden Steuer herangezogen werden. Es genügt, wenn es sich um eine der deutschen Steuer nach Funktion und wirtschaftlichem Gehalt gleichartige Steuer handelt.[231]

§ 34c Abs. 1 S. 2 EStG gewährt eine eingeschränkte Anrechnungsmöglichkeit ausländischer Quellensteuern. Danach kann die ausländische Steuer nur auf die deutsche Einkommensteuer angerechnet werden, welche auf die Einkünfte aus dem ausländischen Staat entfällt. Im Wege dieser Höchstbetragsrechnung wird die deutsche Einkommensteuer im Verhältnis der ausländischen Einkünfte zur Summe der Einkünfte aufgeteilt. Folglich bleiben höhere ausländische Steuern im Inland unberücksichtigt. Nach der sogenannten „Per-Country-Limitation-Methode" wird der Anrechnungshöchstbetrag für die Einkünfte aus jedem aus-

---

226 *Probst*, in Herrmann/Heuer/Raupach, EStG, § 34c Rz. 56.

227 Vgl. zu Qualifikationskonflikten im Zusammenhang mit der Steuersubjektidentität *Probst*, in Herrmann/Heuer/Raupach, EStG, § 34c Rz. 56; *Jacobs* (Hrsg.), S. 40; *Burmester*, in Gassner/Lang/Lechner, Methoden, S. 241, 247 ff.

228 BFH, BStBl. II 1992, 607, 608 f.

229 Von einer Festsetzung der ausländischen Steuer ist auch dann auszugehen, wenn die Steuer nicht von einer Behörde des ausländischen Staates durch Steuerbescheid festgesetzt worden ist, sondern lediglich durch einen Privaten angemeldet worden ist, wie dies im deutschen Steuerrecht bei Abzugsteuern der Regelfall ist, vgl. § 41a, § 45a, § 50a Abs. 5 EStG; BFH, BStBl. II 1992, 607, 609; *Schaumburg*, Rz. 15.64.

230 *Heinicke*, in L. Schmidt, EStG, § 34c Rz. 7; *Probst*, in Herrmann/Heuer/Raupach, EStG, § 34c Rz. 73.

231 *Schaumburg*, Rz. 15.60; *Jacobs* (Hrsg.), S. 41.

ländischen Staat einzeln errechnet, wenn die Einkünfte aus mehreren Staaten stammen.[232] Diese Methode wirkt sich für den Steuerpflichtigen nachteilig aus, wenn der Höchstbetrag in einem Staat aufgrund eines hohen Steuersatzes oder einer hohen Bemessungsgrundlage überschritten und in einem anderen Staat aufgrund eines niedrigeren Steuerniveaus unterschritten wird. Ein daraus entstehender Anrechnungsüberhang kann weder angerechnet noch durch andere Ausgleichsmaßnahmen berücksichtigt werden.[233] Demgegenüber erweist sich die Methode als vorteilhaft, wenn in einzelnen Staaten Verluste erzielt werden, da keine Minderung des Anrechnungshöchstbetrages in anderen Staaten bewirkt wird.[234] Eine Verschärfung der Steueranrechnung ergibt sich aus § 34c Abs. 1 S. 3 EStG. Nach dieser Vorschrift sind bei der Ermittlung der ausländischen Einkünfte diejenigen ausländischen Einkünfte nicht zu berücksichtigen, die in dem Staat, aus dem sie stammen, nach dessen Recht nicht besteuert werden.[235] Ferner mindern sich gem. § 34c Abs. 1 S. 4 EStG bestimmte ausländische Einkünfte eines inländischen Betriebes um Betriebsausgaben und Betriebsvermögensminderungen, die in wirtschaftlichem Zusammenhang mit den ausländischen Einkünften stehen.

b) Modifizierende Voraussetzungen gemäß § 19 Abs. 1 AuslInvestmG

aa) Erhebung einer Abzugsteuer auf Ausschüttungen

Unter ausländischen Einkünften waren die in § 19 Abs. 1 S. 1 AuslInvestmG genannten, der ausländischen Abzugsteuer unterliegenden Einkünfte zu verstehen, d. h. die „Ausschüttungen auf ausländische Investmentanteile" i. S. der §§ 17 und 18 AuslInvestmG. Dem Wortlaut zufolge konnten die übrigen Erträge bei Erhebung einer ausländischen Abzugsteuer keine Anrechnung im Inland begründen. Dies wäre insoweit systemgerecht gewesen, als ein Quellensteuerabzug im ausländischen Sitzstaat mangels tatsächlicher Ausschüttung nicht durchgeführt wurde. Erhob der Ansässigkeitsstaat jedoch auf thesaurierte Fondserträge eine Quellensteuer, weil er etwa entsprechend § 17 Abs. 1 S. 1, § 18 Abs. 1 S.

---

232 Rechtsgrundlage ist § 34c Abs. 7 Nr. 1 EStG i. V. m. § 68a EStDV.

233 Ein Steuerabzug nach § 34c Abs. 2, 3 EStG kommt hier ebenso wenig in Betracht wie ein Vor- oder Rücktrag von Steuerüberhängen, vgl. *Burmester*, in Gassner/Lang/Lechner, Methoden, S. 241, 254; *Schaumburg*, Rz. 15.73.

234 *Krabbe*, BB 1980, 1146, 1147.

235 *Köhler*, DStR 2003, 1156, spricht von einer „subject to tax clause"; krit. auch *Lüdicke*, IStR 2003, 433, 434.

1 AuslInvestmG einen Zufluss beim Anteilsinhaber fingierte, wäre der Anwendungsbereich des § 19 Abs. 1 AuslInvestmG nicht eröffnet gewesen. In Betracht kam nur eine Steueranrechnung gem. § 34c Abs. 1 EStG, § 26 Abs. 1 KStG, da es sich bei den thesaurierten Erträgen um ausländische Einkünfte aus Kapitalvermögen i. S. des § 34d Abs. 1 Nr. 6 EStG handelte.[236] Die Zusammenfassung der thesaurierten Erträge mit sonstigen Einkünften zwecks Ermittlung eines Anrechnungshöchstbetrages gem. § 34c Abs. 1 EStG, § 26 Abs. 1 KStG hätte nach Auffassung von *Behrens* jedoch der Systematik des § 19 Abs. 1 S. 1 AuslInvestmG widersprochen.[237] Da sich der Anrechnungshöchstbetrag gem. § 19 Abs. 1 S. 1 AuslInvestmG aus dem Teil der inländischen Einkommen- oder Körperschaftsteuer ergeben habe, der auf die „Einkünfte aus diesen ausländischen Investmentanteilen" entfiel, hätten neben den Ausschüttungen auch die beim Anteilsinhaber zu besteuernden thesaurierten Fondserträge zu den ausländischen Einkünften gehört. Folglich wären die thesaurierten Erträge nur in die Höchstbetragsrechnung des § 19 Abs. 1 AuslInvestmG einzubeziehen gewesen. Eine Berücksichtigung im Rahmen des § 34c Abs. 1 EStG kam nach dieser Auffassung nicht in Betracht.[238] Im Ergebnis hätte der Begriff „Ausschüttungen" i. S. des § 19 Abs. 1 S. 1 AuslInvestmG auch thesaurierte Erträge erfasst, die im Ansässigkeitsstaat des ausländischen Investmentvermögens einer Abzugsteuer unterlagen. Dieser Auffassung konnte jedoch nicht gefolgt werden, da ihr der eindeutige Gesetzeswortlaut entgegenstand. § 19 Abs. 1 S. 1 AuslInvestmG setzte voraus, dass die ausländische Abzugsteuer auf „Ausschüttungen" von Investmentfonds erhoben wurde. Damit waren thesaurierte Erträge von der Anrechnung ausgeschlossen.[239]

bb) Sogenannte Per-Item-Of-Income-Limitation

Der Anrechnungshöchstbetrag war nach der Anrechnungsmethode des § 19 Abs. 1 S. 1 AuslInvestmG für jedes ausländische Investmentvermögen separat zu ermitteln. Dies ergab sich aus dem Wortlaut des Einleitungssatzes des § 19 Abs. 1 S. 1 AuslInvestmG, wonach sich die Anrechnung auf Ausschüttungen auf ausländische Investmentanteile in dem Staat bezog, in dem das ausländische In-

---

236 *Baur*, AuslInvestmG, § 19 Rz. 3.
237 *Behrens*, in Brinkhaus/Scherer, AuslInvestmG, § 19 Rz. 15.
238 *Behrens*, in Brinkhaus/Scherer, AuslInvestmG, § 19 Rz. 15.
239 *Baur*, AuslInvestmG, § 19 Rz. 3; *Bölter/Linner/Otto*, S. 71.

vestmentvermögen ansässig war. Der Teil der Einkommen- bzw. Körperschaftsteuer, auf den die ausländische Steuer anzurechnen war, wurde gem. § 19 Abs. 1 S. 2 AuslInvestmG in der Weise ermittelt, dass die bei der Veranlagung des Einkommens einschließlich der ausländischen Einkünfte sich ergebende Einkommen- bzw. Körperschaftsteuer im Verhältnis der ausländischen Einkünfte zum Gesamtbetrag der Einkünfte aufgeteilt wurde. Die Anrechnung gem. § 19 Abs. 1 AuslInvestmG erlaubte nicht die Zusammenfassung von Erträgen aus ausländischen Investmentanteilen mit anderen Erträgen aus demselben Staat.[240] Dies verdeutlichte auch der Wortlaut des § 19 Abs. 1 S. 2 AuslInvestmG. Danach ergab sich der Anrechnungshöchstbetrag aus dem Verhältnis „dieser ausländischen Einkünfte", d. h. der Ausschüttungen auf ausländische Investmentanteile, zur Summe der Einkünfte.[241] Es erfolgte damit eine auf bestimmte Einkunftsarten begrenzte Anrechnung, die im Falle unterschiedlicher Erträge aus einem ausländischen Staat die Ermittlung mehrerer Höchstbeträge nach sich zog (sogenannte „Per-Item-of-Income-Limitation").[242]

Der Wortlaut ließ sich nach anderer Ansicht auch dahin interpretieren, dass die Einkünfte aus einem ausländischen Staat in einem Höchstbetrag zusammenzufassen waren, da § 19 Abs. 1 S. 2 AuslInvestmG auf die ausländischen Einkünfte schlechthin und nicht nur auf die Ausschüttungen auf ausländische Investmentanteile abstellte.[243] Für eine solche Auslegung konnten der Transparenzgrundsatz sowie Vereinfachungsgesichtspunkte angeführt werden. Im Vergleich zu einem Direktanleger, der an mehreren ausländischen Kapitalgesellschaften beteiligt war und eine von den Dividenden im ausländischen Staat einbehaltene Quellensteuer gem. § 34c Abs. 1 EStG in einem einzigen Anrechnungshöchstbetrag anrechnen konnte, bedeutete die Ermittlung mehrerer Höchstbeträge für Investmenterträge eine Schlechterstellung des Fondsanlegers.[244] Darüber hinaus sprachen Vereinfachungsgründe dafür, mehrere Investmentvermögen aus ein und demselben ausländischen Staat zusammenzufassen. Schließlich sah die

---

[240] *Baur*, AuslInvestmG, § 19 Rz. 18; *Tormann*, in Herrmann/Heuer/Raupach, AuslInvestmG, § 19 Rz. 37; a. A. *Söffing*, InfStW 1969, 412, 417, der aus dem Fehlen einer Sonderregelung entsprechend § 40 Abs. 4 S. 3 KAGG die Anwendung des § 68a EStDV („Per-Country-Limitation") befürwortete. § 40 Abs. 4 S. 3 KAGG sah bei Einkünften aus mehreren Staaten eine zusammengefasste Berechnung des Anrechnungshöchstbetrages vor.

[241] *Baur*, AuslInvestmG, § 19 Rz. 18.

[242] Vgl. zu diesem Begriff *Jacobs* (Hrsg.), S. 46.

[243] *Söffing*, InfStW 1969, 412, 418, im Sinne einer „Per-Country-Limitation".

[244] Vgl. das Rechenbeispiel von *Söffing*, InfStW 1969, 412, 417.

korrespondierende Vorschrift des § 40 Abs. 4 S. 3 KAGG für deutsche Sondervermögen sogar eine Zusammenfassung aller anrechenbaren ausländischen Steuern für sämtliche Staaten vor, aus denen das Sondervermögen Einkünfte erzielte. Dies führte zu einer sogenannten „Overall-Limitation", d. h. der Ermittlung eines Anrechnungshöchstbetrages für sämtliche Einkünfte aus allen ausländischen Staaten.[245]

Eine Zusammenfassung anrechenbarer Steuern aus allen ausländischen Staaten entsprechend § 40 Abs. 4 S. 3 KAGG hätte bei ausländischen Investmentvermögen jedoch ins Leere laufen müssen, da auf die beim Anleger steuerpflichtigen Einkünfte lediglich eine einzige anrechenbare Abzugsteuer im Ansässigkeitsstaat des Investmentvermögens erhoben werden konnte.[246] Der Ermittlung eines einzigen Anrechnungshöchstbetrages für alle aus dem ausländischen Sitzstaat des Investmentvermögens stammenden Einkünfte stand wiederum der Wortlaut des § 19 Abs. 1 S. 1, 2 AuslInvestmG entgegen. Dieser bezog lediglich ausländische Steuern auf „Ausschüttungen" auf ausländische Investmentanteile in die Anrechnung ein. Im Ergebnis war dem unbeschränkt steuerpflichtigen Anteilsinhaber eine Anrechnung der ausländischen Abzugsteuer einzuräumen, die der deutschen Einkommensteuer entsprach, welche sich aus dem Verhältnis der aus dem ausländischen Ansässigkeitsstaat des Investmentvermögens stammenden Einkünfte zur Summe der Einkünfte ergab.[247]

cc) Steuerabzug gemäß § 19 Abs. 1 S. 4 AuslInvestmG

§ 19 Abs. 1 S. 4 AuslInvestmG erklärte §34 c Abs. 2 EStG hinsichtlich der Abzugsteuern auf Ausschüttungen auf ausländische Investmentanteile für sinngemäß anwendbar. Nach § 34c Abs. 2 EStG kann auf Antrag die ausländische Steuer statt der Anrechnung bei der Ermittlung des Gesamtbetrages der Einkünfte abgezogen werden. Diese Methode erwies sich für den inländischen Steuerpflichtigen als vorteilhaft, wenn mangels zu versteuernden Einkommens keine

---

[245] Vgl. zu diesem Begriff *Jacobs* (Hrsg.), S. 45.

[246] *Baur*, AuslInvestmG, § 19 Rz. 18; *Scholtz*, in Beckmann/Scholtz/Vollmer, AuslInvestmG, § 19 Rz. 36; *Tormann*, in Herrmann/Heuer/Raupach, AuslInvestmG, § 19 Rz. 7.

[247] Zur Möglichkeit der Ermittlung eines einzigen Anrechnungshöchstbetrages für alle aus dem ausländischen Ansässigkeitsstaat stammenden Einkünfte nach den DBA *Behrens*, in Brinkhaus/Scherer, AuslInvestmG, § 19 Rz. 44.

Anrechnung möglich war oder hohe Auslandssteuern auf die Ausschüttungen aus den Investmentvermögen anfielen.[248]

dd) Verhältnis des § 19 Abs. 1 AuslInvestmG zu den DBA

Wegen des Vorrangs völkerrechtlicher Verträge vor innerstaatlichen Steuergesetzen gem. § 2 AO sind die Regelungen der DBA gegenüber den nationalen steuerrechtlichen Regelungen grundsätzlich spezieller. Da § 19 AuslInvestmG im Gegensatz zu § 34c Abs. 6 EStG keine Aussage über das Rangverhältnis zu den DBA traf, gingen die abkommensrechtlichen Methoden uneingeschränkt vor.

Demnach wurden die Ausschüttungen auf ausländische Investmentanteile von der inländischen Besteuerung freigestellt, wenn das zu Grunde liegende DBA die Freistellungsmethode vorsah; eine Anrechnung ausländischer Abzugsteuer nach § 19 AuslInvestmG kam dann nicht in Betracht.[249] Sofern die Anrechnungsmethode zur Beseitigung der Doppelbesteuerung angewandt wurde, stand diese grundsätzlich in Einklang mit der unilateralen Maßnahme des § 19 Abs. 1 S. 1-3 AuslInvestmG i. V. m. § 34c Abs. 1 EStG. Regelte das DBA nicht konkret die Durchführung der Anrechnung, war nach Art. 3 Abs. 2 OECD-MA ein Rückgriff auf das nationale Recht des Anwenderstaates und damit § 19 AuslInvestmG vorzunehmen.[250] Da die Verweisung in § 19 Abs. 1 S. 1 AuslInvestmG auf § 34c EStG ausdrücklich nur dessen Abs. 1 umfasste und somit die das Rangverhältnis dieser Anrechnungsnorm mit den DBA regelnde Vorschrift des § 34c Abs. 6 EStG zumindest nicht direkt angewendet werden konnte, bestanden Zweifel hinsichtlich der Durchführung der Anrechnung und Ermittlung des Anrechnungshöchstbetrages.

Gem. § 34c Abs. 6 S. 2 EStG erfolgt die Durchführung der Anrechnung einer ausländischen Steuer auf die deutsche Einkommensteuer entsprechend § 34c Abs. 1 S. 2-5 bzw. § 34c Abs. 2 EStG. Entsprechende Anwendung in diesem Sinne bedeutet, dass die Regelungen des EStG nur insoweit bei der Anrechnung nach den DBA zu beachten sind, als sie mit dem Abkommensmechanismus ver-

---

[248] *Baur*, AuslInvestmG, § 19 Rz. 20; *Tormann*, in Herrmann/Heuer/Raupach, AuslInvestmG, § 19 Rz. 11.

[249] *Behrens*, in Brinkhaus/Scherer, AuslInvestmG, § 19 Rz. 11.

[250] *Behrens*, in Brinkhaus/Scherer, AuslInvestmG, § 19 Rz. 13; *Baur*, AuslInvestmG, § 19 Rz. 7; vgl. allgemein zur Anwendung der Lex-Fori-Klausel bei § 34c EStG *Wassermeyer/Lüdicke* in: Flick/Wassermeyer/Baumhoff, EStG, § 34c Rz. 299.

einbar sind.[251] Nach Art. 23B OECD-MA ist bei bestimmten Einkünften die Steueranrechnung als Methode des Ansässigkeitsstaates zur Vermeidung der Doppelbesteuerung anzuwenden. Zur Ermittlung des Anrechnungshöchstbetrages können aber nur diejenigen Einkünfte aus dem anderen Vertragsstaat berücksichtigt werden, die aufgrund des DBA in die Anrechnung einzubeziehen sind.[252] Insoweit führt der Vorrang der DBA zu einer Einschränkung der über die „Per-Country-Limitation-Methode" berücksichtigungsfähigen ausländischen Einkünfte. Nichts anderes galt für Ausschüttungen auf ausländische Investmentanteile, sofern die DBA keine eigene Regelung zur Durchführung der Anrechnung sowie zur Ermittlung des Höchstbetrages enthielten. Insbesondere entsprach eine an den Verteilungsnormen orientierte Ermittlung mehrerer Anrechnungshöchstbeträge nicht den DBA, es sei denn, diese hätten eine solche Differenzierung ausdrücklich vorgesehen.[253]

Die Steuerabzugsmethode gem. § 19 Abs. 1 S. 4 AuslInvestmG i. V. m. § 34c Abs. 2 EStG war zwar nicht in den Vermeidungsnormen des OECD-MA vorgesehen, aber dennoch mit diesen vereinbar. Dies entspricht dem Grundsatz, wonach die Vertragsstaaten, losgelöst von bestehenden DBA, mittels unilateraler Vorschriften den Steuerpflichtigen weitergehende Vergünstigungen gewähren können.[254]

2. Anrechnung von Zuflusssteuern

Unter Zuflusssteuern sind im vorliegenden Kontext die durch den Sitzstaat des ausländischen Investmentvermögens oder die von dritten Staaten erhobenen Quellensteuern zu verstehen, die beim Zufluss der Erträge zu dem Investmentvermögen einbehalten worden sind.[255] Eine Anrechnung dieser Zuflusssteuern auf die deutsche Einkommen- oder Körperschaftsteuer war gem. § 19 Abs. 3 AuslInvestmG nur insoweit möglich, als die Zuflusssteuern zu einer Verminde-

---

[251] Amtl. Begr., BT-Drs. 8/3648, S. 21.

[252] Dies sind nach Art. 23B Abs. 2 OECD-MA Zinsen und Dividenden, nicht aber etwa Einkünfte aus unbeweglichem Vermögen, vgl. *Baranowski*, Rz. 1291.

[253] BFH, BStBl. II 1996, 261, 263 f.; *Schaumburg*, Rz. 15.13; *Baranowski*, Rz. 1291; *Schuch*, in Gassner/Lang/Lechner, Methoden, S. 11, 32; a. A. *Debatin*, in Korn/Debatin, Systematik III, Rz. 105.

[254] *Schaumburg*, Rz. 15.13; *Vogel*, in Vogel/Lehner, DBA, Art. 23 Rz. 157; *Tillmanns*, in: Mössner u. a., Rz. B 217; *Kluge*, Rz. R 25.

[255] *Behrens*, in Brinkhaus/Scherer, AuslInvestmG, § 19 Rz. 66; *Tormann*, in Herrmann/Heuer/Raupach, AuslInvestmG, Einf. Rz. 26, spricht anschaulich von der Belastung der dem Investmentvermögen zufließenden Erträge durch eine in dem Anlageland erhobene Kapitalertragsteuer.

rung der Abzugsteuer im Sitzstaat des Investmentvermögens geführt hatten. Unterlagen die Ausschüttungen des ausländischen Investmentvermögens keiner Abzugsteuer, konnte die Zuflusssteuer unabhängig ihrer Herkunft mangels Erstattungs- oder Anrechnungsmöglichkeit im ausländischen Sitzstaat nicht zugunsten des Anteilsinhabers angerechnet werden.[256] Die Anrechnung war ferner auf registrierte Investmentvermögen bzw. weiße Fonds i. S. des § 17 Abs. 1, 3 AuslInvestmG beschränkt. Die begrenzte Anrechnungsmöglichkeit auf Anteile an weißen Fonds wurde mit der vergleichbaren Anrechnung von Zuflusssteuern auf Erträge aus Anteilen an inländischen Sondervermögen gem. § 40 Abs. 4 KAGG begründet. Es handelte sich um eine steuerliche Vergünstigung, die nur für Anteilsinhaber solcher ausländischen Investmentvermögen in Betracht kommen sollte, deren Anteile zum öffentlichen Vertrieb zugelassen waren.[257] Die Nichtberücksichtigung von Zuflusssteuern aus nicht-registrierten Investmentvermögen ging ferner auf die Überlegung der Finanzverwaltung zurück, dass eine Überprüfung derjenigen ausländischen Steuern, die von Drittstaaten auf die von den ausländischen Investmentfonds vereinnahmten Erträge erhoben wurden, den deutschen Steuerbehörden nicht zugemutet werden konnte.[258]

Die Steuerminderung im ausländischen Sitzstaat bewirkte, dass die Zuflusssteuer von der Ausschüttungssteuer aufgefangen wurde. Im Ergebnis wurden die Ausschüttungen aus Anteilen des ausländischen Investmentvermögens lediglich bis zur Höhe der Ausschüttungssteuer belastet. Angerechnet wurde damit die volle „Brutto-Ausschüttungssteuer", wie sie vor Abzug der Zuflusssteuer bestand.[259] Dadurch konnte eine Mehrfachbelastung der Ausschüttungen vermieden und eine steuerliche Transparenz des Investmentvermögens verwirklicht werden, soweit eine solche im ausländischen Sitzstaat bestand.[260] Zu den anrechnungsfähigen Zuflusssteuern gehörten sowohl Abzugsteuern, die im Sitzstaat des Investmentvermögens einbehalten wurden als auch solche aus Dritt-

---

[256] *Behrens*, in Brinkhaus/Scherer, AuslInvestmG, § 19 Rz. 70. Beispielsweise unterliegen Ausschüttungen luxemburgischer Investmentfonds keiner Quellensteuer, vgl. *Graetz*, S. 109, 130; *Bölter/Linner/Otto*, S. 16.

[257] *Philipps*, AuslInvestmG, § 19 Rz. 10.

[258] Vgl. BMF, Schreiben vom 23.07.1963, DB 1963, 1136.

[259] *Söffing*, InfStW 1969, 412, 418; *Baranowski*, Rz. 1656; *Scholtz*, in Beckmann/Scholtz/Vollmer, AuslInvestmG, § 19 Rz. 41.

[260] *Scholtz*, in Beckmann/Scholtz/Vollmer, AuslInvestmG, § 19 Rz. 42; *Baur*, AuslInvestmG, § 19 Rz. 22.

staaten.[261] Damit unterschied sich § 19 Abs. 3 AuslInvestmG grundlegend von der unilateralen Anrechnungsmethode des § 34c Abs. 1 EStG, die grundsätzlich keine Anrechnung von Drittstaatensteuern ermöglicht.

V. Inländische Kapitalertragsteuer

Bestimmte Erträge aus Anteilen an ausländischen Investmentfonds unterlagen gem. § 18a AuslInvestmG der inländischen Kapitalertragsteuer in Form eines Zinsabschlages.[262] Begrifflich unterscheidet sich die Kapitalertragsteuer von einer Quellensteuer dadurch, dass sie bei Ausschüttungen als sogenannte Zahlstellensteuer nicht durch den Schuldner des Kapitalertrags, sondern durch die auszahlende Stelle einzubehalten ist. Dies betraf bei ausländischen Investmentvermögen die depotführenden deutschen Kreditinstitute und in Nicht-Depotfällen die deutschen Kreditinstitute als Einlösungsstellen.[263] In jedem Fall bedurfte es zur Vornahme eines Kapitalertragsteuerabzuges einer inländischen Zahlstelle, wie sich aus der Verweisung in § 18a Abs. 2 AuslInvestmG ergab. Als auszahlende Stellen kamen entsprechend § 44 Abs. 1 S. 4 Nr. 2 EStG i. V. m. § 43 Abs. 1 S. 1 Nr. 7 Buchst. b EStG neben inländischen Kreditinstituten auch inländische Zweigstellen eines ausländischen Kreditinstituts in Betracht, nicht aber ausländische Kreditinstitute. Bei fehlender inländischer Zahlstelle konnte nicht die ausländische Investmentgesellschaft nach § 18a Abs. 2 AuslInvestmG i. V. m. § 44 Abs. 1 S. 4 Nr. 1 Buchst. b EStG zum Steuerabzug verpflichtet werden, da die Steuerhoheit des deutschen Staates auf inländische Schuldner beschränkt ist.[264] Der Kapitalertragsteuerabzug nach § 18a AuslInvestmG konnte dadurch vermieden werden, dass die Auszahlung von Ausschüttungen bzw. des Rücknahmepreises nicht über eine inländische Zahlstelle erfolgte.[265] Andererseits wäre es theoretisch denkbar gewesen, dass Auszahlungen steuerpflichtiger Kapitalerträge sowohl im Inland bei der Zahlstelle als auch im Sitzstaat des

---

[261] *Rosenberger*, StBp 1972, 245, 255; *Scholtz*, in Beckmann/Scholtz/Vollmer, AuslInvestmG, § 19 Rz. 43.

[262] Wegen des Verweises von § 18a Abs. 2 AuslInvestmG auf die Vorschriften des EStG für den Steuerabzug nach § 43 Abs. 1 S. 1 Nr. 7, 8, S. 2 EStG sprach man von einem Zinsabschlag, obwohl §§ 17 f. AuslInvestmG die Erträge aus ausländischen Investmentanteilen den Beteiligungserträgen des § 20 Abs. 1 Nr. 1 EStG zuordneten. Vgl. *Baur*, AuslInvestmG, § 18a Rz. 4.

[263] *Baur*, AuslInvestmG, § 18a Rz. 1; *Bölter/Linner/Otto*, S. 46 f.; *Baranowski*, Rz. 1649.

[264] *Heinicke*, in L. Schmidt, EStG, § 43 Rz. 7; *Lohr/Graetz*, S. 111; *Behrens*, in Brinkhaus/Scherer, AuslInvestmG, § 18a Rz. 9.

[265] *Behrens*, in Brinkhaus/Scherer, AuslInvestmG, § 18a Rz. 12.

ausländischen Investmentvermögens bei dem Schuldner einem Quellensteuerabzug unterworfen wurden. In der Praxis ist die Quellenbesteuerung jedoch an die Ansässigkeit der auszahlenden Stelle im jeweiligen Staat gebunden.[266] Daher erfolgte regelmäßig nur in dem Staat ein Quellensteuerabzug, in dem sich die auszahlende Stelle befand.

1. Kapitalertragsteuer auf Ausschüttungen

Ausschüttungen auf ausländische Investmentanteile unterlagen gem. § 18a Abs. 1 Nr. 1 und 2 AuslInvestmG der Kapitalertragsteuer, soweit sie steuerpflichtig waren. Die in Ausschüttungen auf ausländische Investmentanteile i. S. des § 17 AuslInvestmG enthaltenen steuerfreien Gewinne waren vom Steuerabzug ausgenommen, § 18a Abs. 1 Nr. 1 Buchst. a, b AuslInvestmG.[267] Dies beruhte darauf, dass der Zinsabschlag ein anrechenbarer Steuerabzug mit Vorauszahlungscharakter ist, der eine beschränkte oder unbeschränkte Steuerpflicht voraussetzt.[268] Weiterhin war von einem Zinsabschlag Abstand zu nehmen in den Fällen der Ausschüttung von Erträgen, die nachweislich bereits früher als ausschüttungsgleiche Erträge besteuert worden waren.[269]

a) Durchbrechung des Transparenzprinzips

Die Anwendung des Steuerabzuges auf sämtliche Erträge, aus denen sich der Ausschüttungsbetrag zusammensetzte, darunter Erträge aus der Vermietung und Verpachtung von Grundstücken, begegnete insoweit systematischen Bedenken, als diese Erträge bei einer Direktanlage in entsprechende ausländische Vermögensgegenstände keinem Steuerabzug unterlegen hätten.[270] Darin manifestierte sich eine Durchbrechung des Transparenzgrundsatzes zulasten des steuerpflich-

---

[266] *Lohr/Graetz*, S. 116.

[267] Dies sollte auch dann gelten, wenn die Anteile zu einem Betriebsvermögen gehörten, weil die auszahlende Stelle mangels Kenntnis von der Betriebsvermögenszugehörigkeit nicht in der Lage gewesen wäre, einen entsprechend höheren Steuerabzug vorzunehmen, *Baur*, AuslInvestmG, § 18a Rz. 5; *Behrens*, in Brinkhaus/Scherer, AuslInvestmG, § 18a Rz. 30; vgl. zu inländischen Sondervermögen auch *Scholtz*, FR 1989, 192, 194.

[268] *Baur*, AuslInvestmG, § 18a Rz. 3; *Behrens*, in Brinkhaus/Scherer, AuslInvestmG, § 18a Rz. 14; allgemein zu §§ 43 ff. EStG BFH, BStBl. II 1969, 729, 730; BStBl. II 1973, 452, 453.

[269] *Baur*, AuslInvestmG, § 18a Rz. 3; *Behrens*, in Brinkhaus/Scherer, AuslInvestmG, § 18a Rz. 27 m. w. N.

[270] Eine Schlechterstellung des Anteilsinhabers ausländischer Investmentanteile bestand nicht nur gegenüber dem Direktanleger, sondern auch gegenüber dem Anteilsscheininhaber eines inländischen Sondervermögens. So unterlagen etwa die in den Ausschüttungen des Sondervermögens enthaltenen Dividendenerträge als Kapitalerträge i. S. des § 20 Abs. 1 Nr. 1 EStG nicht dem Steuerabzug vom Kapitalertrag gem. § 38b Abs. 1 KAGG, unabhängig davon, ob es sich um inländische oder ausländische Dividenden handelte.

tigen Anteilsinhabers.[271] Eine Einschränkung der kapitalertragsteuerpflichtigen Ausschüttung ausländischer Investmentvermögen konnte sich nur aus der Verweisung des § 18a Abs. 2 AuslInvestmG ergeben, wenn es sich um eine Rechtsgrundverweisung handelte und damit zusätzlich die materiellen Voraussetzungen des § 43 Abs. 1 S. 1 Nr. 7 und 8 und S. 2 EStG erfüllt sein mussten. Gegen diesen Ansatz sprach aber bereits die Systematik des § 18a Abs. 2 AuslInvestmG. Nach dieser Vorschrift war auf die Erhebung eines Steuerabzuges i. S. des § 18a Abs. 1 AuslInvestmG neben den einkommensteuerlichen Vorschriften zum Steuerabzug von Kapitalerträgen auch § 38b Abs. 2 KAGG entsprechend anwendbar. Da letztere Vorschrift nur in ihrer Rechtsfolge (Ausdehnung der Kapitalertragsteuerpflicht auf thesaurierte Erträge) gemeint sein konnte, nicht aber in ihren Voraussetzungen (thesaurierte Einnahmen eines inländischen Wertpapier-Sondervermögens), musste das Gleiche auch für die einkommensteuerrechtlichen Vorschriften zum Steuerabzug gelten. Zudem gingen die steuerlichen Vorschriften des AuslInvestmG den allgemeinen Vorschriften des EStG als lex specialis vor.[272] Deshalb bezog sich die Verweisung in § 18a Abs. 2 AuslInvestmG nicht auf die materiellen Voraussetzungen des § 43 Abs. 1 S. 1 Nr. 7 und 8 sowie S. 2 EStG, sondern nur auf deren Rechtsfolgen.[273] Ausschüttungen nicht registrierter Investmentvermögen i. S. des § 18 Abs. 1, 3 AuslInvestmG unterlagen gem. § 18a Abs. 1 Nr. 2 AuslInvestmG in voller Höhe der Kapitalertragsteuer, da diese Ausschüttungen keine steuerfreien Veräußerungsgewinne enthielten.

b) Höhe des Steuerabzugs

Der Steuerabzug betrug gem. § 18a Abs. 2 AuslInvestmG i. V. m. § 43 Abs. 1 S. 1 Nr. 7, § 43a Abs. 1 Nr. 3 EStG 30 v. H., in Nicht-Depotfällen 35 v. H., wie sich aus § 44 Abs. 1 S. 4 Nr. 1 Buchst. a, bb EStG ergab.[274] Er war nach § 18a Abs. 2 AuslInvestmG i. V. m. § 44 Abs. 1 Sätze 2 und 3 EStG in dem Zeitpunkt vorzunehmen, in dem die Erträge den Anteilsinhabern zuflossen.

---

271 *Baur*, AuslInvestmG, § 18a Rz. 4; *Bölter/Linner/Otto*, S. 43.
272 Vgl. BFH, BStBl. II 2001, 22.
273 *Baur*, AuslInvestmG, § 18a Rz. 4; *Behrens*, in Brinkhaus/Scherer, AuslInvestmG, § 18a Rz. 6.
274 Die Rechtsfolgenverweisung in § 18a Abs. 2 AuslInvestmG bezog sich auch auf die Vorschriften zur Bemessung der Kapitalertragsteuer im Sinne des EStG; *Baur*, AuslInvestmG, § 18a Rz. 3, 19.

Von einem Steuerabzug war in den Depotfällen Abstand zu nehmen, wenn der Zahlstelle gem. § 18a Abs. 2 AuslInvestmG i. V. m. § 44a Abs. 2 S. 1 Nr. 1 EStG ein Freistellungsauftrag des Anteilsinhabers[275] oder eine Nichtveranlagungs-Bescheinigung gem. § 18a Abs. 2 AuslInvestmG i. V. m. § 44a Abs. 2 S. 1 Nr. 2 EStG vorgelegt wurde.

2. Kapitalertragsteuer auf Zwischengewinne

Gem. § 18a Abs. 1 Nr. 3 S. 1 AuslInvestmG wurde der Zwischengewinn auf ausländische Investmentanteile der Kapitalertragsteuer unterworfen. Da dieser ausschließlich Zinserträge und -surrogate i. S. des § 20 Abs. 1 Nr. 7 und Abs. 2 mit Ausnahme der Nr. 2 a) EStG erfasste, war die Bezeichnung Zinsabschlagsteuer insoweit gerechtfertigt.[276] Der Steuerabzug war bei Rückgabe oder Veräußerung von ausländischen Investmentanteilen oder bei Abtretung der Ansprüche aus den Anteilen durch das depotverwahrende inländische Kreditinstitut oder in Nicht-Depotfällen durch eine inländische Zahlstelle vorzunehmen und betrug gem. § 18a Abs. 2 AuslInvestmG i. V. m. § 43 Abs. 1 Nr. 7, § 43 a Abs. 1 Nr. 3 EStG grundsätzlich 30 v. H., in Nicht-Depotfällen 35 v. H.[277] Der bei schwarzen Fonds pauschal zu ermittelnde Mindestbetrag gem. § 18 Abs. 3 S. 4 AuslInvestmG unterlag gem. § 18a Abs. 1 Nr. 3 Alt. 2 AuslInvestmG der Kapitalertragsteuer, wenn die Anteile zurückgegeben, veräußert oder die Ansprüche daraus abgetreten wurden.[278]

3. Kapitalertragsteuer auf thesaurierte Erträge

Gem. § 18a Abs. 1 Nr. 3 S. 1 Alt. 3, S. 2 AuslInvestmG unterlagen die nach dem 31.12.1993 dem Anteilsinhaber als zugeflossen geltenden, noch nicht dem Steuerabzug unterworfenen Erträge dem Zinsabschlag. Dies betraf bei weißen Fonds die ausschüttungsgleichen Erträge i. S. des § 17 Abs. 1 S. 1 AuslInvestmG, bei grauen Fonds die als ausgeschüttet zu behandelnden Erträge i. S. des § 18 Abs. 1 S. 1 AuslInvestmG und bei schwarzen Fonds den Mehrbetrag i. S. des § 18

---

[275] Der Freistellungsauftrag beläuft sich in der Höhe auf den sog. Sparerfreibetrag von 1370 Euro für getrennt Veranlagte und 2740 Euro für zusammen Veranlagte (§ 44a Abs. 1 Nr. 1, § 20 Abs. 4 EStG) zuzüglich des Werbungskostenpauschbetrages von 51 Euro bzw. 102 Euro (§ 44a Abs. 1 Nr. 1, § 9a S. 1 Nr. 2 EStG).

[276] Vgl. die Definition des Zinsabschlags gem. § 43a Abs. 1 Nr. 3 EStG; *Baur*, AuslInvestmG, § 18a Rz. 8.

[277] *Baur*, AuslInvestmG, § 18a Rz. 23.

[278] *Baur*, AuslInvestmG, § 18a Rz. 10; *Behrens*, in Brinkhaus/Scherer, AuslInvestmG, § 18a Rz. 44.

Abs. 3 S. 1 AuslInvestmG.[279] Der Anwendungsbereich des § 18a Abs. 1 Nr. 3 AuslInvestmG erstreckte sich neben voll-thesaurierenden auch auf teil-thesaurierende Fonds. Da bei voll-thesaurierenden Investmentvermögen weder ein Zufluss an den Anteilsinhaber stattfand, noch der Schuldner der Erträge im Inland ansässig war, erfolgte der Steuerabzug bei Veräußerung, Rückgabe oder Abtretung der Ansprüche aus den Anteilen und dem Zufluss des entsprechenden Erlöses.[280] Im Falle teil-thesaurierender Investmentfonds wurde die auf die ausgeschütteten und thesaurierten Erträge jeweils zu erhebende Kapitalertragsteuer gem. § 18a Abs. 2 i. V. m. § 38b Abs. 2 S. 2 KAGG von dem ausgeschütteten Ertrag abgezogen.[281] Bei zu geringer Ausschüttung konnte die Kapitalertragsteuer erst bei Rückgabe, Veräußerung oder Abtretung der Anteile erhoben werden, da die inländische Zahlstelle nicht in der Lage war, das ausländische Investmentvermögen in Höhe des ausstehenden Steuerabzugsbetrages zu belasten.[282] Letzteres galt auch für einen neben den Ausschüttungen dem Steuerabzug unterliegenden Mehrbetrag i. S. des § 18 Abs. 3 S. 1 AuslInvestmG, wenn die Ausschüttungen geringer waren als der für die Ausschüttungen und den Mehrbetrag berechnete Steuerabzugsbetrag.[283]

Der Steuerabzug betrug in Depot-Fällen 30 v. H. und in Nicht-Depot-Fällen 35 v. H., § 18a Abs. 2 AuslInvestmG i. V. m. § 43a Abs. 1 Nr. 3 EStG. Im Übrigen galten die Regelungen zur Abstandnahme vom Steuerabzug, insbesondere die Erteilung eines Freistellungsauftrages gem. § 44a Abs. 2 S. 1 Nr. 1 EStG sowie die Vorlage einer Nicht-Veranlagungs-Bescheinigung gem. § 44a Abs. 2 S. 1 Nr. 2 EStG, über § 18a Abs. 2 AuslInvestmG auf die Erträge aus ausländischen Investmentanteilen entsprechend.

4. Kapitalertragsteuer und DBA-Steuerbefreiung

Unklarheit bestand darüber, ob die nach einem DBA steuerbefreiten Erträge aus Anteilen an ausländischen Investmentfonds der Kapitalertragsteuer gem. § 18a Abs. 1 AuslInvestmG unterlagen. Die Finanzverwaltung vertrat bei inländischen Sondervermögen die Auffassung, dass die gem. § 40 Abs. 3 KAGG nach einem

---

279 *Behrens*, in Brinkhaus/Scherer, AuslInvestmG, § 18a Rz. 52.

280 *Scheurle*, NWB, F. 3, S. 9101, 9113.

281 Dies ergab sich aus der entsprechenden Anwendung des § 38b Abs. 2 S. 2 KAGG über § 18a Abs. 2 AuslInvestmG.

282 *Lohr/Graetz*, S. 110; i. E. *Behrens*, in Brinkhaus/Scherer, AuslInvestmG, § 18a Rz. 57.

283 *Behrens*, in Brinkhaus/Scherer, AuslInvestmG, § 18a Rz. 72; *Baur*, AuslInvestmG, § 18a Rz. 18.

DBA freigestellten Ausschüttungen gleichwohl dem inländischen Steuerabzug zu unterwerfen waren.[284] Auf die steuerpflichtigen Einkünfte, die dem Steuerabzug vom Kapitalertrag unterlegen hätten und die nach einem DBA entweder nicht oder nur nach einem geringeren Steuersatz besteuert werden durften, wären ungeachtet des DBA die Vorschriften über die Einbehaltung, Abführung und Anmeldung der Steuer durch den Schuldner der Kapitalerträge gem. § 50d Abs. 1 S. 1 EStG anzuwenden gewesen. In der Literatur war hingegen in Bezug auf inländische Sondervermögen die Ansicht verbreitet, wonach die aufgrund eines DBA von der inländischen Besteuerung auszunehmenden Einkünfte keinem Steuerabzug unterlagen.[285] Für die Finanzverwaltung sprach der Wortlaut des § 40 Abs. 3 KAGG, wonach die nach einem DBA steuerbefreiten Ausschüttungen erst bei der Veranlagung der Einkommen- oder Körperschaftsteuer außer Betracht zu lassen waren. Ein zeitlich vorhergehender Zinsabschlag war also gesetzlich nicht untersagt und konnte gegebenenfalls im Rahmen einer späteren Veranlagung erstattet werden.[286] Ferner wäre es aus Sicht der auszahlenden Stelle kaum praktikabel gewesen, die Einschränkung des innerstaatlichen Besteuerungsrechts nach dem jeweiligen DBA zu überprüfen.[287]

Nach Auffassung von *Behrens* konnte jedoch in Bezug auf ausländische Investmentfonds aus § 50d Abs. 1 S. 1 EStG keine Verpflichtung der ertragsauszahlenden Stelle zum Steuerabzug auf die nach einem DBA steuerfreien Erträge gefolgert werden.[288] Diese Ansicht stützte sich auf den Wortlaut des § 18 a Abs. 2 Hs. 1 AuslInvestmG i. V. m. § 44 Abs. 1 S. 3 Alt. 2 EStG. Danach war die ertragsauszahlende Stelle zum Zinsabschlag verpflichtet und nicht der in § 50 d Abs. 1 S. 1 EStG angesprochene Schuldner der Kapitalerträge. Diese Argumentation vermochte nicht zu überzeugen. Richtigerweise konnte es nicht darauf ankommen, dass bei Erträgen aus ausländischen Investmentfonds die inländische, auszahlende Stelle zum Zinsabschlag verpflichtet war und nicht der Schuldner der Kapitalerträge i. S. des § 50 d Abs. 1 S. 1 EStG. Da der Investmentfonds als Schuldner der Kapitalerträge im Ausland ansässig war, hätte eine

[284] BMF, Schreiben vom 03.11.2000, DB 2000, 2298; OFD München/Nürnberg, Vfg. vom 15.12.2000, RIW 2001, 720.
[285] *Baur*, KAGG, § 38b Rz. 40; ausführlich *Fock*, IStR 2001, 203, 204 f.
[286] *Lübbehüsen*, in Brinkhaus/Scherer, KAGG, § 44 Rz. 18.
[287] Vgl. *Lübbehüsen*, in Brinkhaus/Scherer, KAGG, § 44 Rz. 14, für inländische Sondervermögen; ähnlich *Wied*, in Blümich, EStG, § 50d Rz. 6.
[288] *Behrens*, in Brinkhaus/Scherer, AuslInvestmG, § 18a Rz. 2.

entsprechende gesetzliche Verpflichtung zum Steuerabzug keine Rechtsverbindlichkeit erzeugt. Im Ergebnis war der Zinsabschlag daher auch auf die nach einem DBA steuerbefreiten Erträge vorzunehmen.

VI. Exkurs: Besteuerung bei Veräußerung von Investmentanteilen

1. Zum Betriebsvermögen gehörende Investmentanteile

Hielt ein Anleger die Investmentanteile im Betriebsvermögen, war ein Veräußerungsgewinn unabhängig von der Haltefrist der Besteuerung nach der jeweiligen Einkunftsart des Betriebes in voller Höhe steuerpflichtig.[289]

2. Zum Privatvermögen gehörende Investmentanteile

Hielt ein Anleger die ausländischen Investmentanteile im Privatvermögen und veräußerte er die Anteile innerhalb eines Jahres, unterlag der Veräußerungsgewinn dem Grunde nach den sonstigen Einkünften gem. § 22 Nr. 2, § 23 Abs. 1 S. 1 Nr. 2 EStG.[290] Aus § 23 Abs. 2 S. 1 EStG ergab sich, dass die Besteuerung des Zwischengewinns als Kapitalertrag gem. § 17 Abs. 2a AuslInvestmG Vorrang vor der Besteuerung eines privaten Veräußerungsgeschäfts i. S. des § 23 EStG hatte. Im Übrigen ließ § 23 Abs. 2 S. 1 EStG den Abzug aller bereits bei anderen Einkunftsarten erfassten Einkünfte, etwa der Einkünfte nach § 20 Abs. 1 S. 1 Nr. 1 EStG, vom zu versteuernden Spekulationsgewinn zu. Dies waren bei Privatanlegern die ausschüttungsgleichen Erträge des laufenden Fondsgeschäftsjahres, soweit sie noch werterhöhend im Veräußerungspreis des Investmentanteils enthalten waren.[291]

Dieses Gesetzesverständnis stand in Einklang mit der höchstrichterlichen Rechtsprechung, wonach die Besteuerung gem. §§ 17 ff. AuslInvestmG gegenüber § 20 EStG als abschließend angesehen wurde.[292] Zwar regelte § 17 Abs. 2a AuslInvestmG die laufende Besteuerung des Zwischengewinns abschließend, jedoch nur anlässlich der Veräußerung bzw. Rücknahme der Investmentanteile oder der Abtretung der Ansprüche aus diesen Anteilen. Demgegenüber erfasste § 23 EStG eine generelle Abschlussbesteuerung beim privaten Anleger, die als solche im AuslInvestmG weder für private noch für betriebliche Anleger ausdrücklich

---

[289] *Scholtz*, in Beckmann/Scholtz/Vollmer, AuslInvestmG, § 17 Rz. 175; *Brinkhaus*, in Brinkhaus/Scherer, AuslInvestmG, § 17 Rz. 113; *Fock/Stoschek*, FR 2000, S. 591, 597.

[290] *Baur*, AuslInvestmG, § 17 Rz. 66; *Brinkhaus*, in Brinkhaus/Scherer, AuslInvestmG, § 17 Rz. 111; a. A. wohl *Buciek*, DStZ 2001, 52.

[291] *Lohr/Graetz*, DB 1999, 1341, 1343 f.

[292] BFH, BStBl. II 2001, 22; BFH/NV 2001, 1539.

geregelt war.[293] § 17 Abs. 2 b AuslInvestmG sah lediglich vor, dass das Halbeinkünfteverfahren nach § 3 Nr. 40 EStG, § 8b KStG nicht zur Anwendung gelangte. Demnach unterlag der Zwischengewinn, einschließlich des privaten Veräußerungsgewinns gem. § 23 Abs. 1 S. 1 Nr. 4 EStG i. V. m. § 17 Abs. 2a S. 2 Nr. 1 AuslInvestmG, der vollen Besteuerung gem. § 17 Abs. 2a AuslInvestmG. Ein darüber hinausreichender, nicht in Zwischengewinn bestehender Veräußerungsgewinn war gem. § 22 Abs. 1 Nr. 2, § 23 Abs. 1 S. 1 Nr. 2 EStG zu besteuern.

Nach überwiegender Auffassung führte die Rückgabe eines Anteils innerhalb eines Jahres nach seiner Anschaffung nicht zu einem Veräußerungsgewinn gem. § 22 Nr. 2, § 23 Abs. 1 S. 1 Nr. 2 EStG, da die Rückgabe eines Anteils nicht als Veräußerung i. S. des § 23 Abs. 1 S. 1 Nr. 2 EStG verstanden wurde.[294] In Betracht kam schließlich ein steuerpflichtiger Veräußerungsgewinn nach § 17 Abs. 1 EStG, wenn der Anleger an dem ausländischen Investmentfonds zu mindestens 1 v. H. beteiligt war, vorausgesetzt, der Investmentanteil begründete einen Anteil an einer Kapitalgesellschaft oder an einer ähnlichen Gesellschaft i. S. des § 17 Abs. 1 S. 3 EStG.[295]

---

[293] *Brinkhaus*, in Brinkhaus/Scherer, AuslInvestmG, § 17 Rz. 111; *Tormann*, in Herrmann/Heuer/Raupach, AuslInvestmG, Einf. Rz. 20.

[294] *Oho/Remmel*, BB 2002, 1449, 1456; *Dahm/Hamacher*, WM 1994, Beilage 3, S. 1, 20 f.; *Lübbehüsen*, in Brinkhaus/Scherer, KAGG, § 39 Rz. 80; *Baur*, KAGG, Vor § 37a Rz. 99; *Glenk*, in Blümich, EStG, § 23 Rz. 83; *Lindemann*, FR 2003, 890, 900; a. A. offenbar *Scheurle*, NWB, F. 3, S. 9101, 9102.

[295] *Scholtz*, in Beckmann/Scholtz/Vollmer, AuslInvestmG, § 17 Rz. 149.

D. Ertragsbesteuerung aus ausländischen Investmentanteilen nach dem InvStG

Die Vorschriften des InvStG finden gem. § 1 Abs. 1 Nr. 2 InvStG auf ausländische Investmentvermögen und ausländische Investmentanteile i. S. des § 2 Abs. 8, 9 InvG Anwendung. Es wurde bereits festgestellt, dass § 1 Abs. 1 Nr. 2 InvStG den wirtschaftlichen Investmentbegriff des AuslInvestmG beibehalten hat. Deshalb sind die damit verbundenen Rechtsunsicherheiten des AuslInvestmG nicht beseitigt, sondern in das InvStG transferiert worden.[296] An dieser Stelle wird auf die Ausführungen zur Reichweite des wirtschaftlichen Investmentbegriffs gem. § 1 Abs. 1 AuslInvestmG verwiesen.[297]

Im folgenden Kapitel sollen die gegenüber der Besteuerung nach dem AuslInvestmG wesentlichen und für die abkommensrechtliche Untersuchung bedeutsamen Änderungen des InvStG näher betrachtet werden. Im Übrigen gelten die Ausführungen zu den steuerlichen Tatbestandsvoraussetzungen im Rahmen der Besteuerung nach den §§ 16 ff. AuslInvestmG für das InvStG entsprechend.

I. Unterschiede und Gemeinsamkeiten mit der Besteuerung nach dem AuslInvestmG

Das InvStG behandelt die steuerbaren Erträge aus inländischen und ausländischen Investmentfonds grundsätzlich gleich. Ausgeschüttete sowie ausschüttungsgleiche Erträge werden gem. § 2 Abs. 1 InvStG in die steuerliche Bemessungsgrundlage einbezogen. Die Einkünfte des Investmentvermögens werden bei den Anteilsinhabern gem. § 2 Abs. 1 S. 1 InvStG und in Anlehnung an § 39 Abs. 1 S. 1 KAGG, § 17 Abs. 1 S. 1 AuslInvestmG anteilig im Wege des Transparenzprinzips steuerlich erfasst. Neben ausgeschütteten und ausschüttungsgleichen Erträgen erfasst § 6 InvStG einen pauschal zu ermittelnden Mehrbetrag, sofern die Investmentgesellschaft ihren Nachweispflichten nicht nachkommt.

---

[296] *Sradj/Mertes*, DStR 2004, 201; *Lübbehüsen/Schmitt*, DB 2004, 268; *Kayser/Steinmüller*, FR 2004, 137, 144, speziell in Bezug auf die Anwendung des InvStG auf ausländische „Private-Equity-Fonds".

[297] Vgl. Kapitel 3, B., I., 2., S. 24. Gleiches gilt für den Grundsatz der Risikomischung i. S. des § 1 S. 2 InvG und im Wesentlichen für die Vermögensgegenstände des Fondsvermögens. Vgl. zu den Vermögensgegenständen i. S. des § 2 Abs. 4 eingehend *Leistikow/Ellerkmann*, BB 2003, 1693, 2694 f.; zum Immobilienbegriff gem. § 2 Abs. 4 Nr. 5 InvG *Stoschek/Keunecke/Lauermann/Schachinger*, FB 2004, 143, 145.

Im Unterschied zum AuslInvestmG differenziert das InvStG nicht mehr zwischen registrierten und nicht-registrierten bzw. weißen, grauen und schwarzen Investmentfonds. Statt dessen wird zwischen solchen ausländischen Investmentvermögen unterschieden, die ihre Besteuerungsgrundlagen gem. § 5 InvStG den Anlegern gegenüber und im elektronischen Bundesanzeiger bekannt machen und solchen, die diese Voraussetzungen nicht erfüllen. Kommt die Investmentgesellschaft den Bekanntmachungspflichten des § 5 Abs. 1 S. 1 InvStG nach, unterliegt der Anleger der Besteuerung mit ausgeschütteten und thesaurierten Erträgen unter Anwendung der Steuerbefreiungs- bzw. Steuerermäßigungsvorschrift des § 4 InvStG. Werden die Erträge nicht ordnungsgemäß bekannt gemacht, erfolgt gem. § 6 InvStG eine ähnliche Pauschalbesteuerung wie bei Anteilen aus ehemals schwarzen Fonds.[298] Auch nach dem InvStG sind also bestimmte, ehemals für die Besteuerung aus weißen Fonds maßgebenden Bekanntmachungspflichten i. S. des § 17 Abs. 3 Nr. 2 AuslInvestmG zu beachten. Entfallen ist hingegen die Koppelung der vertriebsrechtlichen Anforderungen i. S. des § 17 Abs. 3 Nr. 1 AuslInvestmG an die Besteuerung der Investmenterträge. Den Vertrieb ausländischer Investmentanteile im Inland regeln fortan §§ 130 ff. InvG für sogenannte EG-Investmentanteile und §§ 135 ff. InvG für andere ausländische Investmentanteile. Erfüllt die ausländische Investmentgesellschaft nicht die Voraussetzungen zur Aufnahme des öffentlichen Vertriebs ihrer Anteile gem. § 136 InvG oder kommt sie der Anzeigepflicht des § 139 InvG nicht ordnungsgemäß nach, kann die Bundesanstalt für Finanzdienstleistungsaufsicht gem. § 140 Abs. 2 InvG den öffentlichen Vertrieb im Inland untersagen. Steuerliche Konsequenzen beim Anteilsinhaber bestehen grundsätzlich nicht. Dasselbe gilt für die Bestellung eines inländischen Repräsentanten der ausländischen Investmentgesellschaft i. S. der § 136 Abs. 1 Nr. 2, § 138 InvG.[299]

---

[298] *Sradj/Mertes*, DStR 2004, 201, 202. Infolge des in § 5 Abs. 1 S. 2 InvStG angeordneten Ausschlusses von § 4 InvStG bei Nichtbekanntmachung der entsprechenden steuermindernden Angaben liegt dem InvStG streng genommen und mit dem AuslInvestmG insoweit vergleichbar ein dreistufiges Besteuerungssystem zu Grunde; *Kayser/Steinmüller*, FR 2004, 137, 138.

[299] Der Repräsentant begründet gem. § 17 InvStG entsprechend § 16 AuslInvestmG grundsätzlich keine Vertreter-Betriebsstätte der ausländischen Investmentgesellschaft. Entgegen § 18 Abs. 3 S. 1, Abs. 2 S. 3 AuslInvestmG führt die Nichtbenennung eines Vertreters bzw. Repräsentanten nicht zu einer pauschalen Ermittlung der Besteuerungsgrundlagen, sofern den Anforderungen des § 5 Abs. 1 InvStG entsprochen wird.

Die steuerliche Behandlung der steuerpflichtigen Erträge richtet sich entsprechend dem AuslInvestmG danach, ob die Investmentanteile im Privatvermögen oder im Betriebsvermögen gehalten werden. Hält der Anleger die Investmentanteile im Privatvermögen, sind die ausgeschütteten sowie die ausschüttungsgleichen Erträge gem. § 2 Abs. 1 S. 1 InvStG als Einkünfte aus Kapitalvermögen i. S. des § 20 Abs. 1 Nr. 1 EStG zu behandeln. Hält der Anleger die Investmentanteile im Betriebsvermögen, handelt es sich bei den steuerpflichtigen Erträgen um Betriebseinnahmen und damit um Einkünfte aus § 13, § 15 oder § 18 EStG.

In Abweichung von der Gesetzeslage nach dem AuslInvestmG[300] wird auf die ausgeschütteten und ausschüttungsgleichen Erträge auf der Ebene des Anlegers gem. § 2 Abs. 1 S. 1 Hs. 2 i. V. m. Abs. 2 InvStG das Halbeinkünfteverfahren angewandt, soweit es sich um Erträge i. S. des § 43 Abs. 1 S. 1 Nr. 1, S. 2 EStG handelt, also insbesondere um Dividenden. § 2 Abs. 3 Nr. 1 S. 1 InvStG besagt, dass auch auf Veräußerungsgewinne des Investmentfonds auf der Ebene eines betrieblichen Anlegers die § 3 Nr. 40 EStG, § 8b KStG eingreifen. Der Gesetzgeber beabsichtigt mit der Anwendung des Halbeinkünfteverfahrens die Beseitigung bestehender Benachteiligungen ausländischer gegenüber inländischen Investmentfonds.[301]

II. Wegfall der Zwischengewinnbesteuerung

Die frühere Besteuerung des Zwischengewinns ist mit In-Kraft-Treten des InvStG entfallen. Der Gesetzgeber begründet den Wegfall mit der dadurch eintretenden Vereinfachung und Kostenentlastung bei der Investmentgesellschaft, die zu einer Ertragsverbesserung des Fonds führe.[302] Im Schrifttum wird nunmehr auf die steuerliche Gestaltungsüberlegung eines Privatanlegers hingewiesen, den Investmentanteil zu Beginn eines Fondsgeschäftsjahres zu erwerben und diesen unmittelbar vor Ablauf des darauffolgenden Fondsgeschäftsjahres zu veräußern.[303] In diesem Fall komme es aufgrund der Besitzdauer von mehr als einem Jahr nicht zu einem steuerpflichtigen privaten Veräußerungsgeschäft gem. § 23 Abs. 1 S. 1 Nr. 2 EStG. Während die zum Ende des ersten Fondsgeschäftsjahres thesaurierten Zinserträge als ausschüttungsgleiche Erträge zu ver-

---

[300] Vgl. §§ 17 Abs. 1 S. 1 Hs. 2, 18 Abs. 1 S. 1 Hs. 2 AuslInvestmG.
[301] Amtl. Begr., BT-Drs. 15/1553, S. 120 f.
[302] Amtl. Begr., BT-Drs. 15/1553, S. 121. Zustimmend *Lindemann*, FR 2003, 890, 897; *Carlé*, DStZ 2004, 74, 77.
[303] *Sradj/Mertes*, DStR 2003, 1681, 1685; zur früheren Rechtslage *Graetz*, S. 109, 118.

steuern seien, kämen die bei Veräußerung im Verkaufspreis enthaltenen, noch nicht als zugeflossen geltenden Zinserträge des zweiten Fondsgeschäftsjahres in den Genuss der Steuerfreiheit.[304] Der Gesetzgeber hält aber eine steuerlich motivierte Rückgabe der Anteile kurz vor Geschäftsjahresende und einen neuen Erwerb kurz danach wegen der üblichen Differenzen zwischen Ausgabe- und Rücknahmepreis für unwahrscheinlich.[305] Nach der Rechtsprechung[306] dürfte die Rückgabe der Investmentanteile kurz vor Geschäftsjahresende und der Rückkauf der Anteile kurze Zeit später eine Steuerpflicht der erzielten Veräußerungsgewinne begründen, da in diesem Falle von einer ausschließlich steuerlich motivierten, rechtsmissbräuchlichen Gestaltung i. S. des § 42 AO auszugehen ist.[307]

III. Steuerpflichtige Erträge

1. Ausgeschüttete Erträge

Ausgeschüttete Erträge werden gem. § 1 Abs. 3 S. 2 InvStG definiert als die von einem Investmentvermögen zur Ausschüttung verwendeten Zinsen, Dividenden, Erträge aus der Vermietung und Verpachtung von Grundstücken und grundstücksgleichen Rechten, sonstige Erträge und Gewinne aus Veräußerungsgeschäften. Die begriffliche Unterscheidung zwischen Ausschüttungen als die dem Anleger tatsächlich gezahlten oder gutgeschriebenen Beträge einschließlich der einbehaltenen Kapitalertragsteuer i. S. des § 1 Abs. 3 S. 1 InvStG und den ausgeschütteten Erträgen i. S. des § 1 Abs. 3 S. 2 InvStG soll nach dem Willen des Gesetzgebers klarstellen, dass insbesondere Kapitalrückzahlungen oder Auszahlungen von den schon beim Anleger besteuerten Erträgen sowie Ausschüttungen aus dem steuerlichen Einlagenkonto nicht der Besteuerung unterliegen.[308] Aus den Begriffen „Ausschüttungen" und „ausgeschüttete Erträge" lässt sich diese Unterscheidung jedoch nicht erschließen.[309] Dennoch war bereits nach altem Recht die Auffassung verbreitet, dass Ausschüttungen, die bereits als ausschüt-

---

304 *Sradj/Mertes*, DStR 2003, 1681, 1685.

305 Amtl. Begr., BT-Drs. 15/1553, S. 121. Die Differenz zwischen Ausgabe- und Rücknahmepreis erklärt sich aus den Ausgabeaufschlägen bei Anteilsausgabe.

306 Vgl. BFH, BStBl. II 2001, 22, 23.

307 Ebenso *Fischer*, FR 2001, 156; *Harenberg*, GStB 2001, 81, 82; *ders.*, KFR 2001, 209, 211 f.; *Graetz*, S. 109, 129; *Mader*, StBp 1997, 106, 107; *Pflüger*, PIStB 2001, 149, 150.

308 BT-Drs. 15/1553, S. 123.

309 Gl. A. *Kayser/Steinmüller*, FR 2004, 137, 139.

tungsgleiche Erträge besteuert wurden, nicht erneut in die steuerliche Bemessungsgrundlage einflossen.[310]
Im Unterschied zur früheren Rechtslage[311] ist gem. § 2 Abs. 2 InvStG das Halbeinkünfteverfahren anwendbar, wenn auch in eingeschränktem Umfang. Sowohl für private als auch für betriebliche Anleger sind die § 3 Nr. 40 EStG, § 8b KStG auf ausgeschüttete Erträge anzuwenden, die aus Dividenden und Veräußerungen von Aktien, aktienähnlichen Genussscheinen und Bezugsrechten auf der Fondsebene stammen.[312] Im Übrigen findet das Halbeinkünfteverfahren keine Anwendung, § 2 Abs. 1 S. 1 Hs. 2 InvStG.
Die ausgeschütteten Erträge sind gem. § 2 Abs. 3 InvStG auf Anlegerebene teilweise steuerbefreit, wobei zwischen privaten und betrieblichen Anlegern zu unterscheiden ist. Hält der Anleger die Investmentanteile im Privatvermögen, sind die darauf ausgeschütteten Erträge gem. § 2 Abs. 3 Nr. 1, 2 InvStG insoweit steuerfrei, als sie Gewinne aus der Veräußerung von Wertpapieren, Termingeschäften und Bezugsrechten auf Anteile an Kapitalgesellschaften bzw. Gewinne aus der Veräußerung von Grundstücken oder grundstücksgleichen Rechten enthalten.[313] Bei Grundstücksgeschäften gilt die Steuerfreiheit gem. § 2 Abs. 3 Nr. 2 InvStG jedoch nur dann, wenn die zehnjährige Spekulationsfrist gem. § 23 Abs. 1 Nr. 1 EStG eingehalten ist und kein Leerverkauf gem. § 23 Abs. 1 Nr. 3 EStG vorliegt.
Hält der Anleger die Investmentanteile im Betriebsvermögen, sind die ausgeschütteten Erträge grundsätzlich steuerpflichtig, wobei auf die Gewinne des Investmentfonds aus privaten Veräußerungsgeschäften sowie auf die Gewinne aus der Veräußerung von Bezugsrechten auf Anteile an Kapitalgesellschaften das

---

310 Vgl. Kapitel 3, C., I., 1., b), bb), S. 41 f.. *Scholtz*, in Beckmann/Scholtz/Vollmer, AuslInvestmG, § 17 Rz. 65.
311 § 17 Abs. 1 S. 1 Hs. 2, § 18 Abs. 1 S. 1 Hs. 2 AuslInvestmG.
312 *Lindemann*, FR 2003, 890, 895; *Sradj/Mertes*, DStR 2004, 201, 204.
313 Der Regierungsentwurf vom 20.08.2003 (BT-Drs. 15/1553) bezog die Steuerfreiheit nicht nur auf die Gewinne aus der Veräußerung von Wertpapieren, sondern weitergehend auf die Gewinne aus privaten Veräußerungsgeschäften i. S. des § 23 Abs. 1 Nr. 2 EStG. Nach der geltenden Gesetzesfassung wären demnach GmbH-Anteile nicht von der Steuerbefreiung erfasst. Vgl. *Lübbehüsen/Schmitt*, DB 2004, 268, 270. *Sradj/Mertes*, DStR 2004, 201, 204, ziehen eine erweiternde, teleologische Auslegung des Wertpapierbegriffs in Erwägung.

Halbeinkünfteverfahren gem. § 2 Abs. 3 Nr. 1 S. 1 Hs. 2 InvStG i. V. m. §§ 3 Nr. 40 EStG, 8b Abs. 2 KStG Anwendung findet.[314]

Die Einordnung von Auszahlungen der als Personengesellschaft strukturierten Fonds als Ausschüttungen i. S. des § 17 Abs. 1 S. 1 AuslInvestmG ist auf die neuen Vorschriften zu übertragen. Die Anwendung der allgemeinen Grundsätze der Besteuerung von Personengesellschaften ist nach dem InvStG erst recht zu versagen, da § 3 InvStG für die Ermittlung der Erträge auf der Fondsebene eine Einnahme-Überschuss-Rechnung nach § 2 Abs. 2 Nr. 2 EStG anordnet. Eine Einkunftsqualifikation nach § 15 EStG sowie eine Gewinnermittlung durch Bestandsvergleich auf der Fondsebene sind damit ausgeschlossen. Die Auszahlungen sind als ausgeschüttete Erträge gem. § 2 Abs. 1 S. 1 InvStG steuerpflichtig.

2. Ausschüttungsgleiche Erträge

Ausschüttungsgleiche Erträge sind gem. § 1 Abs. 3 S. 3 InvStG die von einem Investmentvermögen nach Abzug der abziehbaren Werbungskosten nicht zur Ausschüttung verwendeten Erträge aus Zinsen, Dividenden, Erträge aus Vermietung und Verpachtung, sonstige Erträge und Veräußerungsgewinne i. S. des § 23 Abs. 1 S. 1 Nr. 1, 3, Abs. 2, 3 EStG. Veräußerungsgewinne aus Wertpapiergeschäften sind steuerfrei, solange sie nicht ausgeschüttet werden. Entgegen der bisherigen Rechtslage nach § 17 Abs. 1 S. 1 AuslInvestmG zählen die Einkünfte aus Termingeschäften i. S. des § 23 Abs. 1 S. 1 Nr. 4 EStG nicht mehr zu den ausschüttungsgleichen Erträgen. Damit soll eine steuerliche Benachteiligung von „Hedgefonds“ vermieden werden, die regelmäßig Termingeschäfte abschließen.[315]

Einkünfte aus Leerverkäufen i. S. des § 23 Abs. 1 S. 1 Nr. 3 EStG, die thesauriert werden, sind als ausschüttungsgleiche Erträge grundsätzlich steuerpflichtig. Hält der Anleger die Investmentanteile im Privatvermögen, gilt eine Ausnahme gem. § 1 Abs. 3 S. 3 InvStG für Gewinne aus Leerverkäufen bei Wertpapierveräußerungsgeschäften.[316] Gehören die Investmentanteile zum Betriebsvermögen, sind auch die thesaurierten Gewinne aus Leerverkäufen im Zusammenhang mit

---

[314] Ausgeschlossen ist das Halbeinkünfteverfahren für betriebliche Anleger hingegen für die ausgeschütteten Erträge, die auf die Gewinne aus Grundstücksgeschäften entfallen. *Sradj/Mertes*, DStR 2004, 201, 204; anders noch *dies.*, DStR 2003, 1681, 1684.

[315] *Lindemann*, FR 2003, 890, 898; *Wolf Wassermeyer*, DB 2003, 2085, 2087; *Carlé*, DStZ 2004, 74, 76. Andere verweisen auf die künftige Einbeziehung dieser Gewinne in den Anwendungsbereich der geplanten Abgeltungsteuer, *Fock*, BB 2003, 1589, 1590.

[316] *Kayser/Steinmüller*, FR 2004, 137, 139.

Wertpapieren steuerpflichtig. Dies ergibt sich daraus, dass die Ausnahmeregelung in § 1 Abs. 3 S. 3 InvStG, „soweit es sich nicht um Wertpapierveräußerungsgeschäfte handelt", nur auf § 23 Abs. 1 S. 1 Nr. 3 EStG und nicht auch auf § 23 Abs. 2 EStG Bezug nimmt.[317] Im Übrigen sind Gewinne aus Leerverkäufen als ausgeschüttete Erträge stets steuerpflichtig.[318] Weder bei Thesaurierung noch bei Ausschüttung von Gewinnen aus Leerverkäufen kommt das Halbeinkünfteverfahren zur Anwendung.

Wiederum gilt sowohl für private als auch für betriebliche Anleger das Halbeinkünfteverfahren gem. § 3 Nr. 40 EStG, § 8b KStG hinsichtlich der Besteuerung von ausschüttungsgleichen Erträgen, die sich aus Dividenden und Veräußerungen von Aktien, aktienähnlichen Genussscheinen und Bezugsrechten zusammensetzen, § 2 Abs. 2 InvStG.

In Übereinstimmung mit § 17 Abs. 1 S. 3 AuslInvestmG bestimmt § 2 Abs. 1 S. 2 InvStG, dass die ausschüttungsgleichen Erträge mit Ablauf des Geschäftsjahres, in dem sie vereinnahmt wurden, als zugeflossen gelten. Eine Abweichung gegenüber der bisherigen Gesetzeslage ergibt sich bei teil-thesaurierenden Investmentfonds. Nach § 2 Abs. 1 S. 3 InvStG sind die ausschüttungsgleichen Erträge bei einer Teilausschüttung dem Anteilsscheininhaber erst im Zeitpunkt der Teilausschüttung zuzurechnen. Reicht die Ausschüttung nicht aus, um die Kapitalertragsteuer einzubehalten, gilt die Teilausschüttung gem. § 2 Abs. 1 S. 4 InvStG als ausschüttungsgleicher Ertrag. Der Gesetzgeber begründet diese modifizierte Ausschüttungs- und Zuflussfiktion bei teil-thesaurierenden Fonds mit den praktischen Umsetzungsschwierigkeiten bei Annahme zweier unterschiedlicher Zuflusszeitpunkte der Erträge eines Geschäftsjahres.[319]

3. Pauschaler Mehr- bzw. Mindestbetrag gemäß § 6 InvStG

§ 6 InvStG regelt die Besteuerung des Anteilsinhabers bei fehlender Bekanntmachung der Besteuerungsgrundlagen durch die Investmentgesellschaft. Die Vorschrift ist in abgeschwächtem Umfang der Besteuerung der Erträge aus schwarzen Fonds nach § 18 Abs. 3 AuslInvestmG nachgebildet.[320] Damit dehnt

---

[317] *Wolf Wassermeyer*, DB 2003, 2085, 2087.

[318] *Carlé*, DStZ 2004, 74, 76.

[319] BT-Drs. 15/1944, S. 18.

[320] *Kayser/Steinmüller*, FR 2004, 137, 143. Eine Ausnahme gilt gem. § 16 S. 1 InvStG für ausländische Spezial-Investmentvermögen. Die Erträge aus diesen Fonds sind generell von der Pauschalbesteuerung ausgenommen.

der Gesetzgeber die bislang nur für ausländische Fonds geltende Regelung auch auf inländische Fonds aus.[321] In der Literatur wird von der Besteuerung intransparenter Fonds i. S. des § 6 InvStG gesprochen.[322] Diese Begriffsbildung ist im Anwendungsbereich des internationalen Steuerrechts missverständlich, da sich der Ausdruck „intransparente Fonds“ dabei nicht auf die Steuersubjektivität des Investmentfonds, sondern auf den Nachweis der Besteuerungsgrundlagen und die daran anknüpfenden Besteuerungsunterschiede beim Anleger bezieht.[323] Im Einzelnen sind beim Anleger gem. § 6 S. 1 Hs. 1 InvStG die Ausschüttungen auf Investmentanteile sowie 70 v. H. des Mehrbetrages aus der Differenz des letzten und des ersten Rücknahmepreises des letzten Kalenderjahres steuerpflichtig. Mindestens sind gem. § 6 S. 1 Hs. 2 InvStG 6 v. H. des letzten im Kalenderjahr festgesetzten Rücknahmepreises anzusetzen. Ausschüttungen sind die dem Anleger tatsächlich gezahlten und gutgeschriebenen Beträge einschließlich einbehaltener Kapitalertragsteuer nach § 1 Abs. 3 S. 1 InvStG. Die Regelungen des § 6 S. 2, 3 InvStG entsprechen § 18 Abs. 3 S. 2, 3 AuslInvestmG. Demnach gilt der Mehrbetrag nach wie vor mit Ablauf des jeweiligen Kalenderjahres als ausgeschüttet und zugeflossen. Ob die Besteuerung gegenüber derjenigen nach § 18 Abs. 3 AuslInvestmG wesentlich abgemildert wurde, wie die Gesetzesbegründung verlautbart[324], lässt sich bezweifeln, da die Substanzbesteuerung im Wesentlichen erhalten blieb, wenn auch mit niedrigeren pauschalen Steuersätzen.[325] Die gegenüber § 18 Abs. 3 AuslInvestmG bestehenden verfassungs- und europarechtlichen Bedenken wurden insofern nicht ausgeräumt.

Tatbestandsvoraussetzung der Pauschalbesteuerung gem. § 6 InvStG ist die Nichtbekanntmachung der Besteuerungsgrundlagen i. S. des § 5 Abs. 1 InvStG durch die ausländische Investmentgesellschaft. Diese Vorschrift ersetzt die in § 17 Abs. 3 Nr. 2, 3 AuslInvestmG enthaltene Regelung zu den Bekanntmachungspflichten der Investmentgesellschaft. Gem. § 5 Abs. 1 Nr. 1 InvStG sind den Anlegern bei jeder Ausschüttung der genaue Betrag der Ausschüttung, der

---

321 *Carlé*, DStZ 2004, 74, 77.

322 *Lindemann*, FR 2003, 890, 892; *Dannecker*, DStZ 2004, 67; *Sradj/Mertes*, DStR 2004, 201, 202; *Lübbehüsen/Schmitt*, DB 2004, 268.

323 Vgl. zum Begriff der steuerlichen Transparenz im Kontext der Besteuerung ausländischer Personengesellschaften *Jacobs* (Hrsg.), S. 580 f.

324 BT-Drs. 15/1553, S. 126.

325 Krit. auch *Sradj/Mertes*, DStR 2004, 201, 205; *dies.*, DStR 2003, 1681, 1684; *Lindemann*, FR 2003, 890, 902; *Kayser/Steinmüller*, FR 2004, 137, 143.

Betrag der ausgeschütteten Erträge sowie die in der Ausschüttung enthaltenen ausschüttungsgleichen Erträge der Vorjahre und steuerfreie oder unter das Halbeinkünfteverfahren fallende Einkünfte bekannt zu machen. Eine entsprechende Bekanntmachungspflicht besteht gem. § 5 Abs. 1 Nr. 2 InvStG für ausschüttungsgleiche Erträge.

Eine völlige Neuerung gegenüber der bisherigen Rechtslage ergibt sich aus § 5 Abs. 1 S. 2 InvStG. Nach dieser Vorschrift werden ausgeschüttete Erträge insoweit der regulären Besteuerung des § 2 Abs. 1 S. 1 InvStG unterworfen, als die Investmentgesellschaft bestimmte steuermindernde Angaben i. S. des § 5 Abs. 1 S. 1 Nr. 1 Buchst. c oder f InvStG nicht bekannt macht. Es kommt daher nicht zu einer Pauschalbesteuerung gem. § 6 InvStG. Allerdings finden die Steuerbegünstigungsvorschriften des § 2 Abs. 2, 3, § 4 InvStG im Umfang der nicht bekannt gemachten steuerentlastenden Tatbestände keine Anwendung.[326]

Zwecks einfacherer und schnellerer Überprüfung der Besteuerungsgrundlagen genügt eine Veröffentlichung der Angaben mit dem Rechenschaftsbericht i. S. der § 45 Abs. 1, § 122 Abs. 1, 2 InvG durch die Investmentgesellschaft im elektronischen Bundesanzeiger gem. § 5 Abs. 1 S. 1 Nr. 3 InvStG. Die Überprüfung selbst ist in § 5 Abs. 1 S. 1 Nr. 5 InvStG geregelt und übernimmt bzw. konkretisiert die Nachweispflichten gem. § 17 Abs. 3, § 18 Abs. 2 S. 1, 2 AuslInvestmG. Es erscheint zweifelhaft, ob diese Nachweispflichten insbesondere von ausländischen „Hedgefonds" eingehalten werden können. Deshalb dürfte die pauschale Besteuerung gem. § 6 InvStG für diese Fonds bedeutsam werden.[327]

IV. Zurechnung der Erträge

Der Rechtslage des AuslInvestmG entsprechend gehören ausgeschüttete sowie ausschüttungsgleiche Erträge gem. § 2 Abs. 1 S. 1 InvStG zu den Einkünften aus Kapitalvermögen i. S. des § 20 Abs. 1 Nr. 1 EStG, wenn sie nicht Betriebseinnahmen des Anlegers oder Leistungen i. S. des § 22 Nr. 5 EStG sind. Eine ge-

---

326 *Sradj/Mertes*, DStR 2004, 201, 205; *Lübbehüsen/Schmitt*, DB 2004, 268, 269.

327 *Fock*, BB 2003, 1589, 1593. Nach Auffassung von *Kayser* und *Steinmüller* ist die Verpflichtung zur Veröffentlichung des Jahresberichts gem. § 5 Abs. 1 S. 1 Nr. 3 InvStG im Wege einer teleologischen Reduktion auf solche Investmentfonds zu beschränken, die bereits nach § 45 Abs. 1 InvG zu einer Veröffentlichung verpflichtet sind. Investmentfonds, die nicht in den Anwendungsbereich des InvG fielen, sollten von dieser Verpflichtung ausgenommen werden. Andernfalls wäre ein faktischer Ausschluss ausländischer sog. „Single-Hedgefonds" zu erwarten, da deren Investmentstrategie einer Veröffentlichung der geforderten Vermögensaufstellung widerstrebe; *Kayser/Steinmüller*, FR 2004, 137, 143.

setzliche Einkunftsqualifikation des pauschalen Mehrbetrages fehlt ebenso wie nach altem Recht. Aufgrund des Charakters von § 6 S. 1 InvStG als Ersatztatbestand für § 2 Abs. 1 S. 1 InvStG sowie des allgemeinen Grundsatzes, die Investmenterträge den Einkünften aus Kapitalvermögen zuzurechnen, ist eine einheitliche Einkunftsqualifikation vorzunehmen.

V. Einkünfteermittlung

Das InvStG enthält erstmalig Vorschriften über die Ermittlung der Erträge aus einem Investmentvermögen. Gem. § 3 Abs. 1 InvStG werden die steuerpflichtigen Erträge auf der Ebene des Investmentvermögens durch den Überschuss der Einnahmen über die Werbungskosten nach § 2 Abs. 2 Nr. 2 EStG ermittelt.[328] § 3 Abs. 2 InvStG enthält Ausnahmen von dem Zuflussprinzip.

Diese Einkünfteermittlungsvorschrift gilt sowohl für inländische als auch für ausländische Investmentvermögen. In der Literatur wird daran beanstandet, dass gegebenenfalls eine Parallelrechnung des ausländischen Investmentfonds notwendig sei, wenn dieser in seinem Sitzstaat eine Gewinnermittlung durch Bestandsvermögensvergleich und Bilanzierung vornehmen müsse.[329] Dieser Kritik ist mit der gesetzgeberischen Begründung zu widersprechen, dass § 3 Abs. 1 InvStG die bislang bestehenden Zweifelsfragen bei der Ermittlung der Erträge auf der Fondsebene im Interesse der Wettbewerbsgleichheit und der einheitlichen Besteuerung der Anleger zu klären vermag.[330]

1. Abzugsfähige Werbungskosten auf Ebene des Investmentfonds

Der Abzug von Werbungskosten auf der Ebene des Investmentvermögens wird erstmalig detailliert in § 3 Abs. 3 InvStG geregelt. Zu den steuerlich abziehbaren Werbungskosten gehören gem. § 3 Abs. 3 S. 1 InvStG auch Absetzungen für Absetzung oder Substanzverringerung, soweit die nach § 7 EStG zulässigen Beträge nicht überschritten werden. Die Vorschrift geht auf § 17 Abs. 1 S. 2 AuslInvestmG zurück. Für Werbungskosten, die nicht in einem unmittelbaren wirtschaftlichen Zusammenhang mit den Einnahmen des Investmentfonds stehen,

---

[328] Vgl. zur bisherigen, gesetzlich unklaren Rechtslage *Lübbehüsen*, in Brinkhaus/Scherer, KAGG, § 39 Rz. 7: „Da eine eindeutige gesetzliche Regelung über die Ergebnisermittlung fehlt, gestalten die Kapitalanlagegesellschaften die Methodik ihrer Gewinnermittlung für die Sondervermögen weitgehend nach wirtschaftlichen Bedürfnissen. In der Praxis findet man unterschiedlich ausgerichtete Mischungen der Prinzipien der Einnahme-/Überschuss-Rechnung und der Gewinnermittlung mittels Bestandsvergleich."

[329] *Lübbehüsen/Schmitt*, DB 2003, 1696, 1698.

[330] BT-Drs. 15/1553, S. 125.

enthält § 3 Abs. 3 S. 2 Nr. 1 bis 4 InvStG wichtige Einschränkungen vom Abflussprinzip des § 9 EStG. § 3 Abs. 3 S. 2 Nr. 1 InvStG betrifft Werbungskosten eines Investmentvermögens, die mit den nach einem DBA in Deutschland steuerbefreiten ausländischen Einnahmen in einem lediglich mittelbaren wirtschaftlichen Zusammenhang stehen. Der darin normierte Aufteilungsmaßstab für die abziehbaren und die nicht abziehbaren Werbungskosten betrifft lediglich inländische Investmentfonds.

Demgegenüber beziehen sich die Einschränkungen des § 3 Abs. 3 S. 2 Nr. 2 bis 4 InvStG auch auf ausländische Investmentvermögen. Hält der Anleger die Investmentanteile im Privatvermögen, gelten gem. § 3 Abs. 3 S. 2 Nr. 2 InvStG 10 v. H. der Werbungskosten als nicht abzugsfähig. Diese Einschränkung gilt nicht für Anteilsinhaber, die ihre Investmentanteile im Betriebsvermögen halten. Im Schrifttum wird diese Kostenregelung kritisiert.[331] Die Unterschiede in der steuerlichen Einkunftsermittlung des Investmentvermögens zwischen betrieblichen und privaten Anteilsinhabern führe zu praktischen Schwierigkeiten, da dem Investmentvermögen die Zugehörigkeit der Anteile zum Privat- oder Betriebsvermögen regelmäßig nicht bekannt sei.

Auf die verbleibenden abzugsfähigen Werbungskosten ist nach § 3 Abs. 3 Nr. 3, 4 InvStG je nach Anlegergruppe das hälftige bzw. volle Abzugsverbot von Werbungskosten i. S. des § 3c Abs. 1, 2 EStG anzuwenden. Für die nach § 3 Nr. 40 EStG begünstigten Anleger gilt gem. § 3 Abs. 3 S. 2 Nr. 3 InvStG das hälftige Werbungskostenabzugsverbot des § 3c Abs. 2 EStG. Es unterliegt einem Aufteilungsmaßstab von Werbungskosten und Einnahmen, der sich aus dem Verhältnis des durchschnittlichen Vermögens, das Quelle der Einnahmen nach § 3 Nr. 40 EStG ist, zum durchschnittlichen Gesamtvermögen des Investmentvermögens im jeweils vorangegangenen Geschäftsjahr ergibt. Für die nach § 8b Abs. 1 KStG begünstigten Anleger gilt gem. § 3 Abs. 3 S. 2 Nr. 4 InvStG, dass auf die verbleibenden abzugsfähigen Werbungskosten § 3c Abs. 1 EStG anzuwenden ist, wiederum mit dem Verhältnis des durchschnittlichen Vermögens, das Quelle der Einnahmen nach § 8 b Abs. 1 KStG ist, zum durchschnittlichen Gesamtver-

---

[331] *Sradj/Mertes*, DStR 2004, 201, 202.

mögen des Investmentvermögens im jeweils vorangegangenen Geschäftsjahr.[332] Die Literatur sieht in der Pauschalierung nicht abzugsfähiger Werbungskosten auf der Fondsebene eine steuerliche Benachteiligung des Anteilsinhabers gegenüber dem Direktanleger.[333] *Sradj* und *Mertes* verweisen beispielhaft auf Investmentfonds, die in Geldmarktinstrumente und Zinspapiere investieren, welche im Falle einer Direktanlage grundsätzlich keinem pauschalen Abzugsverbot unterlägen.[334]

2. Verlustvortrag auf Ebene des Investmentfonds

Die bislang bestehende Unklarheit über die Verlustverrechnung[335] wird durch § 3 Abs. 4 InvStG beseitigt. Nach Satz 1 dieser Vorschrift sind negative Erträge des Investmentvermögens bis zur Höhe der positiven Erträge mit diesen zu verrechnen. Gem. § 3 Abs. 4 S. 2 InvStG sind nicht ausgeglichene negative Erträge durch Verlustvortrag in den folgenden Geschäftsjahren auszugleichen. Der weite Gesetzesausdruck „negative Erträge" lässt darauf schließen, dass neben den ordentlichen auch außerordentliche Verluste vortragsfähig sind, etwa solche aus Veräußerungsgeschäften.[336]

Der Verlustvortrag auf der Ebene des Investmentfonds bewirkt, dass Anleger, die im Zeitpunkt der wirtschaftlichen Entstehung der Verluste Investmentanteile hielten, diese nach Anteilsveräußerung steuerlich nicht mehr nutzen können. Neuen Anteilsinhabern kommen diese Verlustvorträge in Geschäftsjahren mit positivem Ertragsabschluss hingegen zugute. Diese Verschiebung der steuerlichen Verlustnutzung insbesondere bei Investmentfonds mit stark wechselndem Anlegerkreis begegnet Bedenken im Hinblick auf eine Besteuerung nach der wirtschaftlichen Leistungsfähigkeit.[337]

---

[332] Damit enthält § 3 Abs. 3 S. 2 Nr. 4 InvStG eine Rechtsfolgenverweisung, da § 3c Abs. 1 EStG nur bei Aufwendungen zu berücksichtigen ist, die mit steuerfreien Einnahmen in einem unmittelbaren wirtschaftlichen Zusammenhang stehen. Solche Aufwendungen unterliegen § 3 Abs. 3 S. 2 InvStG grundsätzlich nicht; *Wolf Wassermeyer*, DB 2003, 2085, 2088.

[333] *Sradj/Mertes*, DStR 2003, 1681, 1683; *Carlé*, DStZ 2004, 74, 75.

[334] *Sradj/Mertes*, DStR 2004, 201, 203.

[335] Unklarheit bestand darüber, ob Verluste auf der Ebene des Fonds oder auf der Ebene des Anteilsinhabers zu verrechnen waren. Vgl. *Lübbehüsen*, in Brinkhaus/Scherer, KAGG, § 39 Rz. 7.

[336] Zweifelnd *Sradj/Mertes*, DStR 2004, 201, 203.

[337] *Sradj/Mertes*, DStR 2004, 201, 203, weisen auf die gegenteilige Vorschrift des § 8 Abs. 4 KStG hin; *Kayser/Steinmüller*, FR 2004, 137, 142 bezweifeln die Vereinbarkeit mit Art. 3 Abs. 1 GG.

3. Abzugsfähige Werbungskosten und Betriebsausgaben auf Ebene des Anlegers

§ 3 InvStG findet auf der Ebene des Anlegers keine Anwendung. Vielmehr sind Werbungskosten und Betriebsausgaben, die mit ausgeschütteten oder ausschüttungsgleichen Erträgen zusammen hängen, nach allgemeinen steuerlichen Grundsätzen abzugsfähig. Soweit in den ausgeschütteten oder ausschüttungsgleichen Erträgen Dividenden oder beim Anleger steuerfreie Einkünfte enthalten sind, ist das anteilige Abzugsverbot gem. § 3c Abs. 1, 2 EStG zu beachten; dessen Anwendung ergibt sich aus § 2 Abs. 2, 3 InvStG.

4. Steuerbefreiung und Steueranrechnung auf Ebene des Anlegers

a) Freistellung ausländischer Einkünfte auf Grund eines DBA

§ 4 Abs. 1 InvStG regelt sowohl für inländische als auch für ausländische Investmentanteile, dass die ausgeschütteten sowie ausschüttungsgleichen Erträge insoweit bei der inländischen Besteuerung außer Betracht zu lassen sind, als darin ausländische Einkünfte enthalten sind, für die die Bundesrepublik Deutschland auf Grund eines DBA auf die Ausübung des Besteuerungsrechts verzichtet hat. Die Vorschrift ist insoweit unscharf formuliert, als es sich bei dem ausländischen Investmentvermögen um eine abkommensberechtigte Person handeln kann, der die ausländischen Einkünfte zuzurechnen sind, ohne dass dem deutschen Vertragsstaat insoweit ein Besteuerungsrecht zustünde, auf welches er hätte verzichten können. Die Entstehungsgeschichte des Gesetzes spricht jedoch für eine erweiternde Auslegung. Nach dem ersten Gesetzesentwurf vom 08.07.2003 war die Gesetzesfassung noch auf Erträge aus inländischen Fonds beschränkt, worauf die Literatur die Nichteinbeziehung ausländischer Fonds kritisierte und den Gesetzgeber zur nochmaligen Änderung des § 4 Abs. 1 InvStG veranlasste.[338] Der Gesetzgeber unterließ jedoch trotz Einbeziehung ausländischer Fonds die notwendige sprachliche Anpassung der ursprünglichen Gesetzesfassung. Daher ist die Steuerbefreiung auf ausländische Einkünfte zu beziehen, für die die Bundesrepublik Deutschland auf Grund eines DBA auf die Ausübung seines Besteuerungsrechts verzichtet hat oder verzichtet hätte.[339]

---

[338] Vgl. *Lübbehüsen/Schmitt*, DB 2003, 1696, 1697.
[339] *Wolf Wassermeyer*, DB 2003, 2085, 2088; *Lübbehüsen/Schmitt*, DB 2004, 268, 270.

Durch § 4 Abs. 1 InvStG wird das steuerliche Transparenzprinzip zu einem gewissen Grad auf die DBA übertragen. Der Anteilsinhaber wird so gestellt, als habe er die nach einem DBA steuerbefreiten ausländischen Einkünfte des Investmentfonds unmittelbar selbst erzielt. Für die Anwendung der DBA bedeutet die Regelung, dass die Einkünfte des Investmentfonds in ihre Einkunftsquellen aufzuteilen und eine Steuerbefreiung auf Grund eines deutschen DBA gegebenenfalls auf den Anleger zu übertragen ist. Konstitutive Bedeutung erlangt die Vorschrift für steuerlich intransparente Investmentfonds, sofern man es entgegen des Gesetzeswortlauts genügen lässt, dass der deutsche Vertragsstaat aufgrund eines DBA auf die Ausübung des Besteuerungsrechts verzichtet hätte. Erzielt beispielsweise ein ausländischer Immobilienfonds in der Rechtsform einer Kapitalgesellschaft Einkünfte aus Vermietung und Verpachtung, die bei Direktbezug durch den deutschen Anleger entsprechend Art. 6 Abs. 1 i. V. m. Art. 23A Abs. 1 OECD-MA von der inländischen Besteuerung ausgenommen wären, gilt diese Steuerbefreiung gem. § 4 Abs. 1 InvStG auch für den Investmentanleger.

§ 4 Abs. 1 InvStG entbindet jedenfalls nicht von der Notwendigkeit, die ausgeschütteten und ausschüttungsgleichen Erträge den Verteilungsnormen des DBA mit dem ausländischen Sitzstaat des Investmentvermögens zuzuordnen, um die einschlägige Maßnahme zur Vermeidung der Doppelbesteuerung zu bestimmen. Dies hängt wiederum von der abkommensrechtlichen Qualifikation des Investmentvermögens ab, welche durch § 4 Abs. 1 S. 1 InvStG nicht obsolet wird.[340] Insbesondere kann die abkommensrechtliche Qualifikation des Investmentvermögens und der aus diesem erzielten Einkünfte zu einer Steuerfreistellung im Inland führen, die abkommensrechtlich von der Einkunftsquelle der Fondserträge zu trennen ist. An dieser Stelle sei nur auf die klassischen Fälle verwiesen, dass es sich bei den ausgeschütteten oder ausschüttungsgleichen Erträgen um Betriebsstättengewinne handelt, oder um Einkünfte aus einer Schachtelbeteiligung. Sofern die Einkünfte aus den ausländischen Investmentanteilen nach einem DBA von der inländischen Besteuerung befreit sind, erübrigt sich eine zusätzliche Steuerbefreiung gem. § 4 Abs. 1 InvStG. Der Anwendung von § 4 Abs. 1 InvStG hat damit eine abkommensrechtliche Subsumtion der ausgeschütteten

---

[340] Zu letzterem *Wolf Wassermeyer*, DB 2003, 2085, 2088. Vgl. ausführlich zur abkommensrechtlichen Behandlung des Investmentvermögens und der beim Anleger steuerpflichtigen Erträge Kapitel 4, S. 101 ff.

und ausschüttungsgleichen Erträge unter die Art. 6 ff. OECD-MA sowie eine Bestimmung der abkommensrechtlichen Vermeidungsmaßnahme voranzugehen. Sind die ausgeschütteten und ausschüttungsgleichen Erträge gem. § 4 Abs. 1 S. 1 InvStG beim Anleger steuerbefreit, unterliegen diese Einkünfte nach § 4 Abs. 1 S. 2 InvStG dem Progressionsvorbehalt zur Bestimmung des anzuwendenden Steuersatzes.

b) Berücksichtigung inländischer und ausländischer Steuern

aa) Anrechnung von Zuflusssteuern

Die Anrechnung ausländischer Zuflusssteuern wird von § 4 Abs. 2 S. 1-4 InvStG geregelt und geht weit über den Regelungsbereich des § 19 Abs. 3 AuslInvestmG hinaus. Die Vorschrift ist an § 40 Abs. 4 KAGG angelehnt und ermöglicht erstmals die unmittelbare Anrechnung ausländischer Zuflusssteuern auf die Einkünfte aus ausländischen Investmentanteilen.[341] Demnach erfolgt eine Steueranrechnung, wenn die auf Investmentanteile ausgeschütteten und ausschüttungsgleichen Erträge ausländische Einkünfte enthalten, auf die in dem ausländischen Staat eine Steuer erhoben wurde, die gem. § 34c Abs. 1 EStG oder § 26 Abs. 1 KStG anrechenbar wäre, wenn der Anleger die Einkünfte unmittelbar erzielt hätte. Die Anrechnung wird gem. § 4 Abs. 2 S. 2, 3 InvStG auf den Höchstbetrag begrenzt, der sich für jedes einzelne Investmentvermögen zusammengefasst aus dem Verhältnis der ausländischen Einkünfte zur Summe der Einkünfte ergibt. § 4 Abs. 2 S. 3 InvStG entspricht § 40 Abs. 4 S. 3 KAGG und verwirklicht auch für ausländische Investmentfonds eine Anrechnung im Umfang einer „All-Country-Limitation“. Danach ergibt sich der Höchstbetrag aus einer Zusammenfassung aller ausgeschütteten und ausschüttungsgleichen Erträge eines Investmentvermögens, selbst wenn die Einkünfte aus mehreren ausländischen Staaten stammen.[342] Einkünfte des ausländischen Investmentfonds, die aus Deutschland stammen und auf die eine deutsche Ertragsteuer erhoben wurde, gelten gem. § 4 Abs. 2 S. 7 InvStG als ausländische Einkünfte i. S. des § 4 Abs. 2 S. 1 InvStG.[343]

---

[341] *Sradj/Mertes*, DStR 2004, 201, 206.
[342] *Lübbehüsen*, in Brinkhaus/Scherer, KAGG, § 40 Rz. 111.
[343] A. A. *Sradj/Mertes*, DStR 2003, 1681, 1684, für inländische Kapitalertragsteuern auf Dividenden.

Abweichend von inländischen Investmentfonds genügt es nicht, wenn die ausländischen Steuern auf Grund eines DBA beim Anleger anrechenbar sind. In der Literatur wird die Ausklammerung der Anrechnung ausländischer Steuern nach einem DBA auf die Einkünfte aus Anteilen eines ausländischen Investmentvermögens zu Recht kritisiert.[344] Eine Benachteiligung gegenüber inländischen Investmentanteilen ergibt sich, wenn ein DBA die Anrechnung fiktiver Quellensteuern anordnet oder die ausländische Steuer nicht der deutschen Einkommensteuer gem. § 34c Abs. 1 EStG entspricht, während das DBA eine Anrechnung ermöglicht.[345] Da die Steuern auf der Ebene des Investmentfonds insoweit keine abzugsfähigen Werbungskosten begründen, wären diese gem. § 1 Abs. 3 S. 3 InvStG als ausschüttungsgleiche Erträge beim Anleger erneut zu besteuern.[346] Ein Steuerabzug auf der Ebene des Investmentfonds gem. § 4 Abs. 4 InvStG kommt ferner nicht in Betracht, da die Vorschrift an die Voraussetzungen des § 4 Abs. 2 InvStG anknüpft.

bb) Anrechnung ausländischer Abzugsteuern

Die Anrechnung einer im Sitzstaat des ausländischen Investmentvermögens erhobenen Abzugsteuer auf die ausgeschütteten Erträge ist unter Berücksichtigung eines Höchstbetrages gem. § 4 Abs. 2 S. 5 i. V. m. S. 3 InvStG beim inländischen Anteilsinhaber zulässig. Die Vorschrift stimmt inhaltlich weitgehend mit § 19 Abs. 1 AuslInvestmG überein.

Da gem. § 4 Abs. 2 S. 5 InvStG für die Anrechnung ausländischer Abzugsteuern, die im Sitzstaat des Investmentvermögens erhoben werden, § 4 Abs. 2 S. 1 bis 4 InvStG entsprechend gilt, stellt sich die Frage, ob die Anrechnung nur für solche Einkünfte gilt, die in dem ausländischen Staat zu einer nach § 34c Abs. 1 EStG, § 26 Abs. 1 KStG auf die Einkommen- oder Körperschaftsteuer anrechenbaren Steuer herangezogen werden, oder ob auch solche Einkünfte gemeint sind, die zu einer nach einem DBA anrechenbaren Steuer herangezogen werden. Aufgrund der Beschränkung der nach einem DBA anrechenbaren Steuern gem. § 4 Abs. 1 S. 1 InvStG auf Einkünfte aus inländischen Investmentanteilen wäre eine restriktive Auslegung auch für ausländische Abzugsteuern i. S. des § 4 Abs. 2 S. 5 InvStG denkbar. Der Gesetzgeber wollte mit der Einfügung des § 4 Abs. 2

---

344 *Wolf Wassermeyer*, DB 2003, 2085, 2089.
345 Vgl. allgemein zur Anrechnung fiktiver Quellensteuern *Schaumburg*, Rz. 16.576.
346 *Wolf Wassermeyer*, DB 2003, 2085, 2088.

S. 5 InvStG indes die bisherige Regelung des § 19 Abs. 1 S. 1, 2 AuslInvestmG übernehmen.[347] Nach dieser Vorschrift berechtigte eine ausländische Abzugsteuer, die nach § 34c Abs. 1 EStG, § 26 Abs. 1 KStG oder nach einem DBA auf die Einkommen- oder Körperschaftsteuer anrechenbar war, den Anteilsinhaber zur Anrechnung.[348] Daher ist die Verweisung des § 4 Abs. 2 S. 5 InvStG nur auf die Anrechnung der festgesetzten und gezahlten ausländischen Abzugsteuer im Sinne einer Rechtsfolgeverweisung zu beziehen. Unklar bleibt jedoch, welchen Zweck die entsprechend anwendbare Höchstbetragsrechnung gem. § 4 Abs. 2 S. 5 i. V. m. S. 3 InvStG erfüllen soll, da eine Zusammenfassung der anrechenbaren Steuern aus mehreren Staaten bei einer Abzugsteuer eines einzigen Investmentvermögens theoretisch nicht denkbar ist.

Da sich die Anrechenbarkeit gem. § 4 Abs. 2 S. 5 InvStG gegenüber § 4 Abs. 2 S. 1 InvStG nur auf die auf Investmentanteile ausgeschütteten Erträge bezieht, ist die Anrechnung einer auf thesaurierte Erträge erhobenen Abzugsteuer auf die inländische Einkommen- oder Körperschaftsteuer ausgeschlossen. Anders wäre die gesetzgeberische Differenzierung zwischen § 4 Abs. 2 S. 1 InvStG, der die auf ausschüttungsgleiche Erträge gezahlte ausländische Quellensteuer zur Anrechnung zulässt, und § 4 Abs. 2 S. 5 InvStG, der nur die Abzugsteuer auf ausgeschüttete Erträge betrifft, nicht zu erklären.[349]

cc) Steuerabzug gemäß § 4 Abs. 2 S. 4 InvStG

Gem. § 4 Abs. 2 S. 4 InvStG ist die Vorschrift des § 34c Abs. 2 EStG über den Steuerabzug sinngemäß anwendbar. Danach kann auf Antrag die ausländische Steuer statt der Anrechnung bei der Ermittlung des Gesamtbetrages der Einkünfte abgezogen werden. Die Vorschrift gilt sowohl für ausländische Zuflusssteuern als auch für ausländische Abzugsteuern, wie sich aus der Verweisungskette des § 4 Abs. 2 S. 5 i. V. m. S. 4 InvStG ergibt.

VI. Inländische Kapitalertragsteuer

§ 7 InvStG regelt die Erhebung eines Steuerabzuges vom Kapitalertrag auf bestimmte steuerpflichtige Erträge. Die Vorschrift ist in ihren Absätzen 1 und 2 auf in- und ausländische Investmentvermögen anwendbar und im Übrigen nur

---

[347] BT-Drs. 15/1553, S. 125.

[348] Vgl. Kapitel 3, C., IV., 1., S. 60 ff.

[349] Vgl. zu dem gleichgelagerten Meinungsstreit in Bezug auf § 19 Abs. 1 AuslInvestmG Kapitel 3, C., IV., 1., b), aa), S. 62 f.

auf inländische Investmentvermögen. Sie tritt an die Stelle der § 38b, § 39b, § 44 S. 2-4 KAGG und § 18a AuslInvestmG. § 7 Abs. 1 InvStG bestimmt, von welchen Erträgen eines ausländischen Investmentfonds die auszahlende Stelle einen Steuerabzug in Form eines Zinsabschlags zu erheben hat. Mangels Steuerbarkeit der Zwischengewinne ist auch der darauf erhobene Steuerabzug i. S. des § 18 a Abs. 1 Nr. 3 AuslInvestmG entfallen.

1. Kapitalertragsteuer auf ausgeschüttete Erträge

Der Steuerabzug wird gem. § 7 Abs. 1 S. 1 Nr. 1 InvStG auf ausgeschüttete Erträge i. S. des § 2 Abs. 1 InvStG erhoben, soweit diese nicht in- und ausländische Kapitalerträge i. S. des § 43 Abs. 1 S. 1 Nr. 1, S. 2 EStG bzw. Gewinne aus der Veräußerung von Wertpapieren und Bezugsrechten auf Anteile an Kapitalgesellschaften, aus Termingeschäften sowie aus der Veräußerung von Grundstücken und grundstücksgleichen Rechten i. S. des § 2 Abs. 3 InvStG sowie Erträge i. S. des § 4 Abs. 1 InvStG enthalten. Aufgrund der in § 2 Abs. 3 Nr. 1 InvStG geregelten Steuerfreiheit von Gewinnen aus Termingeschäften, die auf Fondsebene erzielt werden und in ausgeschütteten Erträgen enthalten sind, ist die Ausnahme dieser Gewinne vom Steuerabzug konsequent.[350] Erstmals und entgegen der bislang vertretenen Auffassung der Finanzverwaltung[351] wird von einem Steuerabzug insoweit abgesehen, als in den ausgeschütteten Erträgen auf Grund eines DBA freigestellte Erträge enthalten sind.[352] Die wesentliche Änderung gegenüber § 18 a Abs. 1 Nr. 1 AuslInvestmG besteht darin, dass gem. § 7 Abs. 1 S. 1 Nr. 1 Buchst. a InvStG ausgeschüttete Dividenden aus dem Verfahren des Kapitalertragsteuerabzugs herausgenommen werden. Damit beabsichtigt der Gesetzgeber zum einen eine Rechtsvereinheitlichung in- und ausländischer Investmentvermögen, zum anderen eine Durchsetzung des steuerlichen Transparenzprinzips, da auch ein Direktanleger bei ausländischen Dividenden keinem Steuerabzug unterworfen ist.[353]

---

350 *Sradj/Mertes*, DStR 2004, 201, 206. Vgl. zur streitigen Behandlung von Gewinnen aus privaten Termingeschäften unter § 18a Abs. 1 Nr. 1 AuslInvestmG *Behrens*, in Brinkhaus/Scherer, AuslInvestmG, § 18a Rz. 28.

351 BMF, Schreiben vom 03.11.2000, DB 2000, 2298.

352 *Höreth/Schiegl*, DStZ 2003, 553, 554; *Sradj/Mertes*, DStR 2003, 1681, 1684; *Carlé*, DStZ 2004, 74, 77.

353 BT-Drs. 15/1553, S. 126 f

2. Kapitalertragsteuer auf ausschüttungsgleiche Erträge

Der Steuerabzug vom Kapitalertrag wird gem. § 7 Abs. 1 S. 1 Nr. 3 InvStG ferner auf die dem Anteilsinhaber nach dem 31.12.1993 als zugeflossen geltenden, noch nicht dem Steuerabzug unterworfenen Erträge erhoben, d. h. den ausschüttungsgleichen Erträgen. Die Vorschrift ist bis auf redaktionelle Änderungen § 18a Abs. 1 Nr. 3 AuslInvestmG nachgebildet, so dass auf die Ausführungen zur bisherigen Gesetzeslage verwiesen werden kann. § 7 Abs. 2 InvStG entspricht § 38b Abs. 2 KAGG und stellt für ausländische, teil-thesaurierende Investmentvermögen klar, dass der Steuerabzug für den Teil der ausschüttungsgleichen Erträge von den ausgeschütteten Erträgen vorzunehmen ist.[354] Im Übrigen gelten die Ausführungen zum Steuerabzug auf thesaurierte Erträge gem. § 18a Abs. 1 Nr. 3 AuslInvestmG entsprechend, soweit die Steuerpflicht und damit der Steuerabzug nicht entfallen ist.[355]

VII. Exkurs: Besteuerung bei Veräußerung von Investmentanteilen

1. Zum Betriebsvermögen gehörende Investmentanteile

Gewinne aus der Veräußerung von im Betriebsvermögen gehaltenen Investmentanteilen sind grundsätzlich in voller Höhe steuerpflichtig. Eine Begünstigung ergibt sich aus der sogenannten Aktiengewinnregelung gem. § 8 Abs. 1 InvStG. Die Vorschrift entspricht weitgehend § 40a Abs. 1 KAGG, bezieht aber ausländische Investmentanteile ein. Im Einzelnen sind auf die Einnahmen aus der Rückgabe oder Veräußerung von Investmentanteilen im Betriebsvermögen § 3 Nr. 40 EStG, § 8b Abs. 1, 2 KStG, § 4 Abs. 1 InvStG anzuwenden, soweit die Einnahmen dort genannte, dem Anleger noch nicht zugeflossene oder als zugeflossen geltende Einnahmen enthalten oder auf bereits realisierte oder noch nicht realisierte Gewinne aus der Beteiligung des Investmentvermögens an Körperschaften, Personenvereinigungen oder Vermögensmassen entfallen, deren Leistungen beim Empfänger zu den Einnahmen i. S. des § 20 Abs. 1 Nr. 1 EStG gehören (sogenannter positiver Aktiengewinn).[356] Ferner finden die Vorschriften des Halbeinkünfteverfahrens gem. § 8 Abs. 1 S. 2 InvStG auf die von einem In-

---

[354] Krit. *Carlé*, DStZ 2004, 74, 77, der darin eine überproportionale Belastung des Ausschüttungsbetrages sieht.

[355] Dies betrifft den Zwischengewinn gem. § 17 Abs. 2a, § 18 Abs. 1 sowie den pauschalen Zwischengewinn gem. § 18 Abs. 3 S. 4 AuslInvestmG.

[356] Zu den begünstigten Fondseinnahmen und Beteiligungen im Einzelnen *Lübbehüsen*, in Brinkhaus/Scherer, KAGG, § 40a Rz. 26 ff., 36 ff.

vestmentfonds erzielten Aktiengewinne, etwa aus der Beteiligung eines Dachfonds an einem Zielfonds, entsprechende Anwendung.[357]
Die Anwendung des § 4 Abs. 1 InvStG auf den Veräußerungsgewinn bedeutet, dass die darin enthaltenen Einnahmen, die aufgrund eines DBA beim Anleger steuerfrei zu stellen wären, auch von der Besteuerung nach § 8 Abs. 1 InvStG auszunehmen sind. Damit sollen insbesondere solche Veräußerungsgewinne steuerfrei gestellt werden, die auf die Gewinne aus der Veräußerung ausländischen Grundvermögens und auf ausländische Mieteinnahmen entfallen.[358]
Auf Vermögensminderungen innerhalb eines Investmentvermögens sind gem. § 8 Abs. 2 InvStG beim Anleger § 3c Abs. 2 EStG, § 8b KStG anzuwenden, soweit die Vermögensminderungen auf Beteiligungen des Investmentvermögens an Körperschaften, Personenvereinigungen oder Vermögensmassen entfallen, deren Leistungen beim Empfänger zu den Einnahmen i. S. des § 20 Abs. 1 Nr. 1 EStG gehören (sogenannter negativer Aktiengewinn). Die Regelung des § 8 Abs. 2 InvStG beendet die in der Literatur geführte Auseinandersetzung zu der für die Anwendung des § 40a Abs. 1 KAGG bedeutsamen Frage, ob Verluste aus Veräußerungsgeschäften von Investmentanteilen zu berücksichtigen waren.[359] Nach der Neuregelung können die genannten Vermögensminderungen gem. § 3c Abs. 2 EStG zur Hälfte steuerlich geltend gemacht werden; für körperschaftsteuerpflichtige Anteilsinhaber bedeutet die Anwendung des § 8b Abs. 3 KStG ein Berücksichtigungsverbot von Verlusten.
Der zeitanteilige Aktiengewinn ergibt sich gem. § 8 Abs. 3 InvStG aus dem Unterschied zwischen dem Aktiengewinn auf den Rücknahmepreis zum Zeitpunkt der Veräußerung und dem Aktiengewinn auf den Rücknahmepreis zum Zeitpunkt der Anschaffung oder dem Aktiengewinn auf den maßgebenden Rücknahmepreis zum Schluss des vorangegangenen Wirtschaftsjahres, soweit er sich

---

[357] Sog. doppeltes Transparenzprinzip, *Lübbehüsen/Schmitt*, DB 2003, 1696, 1700; *Bonin*, BB 2003, 2545, 2546; *Carlé*, DStZ 2004, 74, 77.
[358] BT-Drs. 15/1553, S. 127.
[359] Der Streit resultierte daraus, dass § 40a Abs. 1 KAGG lediglich auf § 8b Abs. 2 KStG, nicht jedoch auf § 8b Abs. 3 KStG verwies. Vgl. dazu einerseits *Stoschek/Peter/Bittner*, FR 2003, 941, 948 ff.; *Lübbehüsen*, in Brinkhaus/Scherer, KAGG, § 40a Rz. 19; *Fock*, BB 2003, 1589, 1591; andererseits *Hammer*, DStZ 2002, 519. Der Gesetzgeber hat im Gesetz zur Umsetzung der Protokollerklärung der Bundesregierung zur Vermittlungsempfehlung zum StVergAbG vom 22.12.2003 (BGBl. I 2003, 2840) § 40a KAGG rückwirkend und damit für alle noch nicht bestandskräftigen Veranlagungen dahingehend geändert, dass § 8b Abs. 3 KStG auch nach alter Rechtslage anzuwenden war.

auf den Bilanzansatz ausgewirkt hat.[360] Die Investmentgesellschaft hat den Aktiengewinn gem. § 5 Abs. 2 InvStG bewertungstäglich zu ermitteln und mit dem Rücknahmepreis zu veröffentlichen. Der nicht nach § 8 Abs. 1, 2 InvStG zu berücksichtigende Teil des Veräußerungsgewinns ist innerhalb und außerhalb der Spekulationsfrist in voller Höhe steuerpflichtig.

2. Zum Privatvermögen gehörende Investmentanteile

Einnahmen aus der Veräußerung von Investmentanteilen des Privatvermögens unterliegen der regulären Besteuerung nach dem EStG.[361] Die ursprünglich im Regierungsentwurf vorgesehene Ausweitung der Aktiengewinnregelung gem. § 8 Abs. 1 InvStG auf im Privatvermögen gehaltene Investmentanteile hat keinen Eingang in das InvStG gefunden.[362] Der Gesetzgeber hielt die Einbeziehung von Privatanlegern schlicht für zu kompliziert in Anbetracht der praktischen Auswirkung.[363]

VIII. Anwendungskonkurrenz zur Hinzurechnungsbesteuerung

Einkünfte eines ausländischen Investmentvermögens können als Zwischeneinkünfte nach den §§ 7-14 AStG beim inländischen Beteiligten steuerpflichtig sein. Dies setzt voraus, dass das ausländische Investmentvermögen als Kapitalgesellschaft oder als ein anderes körperschaftliches Gebilde strukturiert ist, an welcher unbeschränkt steuerpflichtige Personen zu mehr als die Hälfte beteiligt sind, und die Gesellschaft Zwischeneinkünfte i. S. des § 8 AStG erzielt.

1. Vorbehalt der Hinzurechnungsbesteuerung gemäß § 7 Abs. 7 AStG

Das vormals strittige Konkurrenzverhältnis[364] zwischen AStG und InvStG regelt § 7 Abs. 7 AStG. Nach dieser Vorschrift sind die Absätze 1-6a des § 7 AStG nicht anzuwenden, „wenn die Einkünfte, für die die ausländische Gesellschaft Zwischengesellschaft ist, nach den Vorschriften des InvStG steuerpflichtig sind, es sei denn, Ausschüttungen oder ausschüttungsgleiche Erträge wären nach einem Abkommen zur Vermeidung der Doppelbesteuerung von der inländischen Bemessungsgrundlage auszunehmen.“ Nach verbreiteter Auffassung zielt der

---

360 Vgl. dazu *Bonin*, BB 2003, 2545, 2546 f. mit Beispielsfällen. Die Ermittlung des Veräußerungsgewinns gem. § 40a KAGG war bislang umstritten, vgl. *Hammer*, DStZ 2002, 519; *Lübbehüsen*, in Brinkhaus/Scherer, KAGG, § 40a Rz. 41; *Tibo*, DB 2000, 2291, 2292.

361 *Kayser/Steinmüller*, FR 2004, 137, 141.

362 BT-Drs. 15/1553, S. 59.

363 BT-Drs. 15/1944, S. 47.

364 Vgl. *Brinkhaus/Schmitt*, in Brinkhaus/Scherer, AuslInvestmG, Vor §§ 16-20 Rz. 47 ff. m. w. N.

Vorbehalt zugunsten der Hinzurechnungsbesteuerung auf die Fälle, in denen die Erträge eines ausländischen Investmentvermögens zwar als ausgeschüttete oder als ausschüttungsgleiche Erträge gem. § 2 Abs. 1, 2 InvStG bzw. als Ausschüttungen gem. § 6 S. 1 InvStG steuerpflichtig sind, jedoch aufgrund eines DBA-Schachtelprivilegs eine Steuerbefreiung beansprucht werden kann.[365]

2. Anwendbarkeit auf steuerbefreite Erträge im Sinne des § 2 Abs. 3 InvStG

Neben der abkommensbedingten Rückausnahme zugunsten der Hinzurechnungsbesteuerung hält *Eimermann* eine Anwendung der §§ 7 ff. AStG auch dann für geboten, wenn Einkünfte gem. § 2 Abs. 3 InvStG steuerbefreit sind. Zur Begründung wird der Wortlaut des § 7 Abs. 7 Hs. 1 AStG herangezogen. Danach sei § 7 Abs. 1-6a AStG nur dann nicht anzuwenden, wenn die Einkünfte nach dem InvStG „steuerpflichtig" seien.[366] Diesem Gesetzesverständnis steht jedoch der zweite Halbsatz des § 7 Abs. 7 AStG entgegen. Die in § 7 Abs. 7 Hs. 2 AStG normierte Rückausnahme des Vorrangs des AStG bei Einkünften, die nach einem DBA steuerbefreit sind, würde bei Anwendung auf steuerbefreite ausgeschüttete Erträge i. S. des § 2 Abs. 3 InvStG bedeuten, dass die Steuerbefreiung aufgrund eines DBA den Vorrang der Hinzurechnungsbesteuerung bei steuerbefreiten Erträgen wieder aufhebt. Für eine solche Differenzierung in der steuerbeschränkenden Wirkung der DBA ist erstens kein sachlicher Grund ersichtlich. Zweitens wäre die Besteuerung von grundsätzlich steuerbefreiten Erträgen i. S. des § 2 Abs. 3 InvStG gem. §§ 7 ff. AStG von der Steuerbefreiung eines DBA abhängig, womit den Abkommen eine Art steuerbegründende Wirkung eingeräumt würde. Nach allgemeiner Auffassung begründen jedoch weder das OECD-MA noch die geltenden deutschen DBA eine eigenständige Steuerpflicht.[367]

---

365 *Sradj/Mertes*, DStR 2003, 1681, 1686; *Eimermann*, IWB, F. 3, S. 12721, 12724; *Hörster*, BB 2004, 245, 246; vgl. auch *Leis*, FR 2004, 53, 64; *Lüdicke*, IStR 2003, 433, 439 f., letztere in Bezug auf die Fassung des § 7 Abs. 7 AStG nach dem Gesetz zur Umsetzung der Protokollerklärung der Bundesregierung zur Vermittlungsempfehlung zum StVergAbG vom 22.12.2003 (BGBl. I 2003, 2840).

366 *Eimermann*, IWB, F. 3, S. 12721, 12724.

367 *Vogel*, in Vogel/Lehner, DBA, Einl. Rz. 72; *Schaumburg*, Rz. 16.37; zum Verständnis der DBA als sachliche Steuerbefreiungs- und Steuerermäßigungsnormen *Wassermeyer*, in Debatin/Wassermeyer, OECD-MA, Art. 1 Rz. 9; *Kluge*, Rz. R 23.

Diese systematischen Bedenken können nicht dadurch entkräftet werden, dass sich der Wortlaut der Rückausnahme für DBA-steuerbefreite Investmenterträge gem. § 7 Abs. 7 Hs. 2 AStG lediglich auf „Ausschüttungen“ und „ausschüttungsgleiche Erträge“ bezieht, nicht aber auf ausgeschüttete Erträge. „Ausschüttungen“ sind gem. § 1 Abs. 3 S. 1 InvStG die dem Anleger tatsächlich gezahlten oder gutgeschriebenen Beträge einschließlich der einbehaltenen Kapitalertragsteuer. Der Begriff umfasst neben ordentlichen Erträgen auch Kapitalrückzahlungen, schließt aber die „ausgeschütteten Erträge“ gem. § 1 Abs. 3 S. 2 InvStG ihrer Art und Höhe nach ein.[368] Auch der Gesetzgeber geht davon aus, dass der Vorbehalt zugunsten der Hinzurechnungsbesteuerung aufgrund einer DBA-Steuerfreistellung nicht nur auf Ausschüttungen i. S. des § 1 Abs. 3 S. 1 InvStG sowie ausschüttungsgleiche Erträge i. S. des § 1 Abs. 3 S. 3 InvStG beschränkt ist.[369] Eine Differenzierung zwischen Ausschüttungen und ausschüttungsgleichen Erträgen einerseits und ausgeschütteten Erträgen andererseits wäre auch sachlich nicht gerechtfertigt. Es liegt vielmehr der Verdacht nahe, dass der Gesetzgeber bei Änderung des § 7 Abs. 7 AStG versehentlich die Begrifflichkeit des AuslInvestmG beibehielt und damit einem Redaktionsversehen unterlag. Diese Annahme wird durch die Entstehungsgeschichte der Vorschrift verdeutlicht.[370]

3. Ergebnis

Zusammenfassend bezieht sich die Rückausnahme gem. § 7 Abs. 7 Hs. 2 AStG auf alle Investmenterträge, für die nach einem DBA eine Steuerbefreiung beansprucht werden kann. Ausgeschüttete steuerbefreite Erträge i. S. des § 2 Abs. 3 InvStG sind von der Vorbehaltsregelung des § 7 Abs. 7 AStG generell ausgenommen, unterliegen daher keiner Hinzurechnungsbesteuerung gem. § 7 Abs. 1,

---

[368] Die begriffliche Unterscheidung gem. § 1 Abs. 3 InvStG erklärt sich daraus, dass Ausschüttungen im Falle der Besteuerung bei fehlendem Ertragsnachweis gem. § 6 S. 1 InvStG Bemessungsgrundlage für die Steuererhebung sind.

[369] BT-Drs. 15/1553, S. 132: „Satz 2 enthält einen Vorbehalt zugunsten der Hinzurechnungsbesteuerung für Fälle, in denen die Erträge eines ausländischen Investmentvermögens zwar nach § 2 Abs. 1 und 2 InvStG steuerpflichtig sind, jedoch Steuerbefreiung aufgrund eines sog. Schachtelprivilegs nach einem Doppelbesteuerungsabkommen (DBA) beansprucht werden kann.“ Die Begründung ist allerdings missverständlich, da § 7 Abs. 7 AStG nicht in zwei Sätze unterteilt ist.

[370] Vgl. die innerhalb kurzer Zeit erfolgte, zweimalige Änderung von § 7 Abs. 7 AStG durch das Gesetz zur Umsetzung der Protokollerklärung der Bundesregierung zur Vermittlungsempfehlung zum Steuervergünstigungsabbaugesetz vom 22.12.2003 (BGBl. I 2003, 2840) einerseits und durch das Investmentmodernisierungsgesetz vom 15.12.2003 (BGBl. I 2003, 2676) andererseits; ausführlich dazu *Eimermann*, NWB F. 3, S. 12721, 12724.

6 AStG. Ein anderes Ergebnis wäre mit dem gesetzgeberischen Grundgedanken einer steuerlichen Gleichbehandlung von Erträgen aus inländischen und ausländischen Investmentanteilen nicht vereinbar. Ob und inwieweit Ausschüttungen, ausgeschüttete Erträge bzw. ausschüttungsgleiche Erträge aufgrund eines DBA von der inländischen Besteuerung ausgenommen sind und damit einer Hinzurechnungsbesteuerung unterliegen können, wird im folgenden Kapitel untersucht.

Kapitel 4: Einkünfte aus Anteilen an ausländischen Investmentfonds im Recht der DBA

A. Steuerliche Behandlung ohne Berücksichtigung des Abkommensrechts

Die grenzüberschreitende Investition eines Steuerinländers in ein ausländisches Investmentvermögen sieht sich aufgrund des Welteinkommensprinzips gem. § 1 Abs. 1 EStG, § 1 Abs. 1 KStG mit einer potentiellen internationalen Doppelbesteuerung konfrontiert. Nach der deutschen und der überwiegenden Anzahl ausländischer Steuerrechtsordnungen gilt der Grundsatz, die im eigenen Geltungsbereich ansässigen Personen mit ihrem Welteinkommen und die nicht ansässigen Personen lediglich mit den in ihrem Geltungsbereich entstandenen Einkünften zu besteuern.[371] Eine internationale Doppelbesteuerung und gegebenenfalls sogar Dreifachbesteuerung wäre die unvermeidliche Folge, wenn nicht durch unilaterale Maßnahmen oder durch Abkommen zur Vermeidung der Doppelbesteuerung ein Ausgleich erzielt werden könnte.[372] Im Nicht-DBA-Fall ist die unilaterale Vorschrift des § 4 InvStG über die Freistellung ausländischer Investmenterträge, bzw. die Anrechnung oder den Abzug ausländischer Abzug- und Zuflusssteuern als Maßnahme zur Vermeidung der Doppelbesteuerung anzuwenden. Insoweit kann auf die Ausführungen in Kapitel 3 verwiesen werden. Die nachstehenden Ausführungen behandeln die abkommensrechtlichen Ausgleichsmaßnahmen auf der Grundlage des OECD-MA[373] sowie den geltenden deutschen DBA.[374] Dabei wird im Grundsatz davon ausgegangen, dass die von dem Investmentfonds erzielten Einkünfte aus dem Sitzstaat des Investmentfonds stammen; der Sitzstaat des Fonds ist daher aus Sicht des inländischen Anteilsinhabers stets auch der Quellenstaat der Einkünfte.

---

371 § 1 Abs. 4 i. V. m. § 49 EStG, sog. Quellenprinzip; vgl. *Lehner*, in Vogel/Lehner, DBA, Einl. Rz. 2.

372 Eine Dreifachbesteuerung droht, wenn der ausländische Investmentfonds seine Erträge aus Drittstaaten erzielt und diese dort einer Quellenbesteuerung unterliegen. Daneben können dieselben Erträge im Sitzstaat des Fonds und schließlich im deutschen Ansässigkeitsstaat des Anlegers einer Besteuerung unterliegen. Vgl. zu den unilateralen sowie bilateralen Ausgleichsmaßnahmen in Dreiecksverhältnissen unter Beteiligung einer Betriebsstätte *Helde*, S. 40 ff., 74 ff.

373 Die Untersuchung bezieht sich auf das OECD-Musterabkommen 2000 in der am 28.01.2003 verabschiedeten Neufassung, soweit nicht ausdrücklich eine ältere Fassung erwähnt wird.

374 Es wird der Stand der DBA vom 01.01.2004 zu Grunde gelegt. Vgl. BMF, Schreiben vom 22.12.2003, BStBl. I 2004, 135.

B. Steuerliche Behandlung im OECD-MA und in der deutschen Abkommenspraxis

Die DBA regeln im Fall kollidierender Steueransprüche zweier Staaten, welchem Staat das Besteuerungsrecht zuzuordnen ist und in welchem Umfang der andere Staat auf die Besteuerung verzichtet.[375] Im Rahmen eines gegenseitigen Steuerverzichts wird einerseits die Besteuerung im Quellenstaat dem Grunde oder der Höhe nach begrenzt, während andererseits der Ansässigkeitsstaat zur Vermeidung der Doppelbesteuerung eine Steueranrechung oder Steuerfreistellung gewährt.

Als völkerrechtliche Verträge stehen die DBA nach ihrer Transformation in innerstaatliches Recht durch ein Zustimmungsgesetz gem. Art. 59 Abs. 2 GG im Rang von Bundesgesetzen.[376] Der von § 2 AO angeordnete Vorrang völkerrechtlicher Vereinbarungen vor den innerstaatlichen Steuergesetzen entfaltet lediglich deklaratorische Bedeutung, da § 2 AO als einfaches Bundesgesetz die Rangregel des Art. 59 Abs. 2 S. 1GG nicht suspendieren kann.[377] Nach herrschender Auffassung können die DBA daher durch spätere speziellere Regelungen des Bundesgesetzgebers aufgehoben oder verdrängt werden, soweit ein gesetzgeberischer Wille zur Abkommensverdrängung feststellbar ist.[378] Eine entsprechende Derogationswirkung ist dem InvStG ebenso wenig wie dem AuslInvestmG zu entnehmen.[379] Die vereinzelt anzutreffende Auffassung, dass die nationalen Vorschriften des InvStG bzw. des AuslInvestmG zu einer einseitigen Abänderung bestehender DBA führen könnten[380], missachtet das Rangverhältnis der beiden Rechtskreise und lässt sich nicht auf eine innerstaatliche „Treaty-Override-Vorschrift" stützen.

---

375 *Debatin*, in Korn/Debatin, Systematik I, Rz. 36, 39; *Schaumburg*, Rz. 16.8; *Jacobs* (Hrsg.), S. 63.

376 BVerfGE 6, 309, 363; *Schaumburg*, Rz. 3.25.

377 *Schaumburg*, Rz. 3.26.

378 Sog. „Treaty-Override"; BFH, BStBl. II 1995, 129; *Schaumburg*, Rz. 3.26; *Weber-Fas*, S. 76;

379 *Rosenthal*, in Debatin/Wassermeyer, DBA-Irland, Vor Art. I Rz. 66; *Brinkhaus*, in Brinkhaus/Scherer, AuslInvestmG, § 17 Rz. 23; *Fock*, RIW 2003, 118, 130.

380 In diesem Sinne offenbar *Heinze*, DB 1969, 1955, in Bezug auf abkommensrechtlich freizustellende Erträge aus Anteilen an ausländischen Immobilienfonds.

I. Abkommensanwendung des deutschen Ansässigkeitsstaates

Aus Sicht des deutschen Ansässigkeitsstaates[381] sind auf die Einkünfte des Anteilsinhabers die Methodenartikel zur Vermeidung der Doppelbesteuerung gem. Art. 23A und Art. 23B OECD-MA anzuwenden. Dabei ist zwischen dem Steuersubjekt des Investmentvermögens, sofern es über eine eigene Steuersubjekteigenschaft verfügt, und dem Steuersubjekt des inländischen Anteilsinhabers zu unterscheiden. Eine im ausländischen Sitzstaat des Investmentfonds erhobene Einkommen- oder Körperschaftsteuer auf die Einkünfte des Investmentvermögens führt allenfalls zu einer wirtschaftlichen Doppelbelastung, nicht hingegen zu einer juristischen Doppelbesteuerung. Diese setzt die Belastung eines Steuersubjekts mit demselben Steuerobjekt durch verschiedene Hoheitsträger innerhalb desselben Besteuerungszeitraumes mit einer vergleichbaren Steuer voraus, welche im Vergleich zur nationalen Besteuerung höher ausfällt.[382] Die im Inland steuerpflichtigen Einkünfte des Anteilsinhabers müssen im ausländischen Sitzstaat des Investmentfonds oder in einem Drittstaat einer eigenen Quellenbesteuerung unterliegen. Inwieweit der deutsche Vertragsstaat zu einem Ausgleich dieser Doppelbesteuerung aufgrund der DBA verpflichtet ist, ergibt sich aus der anzuwendenden Vermeidungsmaßnahme, entweder der Freistellungsmethode gem. Art. 23A OECD-MA oder der Anrechnungsmethode gem. Art. 23B O-ECD-MA. In den deutschen DBA sind die Methoden in einem Artikel zusammengefasst, wobei Deutschland als Ansässigkeitsstaat teilweise die Befreiungs- und im Übrigen die Anrechnungsmethode anwendet.[383] Da die Abkommensvorschriften die Freistellung oder Anrechnung meist nur dem Grundsatz nach vorsehen, können die innerstaatlichen Vorschriften zur Vermeidung der Doppelbesteuerung zur Regelung von Einzelheiten herangezogen werden, soweit nicht bereits ausdrücklich auf sie verwiesen wird.[384] Zwar sieht § 34c Abs. 6 S. 1 EStG vor, dass innerstaatliche Vorschriften nicht anzuwenden sind, wenn die

---

[381] Der Begriff „Ansässigkeitsstaat" wird üblicherweise mit dem Begriff des Wohnsitzstaates synonym verwandt; vgl. *Kluge*, Rz. S 2. Da die vorliegende Untersuchung sowohl juristische als auch natürliche Personen als Anteilsinhaber betrachtet, bezieht sich der Begriff des Ansässigkeitsstaates auf beide Personengruppen. Die Abkommensberechtigung des Steuerinländers wird fortan unterstellt, sei es eine natürliche Person, ein Einzelunternehmer, ein Gesellschafter einer Personengesellschaft oder eine juristische Person.

[382] *Vogel*, in Vogel/Lehner, DBA, Einl. Rz. 4; *Kluge*, Rz. B 22 ff.; *Schaumburg*, Rz. 12.4.

[383] *Wassermeyer*, in Debatin/Wassermeyer, OECD-MA, Art. 23A Rz. 1.

[384] *Vogel*, in Vogel/Lehner, DBA, Art. 23 Rz. 27; *Wassermeyer*, in Debatin/Wassermeyer, OECD-MA, Art. 23A Rz. 102.

Einkünfte aus einem Staat stammen, mit dem ein DBA besteht. Allerdings verweist § 34c Abs. 6 S. 2 EStG zur Durchführung der in einem DBA vorgesehenen Anrechnung auf die innerstaatlichen Vorschriften, insbesondere über den Anrechnungshöchstbetrag. Dementsprechend steht der Anrechnung einer ausländischen Steuer auf ausgeschüttete Investmenterträge gem. § 4 Abs. 2 S. 6 i. V. m. § 34c Abs. 1 EStG die Vorschrift des § 34c Abs. 6 S. 1 EStG nicht entgegen. Hervorzuheben ist schließlich die innerstaatliche Freistellung ausgeschütteter sowie ausschüttungsgleicher Erträge gem. § 4 Abs. 1 InvStG. Die Vorschrift ist von konstitutiver Bedeutung, sofern sie Einkünfte von der inländischen Besteuerung ausnimmt, auf welche der deutsche Vertragsstaat mangels anwendbarem DBA nicht selbst verzichten konnte. Infolge ihres partiellen Regelungsgehaltes für bestimmte, in den ausgeschütteten bzw. ausschüttungsgleichen Erträgen enthaltene Ertragsteile schließt § 4 Abs. 1 InvStG die Anwendung einer abkommensrechtlichen Freistellungsregelung nicht aus, sondern setzt diese vielmehr voraus.

Im Grundsatz hat der Anwendung des Vermeidungsartikels die abkommensrechtliche Einkunftsqualifizierung unter die Verteilungsnormen der Art. 6-21 OECD-MA voranzugehen.[385] Diese enthalten zum einen Aussagen über die Einschränkung oder Aufrechterhaltung des Besteuerungsrechts im Quellen- sowie im Ansässigkeitsstaat, zum anderen sind sie der im Ansässigkeitsstaat anzuwendenden Vermeidungsmethode systematisch vorgelagert. Während sich aus den Verteilungsnormen ergibt, ob bestimmte Einkünfte im Quellenstaat in vollem Umfang oder eingeschränkt besteuert werden dürfen oder von der Besteuerung freizustellen sind, richten sich die Vermeidungsnormen ausschließlich an den Ansässigkeitsstaat.[386] Sofern die Verteilungsnormen ausnahmsweise ein ausschließliches Besteuerungsrecht im Quellen- oder Ansässigkeitsstaat vorsehen, entfalten sie im Verhältnis zu Art. 23A, Art. 23B OECD-MA die Wirkung von leges speziales.[387] Der sachliche Anwendungsbereich der Methodenartikel verbleibt danach für Sachverhalte, in denen die Verteilungsnormen das Besteue-

---

[385] Art. 22 OECD-MA regelt die Besteuerung des Vermögens und bleibt für die vorliegenden Untersuchungszwecke außer Betracht.

[386] *Schaumburg*, Rz. 16.524; *Grotherr*, in Becker/Höppner/Grotherr/Kroppen, OECD-MA, Art. 23A/ 23B Rz. 9; *Vogel*, in Vogel/Lehner, DBA, Art. 23 Rz. 4.

[387] *Wassermeyer*, in Debatin/Wassermeyer, OECD-MA, Art. 23A Rz. 4

rungsrecht sowohl dem Quellenstaat als auch dem Ansässigkeitsstaat dem Grunde nach belassen.[388]

II. Typusbetrachtung ausländischer Investmentfonds für Abkommenszwecke

Die hier zu betrachtende grenzüberschreitende Investition in einen ausländischen Investmentfonds ist dadurch gekennzeichnet, dass der Anteilsinhaber im Inland, der Investmentfonds jedoch in einem ausländischen Staat ansässig ist und letzterer damit einem ausländischen Recht unterstellt ist. Nach der dem ausländischen Investmentfondsbegriff des InvStG zu Grunde liegenden wirtschaftlichen Betrachtungsweise sind sowohl nichtrechtsfähige Sondervermögen entsprechend § 30 InvG als auch steuersubjektfähige Rechtsgebilde als ausländische Investmentvermögen i. S. der § 2 Abs. 8 InvG, § 1 Abs. 1 Nr. 2 InvStG anzuerkennen. Da die Besteuerung des Anteilsinhabers nach deutschem innerstaatlichen Steuerrecht nicht von der ausländischen Rechtsform des Investmentfonds abhängig ist, wäre für Zwecke der nationalen Besteuerung grundsätzlich keine Differenzierung des ausländischen Rechtsgebildes nach seiner Rechtsform erforderlich. Entgegen der rechtsformneutralen Anknüpfung des InvStG und des AuslInvestmG ist im Recht der DBA eine Qualifikation des ausländischen Investmentfonds als steuerlich transparentes oder intransparentes Rechtsgebilde vorzunehmen. Unter einem transparenten Rechtsgebilde wird im Folgenden ein steuerlich nicht subjektfähiger Investmentfonds verstanden, während als intransparente Rechtsgebilde steuersubjektfähige Fonds angesehen werden.[389] Abkommensrechtlich hat die Steuersubjektfähigkeit nicht nur Bedeutung für die Abkommensberechtigung der ausländischen Fonds, sondern auch für die Einordnung der von dem Fonds erzielten und an den Anteilsinhaber weitergeleiteten

---

388 *Grotherr*, in Becker/Höppner/Grotherr/Kroppen, OECD-MA, Art. 23A/23B Rz. 19; *Tillmanns*, in Mössner u. a., Rz. B 489; *Kluge*, Rz. S 320. Strittig ist allerdings die Anwendung der Rechtsfolgeregelung des Art. 23A Abs. 3 OECD-MA im Ansässigkeitsstaat auf Einkünfte, die nach den Verteilungsnormen ausschließlich im Quellenstaat besteuert werden dürfen, vgl. *Wassermeyer*, in Debatin/Wassermeyer, OECD-MA, Art. 23A Rz. 4, 123 m. w. N.

389 Im Unternehmenssteuerrecht ist eine steuerlich transparente Gesellschaft dadurch gekennzeichnet, dass im Rahmen der Besteuerung nicht auf die Gesellschaft, sondern auf ihre Gesellschafter zurückgegriffen wird; *Jacobs* (Hrsg.), S. 556 f.; *Kluge*, Rz. N 305. Vgl. zur Begrifflichkeit im Zusammenhang mit der Abkommensberechtigung von Personengesellschaften *Prokisch*, in Vogel/Lehner, DBA, Art. 1 Rz. 17.

Erträge unter die abkommensrechtlichen Einkunftsarten i. S. der Art. 6-21 O-ECD-MA.[390]

Die nachfolgende Untersuchung unterteilt sich in drei Abschnitte. Es wird zwischen drei verschiedene Typen von Investmentfonds differenziert, die als ausländische Investmentvermögen i. S. des § 2 Abs. 8 InvG die Anwendbarkeit des InvStG auslösen können. Dazu gehören zum einen Personengesellschaften[391], zum anderen Kapitalgesellschaften und schließlich drittens nichtrechtsfähige Vermögensmassen entsprechend den inländischen Sondervermögen i. S. des § 30 InvG. Zur abkommensrechtlichen Beurteilung der nach dem InvStG zu versteuernden Investmenterträge wird davon ausgegangen, dass die Qualifikation des ausländischen Investmentfonds aus Sicht des deutschen Rechtsanwenders mit der Qualifikation des ausländischen Vertragsstaates übereinstimmt; Qualifikationskonflikte werden daher nicht näher betrachtet.

III. Ausländische Investmentfonds in der Rechtsform einer Personengesellschaft

1. Abkommensberechtigung des Investmentfonds

Die abkommensrechtliche Qualifikation der Einkünfte, die von einem inländischen Gesellschafter einer ausländischen Personengesellschaft erzielt werden, hängt auch davon ab, ob die Gesellschaft abkommensberechtigt ist. So ist insbesondere nur eine abkommensberechtigte Gesellschaft in der Lage, eine Dividende im abkommensrechtlichen Sinne an ihre Gesellschafter auszuschütten.[392]

Gem. Art. 1 OECD-MA gilt das Abkommen für Personen, die in zumindest einem der beiden Vertragsstaaten ansässig sind. Der Begriff „Person" umfasst nach der allgemeinen Begriffsbestimmung des Art. 3 Abs. 1 Buchst. a OECD-MA natürliche Personen, Gesellschaften und alle anderen Personenvereinigungen. „Gesellschaft" bedeutet gem. Art. 3 Abs. 1 Buchst. b OECD-MA „juristische Personen oder Rechtsträger, die für die Besteuerung wie juristische Personen behandelt werden". Personengesellschaften erfüllen als andere Personenver-

[390] Vgl. zur Einordnung von Unternehmensgewinnanteilen in die abkommensrechtlichen Einkunftsarten bei divergierender Subjektqualifikation *Kluge*, Rz. 86.

[391] Zu den in der Praxis anzutreffenden Investmentfonds in der Rechtsform der Personengesellschaft gehören insbesondere „Private-Equity-Fonds" des angelsächsischen Rechtskreises. Vgl. zur Anwendbarkeit des InvStG bzw. AuslInvestmG auf diese Fonds Kapitel 3, B., 4., c), S. 27 ff.; *Bünning*, FR 2002, 982 ff.; *Pfüller/Schmitt*, in Brinkhaus/Scherer, AuslInvestmG, § 1 Rz. 57; *Pfaar/Welke*, IWB, F. 3, Gr. 3, S. 1317, 1324 ff.

[392] Vgl. Art. 10 Abs. 3 OECD-MA.

einigungen zumindest die Voraussetzungen der Personeneigenschaft. Sie sind aber nur dann abkommensberechtigt, wenn sie auch das Ansässigkeitskriterium i. S. des Art. 4 Abs. 1 OECD-MA erfüllen. Art. 4 Abs. 1 OECD-MA versteht unter einer in einem Vertragsstaat ansässigen Person eine solche, die nach dem Recht dieses Staates dort aufgrund ihres Wohnsitzes, ihres ständigen Aufenthalts, des Ortes ihrer Geschäftsleitung oder eines anderen ähnlichen Merkmals steuerpflichtig ist. Aufgrund dieser ortsbezogenen Merkmale ist jedenfalls die unbeschränkte Steuerpflicht nach innerstaatlichem Steuerrecht ansässigkeitsbegründend.[393] Dies belegt der Normzusammenhang mit Art. 4 Abs. 1 S. 2 OECD-MA. Danach ist eine Person nicht in einem Vertragsstaat ansässig, wenn sie in diesem Staat lediglich mit Einkünften aus Quellen oder mit in diesem Staat gelegenem Vermögen steuerpflichtig ist. Die Vorschrift verdeutlicht, dass nur solche Steuerpflichtige als im Vertragsstaat ansässig gelten können, die dort mit ihrem Welteinkommen besteuert werden.[394] Zugleich dient die Anknüpfung an ein persönliches Merkmal gem. Art. 4 Abs. 1 S. 1 OECD-MA der Abgrenzung des Ansässigkeitsstaates vom Quellenstaat. Demnach ist der Ansässigkeitsstaat regelmäßig der Vertragsstaat, der eine umfassende Besteuerung des Steuerpflichtigen aufgrund der persönlichen Bindung zum eigenen Staat im Rahmen einer unbeschränkten Steuerpflicht beansprucht.[395]

Im vorliegenden Zusammenhang wird davon ausgegangen, dass neben dem deutschen Ansässigkeitsstaat des Anlegers auch der Quellenstaat, also der ausländische Sitzstaat der Personengesellschaft, dem Transparenzprinzip bei der steuerlichen Behandlung von Personengesellschaften folgt. Folglich sind die einzelnen inländischen Gesellschafter abkommensberechtigt, nicht hingegen die Gesellschaft, da diese das Merkmal einer in einem Vertragsstaat ansässigen Gesellschaft gem. Art. 4 Abs. 1 OECD-MA nicht erfüllt.[396]

---

393 *Debatin*, in Korn/Debatin, Systematik III, Rz. 22; *Wassermeyer*, in Debatin/Wassermeyer, OECD-MA, Art. 4 Rz. 25; *Schaumburg*, Rz. 16.164.

394 *Lehner*, in Vogel/Lehner, DBA, Art. 4 Rz. 25; *Wilke*, in Becker/Höppner/Grotherr/Kroppen, OECD-MA, Art. 4 Rz. 30; *Sutter*, in Gassner/Lang/Lechner, Personengesellschaften, S. 205, 218 f.

395 *Wassermeyer*, in Debatin/Wassermeyer, OECD-MA, Art. 1 Rz. 36.

396 *Prokisch*, in Vogel/Lehner, DBA, Art. 1 Rz. 25 ff. Während den Personengesellschaften nach dem OECD-MA keine Abkommensberechtigung zu gewähren ist, kann sich eine solche in Einzelfällen aus den von Deutschland abgeschlossenen DBA ergeben. So räumen einige DBA Personengesellschaften ausdrücklich die Abkommensberechtigung ein. Vgl. *Lehner*, in Vogel/Lehner, DBA, Art. 4 Rz. 61.

2. Abkommensrechtliche Behandlung der steuerpflichtigen Einkünfte

a) Ausgeschüttete Erträge

Wie bereits dargelegt, ist der Begriff der ausgeschütteten Erträge gem. § 1 Abs. 3 S. 1, § 2 Abs. 1 InvStG investmentsteuerspezifisch zu verstehen. Ausgeschüttete Erträge zählen daher auch bei ausländischen Personengesellschaften als Investmentfonds auf Seiten des inländischen Anteilsinhabers zu den steuerpflichtigen Einkünften, wenn es sich nicht um steuerfreie Erträge i. S. des § 2 Abs. 3 InvStG handelt.

aa) OECD-MA

Unter der Annahme einer fehlenden Abkommensberechtigung der Personengesellschaft wird diese abkommensrechtlich transparent behandelt. Die Folge ist eine originäre Betrachtung der Einkunftsquellen, aus denen die Gesellschaft ihre Einkünfte erzielt hat.[397] Damit wären die Einkünfte des ausländischen Investmentfonds unter die jeweiligen Einkunftsarten der Art. 6-21 OECD-MA einzuordnen, es sei denn, die Einkünfte unterlägen einem Betriebsstättenvorbehalt i. S. der Art. 10 Abs. 4, Art. 11 Abs. 4 bzw. Art. 12 Abs. 3 OECD-MA und wären einer ausländischen Betriebsstätte zuzurechnen.

Die ausgeschütteten Erträge aus Gesellschafts- bzw. Investmentanteilen an einer ausländischen Personengesellschaft könnten als Unternehmensgewinne gem. Art. 7 Abs. 1 OECD-MA zu behandeln sein, für die im ausländischen Sitzstaat des Investmentfonds eine Betriebsstätte unterhalten wird. In der Folge wären die Einkünfte als Betriebsstätteneinkünfte im Inland unter Progressionsvorbehalt grundsätzlich steuerfrei zu stellen, Art. 23A Abs. 3 OECD-MA.[398] Es ist zu untersuchen, ob und inwieweit ausländische Investmentfonds in der Rechtsform einer Personengesellschaft für ihre inländischen Gesellschafter eine Betriebsstätte begründen, welcher die aus den Investmentanteilen erzielten Einkünfte zuzurechnen sind.

aaa) Unternehmensgewinne, Art. 7 Abs. 1 OECD-MA

Art. 7 Abs. 1 OECD-MA beinhaltet das sogenannte Betriebsstättenprinzip und besagt, dass die Gewinne eines Unternehmens eines Vertragsstaates nur in diesem Staat besteuert werden können, es sei denn, das Unternehmen übt seine Tä-

[397] *Wolf Wassermeyer*, IStR 2001, 193, 200.
[398] In diesem Sinne *Wolf Wassermeyer*, IStR 2001, 193, 200; *Fock*, RIW 2003, 118, 131; *Herbst/Brehm*, IWB, Gr. 2, S. 561, 565.

tigkeit im anderen Vertragsstaat durch eine dort gelegene Betriebstätte aus.[399] Übt das Unternehmen seine Tätigkeit auf diese Weise aus, können die Gewinne des Unternehmens gem. Art. 7 Abs. 1 S. 2 OECD-MA im anderen Staat, also im Betriebsstättenstaat besteuert werden, soweit sie der Betriebstätte zuzurechnen sind.

In Bezug auf ausländische Investmentfonds in der Rechtsform der Personengesellschaft ist festzustellen, dass der steuerlich transparente Fonds selbst nicht die Voraussetzungen an ein „Unternehmen eines Vertragsstaates" gem. Art. 7 Abs. 1 S. 1 i. V. mit Art. 3 Abs. 1 Buchst. d OECD-MA erfüllt, da es sich bei diesem nicht um eine in diesem Vertragsstaat ansässige Person handelt. Aufgrund der steuerlichen Transparenz der Personengesellschaft ist sie jedenfalls nicht ansässig i. S. des Art. 4 Abs. 1 OECD-MA und genießt keinen DBA-Schutz. Indes könnte der inländische Anteilsinhaber als Unternehmen im abkommensrechtlichen Sinne zu behandeln sein, welches im Sitzstaat des Investmentfonds über eine Betriebsstätte verfügt. Nach ständiger Rechtsprechung[400] und herrschender Literaturmeinung[401] begründet die Beteiligung an einer gewerblich tätigen Personengesellschaft im Ansässigkeitsstaat des Unternehmers ein Unternehmen nach Art. 7 Abs. 1 OECD-MA, für das im Sitz- bzw. Geschäftstätigkeitsstaat der Gesellschaft durch diese selbst eine Betriebsstätte i. S. des Art. 5 OECD-MA unterhalten wird. Die Subsumtion der Einkünfte des Gesellschafters und Anteilseigners unter die Unternehmensgewinne begegnet jedoch systematischen Zweifeln; im Folgenden soll daher zunächst der abkommensrechtliche Unternehmensbegriff näher betrachtet werden.

(1) Abkommensrechtlicher Unternehmensbegriff

Der Ausdruck „Unternehmen" ist in Art. 3 Abs. 1 Buchst. c OECD-MA definiert als „Ausübung einer Geschäftstätigkeit". Der Kommentar zum OECD-MA geht davon aus, dass der Ausdruck bisher nach dem innerstaatlichen Recht der Vertragsstaaten beurteilt wurde und in seinen Einzelheiten weiterhin nach die-

---

[399] *Wassermeyer*, in Debatin/Wassermeyer, OECD-MA, Art. 7 Rz. 2; *Kluge*, Rz. S 53; *Jacobs* (Hrsg.), S. 584; *Hemmelrath*, in Vogel/Lehner, DBA, Art. 7 Rz. 3, weist zutreffend darauf hin, dass Art. 7 OECD-MA genau genommen ein „Wohnsitz- und Betriebsstättenprinzip" zu Grunde liegt.

[400] Seit BFH, BStBl III 1964, 165; BStBl. II 1988, 5; BStBl. II 1992, 937.

[401] *Debatin*, BB 1992, 1181, 1183; *ders.*, DB 1978, 2437, 2439 f.; *Wassermeyer*, in Debatin/Wassermeyer, OECD-MA, Art. 7 Rz. 66; *Kluge*, Rz. S 74; *Jacobs* (Hrsg.), S. 573; *Buciek*, in Flick/Wassermeyer/Wingert/Kempermann, DBA-Schweiz, Art. 7 Rz. 184; *Greif*, in Mössner u. a., Rz. E 25.

sem zu beurteilen ist.[402] Damit widerspricht der OECD-Musterkommentar der teilweise vertretenen Lehrmeinung, wonach der Unternehmensbegriff in seiner gemeineuropäischen Herkunft aus dem Abkommenszusammenhang auszulegen sei.[403] Nach überzeugender Auffassung ist der Unternehmensbegriff, ausgehend von der weitgefassten Definition des Art. 3 Abs. 1 Buchst. c OECD-MA, nach dem Recht des Anwenderstaates gem. Art. 3 Abs. 2 OECD-MA auszulegen, um ein klares Begriffsverständnis auch in Randbereichen zu Grunde zu legen.[404] Dabei ist jedoch das umgekehrte Subsidiaritätsprinzip der DBA-Einkunftskategorien zu berücksichtigen.[405] Während das deutsche innerstaatliche Steuerrecht auf der Subsidiarität der drei letzten Einkunftsarten gegenüber den drei ersten aufbaut, soweit Einkünfte innerhalb eines Betriebes erzielt werden[406], gilt im Abkommensrecht das Prinzip des Vorrangs der spezielleren Einkunftsart; insbesondere sind die Abkommensvorschriften über Dividenden, Zinsen und Lizenzgebühren auch dann anzuwenden, wenn die betreffenden Einkünfte im Rahmen eines gewerblichen Unternehmens erzielt werden.[407] Dieser Spezialitätsgrundsatz ist in Art. 7 Abs. 7 OECD-MA verankert. Nach dieser Vorschrift wird den speziellen Verteilungsnormen der Vorrang gegenüber dem Unternehmensgewinnartikel eingeräumt, wenn die betreffenden Einkünfte in den anderen Abkommensartikeln behandelt werden. Eine Ausnahme gilt bei Anwendung des sogenannten Betriebsstättenvorbehalts gem. Art. 10 Abs. 4, Art. 11 Abs. 4 und Art. 12 Abs. 3 OECD-MA.[408] Im Ergebnis sind Einkünfte, die wegen des im nationalen Steuerrecht verankerten Subsidiaritätsprinzips als gewerbliche einzuordnen sind, auf der Abkommensebene nicht notwendigerweise Unternehmensgewinne.[409]

---

402 Art. 3 Nr. 4 OECD-MK.

403 Vgl. *Hemmelrath*, in Vogel/Lehner, DBA, Art. 7 Rz. 30.

404 *Wassermeyer*, in Debatin/Wassermeyer, OECD-MA, Art. 7 Rz. 16 f.; *Piltz*, S. 150; *ders.*, in Debatin/Wassermeyer, OECD-MA, Art. 7 Rz. 73; *Schaumburg*, Rz. 16.228 ff.; *Buciek*, in Flick/Wassermeyer/Wingert/Kempermann, DBA-Schweiz, Art. 7 Rz. 22; *Hemmelrath*, in Vogel/Lehner, DBA, Art. 7 Rz. 21;.

405 *Wassermeyer*, in Debatin/Wassermeyer, OECD-MA, Art. 7 Rz. 394; *Hemmelrath*, in Vogel/Lehner, DBA, Art. 7 Rz. 170.

406 Vgl. § 22 Nr. 1, 3, § 21 Abs. 3, § 20 Abs. 3 EStG mit Ausnahme von § 22 Nr. 2 i. V. m. § 23 Abs. 2 S. 2 EStG.

407 *Hemmelrath*, in Vogel/Lehner, DBA, Art. 7 Rz. Rz. 172; *Henkel*, in Becker/Höppner/Grotherr/Kroppen, Grundlagen, Auslegung der DBA, Rz. 84.

408 *Hemmelrath*, in Vogel/Lehner, DBA, Art. 7 Rz. 167.

409 *Wassermeyer*, in Debatin/Wassermeyer, OECD-MA, Art. 7 Rz. 16a.

Andererseits ist dem OECD-MA entsprechend dem innerstaatlichen Steuerrecht eine Abgrenzung gewerblicher Einkünfte von solchen aus bloßer Vermögensverwaltung zumindest andeutungsweise zu entnehmen. So legt die Definition eines Unternehmens i. S. des Art. 3 Abs. 1 Buchst. c OECD-MA nahe, dass ein Unternehmen durch eine gewisse Geschäftstätigkeit gekennzeichnet sein muss. Gem. Art. 3 Abs. 1 Buchst. h OECD-MA schließt der Ausdruck die Ausübung einer freiberuflichen oder sonstigen selbständigen Tätigkeit ein. Der allgemeine Sprachgebrauch widerstrebt der Subsumtion einer bloßen Verwaltung eigenen Vermögens unter das Verständnis einer ausgeübten Geschäftstätigkeit. Bei den aus Vermögensverwaltung erzielten Einkünften aus der Nutzungsüberlassung von Vermögen steht die passive Nutzung durch das Ziehen von Früchten im Vordergrund.[410] Dennoch bedarf der Unternehmensbegriff mangels näherer abkommensrechtlicher Definition und Anhaltspunkten aus dem Sinnzusammenhang des Abkommens an dieser Stelle einer Auslegung nach dem nationalen Recht des Anwenderstaates. Im Grundsatz ist dabei auf die Generalklausel des § 15 Abs. 2 EStG zurückzugreifen und eine gewerbliche Betätigung der Gesellschaft vorauszusetzen, die über eine private Vermögensverwaltung hinausgeht.[411] Ein Unternehmen i. S. der Art. 7 Abs. 1, Art. 3 Abs. 1 Buchst. c OECD-MA erfordert mithin eine selbständige, nachhaltige und mit Gewinnerzielungsabsicht unternommene Tätigkeit, die am allgemeinen wirtschaftlichen Verkehr teilnimmt und weder als Land- und Forstwirtschaft noch als private Vermögensverwaltung einzustufen ist.[412]

(2) Anwendung des Betriebsstättenprinzips

Es bleibt zu untersuchen, ob der inländische Gesellschafter und Anteilsinhaber als „Unternehmen eines Vertragsstaates“ gem. Art. 7 Abs. 1 S. 1 OECD-MA einzuordnen ist, welches seine Geschäftstätigkeit im anderen Vertragsstaat durch eine dort gelegene Betriebsstätte ausübt. Von einer eigenen, geschweige denn gewerblichen Tätigkeit, die sich auf den ausländischen Sitzstaat des Fonds

---

410 *Gassner/Konezny*, in Gassner/Lang/Lechner, Personengesellschaften, S. 235, 242 f.

411 *Wassermeyer*, in Debatin/Wassermeyer, OECD-MA, Art. 7 Rz. 16a; *Lutz Fischer*, in FS Vogel, S. 963, 981; ähnlich *Piltz*, S. 150.

412 *Hemmelrath*, in Vogel/Lehner, DBA, Art. 7 Rz. 33; *Kroppen*, in Becker/Höppner/Grotherr/Kroppen, OECD-MA, Art. 7 Rz. 43. Abweichend von § 15 Abs. 2 EStG ist eine freiberufliche Tätigkeit ebenfalls als ein „Unternehmen“ zu klassifizieren, nachdem Art. 14 OECD-MA a. F. aufgehoben und in Art. 7 OECD-MA integriert wurde. Vgl. Art. 3 Abs. 1 Buchst. c, h OECD-MA.

erstreckt, kann nicht ohne weiteres ausgegangen werden. Diese Zweifel werden durch die Abkommensdefinition des Art. 3 Abs. 1 Buchst. d OECD-MA verstärkt, wonach der Ausdruck „Unternehmen eines Vertragsstaats" ein Unternehmen voraussetzt, das von einer in einem Vertragsstaat ansässigen Person betrieben wird. Die Begriffsdefinition unter Verwendung des Ausdrucks, ein Unternehmen zu „betreiben", lässt sich mit dem Verständnis eines Unternehmens in der Person jedes einzelnen Gesellschafters kaum in Einklang bringen. Zwar ist die Zuordnung des Unternehmens als reiner Tätigkeitsbegriff zu einem Rechtssubjekt, dem Unternehmer, aus den Abkommensvorschriften der Art. 7 Abs. 1, Art. 3 Abs. 1 Buchst. c, d OECD-MA herzuleiten. Es ist jedoch fragwürdig, ob auch ein nicht in dem Sitz- oder Geschäftsleitungsstaat der Personengesellschaft ansässiger Gesellschafter ein Unternehmen „betreiben" kann.[413]

(a) Begründungsansatz der herrschenden Meinung

Der BFH begründete die Gleichsetzung eines bloßen Anteils eines Gesellschafters an der Personengesellschaft mit einem Unternehmen i. S. des Art. 7 Abs. 1 S. 1 OECD-MA unter Rückgriff auf die frühere Bilanzbündeltheorie.[414] Diese verstand die Bilanz einer Personengesellschaft als die Summe von Einzelbilanzen aller Gesellschafter, „wie wenn der einzelne Gesellschafter den Betrieb der Gesellschaft in dem seinem Anteil entsprechenden Umfang als eigenen Betrieb führen würde".[415] Nach Aufgabe der Bilanzbündeltheorie[416] sah sich der BFH einem neuen Begründungszwang ausgesetzt. Er berief sich fortan auf den Zweck des abkommensrechtlichen Betriebsstättenbegriffs, welcher in der Zuordnung des Besteuerungsrechtes an den einen oder an den anderen Vertragsstaat zu sehen sei.[417] Im Ergebnis wandte der BFH Art. 7 Abs. 1 OECD-MA sinngemäß

---

[413] Zweifelnd auch *Knobbe-Keuk*, RIW 1991, 306, 308.
[414] BFH, BStBl. III 1964, 165, 166; vgl. auch *Debatin*, DB 1978, 2437, 2440; *L. Schmidt*, EStG, § 15 Rz. 162.
[415] *Becker*, S. 102 f.
[416] BFH, BStBl. II 1984, 751, 764.
[417] BFH, BStBl. II 1992, 937, 938.

auf die Konstellation der Personengesellschafts-Betriebsstätte an.[418] Dieses Ergebnis wird heute von der überwiegenden Literatur geteilt.[419]

(b) Begründungsansätze im Schrifttum

Piltz schlägt vor, die aus dem Abkommenswortlaut herrührenden Zweifel dadurch auszuräumen, dass die Ausgestaltung des Unternehmensbegriffs durch den deutschen Anwenderstaat herangezogen wird.[420] Die anerkannten Kriterien der Mitunternehmerschaft wie Beteiligung am Anlagevermögen, an den stillen Reserven oder am Gewinn und Verlust rechtfertigten die Schlußfolgerung, dass ein Gesellschafter das Unternehmen auch „betreibe“. Nach Auffassung von *Knobbe-Keuk* ist Art. 7 Abs. 1 OECD-MA hingegen aus den oben genannten Gründen unmittelbar nicht einschlägig. Jedoch erkennt sie eine international übereinstimmende Übung an, in Ergänzung der Abkommensregelung über die Unternehmensgewinne die Beteiligung einer in einem Vertragsstaat ansässigen Person an einer ein Unternehmen betreibenden Personengesellschaft des anderen Vertragsstaates „wie eine Betriebstätte“ dieser Person zu behandeln.[421]

(c) Stellungnahme

Inwieweit sich die Staatenpraxis zu einem Völkergewohnheitsrecht verdichtet hat, bedarf meines Erachtens keiner näheren Untersuchung, da auch eine nur entsprechende Anwendung des Art. 7 Abs. 1 OECD-MA geeignet ist, sich über die Schwierigkeiten der einzelnen Tatbestandsmerkmale hinwegzusetzen. Die Anwendung des Betriebsstättenprinzips auf die Beteiligung an einer gewerblich tätigen Personengesellschaft ist auch im Ergebnis zu befürworten, weil der Gewinn des von der Personengesellschaft betriebenen Unternehmens insoweit übereinstimmend mit den abkommensrechtlichen Vorgaben des Art. 3 Abs. 1 Buchst. d OECD-MA bei den Gesellschaftern und nicht bei dem Unternehmens-

---

[418] BFH, BStBl. II 1992, 937, 939: „Die Eigenschaft eines Unternehmens in der Schweiz setzt also keine unternehmerische Tätigkeit in der Schweiz voraus. Es muß nur der Unternehmer in der Schweiz ansässig sein. Ein ‚schweizerisches Unternehmen‘ im Sinne des DBA-Schweiz ist deshalb auch dann anzunehmen, wenn eine nur in der Schweiz ansässige Person ihren gesamten Betrieb ausschließlich in der Bundesrepublik hält. In diesem Fall gilt der Betrieb in der Bundesrepublik als Betriebsstätte des ‚schweizerischen Unternehmens‘.“

[419] *Schaumburg*, Rz. 16.238; *Görl*, in Vogel/Lehner, DBA, Art. 5 Rz. 18; *Hemmelrath*, in Vogel/Lehner, DBA, Art. 7 Rz. 37; *Wassermeyer*, in Debatin/Wassermeyer, OECD-MA, Art. 5 Rz. 44; *Piltz*, in Debatin/Wassermeyer, OECD-MA, Art. 7 Rz. 66; *Buciek*, in Flick/Wassermeyer/Wingert/Kempermann, DBA-Schweiz, Art. 7 Rz. 68; *Debatin*, BB 1992, 1181, 1182 f.; *Greif*, in Mössner u. a., Rz. E 25; krit. *Kluge*, Rz. S 74 f.

[420] *Piltz*, S. 153.

[421] *Knobbe-Keuk*, RIW 1991, 306, 308; ähnlich *Kluge*, Rz. S 74.

träger besteuert wird. Zugleich wird das in Art. 7 OECD-MA verankerte Prinzip verwirklicht, wonach Unternehmensgewinne in dem Vertragsstaat besteuert werden, wo sie erwirtschaftet werden.[422] Ferner wird der übereinstimmenden Praxis der Vertragsstaaten Rechnung getragen, welche das Betriebsstättenprinzip auf sämtliche Gewinnanteile der in einem Vertragsstaat ansässigen Gesellschafter anwendet.[423] Diese Auslegung setzt aber die uneingeschränkte Geltung des Betriebsstättenprinzips voraus, welches sich durch neuerdings divergierende Auffassungen über die Reichweite des Betriebsstättenvorbehalts einer Aushöhlung ausgesetzt sieht.[424]

(3) Abgrenzung gewerblicher von vermögensverwaltenden Investmentfonds

Abkommensrechtlich ist aus Gründen der Einkunftsqualifikation zwischen vermögensverwaltenden und gewerblich tätigen Investmentfonds in der Rechtsform der Personengesellschaft zu unterscheiden.[425] Handelt es sich bei dem ausländischen Investmentfonds um eine gewerbliche Personengesellschaft, begründet die Beteiligung des inländischen Gesellschafters und Anteilsinhabers eine Betriebsstätte gem. Art. 5 Abs. 1 OECD-MA im ausländischen Sitzstaat der Gesellschaft. Die ausgeschütteten Erträge können als anteiliger Betriebsstättengewinn im Ausland gem. Art. 7 Abs. 1 S. 2 OECD-MA besteuert werden, soweit sie der Betriebsstätte zuzurechnen sind; im Inland sind die Erträge im Grundsatz nach Art. 23A Abs. 1 OECD-MA von der Besteuerung freizustellen.

Beschränkt sich die Tätigkeit des Investmentfonds auf eine bloße Vermögensverwaltung, betreibt der inländische Anteilsinhaber weder ein Unternehmen, noch wird im ausländischen Sitzstaat des Fonds eine Betriebsstätte begründet. Der Unternehmensgewinnartikel findet keine Anwendung.[426] Vielmehr ist auf

---

[422] *Knobbe-Keuk*, RIW 1991, 306, 308. Vgl. auch *Schaumburg*, Rz. 16.234, zur abkommensrechtlichen Wertentscheidung des Betriebsstättenprinzips für die Verteilung des Steueraufkommens. Die unternehmerische Tätigkeit solle erst dann von einem ausländischen Staat zum Anknüpfungspunkt für eine Besteuerung gemacht werden, wenn sie zu einer intensiven geschäftlichen Bindung an diesen Staat geführt habe.

[423] *Jacobs* (Hrsg.), S. 573.

[424] Vgl. zuletzt *Kleineidam*, IStR 2004, 1 ff. m. w. N.

[425] *Brinkhaus/Schmitt*, in Brinkhaus/Scherer, AuslInvestmG, Vor §§ 16-20 Rz. 61; *Fock*, RIW 2003, 118, 131; *Herbst/Brehm*, IWB, Gr. 2, S. 561, 565; *Bünning*, FR 2002, 982, 987; allgemein *Piltz*, S. 78; *Kluge*, Rz. S 77.

[426] *Hemmelrath*, in Vogel/Lehner, DBA, Art. 7 Rz. 57; *Wassermeyer*, in Debatin/Wassermeyer, OECD-MA, Art. 7 Rz. 16a; *Piltz*, in Debatin/Wassermeyer, OECD-MA, Art. 7 Rz. 88; *Kroppen*, in Becker/Höppner/Grotherr/Kroppen, OECD-MA, Art. 7 Rz. 46; *Schaumburg*, Rz. 16.230.

die einzelnen Einkunftsquellen des Ausschüttungsbetrages zurückzugreifen und eine Einordnung unter die speziellen abkommensrechtlichen Einkunftsarten vorzunehmen. Dazu gehören insbesondere Art. 6, Art. 10, Art. 11 und Art. 21 OECD-MA. Einkünfte aus der Nutzung unbeweglichen Vermögens eines ausländischen Immobilienfonds können nach dem sogenannten Belegenheitsprinzip[427] gem. Art. 6 Abs. 1 OECD-MA im ausländischen Vertragsstaat besteuert werden, sofern das Vermögen dort belegen ist.[428] Der Vorrang des Belegenheitsprinzips gilt gem. Art. 6 Abs. 4 OECD-MA auch für Einkünfte, die der Steuerpflichtige aus der Nutzung unbeweglichen Vermögens bezieht, das einer Betriebsstätte im anderen Vertragsstaat zugeordnet ist.[429] Im Inland sind die ausgeschütteten Erträge entweder nach Art. 23A Abs. 1 OECD-MA von der Besteuerung freizustellen, oder es erfolgt eine Steueranrechnung nach Art. 23B OECD-MA.

Nicht gefolgt werden kann einer im Schrifttum vertretenen Auffassung, wonach das abkommensrechtliche Schachtelprivileg für Dividenden, die eine ausländische, vermögensverwaltende Personengesellschaft aus ihrer Beteiligung an Kapitalgesellschaften erzielt, regelmäßig auf alle Investmenterträge der inländischen Gesellschafter durchschlägt.[430] Zur Begründung berufen sich die Autoren auf die Auffassung der Finanzverwaltung, welche die thesaurierten Erträge ausländischer Anteilsinhaber an inländischen Sondervermögen unter Art. 10 OECD-MA einordnet.[431] Da der ausländische, steuerlich transparente Fonds jedoch nicht die Merkmale einer im ausländischen Vertragsstaat ansässigen Gesellschaft aufweist, können die Ausschüttungen grundsätzlich nicht als Dividenden im abkommensrechtlichen Sinne behandelt werden. Der Dividendenartikel findet lediglich dann Anwendung, soweit die Investmenterträge ihrerseits aus entsprechenden Einkunftsquellen stammen, wie etwa Beteiligungserträge aus Kapitalgesellschaften.[432]

Die Abgrenzung der vermögensverwaltenden von der gewerblichen Tätigkeit ist im innerstaatlichen Steuerrecht vor allem im Bereich des Grundstücks- und

---

427 *Schaumburg*, Rz. 16.212; *Kluge*, Rz. S 40; *Mössner*, in Mössner u. a., Rz. B 71.

428 *Fock*, RIW 2003, 118, 130; *Brinkhaus/Schmitt*, in Brinkhaus/Scherer, AuslInvestmG, Vor §§ 16-20 Rz. 61; *Reimer*, in Vogel/Lehner, DBA, Art. 6 Rz. 27; *Wassermeyer*, in Debatin/Wassermeyer, OECD-MA, Art. 6 Rz. 39; a. A. *Scholtz*, in Beckmann/Scholtz, AuslInvestmG, § 17 Rz. 30.

429 Vgl. *Reimer*, in Vogel/Lehner, DBA, Art. 6 Rz. 206.

430 *Stoschek/Lauermann*, FB 2002, 675, 679.

431 BMF, BStBl. I 1998, 367.

432 *Wolf Wassermeyer*, IStR 2001, 193, 200.

Wertpapierhandels von Bedeutung. Diese Tätigkeitsbereiche sind wiederum kennzeichnend für die Tätigkeit ausländischer Investmentfonds. Da der abkommensrechtliche Unternehmensbegriff, wie bereits dargelegt, weitgehend nach dem Recht des Anwenderstaates auszulegen ist, ist auf die im nationalen Steuerrecht bestehenden Grundsätze zurückzugreifen.

(a) Rechtsprechungsgrundsätze zum gewerblichen Grundstücks- und Wertpapierhandel

Nach innerstaatlichem Steuerrecht ist die Vermögensverwaltung ein ungeschriebenes, negatives Tatbestandsmerkmal des Gewerbebetriebs i. S. des § 15 Abs. 2 EStG.[433] Die ständige Rechtsprechung trennt die Tätigkeitsbereiche nach dem Gesamtbild der Verhältnisse und der allgemeinen Verkehrsanschauung.[434] Die Grenze von der privaten Vermögensverwaltung zum Gewerbebetrieb werde überschritten, wenn die Ausnutzung substantieller Vermögenswerte durch Umschichtung gegenüber der Nutzung von Vermögen im Sinne einer Fruchtziehung aus zu erhaltenden Substanzwerten entscheidend in den Vordergrund trete.[435] Zwecks Zuordnung zum Bild des Gewerbebetriebes, worunter im Kern die unternehmerische Betätigung des Händlers, des Produzenten und des Dienstleisters verstanden wird[436], stellt die Rechtsprechung auf Beweisanzeichen ab, die auf eine dem Gleichheitsgrundsatz gerecht werdende Rechtsanwendung gerichtet sind.

In Bezug auf Grundstücksgeschäfte einer natürlichen Person, eines Einzelunternehmers oder einer Personengesellschaft hat der BFH die sogenannte Drei-Objekt-Grenze entwickelt.[437] Danach wird eine gewerbliche Tätigkeit vermutet, wenn ein Steuerpflichtiger mehr als drei Objekte veräußert und sowohl zwischen Erwerb und Veräußerung als auch zwischen den einzelnen Veräußerungen ein enger zeitlicher Zusammenhang besteht, in der Regel nicht mehr als fünf Jahre.[438] Zur Beurteilung der Gewerblichkeit einer Personengesellschaft sind die Veräußerungen der Gesellschaft sowie die Veräußerungsvorgänge innerhalb der

---

433 *Weber-Grellet*, in L. Schmidt, EStG, § 15 Rz. 47; *Markl*, in Lademann, EStG, § 15 Rz. 69.
434 BFH, GrS, BStBl. II 2002, 291, 292.
435 BFH, BStBl. II 1988, 244, 245.
436 BFH, BStBl. II 1996, 303, 305.
437 BFH, BStBl. II 1988, 244.
438 BFH, BStBl. II 1988, 244, 245; BFH, GrS, BStBl. II 2002, 291, 293. Die Vermutung kann durch den Steuerpflichtigen widerlegt werden. Vgl. dazu *Carlé*, KÖSDI 2003, 13653, 13654.

Mitunternehmerschaft zu berücksichtigen.[439] Die zum gewerblichen Grundstückshandel entwickelten Grundsätze werden auch für die Beurteilung des An- und Verkaufs von Wertpapieren herangezogen.[440] Die Rechtsprechung berücksichtigt jedoch die Besonderheiten der gehandelten Wirtschaftsgüter. Die Vermögensanlage in Wertpapiere bringt es demnach mit sich, dass bei deren kurzfristigem Umschlag die Fruchtziehung nicht notwendigerweise im Zufluss von Dividenden besteht, sondern vielmehr aus der Kursentwicklung ein Ertrag erwartet wird. Selbst mit einem häufigen Umschlag von Wertpapieren wird der Bereich der privaten Vermögensverwaltung regelmäßig nicht verlassen.[441] Nur in besonderen Fällen soll der An- und Verkauf von Wertpapieren die Grenze zur gewerblichen Tätigkeit überschreiten.[442] Typisierend wird auf das händlertypische Auftreten des Steuerpflichtigen abgestellt. Als Beweisanzeichen werden der Umfang der Geschäfte, das Unterhalten eines Büros oder einer Organisation zur Durchführung von Geschäften, das Ausnutzen eines Marktes unter Einsatz beruflicher Erfahrungen, das Anbieten von Wertpapiergeschäften gegenüber einer breiten Öffentlichkeit und andere für eine private Vermögensverwaltung ungewöhnliche Verhaltensweisen angesehen.[443] Andererseits soll der händlertypische Umschlag von Waren, das Tätigwerden auf fremde Rechnung nach Art von Finanzkommissionsgeschäften oder anderer Wertpapierdienstleistungen sowie Verhaltensweisen, die in vergleichbarer Weise der Vermögensverwaltung fremd sind, zu gewerblichen Einkünften führen.

Nach diesen Grundsätzen wird die Tätigkeit einer Personengesellschaft, die als ausländisches Investmentvermögen gem. § 2 Abs. 8 InvG Gesellschafts- bzw. Investmentanteile Dritten gegenüber vermittelt, regelmäßig einen gewerblichen Grundstücks- oder Wertpapierhandel begründen. Im Falle grundstücksverwaltender Investmentfonds ergibt sich die Gewerblichkeit jedoch nicht zwangsläufig aus der erforderlichen Risikomischung des Gesellschaftsvermögens, welches nach herrschender Meinung bei mindestens vier Objekten verwirklicht ist.[444] Die

---

439 FG Düsseldorf, DStRE 2000, 1019.
440 BFH, BStBl. II 1997, 399, 401 f.
441 St. Rspr., BFH, BStBl. II 1968, 775, 777; BStBl. II 1971, 620, 621; BStBl. II 1973, 260; BStBl. II 1980, 389, 391; BStBl. II 1991, 631, 632 f.
442 Diese restriktive Ansicht spiegelt sich bereits in der Judikatur des RFH wider, vgl. RFH, RStBl. 1935, 5, 6.
443 BFH, BStBl. II 1980, 389; BStBl. II 1984, 132, 135; BStBl. II 1991, 66.
444 Vgl. Kapitel 3, B., III., S. 35.

zur Beurteilung der Gewerblichkeit heranzuziehende Drei-Objekt-Grenze bezieht sich vielmehr auf die Veräußerung von mindestens vier Objekten innerhalb eines Zeitraums von fünf Jahren. Eine derartige Verkaufstätigkeit dürfte zumindest bei geschlossenen Immobilienfonds, die mehr als drei Objekte im Gesellschaftsvermögen halten, in der Praxis kaum anzutreffen sein.[445] Indizien eines Gewerbebetriebs sind vielmehr der Einsatz einer Büroorganisation im ausländischen Sitzstaat der Gesellschaft, die Tätigkeit von fachlich qualifizierten Fondsmanagern sowie der An- und Verkauf von Immobilien, Wertpapieren oder anderen Vermögensgegenständen i. S. des § 2 Abs. 4 InvG auf Rechnung der am Gesellschaftsvermögen beteiligten Anleger. Die Erfüllung dieser Merkmale vorausgesetzt, genügt eine Kommanditistenstellung des deutschen Gesellschafters, um ein Unternehmen i. S. des Art. 7 Abs. 1 OECD-MA zu begründen, für das im Sitzstaat der Gesellschaft eine Betriebsstätte unterhalten wird.

(b) Auffassung der Finanzverwaltung

Die Betriebsstätten-Verwaltungsgrundsätze des Bundesministeriums der Finanzen vom 24.12.1999 enthalten keine Kriterien zur Abgrenzung von gewerblichen und vermögensverwaltenden ausländischen Personengesellschaften.[446] In einem neueren Schreiben zur einkommensteuerlichen Behandlung sogenannter „Venture-Capital- und Private-Equity-Fonds" werden hingegen typisierende Merkmale bestimmt, welche zur Trennung gewerblich tätiger von vermögensverwaltenden Fondsgesellschaften herangezogen werden.[447] Das BMF legt dabei den Sachverhalt zugrunde, dass der Fonds, welcher Beteiligungen an in- oder ausländischen Kapitalgesellschaften, sogenannte Portfoliogesellschaften, hält, in Form einer nicht gewerblich geprägten GmbH & Co. KG gegründet wird.[448] Inländische und ausländische private sowie institutionelle Investoren beteiligten sich als Kommanditisten an der Fonds-KG. Deren Tätigkeit bestehe im Erwerb von Beteiligungen an den zu finanzierenden Unternehmen, dem Einziehen von

---

[445] Vgl. zur zivilrechtlichen Ausgestaltung geschlossener Immobilienfonds und ihrer Besteuerung im Einzelnen *Baur*, KAGG, Einl. I, Rz. 30 ff.

[446] Vgl. BMF, BStBl. I 1999, 1076, Tz. 1.1.5.1.

[447] BMF, Schreiben vom 16.12.2003, BStBl. I 2004, 40. Vgl. zur amtlichen Terminologie auch BAKred, Schreiben vom 07.12.2001, abgedruckt in Beckmann/Scholtz/Vollmer, Schreiben des BAKred zum AuslInvestmG, Nr. 38, S. 91.

[448] BMF, BStBl. I 2004, 40, Tz. 1, 2. Aufgrund des Typenzwangs inländischer Investmentfonds i. S. des § 1 Abs. 1 Nr. 1 InvStG i. V. m. § 1 S. 1 Nr. 1 InvG käme lediglich für ausländische „Venture-Capital- und Private-Equity-Fonds", die als Personengesellschaft ausgestaltet sind, die Anwendung des InvStG in Betracht. Das Schreiben des BMF untersucht diese Frage jedoch nicht näher.

Dividenden und Zinsen und der anschließenden Veräußerung der Beteiligungen mit erheblichen Wertsteigerungen. Diese Veräußerung erfolge durchschnittlich drei bis fünf Jahre nach Erwerb der Gesellschaftsbeteiligung.[449]

Das BMF greift zur steuerrechtlichen Beurteilung der Tätigkeit des Fonds auf die ständige Rechtsprechung des BFH zurück, wonach eine private Vermögensverwaltung dann vorliege, wenn sich die Betätigung noch als Nutzung von Vermögen im Sinne einer Fruchtziehung aus zu erhaltenen Substanzwerten darstelle und die Ausnutzung substanzieller Vermögenswerte durch Umschichtung nicht entscheidend in den Vordergrund trete.[450] Als Beweisanzeichen eines gewerblichen Wertpapierhandels führt das BMF den Einsatz von Bankkrediten statt der Anlage von Eigenkapital an, die Unterhaltung eines Büros oder einer Organisation zur Durchführung von Geschäften, die Ausnutzung eines Marktes unter Einsatz beruflicher Erfahrung, das Anbieten von Wertpapiergeschäften einer breiten Öffentlichkeit gegenüber, Wertpapiergeschäfte auf Rechnung Dritter und schließlich ein eigenes unternehmerisches Tätigwerden in den Portfoliogesellschaften.[451] Diese Beweisanzeichen einer Gewerblichkeit des Fonds seien nach dem Gesamtbild der Fondstätigkeit zu würdigen. Entgegen der von der Rechtsprechung zum gewerblichen Wertpapierhandel vertretenen Ansicht, wonach eine Fremdfinanzierung von Wertpapiergeschäften selbst in nennenswertem Umfang diese nicht als gewerblich prägt[452], soll eine Fremdfinanzierung der Beteiligungsgeschäfte des Fonds für einen gewerblichen Warenumschlag der Beteiligungen und damit für ein händlertypisches Verhalten sprechen, da die Zielsetzung von Beteiligungsfonds üblicherweise auf den Erwerb von Anteilen an Kapitalgesellschaften aus Eigenmitteln gerichtet sei.[453] Demgegenüber soll das Unterhalten eines eigenen Büros unter Einsatz von Beschäftigten in geringem Umfang unschädlich sein, wenn damit nicht das Ausmaß dessen überstiegen wird, was bei einem privaten Großvermögen üblich sei.[454] Biete die Fondsgesellschaft die Beteiligungen an den Kapitalgesellschaften keiner breiten Öffentlichkeit gegenüber an, liege keine Teilnahme am allgemeinen wirtschaftlichen

---

449 BMF, BStBl. I 2004, 40, Tz. 4.
450 BMF, BStBl. I 2004, 40, Tz. 6, unter Hinweis auf BFH, BStBl. II 1980, 389; BStBl. II 1999, 448.
451 BMF, BStBl. I 2004, 40, 41, Tz. 7.
452 BFH, BStBl. II 1999, 448, 449 f.; BStBl. II 2001, 706, 709.
453 BMF, BStBl. I 2004, 40, 41, Tz. 9.
454 BMF, BStBl. I 2004, 40, 41, Tz. 11.

Verkehr vor. Als Indiz für Gewerblichkeit des Fonds sieht das BMF indes eine kurzfristige Haltedauer der Beteiligungen an, wobei diese bei durchschnittlich drei- bis fünfjähriger Haltedauer überschritten sei.[455] Anders als beim Wertpapierhandel, der sich auch bei Ertragserwartung aus der Realisierung von Wertsteigerungen noch im Rahmen vermögensverwaltender Fruchtziehung aus zu erhaltenden Substanzwerten bewegen könne, sei der zeitlich eng aufeinanderfolgende An- und Verkauf von Unternehmensbeteiligungen tendenziell gewerblich.[456]

(c) Literaturauffassungen

Eine Literaturauffassung prüft die Gewerblichkeit von „Private-Equity-Fonds" im Einklang mit der verlautbarten Praxis der Finanzverwaltung unter Berücksichtigung der Rechtsprechungsgrundsätze zum gewerblichen Wertpapierhandel.[457] Aufgrund des geringen Umfangs der An- und Verkäufe von Beteiligungen, dem Einsatz von Kapital auf eigene Rechnung und der nicht gegebenen unternehmerischen Wertschöpfung für Zwecke der nachfolgenden Veräußerung der Portfoliogesellschaften sei regelmäßig von einer vermögensverwaltenden Tätigkeit auszugehen.

Andere halten die Merkmale der Finanzverwaltung zumindest in Bezug auf Immobilienfonds für ungeeignet.[458] Bei diesen Fonds seien das Verbot des Einsatzes von Bankkrediten oder eines eigenen unternehmerischen Tätigwerdens durch Ausübung von Gesellschafterrechten in den Portfoliogesellschaften sowie das Verbot der Reinvestition von Veräußerungsgewinnen ungeeignete Indizien gewerblicher Betätigung, da diese Beweisanzeichen typischerweise Bestandteil einer privaten Immobilienverwaltung seien. Dies gelte insbesondere für die Reinvestition von Veräußerungsgewinnen.[459]

Nach Ansicht von *Watrin* und *Goksch* ist bereits der Ansatz der Finanzverwaltung abzulehnen, die Tätigkeit der Fondsgesellschaft anhand der Grundsätze des gewerblichen Wertpapierhandels zu beurteilen.[460] Da „Private-Equity-Fonds"

---

[455] BMF, BStBl. I 2004, 40, 41 f., Tz. 14.
[456] BMF, BStBl. I 2004, 40, 42, Tz. 14.
[457] *Blumers/Witt*, DB 2002, 60, 62; vgl. auch *Stoschek/Protzen*, FR 2001, 816, 826; *Schefczyk/Peterson*, BB 2002, 805, 808; dem BMF-Schreiben vom 16.12.2003 überwiegend zustimmend *Bärenz/Veith*, BB 251, 252 ff.
[458] *Stoschek/Lauermann*, FB 2002, 675, 677.
[459] *Schefczyk/Peterson*, BB 2002, 805, 808.
[460] *Watrin/Goksch*, DB 2002, 341, 343.

nicht in börsennotierte Kapitalgesellschaften investierten, bestünde ein wesentlicher Unterschied zum Handel mit den an einer Börse gehandelten Wertpapieren. Die Investitionen eines „Private-Equity-Fonds“ seien keine alltäglich abzuwickelnden Massengeschäfte. In Anlehnung an die Rechtsprechung zum gewerblichen Beteiligungshandel könne lediglich dann von einem gewerblichen Fonds ausgegangen werden, wenn die Beteiligungen in einem engen zeitlichen Zusammenhang gekauft und wieder verkauft würden und die Gesellschaft dabei produzentenähnlich tätig werde. Beide Kriterien würden von „Private-Equity-Fonds“ regelmäßig nicht erfüllt. Insbesondere führe die Bereitstellung von Kapital gegenüber den Kapitalgesellschaften nicht zu produzentenähnlicher Tätigkeit, solange nicht seitens des Fonds über die Verwendung des Kapitals entschieden werde.[461]

(d) Stellungnahme

Die Kriterien der Finanzverwaltung zur einkommensteuerlichen Behandlung von „Private-Equity-Fonds“ lassen sich im Unterschied zu den Grundsätzen der Rechtsprechung zum gewerblichen Grundstücks- und Wertpapierhandel nicht durchweg auf ausländische Personengesellschaften übertragen, die dem Anwendungsbereich des InvStG unterliegen. Dies betrifft in erster Linie das die Gewerblichkeit indizierende Kriterium des Einflusses der ausländischen Fondsgesellschaft auf die Geschäftsführung der Kapitalgesellschaften, deren Anteile zum Gesellschaftsvermögen gehören. Auf der Stufe des innerstaatlichen Steuerrechts kann die Mitsprache in den jeweiligen Kapitalgesellschaften dazu führen, dass das InvStG bereits tatbestandlich nicht zur Anwendung kommt, da es an einem risikogemischten ausländischen Investmentvermögen fehlt.[462] Die anschließende abkommensrechtliche Einordnung der steuerpflichtigen Einkünfte unter den Unternehmensgewinnartikel bezöge sich insofern nicht auf Einkünfte im Sinne des InvStG.

Nicht geeignet zur Abgrenzung vermögensverwaltender von gewerblichen Investmentfonds ist meines Erachtens auch das Kriterium einer Ausschüttungs-

---

[461] *Watrin/Goksch*, DB 2002, 341, 343 f.

[462] BAKred, Schreiben vom 30.08.1990, abgedruckt in Beckmann/Scholtz/Vollmer, Schreiben des BAKred zum AuslInvestmG, Nr. 26, S. 32; BAKred, Schreiben vom 07.12.2001, abgedruckt in Beckmann/Scholtz/Vollmer, Schreiben des BAKred zum AuslInvestmG, Nr. 38, S. 91.Vgl. auch *Pfüller/Schmitt*, in Brinkhaus/Scherer, AuslInvestmG, § 1 Rz. 57; *Bünning*, FR 2002, 982, 990.

pflicht von Veräußerungserlösen an die Fondsgesellschafter.[463] Im Unterschied zu „Private-Equity-Fonds“ verfolgen herkömmliche thesaurierende Investmentfonds den Zweck, die aus ihrem Anlagevermögen erzielten Einkünfte wieder in dieselben oder andere Anlagegegenstände zu investieren. Investmentfonds sind ganz allgemein auf eine risikogemischte Kapitalanlage gerichtet und dabei nicht auf den mittelfristigen Erwerb von Gesellschaftsanteilen und deren anschließende Veräußerung beschränkt.

Im Ergebnis können zumindest die von der Rechtsprechung zum gewerblichen Wertpapier- und Grundstückshandel herangezogenen Kriterien auf ausländische Investmentfonds in der Rechtsform der Personengesellschaft übertragen werden, um die Einkünfte aus Anteilen dieser Fonds abkommensrechtlich einordnen zu können. Zu diesen Kriterien zählen insbesondere die Unterhaltung einer umfangreichen Büroorganisation, die Ausnutzung eines Marktes unter Einsatz beruflicher Erfahrungen sowie das Anbieten von Investmentanteilen einer breiten Öffentlichkeit gegenüber. Erfüllt der Investmentfonds diese Merkmale und besteht der Gesellschaftszweck in einer risikogemischten Kapital- bzw. Immobilienanlage, ist von einer gewerblichen Betätigung und damit einem Unternehmen i. S. der Art. 7 Abs. 1, Art. 3 Abs. 1 Buchst. c OECD-MA auszugehen.

(4) Gewerbliche Prägung des ausländischen Investmentfonds

Personengesellschaften können entsprechend § 15 Abs. 3 Nr. 2 EStG nach ausländischem Recht aufgrund gewerblicher Prägung Einkünfte aus Gewerbebetrieb erzielen, obwohl sie nach der Natur ihrer Tätigkeit eine Vermögensverwaltung betreiben. In diesem Falle ist zu untersuchen, ob die nationale Einkunftsqualifikation auf die Abkommensebene zu übertragen ist. In der Praxis kommen wiederum ausländische „Private-Equity-Fonds“ in Betracht, die in der Rechtsform einer Personengesellschaft strukturiert sind und zu deren Geschäftsführung ausschließlich eine Kapitalgesellschaft als persönlich haftende Gesellschafterin befugt ist.[464]

(a) Auffassung eines Teils der Literatur und der Finanzverwaltung

Eine ausschließlich vermögensverwaltende ausländische Fondsgesellschaft ist nach einer Auffassung als ein Unternehmen gem. Art. 7 Abs. 1 S. 1 OECD-MA

---

[463] BMF, BStBl. I 2004, 40, 42, Tz. 15.
[464] *Pfaar/Welke*, IWB F. 3, Gr. 3, S. 1317, 1319; *Bünning*, FR 2002, 982, 985.

zu behandeln, wenn sie gewerblich geprägt ist.[465] Zwecks Auslegung des Ausdrucks „Gewinne eines Unternehmens" i. S. des Art. 7 Abs. 1 OECD-MA sei die nationale Geprägevorschrift des § 15 Abs. 3 Nr. 2 EStG anwendbar. Als Begründung dient die mangels ausdrücklicher Begriffsdefinition in den DBA heranzuziehende Lex-Fori-Klausel des Art. 3 Abs. 2 OECD-MA, sofern das Abkommen keine Beschränkung auf materiell erzielte gewerbliche Einkünfte anordnet, wie es bei dem früheren DBA Deutschland-USA 1954/1966 der Fall war.[466] Der BFH hatte zu diesem DBA die Ansicht vertreten, dass die gewerbliche Prägung einer US-amerikanischen Personengesellschaft keine Unternehmensgewinne begründet.[467] Nach Ansicht von *Schmidt* und *Dendorfer* führt die Nichtanwendung der nationalen Geprägevorschrift auf der Abkommensebene bei einem US-amerikanischen Immobilienfonds, der nach seiner Rechtsform einer deutschen GmbH & Co. KG entspricht, und die eingezahlten Einlagen einerseits in vermietete Immobilien, andererseits auf dem Kapitalmarkt investiert, zu einem objektiven Qualifikationskonflikt.[468] Während die amerikanische Finanzverwaltung die Zinserträge der Betriebsstätte zuordne und ein Besteuerungsrecht aus Art. 7 Abs. 1 DBA Deutschland-USA proklamiere, habe die Nichtanwendung des § 15 Abs. 3 Nr. 2 EStG auf deutscher Seite eine Subsumtion der Zinsen unter Art. 11 Abs. 1 DBA Deutschland-USA zur Folge, so dass auch Deutschland als Ansässigkeitsstaat des Anlegers sein Besteuerungsrecht wahrnehmen könne. Um diesen Konflikt zu vermeiden, sei eine Anwendung der Geprägevorschrift geboten und das Konkurrenzverhältnis zwischen Art. 7 und Art. 11 DBA Deutschland-USA zugunsten des Unternehmensgewinnartikels aufzulösen.[469]

Die Finanzverwaltung hat zum DBA Deutschland-Ungarn die Ansicht vertreten, dass eine gewerblich geprägte Personengesellschaft gem. § 15 Abs. 3 Nr. 2 EStG stets Unternehmensgewinne i. S. des Art. 7 DBA Deutschland-Ungarn erzielt.[470] Zur Begründung wird auf die Auslegung des Unternehmensbegriffs

---

[465] *Schmidt/Dendorfer*, IStR 2000, 46, 49. In der Praxis wird die gewerbliche Prägung freilich oft dadurch verhindert, dass neben der beschränkt haftenden Komplementärgesellschaft ein Kommanditist zur Geschäftsführung berufen wird; vgl. dazu *Pfaar/Welke*, IWB F. 3, Gr. 3, S. 1317, 1319; *Bünning*, FR 2002, 982, 987.

[466] *Schmidt/Dendorfer*, IStR 2000, 46, 49; *Schmidt/Blöchle*, IStR 2003, 685, 690.

[467] BFH, BStBl. II 1998, 296, 297 f.; ebenso FG Hamburg, EFG 1997, 987, 989.

[468] *Schmidt/Dendorfer*, IStR 2000, 46, 47.

[469] *Schmidt/Dendorfer*, IStR 2000, 46, 49.

[470] BMF vom 24.09.1999, IStR 2000, 627.

durch den Anwenderstaat nach Art. 3 Abs. 2 DBA Deutschland-Ungarn verwiesen, da das Abkommen insoweit keine nähere Begriffsbestimmung vornehme. Ferner ließen sich so Qualifikationskonflikte vermeiden. Diese Auffassung kann jedoch nicht verallgemeinert werden. Sie bezieht sich auf eine ungarische Rechtsform, die zivilrechtlich einer inländischen GmbH & Co. KG entspricht, nach ungarischem Steuerrecht aber wie eine steuerlich intransparente Körperschaft behandelt wird.

(b) Auffassung der überwiegenden Literatur

Richtigerweise lehnt die überwiegende Literatur eine Anwendung der innerstaatlichen Prägevorschrift des § 15 Abs. 3 Nr. 2 EStG auf ausländische Personengesellschaften zur Begründung ihrer Unternehmenseigenschaft im Abkommenssinne ab.[471] Die nationale Einkunftsqualifikationsnorm des § 15 Abs. 3 Nr. 2 EStG ist mit den speziellen abkommensrechtlichen Subsidiaritätsvorschriften der Verteilungsnormen sowie der darin zum Ausdruck kommenden isolierenden Betrachtungsweise nicht vereinbar. Durch die Anwendung des § 15 Abs. 3 Nr. 2 EStG auf das DBA-Recht würden die spezielleren Vorschriften der Art. 6, 10-13 OECD-MA leerlaufen.[472] Der von *Schmidt* und *Dendorfer* beschriebene Qualifikationskonflikt steht im Übrigen selbst dann im Raum, wenn die US-amerikanische GmbH & Co. KG von dem Recht Gebrauch macht, für Steuerzwecke wie eine Kapitalgesellschaft behandelt zu werden. Schließlich wäre als weitere Voraussetzung einer Subsumtion der Zinsen unter Art. 7 Abs. 1 DBA Deutschland-USA zu untersuchen, ob die Zinsen der Betriebsstätte auch tatsächlich zuzurechnen wären. Die Beteiligung eines inländischen Gesellschafters an einer vermögensverwaltenden, gewerblich geprägten Personengesellschaft begründet daher kein Unternehmen im Sinne des Art. 7 OECD-MA in Deutschland und damit auch keine Betriebsstätte im ausländischen Sitzstaat der Gesellschaft.

---

[471] *Schaumburg*, Rz. 16.230; *Wassermeyer*, in Debatin/Wassermeyer, OECD-MA, Vor. Art. 6-22, Rz. 27, Art. 7 Rz. 16a, 49; *ders.*, IStR 2000, 627; *Lutz Fischer*, in FS Vogel, S. 963, 983; *Piltz*, in Debatin/Wassermeyer, OECD-MA, Art. 7 Rz. 85; *Buciek*, in Flick/Wassermeyer/Wingert/Kempermann, DBA-Schweiz, Art. 7 Rz. 33; *Hemmelrath*, IStR 1995, 570, 573; *Stoschek/Lauermann*, FB 2002, 677, 678; *Bünning*, FR 2002, 982, 987 f.; *Farnschläder/Kahl*, IWB 1998, F. 3, Gr. 3, S. 1179, 1181. Nach anderer Ansicht ist eine ausländische Kapitalgesellschaft bereits nach innerstaatlichen steuerrechtlichen Grundsätzen nicht geeignet, einer Personengesellschaft das Gepräge i. S. des § 15 Abs. 3 Nr. 2 EStG zu geben; *Lüdicke*, in Lademann, EStG, § 49 Rz. 272; *Kroppen*, in Herrmann/Heuer/Raupach, EStG, § 49 Rz. 615.

[472] *Bünning*, FR 2002, 982, 988.

bbb) Vermeidung der Doppelbesteuerung im deutschen Ansässigkeitsstaat

Ist die ausländische Personengesellschaft vermögensverwaltend tätig, sind die von ihr erzielten Einkünfte unter die speziellen Verteilungsartikel zu subsumieren und den deutschen Gesellschaftern unmittelbar zuzurechnen.[473] Die Doppelbesteuerung wird in Deutschland durch Steuerfreistellung gem. Art. 23A O-ECD-MA oder durch Steueranrechnung gem. Art. 23B OECD-MA vermieden. Typischer Anwendungsfall der Freistellungsmethode sind die Erträge aus einem als Personengesellschaft gegründeten ausländischen Immobilienfonds.[474]

Die Steueranrechnung gem. Art. 23B Abs. 1 bzw. Art. 23A Abs. 2 OECD-MA betrifft vor allem Dividenden. Nach vorzugswürdiger Ansicht ist der Dividendenbegriff aus Sicht des Ansässigkeitsstaates zwecks Anwendung des Vermeidungsartikels mit der Definition i. S. des Art. 10 Abs. 3 OECD-MA identisch.[475] Dem steht nicht entgegen, dass Art. 10 Abs. 3 OECD-MA die einleitende Formulierung „der in diesem Artikel verwendete Ausdruck ‚Dividenden'" aufweist. Die Bindungswirkung für den Ansässigkeitsstaat ergibt sich bereits daraus, dass der Dividendenartikel in seinem Absatz 1 die Besteuerung sowohl im Quellenstaat als auch im Ansässigkeitsstaat regelt; es handelt sich um eine unvollständige Verteilungsnorm. Im Übrigen nimmt Art. 23A Abs. 2 OECD-MA ausdrücklich auf den Dividendenartikel Bezug und übernimmt damit auch dessen Definition für die Zwecke der Besteuerung im Ansässigkeitsstaat.[476] Eine unterschiedliche Auslegung identischer Abkommensbegriffe widerspräche dem einheitlichen Abkommenszusammenhang zwischen Verteilungs- und Vermeidungsnormen und würde zu einer Rechtsunsicherheit beitragen.

---

[473] *Brinkhaus/Schmitt*, in Brinkhaus/Scherer, AuslInvestmG, Vor §§ 16-20 Rz. 61. In Betracht kommen insbesondere Einkünfte aus unbeweglichem Vermögen (Art. 6 OECD-MA), Dividenden (Art. 10 OECD-MA), Zinsen (Art. 11 OECD-MA) sowie andere Einkünfte (Art. 21 OECD-MA), letztere insbesondere bei in Drittstaaten oder dem deutschen Ansässigkeitsstaat erzielten Einkünften.

[474] *Fock*, RIW 2003, 118, 130 m. w. N.; vgl. auch *Schmittmann/Gerdes*, IStR 2003, 541, 546.

[475] *Tischbirek*, in Vogel/Lehner, DBA, Art. 10 Rz. 184; *Wassermeyer*, in Debatin/Wassermeyer, OECD-MA, Art. 10 Rz. 119; a. A. *Wolff*, in Debatin/Wassermeyer, DBA-USA, Art. 10 Rz. 138; *Jacob*, DBA-USA, Art. 10 Rz. 7. Die beiden letztgenannten Autoren beziehen sich auf die Sonderregelung des Art. 25 Abs. 3 Buchst. c, dd DBA-USA. Die Vorschrift sieht für die steuerliche Behandlung von Einkünften, die nach dem Steuerrecht des Quellenstaates den Einkünften aus Aktien steuerlich gleichgestellt sind, und im anderen Staat anderen Einkünften zugeordnet werden, eine Verständigung im Konsultationsverfahren vor. Diese Vorschrift lässt sich nicht verallgemeinern.

[476] Vgl. zur Theorie der sog. Qualifikationsverkettung *Debatin*, in Korn/Debatin, Systematik IV, Rz. 139; *Burmester*, in Haarmann (Hrsg.), Unternehmensstrukturen, S. 122, 133.

Im Falle gewerblicher Gesellschaften bzw. Mitunternehmerschaften ist für die Anwendung des Methodenartikels danach zu unterscheiden, ob es sich bei den an den Anteilsinhaber ausgekehrten Erträgen um originäre Unternehmensgewinne oder um Einkünfte handelt, die vorrangig unter einen der anderen Verteilungsartikel zu subsumieren sind.[477] Im ersten Fall erfolgt grundsätzlich eine Steuerfreistellung, gegebenenfalls unter Progressionsvorbehalt. Erzielt die ausländische Betriebsstätte Einkünfte aus unbeweglichem Vermögen, welches im Betriebsstättenstaat belegen ist, sind die Einkünfte gem. Art. 6 Abs. 1 und 4, 23A Abs. 1 und 2 OECD-MA ebenfalls im deutschen Ansässigkeitsstaat freizustellen.[478] Schwieriger stellt sich die Situation dar, wenn die ausländische Fondsgesellschaft über ihre Betriebsstätte Dividenden oder Zinsen aus dem Betriebsstättenstaat erzielt. Es ist zu untersuchen, ob auch diese Einkünfte den speziellen Abkommensartikeln der Art. 10 und 11 OECD-MA oder aber als Betriebsstättengewinne Art. 7 OECD-MA zuzuordnen sind; davon hängt der Umfang des Besteuerungsrechtes sowie die Vermeidungsmethode des deutschen Ansässigkeitsstaates ab.

(1) Bedeutung des Betriebsstättenvorbehalts

Sind die abkommensrechtlich speziell geregelten Dividenden und Zinsen aufgrund eines Betriebsstättenvorbehalts gem. Art. 10 Abs. 4, Art. 11 Abs. 4 OECD-MA der Geschäftstätigkeit einer Betriebsstätte zuzuordnen, werden sie nach dem Unternehmensgewinnartikel gem. Art. 7 Abs. 1 S. 2 OECD-MA im Betriebsstättenstaat besteuert. Im Ansässigkeitsstaat werden diese Einkünfte im Wege der Freistellungsmethode nach Art. 23A Abs. 1 OECD-MA von der Besteuerung ausgenommen.[479] Der Betriebsstättenvorbehalt gem. Art. 10 Abs. 4 OECD-MA besagt, dass nicht der Dividendenartikel, sondern der Unternehmensgewinnartikel gilt, wenn der in einem Vertragsstaat ansässige Nutzungs-

---

[477] Im Folgenden soll näher auf Dividenden, Zinsen und Einkünfte aus unbeweglichem Vermögen eingegangen werden, da diese typischerweise Gegenstand einer die Investmentanlage betreibenden Personengesellschaft sind. Vgl. zu anderen Einkünften wie solchen aus einer Unterbetriebsstätte *Wassermeyer*, in Debatin/Wassermeyer, OECD-MA, Art. 7 Rz. 160a.

[478] Art. 6 Nr. 4 OECD-MK; *Fock*, RIW 2003, 118, 130 f. Nach Ansicht von *Wassermeyer*, in Debatin/Wassermeyer, OECD-MA, Art. 7 Rz. 160d, ist eine Zuordnung zur Betriebsstätte nach Art. 21 Abs. 2 OECD-MA theoretisch denkbar, wenn das unbewegliche Vermögen in einem Drittstaat belegen ist. In diesem Fall fehle es jedoch zumeist an einer tatsächlichen Zugehörigkeit zu der ausländischen Betriebsstätte.

[479] *Strunk/Kaminski*, IStR 2003, 118 f.; speziell zu Investmentfonds *Wolf Wassermeyer*, IStR 2001, 193, 201.

berechtigte im anderen Vertragsstaat, in dem die die Dividenden zahlende Gesellschaft ansässig ist, eine Geschäftstätigkeit durch eine dort gelegene Betriebsstätte ausübt und die Beteiligung, für die die Dividenden gezahlt werden, tatsächlich zu dieser Betriebsstätte gehört. Die gleiche Rechtsfolge findet gem. Art. 11 Abs. 4 OECD-MA auf Zinsen Anwendung, die aus einer Forderung stammen, die tatsächlich zu der im anderen Vertragsstaat gelegenen Betriebsstätte gehört.

(a) Herrschende Meinung

Die Zuordnung von Dividenden und Zinsen zu einer Betriebsstätte setzt voraus, dass der Vermögenswert bzw. das Stammrecht, aus denen die Einkünfte erzielt werden, tatsächlich zu der Betriebsstätte gehören.[480] Die Zugehörigkeit von Vermögenswerten zu einer Personengesellschaft nach zivilrechtlichen oder steuerrechtlichen Grundsätzen des nationalen Rechts begründet jedoch nach herrschender Auffassung nicht notwendigerweise auch eine tatsächliche Zugehörigkeit zu der von der Gesellschaft unterhaltenen Betriebsstätte.[481] Tatsächliche Zugehörigkeit im Abkommenssinne bedeute vielmehr, dass der Vermögenswert in einem funktionalen Zusammenhang zu der von der Betriebsstätte ausgeübten Tätigkeit stehe.[482] Sinn und Zweck des Betriebsstättenvorbehalts sei es, Erträge aus Wirtschaftsgütern, die von der Betriebsstätte genutzt würden und zu ihrem Ergebnis beigetragen hätten, nur im Betriebsstättenstaat zu besteuern.[483]

Nach diesen Grundsätzen wird der Betriebstättenvorbehalt bei ausländischen Investmentfonds regelmäßig zur Anwendung gelangen. Ist der Geschäftszweck der ausländischen Personengesellschaft auf die risikogemischte Anlage von Geldern in Wertpapiere und Grundstücke gerichtet, dürften die Vermögenswerte des Betriebsvermögens üblicherweise der Investmenttätigkeit der Betriebsstätte dienen. Die aus der Investmenttätigkeit erzielten Dividenden und Zinsen sind also regelmäßig den Betriebsstättengewinnen zuzuordnen mit der Folge, dass die Erträge im deutschen Ansässigkeitsstaat gem. Art. 23A Abs. 1 OECD-MA von der Besteuerung auszunehmen sind.[484]

---

480 BFH, BStBl. II 1991, 444, 446 f.; BStBl. II 1996, 563, 565.
481 BFH, BStBl. II 1992, 937; BFH, BStBl. II 1996, 563, 565; *Greif*, in Mössner u. a., Rz. E 76; *Lutz Fischer*, in FS Vogel, 963, 973.
482 *Vogel*, in Vogel/Lehner, DBA, Vor Art. 10-12 Rz. 40 f.; *Schaumburg*, Rz. 16.327.
483 BFH, BStBl. II 1991, 444, 446; BStBl. II 1995, 683, 685; BStBl. II 1996, 563, 565.
484 Vgl. *Fock*, RIW 2003, 118, 131.

(b) Sogenannte isolierende Betrachtungsweise *Wassermeyers*

Nach einer neueren, abweichenden Auffassung *Wassermeyers* sind die von einer Betriebsstätte erzielten Dividenden und Zinsen für die Anwendung des Methodenartikels auch dann als Dividenden bzw. Zinsen zu qualifizieren, wenn sie unter den Voraussetzungen der Art. 10 Abs. 4, Art. 11 Abs. 4 OECD-MA tatsächlich zu einer Betriebsstätte gehören.[485] Die Rückverweisung in den Art. 10 Abs. 4, Art. 11 Abs. 4 OECD-MA auf Art. 7 OECD-MA richte sich an den Quellenstaat, der die Dividenden und Zinsen als Betriebsstätteneinkünfte besteuern könne. Der Betriebsstättenvorbehalt gelte aber nur für den Quellen-, nicht hingegen für den Ansässigkeitsstaat.[486] Zur Begründung beruft sich *Wassermeyer* auf den Wortlaut der Betriebsstättenvorbehalte der Art. 10 Abs. 4, Art. 11 Abs. 4 OECD-MA, die ausdrücklich nur die Art. 10 Abs. 1 und 2, Art. 11 Abs. 1 und 2 OECD-MA für nicht anwendbar erklärten. Da die Definitionsvorschriften der Art. 10 Abs. 3, Art. 11 Abs. 3 OECD-MA nicht erwähnt würden, seien die Dividenden und Zinsen aus Sicht des Ansässigkeitsstaates isoliert zu betrachten und nicht als Betriebsstätteneinkünfte zu behandeln.[487] Die Doppelbesteuerung werde gem. Art. 23A Abs. 2, Art. 23B Abs. 1 OECD-MA durch Steueranrechnung vermieden.

(c) Sogenannte Kausalitätstheorie *Kleineidams*

Kleineidam schließt sich im Ergebnis der isolierenden Betrachtungsweise *Wassermeyers* an, wonach der Ansässigkeitsstaat ungeachtet der Wertung des Quellenstaates auf die der Betriebsstätte zuzurechnenden Dividenden und Zinsen die Anrechnungsmethode anwenden könne.[488] Dies ergebe sich aus Art. 7 Abs. 7 OECD-MA. Nach dieser Vorschrift werden für den Fall, dass zu den Unternehmensgewinnen Einkünfte gehören, die in anderen Artikeln behandelt werden, die Bestimmungen jener Artikel durch Art. 7 OECD-MA nicht berührt. Nach Ansicht von *Kleineidam* enthält Art. 7 Abs. 7 OECD-MA eine Rechtsfolgeanordnung für Unternehmensgewinne, die sich aus Dividenden im abkommensrechtlichen Sinne zusammensetzen.[489] Diese Gewinne seien sowohl im Quellen- als auch im Ansässigkeitsstaat auf der Rechtsfolgeseite als Dividenden zu be-

---

[485] *Wassermeyer*, in Debatin/Wassermeyer, OECD-MA, Art. 7 Rz. 160, Art. 23A Rz. 52a.
[486] *Wassermeyer*, in Debatin/Wassermeyer, OECD-MA, Art. 7 Rz. 160c, Art. 23A Rz. 52a.
[487] *Wassermeyer*, in Debatin/Wassermeyer, OECD-MA, Art. 7 Rz. 160, Art. 23A Rz. 52a.
[488] *Kleineidam*, IStR 2004, 1, 2 ff.
[489] *Kleineidam*, IStR 2004, 1, 3.

handeln und unterlägen damit im Anwendungsbereich des Methodenartikels grundsätzlich der Anrechnungsmethode. Die Rechtsfolgekonkurrenz zwischen Art. 7 und Art. 10 OECD-MA sei zugunsten des Unternehmensgewinnartikels aufzulösen, wenn die Beteiligung, für die die Dividenden gezahlt würden, nach Art. 10 Abs. 4 OECD-MA tatsächlich zu der Betriebsstätte gehöre. Das Kriterium der tatsächlichen Zugehörigkeit finde eine Entsprechung in dem sogenannten leistungswirtschaftlichen Erfolgsbeitrag einer Beteiligung, welcher zum originären Unternehmensgewinnanteil i. S. des Art. 7 Abs. 1, 2 OECD-MA gehöre. Hiervon zu unterscheiden sei der finanzwirtschaftliche Erfolgsbeitrag einer Beteiligung, der sich in der vereinnahmten Dividende konkretisiere und die Rechtsfolge des Art. 7 Abs. 7 OECD-MA nach sich ziehe.[490]

(d) Stellungnahme

Richtigerweise gehören Dividenden und Zinsen, deren Stammrechte einer Betriebsstätte zuzurechnen sind, zu den Unternehmensgewinnen i. S. des Art. 7 OECD-MA; folglich sind diese Einkünfte als Betriebsstätteneinkünfte gem. Art. 23A Abs. 1 OECD-MA freizustellen. Die Anknüpfung an die Zugehörigkeit des Stammrechts zum Betriebsstättenvermögen ergibt sich aus den insoweit eindeutigen Regelungen des Betriebsstättenvorbehalts der Art. 10 Abs. 4, Art. 11 Abs. 4 OECD-MA. Für eine einheitliche Behandlung im Quellen- und im Ansässigkeitsstaat spricht der Abkommenszusammenhang, der von einer übereinstimmenden Bedeutung des Einkünftebegriffs ausgeht.[491] Dies gilt zumindest für die ausdrücklich in Art. 23A Abs. 2 OECD-MA genannten Einkünfte, „die nach den Artikeln 10 und 11 im anderen Vertragsstaat besteuert werden können", also für Dividenden und Zinsen.[492] Eine andere Beurteilung kann sich allenfalls in dem Fall ergeben, dass die Freistellung der Betriebsstätteneinkünfte unter einem Aktivitätsvorbehalt steht.

Die Auffassung *Kleineidams* läuft im Ergebnis auf eine Nivellierung des Betriebsstättenvorbehalts hinaus, da sie dessen Rechtsfolge bereits aus dem dualen Erfolgsbeitrag des zum Betriebsstättenvermögen gehörenden Wirtschaftsgutes

---

490 *Kleineidam*, IStR 2004, 1, 4 f.

491 *Schaumburg*, Rz. 16.537.

492 Vgl. *Debatin*, in Korn/Debatin, Systematik IV, Rz. 139; *Burmester*, in Haarmann (Hrsg.), Unternehmensstrukturen, S. 122, 133; weitergehend *Henkel*, in Mössner u. a., Rz. E 281; *Wagner*, IWB, Gr. 2, S. 1067, 1069 ff., in Bezug auf ausländische Bankbetriebsstätten.

ableitet.[493] Die vorgeschlagene veranlassungsorientierte Beteiligungszuordnung auf der Ebene des Art. 7 OECD-MA unter Heranziehung eines leistungs- sowie eines finanzwirtschaftlichen Erfolgsbeitrages könnte zwar bei ausdrücklicher Definition im Unternehmensgewinnartikel der Einkunftsabgrenzung dienen; im Anwendungsbereich der auf die Erzielung von Dividenden und Zinsen gerichteten Investmentfonds ergäben sich jedoch neue Zuordnungsfragen, die aus der Vermischung leistungs- und finanzwirtschaftlicher Sachziele des Investmentfonds resultieren.

(2) Betriebsstätteneinkünfte als Zwischeneinkünfte, § 20 Abs. 2 AStG

Trotz Vorliegens von Betriebsstättengewinnen kommt gem. § 20 Abs. 2 AStG die Anrechnungsmethode zur Anwendung, wenn die ausländische Betriebsstätte Einkünfte erzielt, die als Zwischeneinkünfte steuerpflichtig wären, falls die Betriebsstätte eine ausländische Gesellschaft wäre. Dies setzt neben einer Niedrigbesteuerung der Gesellschaft bzw. Betriebsstätte gem. § 8 Abs. 3 AStG von weniger als 25 v. H. voraus, dass Einkünfte erzielt werden, die nicht unter den Katalog des § 8 Abs. 1 Nr. 1-9 AStG fallen.[494] Damit sind insbesondere Dividenden sowie Veräußerungsgewinne aus Beteiligungen nach § 8 Abs. 1 Nr. 8, 9 AStG als sogenannte aktive Einkünfte ausgenommen. Relevant wird die Anwendung der Anrechnungsmethode üblicherweise für Zinseinkünfte, die der Betriebsstätte zuzurechnen sind. Eine weitere Einschränkung der Freistellungsmethode für Betriebsstättengewinne kann sich aus den in den meisten der deutschen DBA vereinbarten Aktivitätsvorbehalten ergeben.

bb) Deutsche Abkommenspraxis

aaa) Dividenden, Art. 10 OECD-MA

Die geltenden deutschen Abkommen enthalten in ihrer überwiegenden Anzahl spezielle Vorschriften zur steuerlichen Behandlung von Ausschüttungen auf Anteile bzw. Anteilsscheine an Investmentvermögen.[495] Lediglich acht der gelten-

---

[493] Insoweit ist die Forderung nach einer Aufhebung des Betriebsstättenvorbehalts konsequent, vgl. *Kleineidam*, IStR 2004, 1, 5.

[494] Das StVergAbG vom 16.05.2003, BGBl. I 2003, 660, hat insoweit zu einer Verschärfung geführt, als von dem Übergang der Freistellungs- auf die Anrechnungsmethode nun nicht mehr nur Einkünfte mit Kapitalanlagecharakter i. S. des § 7 Abs. 6a AStG (§ 10 Abs. 6 S. 2 a. F. AStG) betroffen sind, sondern grundsätzlich alle passiven Einkünfte; vgl. dazu *Lüdicke*, IStR 2003, 433, 439.

[495] Die nachfolgenden Ausführungen beruhen auf dem Stand der Doppelbesteuerungsabkommen am 01.01.2004, vgl. BMF-Schreiben vom 22.12.2003, BStBl. I 2004, 135.

den deutschen DBA enthalten keine Regelungen über Erträge aus Investmentfonds.[496] Bei Anwendung dieser DBA bleibt es bei der Einordnung der ausgeschütteten Erträge entsprechend den Vorschriften des OECD-MA.
Die Sondervorschriften in den deutschen DBA stimmen in der Einordnung der Ausschüttungen unter den abkommensrechtlichen Dividendenbegriff überein. Der Abkommenswortlaut in der jeweiligen deutschen Fassung des Vertragstextes lautet meist folgendermaßen: „Der in diesem Artikel verwendete Ausdruck ‚Dividenden' bedeutet Ausschüttungen auf Anteilsscheine an einem Investmentvermögen".[497] Statt dem Ausdruck „Investmentvermögen" wird in einzelnen Abkommen der terminologisch unzutreffende Ausdruck „Kapitalanlagegesellschaft" zur Kennzeichnung des Investmentfonds verwendet[498]; der Ausdruck ist abkommensautonom auszulegen und mit dem Begriff „Investmentvermögen" i. S. der § 1 S. 2, § 2 Abs. 8 InvG gleichzusetzen.[499] Während die abkommensrechtliche Bezeichnung des Investmentfonds als ein „Investmentvermögen" in Anlehnung an die innerstaatliche Begrifflichkeit allgemein akzeptiert wird, besteht Uneinigkeit darüber, ob der Investmentfonds zusätzlich die anderen Tatbestandsmerkmale des abkommensrechtlichen Dividendenbegriffs erfüllen muss, insbesondere das Merkmal der „Gesellschaft" i. S. des Art. 10 Abs. 3 OECD-MA.

(1) Erweiterter Gesellschaftsbegriff

Nach einer Literaturauffassung sind die ausgeschütteten Erträge bzw. Ausschüttungen aus Anteilen an einem als Personengesellschaft ausgestalteten Investmentfonds bei erweiterter Dividendendefinition zwar dem Tatbestand ab-

---

[496] Dies sind die DBA mit Australien, Belgien, Großbritannien, Iran, Japan, Polen, Thailand und Tunesien.

[497] Vgl. Art. 10 Abs. 3 DBA-Argentinien.

[498] Vgl. Art. 10 Abs. 2 Buchst. b DBA-Bolivien, Art. VI Abs. 3 DBA-Griechenland, Prot. Nr. 3 zu Art. 10 DBA-Indien, Art. 2 Abs. 1 Buchst. h DBA-Irland, Art. 10 Abs. 5 DBA-Island, Prot. Nr. 12 zu Art. 13 DBA-Luxemburg, Art. 10 Abs. 5 DBA-Marokko, Prot. Nr. 5 zu Art. 10 DBA-Mexiko, Prot. Nr. 10 zu Art. 13 DBA-Niederlande, Art. 10 Abs. 5 DBA-Singapur, Art. 10 Abs. 4 DBA-Spanien, Art. 7 Abs. 4 Südafrika. Einige Abkommen verwenden zur Klarstellung den Ausdruck „Kapitalanlagegesellschaft" zusammen mit dem Klammerzusatz „Investmentfonds", vgl. Art. 9 Abs. 4 DBA-Rumänien, Art. 10 Abs. 4 DBA-Schweiz, Art. 10 Abs. 4 DBA-Tschechien, Art. 10 Abs. 4 DBA-Ungarn. Schließlich findet sich in Art. 10 Abs. 4 DBA-Liberia die verfehlte Bezeichnung „Kapitalgesellschaft".

[499] Vgl. *Krabbe*, in Debatin/Wassermeyer, DBA-Griechenland, Art. VI Rz. 22. Die Unrichtigkeit des Terminus „Kapitalanlagegesellschaft" wurde etwa im neuen DBA-Frankreich vom 28.09.1989 (BGBl. II 1990, 770) gegenüber dem früheren DBA vom 21.07.1959 (BGBl. II 1961, 397) durch die Verwendung des Ausdrucks „Investmentvermögen" korrigiert.

kommensrechtlicher Dividenden gem. Art. 10 Abs. 3 OECD-MA zuzuordnen.[500] Die Anwendung des Dividendenartikels scheitere aber daran, dass die Personengesellschaft nicht als „in einem Vertragsstaat ansässige Gesellschaft" i. S. der Art. 10 Abs. 1, Art. 3 Abs. 1 Buchst. b OECD-MA zu qualifizieren sei. Die Erweiterung in den deutschen DBA sei daher nur für die Geltendmachung von Quellensteuerermäßigungen und -befreiungen des Investmentfonds von Bedeutung.[501] Dieser Argumentation ist insoweit zuzustimmen, als Personengesellschaften aus deutscher Sicht weder juristische Person sind, noch als solche behandelt werden. Dem Wortlaut des Art. 3 Abs. 1 Buchst. b OECD-MA zufolge handelt es sich nicht um „Gesellschaften" im Abkommenssinne.

Der Ausdehnung des Dividendenbegriffs auf Ausschüttungen aus Anteilen eines Investmentfonds in den jeweiligen deutschen DBA liegt jedoch offensichtlich ein gegenüber Art. 10 Abs. 3 OECD-MA erweiterter Gesellschaftsbegriff zugrunde. Während dort grundsätzlich auf den abkommensrechtlich definierten Ausdruck der „Gesellschaft" gem. Art. 3 Abs. 1 Buchst. b OECD-MA zurückgegriffen werden kann, erfordert der Zusammenhang des Abkommens bei erweitertem Dividendenbegriff eine erweiterte Auslegung.[502] Ansonsten liefe der erweiterte Dividendenbegriff ins Leere, beschränkte man diesen auf Kapitalgesellschaften bzw. andere „Gesellschaften" im abkommensrechtlichen Sinne, deren Ausschüttungen per se den Einkünften aus Aktien steuerlich gleichgestellt sind und damit den Dividendenbegriff des Art. 10 Abs. 3 OECD-MA erfüllen. Im Grundsatz gilt daher, dass Ausschüttungen aus Anteilen an Investmentfonds unabhängig von deren Rechtsform abkommensrechtlich als Dividenden einzuordnen sind und als solche entsprechend Art. 10 Abs. 1, 2 OECD-MA einem in

---

500 *Wassermeyer*, in Debatin/Wassermeyer, OECD-MA, Art. 10 Rz. 118 für inländische Sondervermögen; *Wolf Wassermeyer*, IStR 2001, 193, 200, 200; *ders.*, in Debatin/Wassermeyer, DBA-Kanada, Art. 10 Rz. 75 für kanadische Investmentfonds; *Zwosta*, in Debatin/Wassermeyer, DBA-Schweiz, Art. 10 Rz. 87; *Rosenthal*, in Debatin/Wassermeyer, DBA-Irland, Art. VI Rz. 42; weiter differenzierend *Siegers*, in Debatin/Wassermeyer, DBA-Luxemburg, Art. 13 Rz. 67, der eine Ausschüttung von einer juristischen, abkommensberechtigten Person verlangt.

501 *Wassermeyer*, in Debatin/Wassermeyer, OECD-MA, Art. 10 Rz. 118. Unklar bleibt, weshalb die Quellensteuerermäßigung nach Art. 10 Abs. 2 OECD-MA zur Anwendung kommen soll, die Verteilungsnorm des Art. 10 Abs. 1 OECD-MA jedoch nicht, da beide tatbestandlich an eine die Dividende zahlende, in einem Vertragsstaat „ansässige Gesellschaft" und damit an Art. 3 Abs. 1 Buchst. b OECD-MA anknüpfen.

502 Vgl. den Einleitungssatz des Art. 3 Abs. 1 OECD-MA.

der Höhe beschränkten Besteuerungsrecht des ausländischen Quellenstaates unterliegen.[503]

Dieses Ergebnis wird im Zusammenhang mit ausländischen Personengesellschaften als Investmentfonds nicht dadurch eingeschränkt, dass die Sonderregelungen in den deutschen DBA, von einer Ausnahme abgesehen[504], stets nur Ausschüttungen auf „Anteilsscheine" an einem Investmentvermögen regeln. Anteile an Personengesellschaften werden zwar regelmäßig nicht verbrieft, jedoch muss der Begriff der „Anteilsscheine" vergleichbar mit dem Begriff der Kapitalanlagegesellschaft abkommensautonom verstanden werden, da es auch hier um die wirtschaftliche Umschreibung von Investmentfonds geht. Die abkommensrechtliche Behandlung der Investmenterträge kann nicht davon abhängen, ob die Investmentanteile verbrieft werden oder nicht.

(2) Einseitige und zweiseitige Sonderregelungen

Die speziellen abkommensrechtlichen Dividendenartikel unterscheiden sich in ihrer Bindungswirkung. Teilweise handelt es sich bei den Sonderregelungen um beidseitig formulierte Regelungen[505], teilweise um einseitig formulierte Regelungen, die lediglich die Besteuerung aus Sicht des deutschen Vertragsstaates betreffen.[506] Die folgende Übersicht unterteilt die bestehenden Sonderregelungen nach ihrer Bindungswirkung.

---

503 Gl. A. *Fock*, RIW 2003, 118, 130 f.; *Kluge*, Rz. S 194; *Hackemann*, in Debatin/Wassermeyer, DBA-Philippinen, Art. 10 Rz. 12; *Lüdicke*, in Debatin/Wassermeyer, DBA-Schweden, Art. 10 Rz. 131 f.; *Krabbe*, in Debatin/Wassermeyer, DBA-Brasilien, Art. 10 Rz. 32; *ders.*, in Debatin/Wassermeyer, DBA-Griechenland, Art. VI Rz. 22; *Raber*, in Debatin/Wassermeyer, DBA-Jugoslawien, Art. 11 Rz. 19; *Lechner*, in Gassner/Lang/Lechner, S. 81, 94, für österreichische Investmentfonds. Es gilt nichts anderes als bei der Einbeziehung von Einkünften aus stillen Beteiligungen in den Dividendenbegriff, vgl. dazu *Tischbirek*, in Vogel/Lehner, DBA, Art. 10 Rz. 166 m. w. N.

504 Art. 10 Abs. 5 DBA-Singapur bezieht sich allgemein auf „Ausschüttungen von Kapitalanlagegesellschaften".

505 Die Standardformulierung einer beidseitig erweiterten Dividendendefinition lautet: „Der in diesem Artikel verwendete Ausdruck ‚Dividenden' bedeutet ... Ausschüttungen auf Anteilsscheine an einem Investmentvermögen".

506 Die Standardformulierung einer einseitig erweiterten Dividendendefinition lautet: „Der in diesem Artikel verwendete Ausdruck ‚Dividenden' bedeutet ... für die Zwecke der Besteuerung in der Bundesrepublik Deutschland Ausschüttungen auf Anteilsscheine an einem Investmentvermögen."

Wortlaut und Bindungswirkung der Regelungen über Ausschüttungen aus Anteilen an ausländischen Investmentfonds in der deutschen DBA-Praxis
Gruppe 1: Beidseitig formulierte Regelung Standardformulierung: „Der in diesem Artikel verwendete Ausdruck ‚Dividenden' bedeutet ... Ausschüttungen auf Anteilsscheine an einem Investmentvermögen" (Art. 10 Abs. 3 DBA-Argentinien).
Art. 10 Abs. 3 DBA-Argentinien, Art. 10 Abs. 3 DBA-Bangladesch, Art. 11 Abs. 2 Buchst. b DBA-Bosnien und Herzegowina[507], Protokoll Nr. 1 zu Art. 10 DBA-Brasilien, Protokoll Nr. 3 b) zu Art. 10 DBA-China, Art. 10 Abs. 3 DBA-Elfenbeinküste, Art. 10 Abs. 4 DBA-Finnland, Art. 10 Abs. 5 DBA-Island, Art. 2 Abs. 1 Nr. 8 DBA-Israel, Art. 10 Abs. 5 DBA-Jamaika, Art. 10 Abs. 4 DBA-Kasachstan, Art. 10 Abs. 4 DBA-Kenia, Art. 10 Abs. 3 DBA-Korea, Art. 11 Abs. 2 Buchst. b DBA-Kroatien, Art. 10 Abs. 3 Buchst. b DBA-Kuwait, Art. 10 Abs. 4 DBA-Liberia, Protokoll Nr. 12 zu Art. 5, 7 und 13 DBA-Luxemburg, Art. 10 Abs. 5 DBA-Malta, Art. 10 Abs. 5 DBA-Marokko, Art. 10 Abs. 5 DBA-Mauritius, Art. 11 Abs. 2 Buchst. b DBA-Mazedonien, Art. 10 Abs. 3 DBA-Neuseeland, Protokoll Nr. 10 zu Art. 13 DBA-Niederlande, Art. 10 Abs. 6 DBA-Norwegen, Art. 10 Abs. 3 DBA-Österreich, Art. 10 Abs. 4 DBA-Philippinen, Art. 10 Abs. 3 DBA-Portugal,

Art. 9 Abs. 4 DBA-Rumänien,
Art. 10 Abs. 4 DBA-Sambia,
Art. 10 Abs. 4 Buchst. a DBA-Schweden,
Art. 10 Abs. 4 DBA-Schweiz,
Art. 11 Abs. 2 Buchst. b DBA-Serbien-Montenegro,
Art. 10 Abs. 4 DBA-Simbabwe,
Art. 10 Abs. 5 DBA-Singapur,
Art. 10 Abs. 4 DBA-Slowakei[508],
Art. 11 Abs. 2 Buchst. b DBA-Slowenien,
Art. 10 Abs. 4 DBA-Spanien,
Art. 7 Abs. 4 DBA-Südafrika,
Art. 10 Abs. 4 DBA-Trinidad/Tobago,
Art. 10 Abs. 4 DBA-Tschechien,
Art. 10 Abs. 3 Buchst. b Türkei,
Art. 10 Abs. 4 DBA-Ungarn,
Art. 10 Abs. 2 DBA-Uruguay,
Art. 10 Abs. 5 DBA-Zypern.

[507] Das DBA-Jugoslawien vom 26.03.1987 (BGBl. II 1988, 744) gilt für die Republik Bosnien und Herzegowina fort. Gleiches gilt für die Nachfolgestaaten Kroatien, Mazedonien, Serbien-Montenegro und Slowenien. Vgl. BMF, BStBl. I 2004, 135.

[508] Das DBA-Tschechoslowakei vom 19.12.1980 (BGBl. II 1982, 1022) gilt für die Slowakei fort. Gleiches gilt für den Nachfolgestaat Tschechien. Vgl. BMF, BStBl. I 2004, 135.

Gruppe 2: Einseitig formulierte Regelung Standardformulierung: „Im Falle der Bundesrepublik Deutschland umfasst der Ausdruck ‚Dividenden' auch Ausschüttungen auf Anteilsscheine an einem Investmentvermögen" (Art. 10 Abs. 5 DBA-Ägypten).
Art. 10 Abs. 5 DBA-Ägypten, Prot. Nr. 3 zu Art. 7 DBA-Armenien,[509] Prot. Nr. 3 zu Art. 3 DBA-Aserbaidschan, Art. 10 Abs. 2 Buchst. b DBA-Bolivien, Art. 9 Abs. 3 Buchst. b Bulgarien, Art. 10 Abs. 4 DBA-Dänemark, Art. 10 Abs. 3 DBA-Ecuador, Prot. Nr. 4 zu Art. 10 DBA-Estland, Art. 9 Abs. 6 Buchst. b DBA-Frankreich, Prot. Nr. 3 zu Art. 7 DBA-Georgien, Art. VI Abs. 3 DBA-Griechenland, Prot. Nr. 3 zu Art. 10 DBA-Indien, Art. 10 Abs. 2 Buchst. b DBA-Indonesien, Art. 2 Buchst. h DBA-Irland, Art. 10 Abs. 6 Buchst. b DBA-Italien, Art. 10 Abs. 3 Buchst. b DBA-Kanada, Prot. Nr. 3 zu Art. 7 DBA-Kirgisistan, Prot. Nr. 4 zu Art. 10 DBA-Lettland, Prot. Nr. 4 zu Art. 10 DBA-Litauen; Art. 10 Abs. 5 DBA-Malaysia, Prot. Nr. 5 zu Art. 10 DBA-Mexiko, Prot. Nr. 3 zu Art. 7 DBA-Moldawien, Art. 10 Abs. 2 Buchst. b DBA-Mongolei, Art. 10 Abs. 2 Buchst. b DBA-Namibia, Art. 10 Abs. 3 DBA-Pakistan, Prot. Nr. 4 zu Art. 10 DBA-Russische Föderation, Art. 10 Abs. 3 DBA-Sri Lanka, Prot. Nr. 3 zu Art. 7 DBA-Tadschikistan, Prot. Nr. 3 zu Art. 7 DBA-Turkmenistan, Art. 10 Abs. 3 Buchst. b DBA-Ukraine, Prot. Nr. 3 zu Art. 10 DBA-Usbekistan,

[509] Das DBA-Sowjetunion vom 24.11.1981 (BGBl. II 1983, 3) gilt für Armenien fort. Gleiches gilt für die Nachfolgestaaten Aserbaidschan, Georgien, Kirgisistan, Moldawien, Tadschikistan, Turkmenistan, Usbekistan und Weißrussland. Vgl. BMF, BStBl. I 2004, 135.

Prot. Nr. 2 zu Art. 10 DBA-Venezuela, Art. 10 Abs. 3 Buchst. b DBA-Vereinigte Arabische Emirate, Art. 10 Abs. 4 DBA-Vereinigte Staaten, Prot. Nr. 3 zu Art. 10 DBA-Vietnam, Prot. Nr. 3 zu Art. 7 DBA-Weißrussland.

Die beidseitig formulierten Sonderregelungen beziehen sich auf Investmentfonds in beiden Vertragsstaaten und manifestieren die abkommensrechtliche Einkunftsart mit beiderseitiger Bindungswirkung. Es kommt daher nicht darauf an, ob die Ausschüttungen aus Anteilen eines inländischen oder eines ausländischen Investmentfonds erzielt werden. Davon zu unterscheiden sind einseitige Regelungen, welche die Zugehörigkeit der Ausschüttungen zum abkommensrechtlichen Dividendenbegriff nur für den deutschen Vertragsstaat vorsehen. Diese Sonderregelungen beziehen sich stets auf die Besteuerung im deutschen Quellenstaat, also auf Ausschüttungen aus inländischen Investmentvermögen an ausländische Anteilsinhaber.[510] Ob die Regelungen über den erweiterten abkommensrechtlichen Dividendenbegriff auch für die Besteuerung im deutschen Ansässigkeitsstaat heranzuziehen sind, bedarf einer näheren Untersuchung.

Der Wortlaut lässt den Schluss zu, den erweiterten Dividendenbegriff auch auf Ausschüttungen aus ausländischen Investmentfonds an inländische Anteilsinhaber zu erstrecken. Sofern die Abkommensvorschrift den Dividendenbegriff für „Zwecke der Besteuerung in der Bundesrepublik Deutschland" erweitert[511], ist nicht nur der deutsche Quellenstaat, sondern auch der deutsche Ansässigkeitsstaat angesprochen, da Dividenden nach den Art. 10 Abs. 1, 2, Art. 23B OECD-MA entsprechenden Vorschriften des jeweiligen DBA sowohl im Quellen- als auch im Ansässigkeitsstaat besteuert werden können. Der ausländische Vertragsstaat ist jedoch nicht an diese Qualifikation gebunden, woraus ein Konflikt über die Einordnung der Ausschüttungen unter die Verteilungsnormen entstehen

---

510 *Tischbirek*, in Vogel/Lehner, DBA, Art. 10 Rz. 230.

511 Vgl. Art. 10 Abs. 2 Buchst. b DBA-Bolivien, Art. 10 Abs. 2 Buchst. b DBA-Bulgarien, Prot. Nr. 4 zu Art. 10 DBA-Estland, Art. 10 Abs. 2 Buchst. b DBA-Indonesien, Art. 10 Abs. 6 Buchst. b DBA-Italien, Art. 10 Abs. 3 Buchst. b DBA-Kanada, Prot. Nr. 4 zu Art. 10 DBA-Lettland, Prot. Nr. 4 zu Art. 10 DBA-Litauen, Prot. Nr. 5 zu Art. 10 DBA-Mexiko, Art. 10 Abs. 2 Buchst. b DBA-Mongolei, Art. 10 Abs. 2 Buchst. b DBA-Namibia, Art. 10 Abs. 3 Buchst. b DBA-Ukraine, Prot. Nr. 2 zu Art. 10 DBA-Venezuela, Art. 10 Abs. 3 Buchst. b DBA-Vereinigte Arabische Emirate, Prot. Nr. 3 Buchst. b zu Art. 10 DBA-Vietnam.

könnte.[512] Jedoch wäre ein solcher auch dann zu befürchten, wenn der deutsche Anwenderstaat den betreffenden Dividendenartikel nicht anwendete.[513] Demnach ist der Auffassung zu folgen, wonach der abkommensrechtlich erweiterte Dividendenbegriff auch auf Ausschüttungen aus ausländischen Investmentfonds an inländische Anteilsinhaber zu erstrecken ist.[514] Ungeachtet der Qualifikation im ausländischen Quellenstaat ergibt sich ein Besteuerungsrecht des deutschen Vertragsstaates aus Art. 10 Abs. 1, Art. 23A Abs. 2, Art. 23B Abs. 1 OECD-MA.

bbb) Vermeidung der Doppelbesteuerung im deutschen Ansässigkeitsstaat

(1) Steuerfreistellung von Schachteldividenden

Im Grundsatz gewährt der deutsche Ansässigkeitsstaat in den deutschen DBA auf die aus dem ausländischen Vertragsstaat stammenden Dividenden die Anrechnung ausländischer Quellensteuern nach Art. 23A Abs. 2 bzw. Art. 23B Abs. 1 OECD-MA. Eine Ausnahme gilt in zahlreichen deutschen DBA für Beteiligungserträge unbeschränkt steuerpflichtiger Körperschaften, Personenvereinigungen und Vermögensmassen aus Schachtelbeteiligungen.[515] Darunter versteht man Beteiligungen einer vorgeschalteten körperschaftsteuerpflichtigen Person mit mindestens 25 v. H. an dem gezeichneten Kapital einer nachgeschalteten Kapitalgesellschaft.[516] Rechtsfolge ist die Steuerfreistellung der Beteiligungserträge gem. Art. 23A Abs. 1 OECD-MA.[517] Die Freistellung der ausgeschütteten Erträge aus ausländischen Personengesellschaften auf Grund eines der in zahlreichen deutschen DBA normierten Schachtelprivilegien steht unter dem Vorbehalt, dass der Dividendenbegriff des Methodenartikels mit dem des

---

[512] *Wolf Wassermeyer*, in Debatin/Wassermeyer, DBA-Kanada, Art. 10 Rz. 75. Im umgekehrten Falle einer Ausschüttung aus einem inländischen Investmentvermögen könnte eine Bindung des ausländischen Vertragsstaates an die deutsche Qualifikation aus einer konkreten Bezugnahme des Vermeidungsartikels auf den Dividendenartikel resultieren. Vgl. zur Theorie der Qualifikationsverkettung *Debatin*, FR 1979, 493, 495; *Burmester*, in Hemmelrath (Hrsg.), Unternehmensstrukturen, S. 120, 133.

[513] Vgl. zu den Lösungsmöglichkeiten eines solchen Qualifikationskonflikts in der deutschen Abkommenspraxis *Vogel*, in Vogel/Lehner, DBA, Einl. Rz. 168 ff.

[514] *Krabbe*, in Debatin/Wassermeyer, DBA-Griechenland, Art. VI Rz. 22; *Siegers*, in Debatin/Wassermeyer, DBA-Estland, Art. 10 Rz. 29; *Wolf Wassermeyer*, in Debatin/Wassermeyer, DBA-Kanada, Art. 10 Rz. 75; a. A. offenbar *Rosenthal*, in Debatin/Wassermeyer, DBA-Irland, Art. VI Rz. 42; *Jacob*, DBA-USA, Art. 10 Rz. 8.

[515] *Wassermeyer*, in Debatin/Wassermeyer, OECD-MA, Art. 23A Rz. 55; vgl. die Abkommensübersicht von *Vogel*, in Vogel/Lehner, DBA, Art. 23 Rz. 90.

[516] In jüngeren DBA wird die Beteiligungsquote oftmals auf 10 v. H. reduziert, *Wassermeyer*, in Debatin/Wassermeyer, OECD-MA, Art. 23A Rz. 55.

[517] Die Steuerbefreiung bezieht sich auf den Bruttobetrag der Dividende, vgl. BFH, BStBl. II 1997, 60.

Dividendenartikels übereinstimmt. Soweit in den Methodenartikeln jedoch eine Dividende vorausgesetzt wird, die einer Kapitalgesellschaft von einer anderen gezahlt wird, ist die Anwendung auf Investmentfonds in der Rechtsform der Personengesellschaft zu versagen. Enthält das DBA also eine erweiterte Dividendendefinition, sind die ausgeschütteten Erträge auf Anteile eines als Personengesellschaft gebildeten Investmentfonds als Dividenden zu behandeln; es erfolgt eine Steueranrechnung und gegebenenfalls bei Schachtelbeteiligung eine Steuerfreistellung nach Art. 23A Abs. 1 OECD-MA.

(2) Bedeutung von Aktivitätsklauseln

In zahlreichen deutschen DBA ist die Freistellung von der deutschen Einkommen- oder Körperschaftsteuer davon abhängig, ob die Einkünfte der ausländischen Betriebsstätte bzw. die Schachteldividenden ausschließlich oder überwiegend aus sogenannten aktiven oder produktiven Tätigkeiten stammen.[518] Stammen die Einkünfte nicht in dem notwendigen Umfang aus solchen Tätigkeiten, wird anstelle der Freistellungs- die Anrechnungsmethode angewandt. Zu den aktiven Tätigkeiten werden regelmäßig die Herstellung und der Verkauf von Gütern und Waren, die technische Beratung oder technische Dienstleistung sowie Bank- oder Versicherungsgeschäfte gezählt.[519] Soweit die Aktivitätsklausel des DBA nicht ausdrücklich auf die aktiven Tätigkeiten gem. § 8 Abs. 1 AStG verweist, sind die zum AStG entwickelten Grundsätze zwecks Auslegung des DBA-Tätigkeitskatalogs zumindest entsprechend heranzuziehen.[520]

(a) Urteil des BFH vom 07.08.2002

In einem Urteil vom 07.08.2002 hat der BFH die einem Aktivitätsvorbehalt unterliegenden Betriebsstätteneinkünfte für Zwecke der Vermeidung der Doppelbesteuerung in Deutschland in freizustellende originäre und in nicht freizustellende sonstige Unternehmensgewinne aufgeteilt.[521] Dem Urteil lag der Sachverhalt zugrunde, wonach ein in Deutschland ansässiger Mitunternehmer aus seiner Beteiligung an einer schweizerischen Kommanditgesellschaft anteilig Dividenden erzielte, welche aus der Beteiligung der Kommanditgesellschaft an einer schweizerischen Aktiengesellschaft stammten. Der BFH bejahte aufgrund der

---

[518] Vgl. etwa Art. 24 Abs. 1 S. 1 Nr. 1 Buchst. a, b DBA-Schweiz; vgl. die Abkommensübersichten von *Vogel*, in Vogel/Lehner, DBA, Art. 23 Rz. 16, 90.

[519] *Vogel*, in Vogel/Lehner, DBA, Art. 23 Rz. 75; *Kluge*, Rz. S 328; *Baranowski*, Rz. 574.

[520] *Vogel*, in Vogel/Lehner, DBA, Art. 23 Rz. 77; *Schaumburg*, Rz. 16.528.

[521] BFH, BStBl. II 2002, 848.

wirtschaftlichen Verbindung der beiden Schweizer Gesellschaften die funktionale Zugehörigkeit der Beteiligung zum Betriebsvermögen der Personengesellschafts-Betriebsstätte. Für die Frage der Anwendung der Methode zur Vermeidung der Doppelbesteuerung der Dividenden komme es jedoch nicht auf die funktionale Zuordnung der Einkunftsquelle zur Betriebsstätte an, sondern auf die Art der Einkunftsquelle. Diese sei aufgrund des nicht erfüllten Aktivitätskatalogs des Art. 24 Abs. 1 S. 1 Nr. 1 Buchst. a DBA Deutschland-Schweiz von passiver Natur. Daher seien die Dividenden im deutschen Ansässigkeitsstaat nicht von der Besteuerung freizustellen, sondern unter Anrechnung der auf sie entfallenden Schweizer Steuer in Deutschland zu besteuern.

(b) Literaturauffassungen

An dieser Entscheidung kritisieren *Strunk* und *Kaminski*, dass sie den Grundsatz der funktionalen Zuordnung der Einkunftsquelle zum Betriebsstättenvermögen ohne gesicherte Rechtsgrundlage verlasse.[522] Die Aufteilung nach aktiven und passiven Tätigkeiten für die Anwendung der Vermeidungsmethode verletze den in Art. 7 Abs. 2 OECD-MA verankerten Grundsatz, dass einer Betriebsstätte die Gewinne zuzurechnen seien, die sie als rechtlich selbständiges Unternehmen hätte erzielen können.[523] Ferner sei die Trennung zwischen der Zuordnung der Einkunftsquelle einerseits und der hieraus entstehenden Einkünfte andererseits nicht praktikabel, da sie dem Steuerpflichtigen den kaum zu erbringenden Nachweis der Einkunftsquellen auferlege. Nach Auffassung von *Gosch* bedeutet das Urteil des BFH hingegen lediglich eine „stärkere Ausdifferenzierung der tatsächlich-funktionalen Zugehörigkeit" bei Anwendung der Vermeidungsmethode vor dem Hintergrund der Besonderheiten des DBA Deutschland-Schweiz, welches engere Aktivitätsvoraussetzungen enthalte als die meisten anderen DBA.[524]

(c) Stellungnahme

Das zum DBA Deutschland-Schweiz ergangene Urteil des BFH[525] führt in Bezug auf ausländische Personengesellschaften, die das eingelegte Geld der Anteilsinhaber nach dem Grundsatz der Risikomischung in Wertpapiere oder Grundstücke investiert haben und daraus Einkünfte erzielen, regelmäßig zu kei-

---

522 *Strunk/Kaminski*, IStR 2003, 181, 185 f.; krit. insoweit auch *Kleineidam*, IStR 2004, 1, 2.
523 *Strunk/Kaminski*, IStR 2003, 181, 186.
524 *Gosch*, StBp 2003, 157, 158 f.
525 BFH, BStBl. II 2002, 848.

ner Änderung gegenüber der Steuerfreistellung ohne entsprechende Aktivitätsklausel. Der Geschäftszweck der Gesellschaft ist notwendigerweise auf das mit der Investmentanlage verknüpfte Bankgeschäft gerichtet, welches nach den in den deutschen DBA verankerten Aktivitätsvorbehalten grundsätzlich zu den aktiven Tätigkeiten zählt.[526] Dass ein ausländisches Investmentvermögen Zinsen oder Dividenden erwirtschaftet, ist Folge ihrer Haupttätigkeit. Sowohl nach der funktionalen Zuordnung der Erträge zur Haupttätigkeit der Gesellschaft als auch nach der Zuordnung der Einkünfte zu einer aktiven oder passiven Einkunftsquelle ergibt sich die Zugehörigkeit der Einkünfte zum ausländischen Betriebsstättengewinn, woraus eine Steuerfreistellung im deutschen Ansässigkeitsstaat resultiert. Auch das von der Rechtsprechung entwickelte Indiz gegen die Zugehörigkeit eines Vermögenswertes zu einer Betriebsstätte, dass die aus der Nutzung des Vermögenswertes erzielten Einkünfte in gleicher Weise vom Inland aus hätten erzielt werden können[527], führt bei ausländischen Investmentfonds zu keiner anderen Beurteilung. Der inländische Anteilsinhaber kann die von dem ausländischen Fonds erzielten Einkünfte bei wirtschaftlicher Betrachtung nicht selbst erzielen; andernfalls würde die wirtschaftliche Bedeutung der Investmentfondsanlage negiert. Im Ergebnis kommt es zu einer Freistellung der Einkünfte bzw. Einnahmen im deutschen Ansässigkeitsstaat, wenn die Haupttätigkeit der ausländischen Personengesellschaft auf die Erzielung aktiver Einkünfte gerichtet ist und die Betriebsstättengewinne bzw. Dividenden aus dieser aktiven Tätigkeit stammen.

b) Ausschüttungsgleiche Erträge

Die abkommensrechtliche Behandlung der ausschüttungsgleichen Erträge richtet sich danach, ob die ausländische Personengesellschaft gewerblich tätig ist und für den deutschen Anteilsinhaber eine Betriebsstätte begründet, oder ob sie lediglich private Vermögensverwaltung betreibt.

aa) OECD-MA

Ist die Personengesellschaft bzw. der Investmentfonds gewerblich tätig und begründet er für den deutschen Anteilsinhaber im ausländischen Sitzstaat des Fonds eine Betriebsstätte, sind die seitens des Fonds erzielten und thesaurierten

---

[526] Vgl. *Vogel*, in Vogel/Lehner, DBA, Art. 23 Rz. 75; *Wassermeyer*, in Debatin/Wassermeyer, OECD-MA, Art. 23 Rz. 156.

[527] Dieses Indiz ablehnend *Strunk/Kaminski*, IStR 2003, 181, 184.

Erträge regelmäßig der Betriebsstätte zuzurechnen und als Unternehmensgewinne gem. Art. 7 Abs. 1 OECD-MA im Betriebsstättenstaat zu besteuern. Dies gilt insbesondere für Dividenden und Zinsen nach Art. 10 Abs. 4, Art. 11 Abs. 4 OECD-MA sowie für Einkünfte aus Drittstaaten nach Art. 21 Abs. 2 OECD-MA.[528] Daneben sind die Erträge des Fonds aus Grundstücksinvestitionen gesondert zu behandeln und Art. 6 Abs. 1 OECD-MA zuzuordnen. Rechtsfolge ist grundsätzlich die Steuerfreistellung im deutschen Ansässigkeitsstaat gem. Art. 23A Abs. 1 OECD-MA.

Handelt es sich hingegen um eine vermögensverwaltende Personengesellschaft, sind die Erträge den Anlegern abkommensrechtlich entsprechend der jeweiligen originären Einkunftsquelle zuzurechnen.[529] Die Gesellschaft betreibt kein Unternehmen i. S. des Art. 3 Abs. 1 Buchst. c OECD-MA und kann daher keine Betriebsstätte für den deutschen Anleger begründen. Die von dem Fonds erzielten Einkünfte sind unter die speziellen Verteilungsartikel zu subsumieren.

bb) Deutsche Abkommenspraxis

Im Falle einer erweiterten Dividendendefinition in den deutschen DBA ist zu untersuchen, ob neben den ausgeschütteten Erträgen bzw. Ausschüttungen auch die ausschüttungsgleichen Erträge abkommensrechtlich als Dividenden zu behandeln sind. Der Wortlaut der Sonderregelungen in den deutschen DBA spricht regelmäßig nur von „Ausschüttungen", nicht aber von ausschüttungsgleichen oder anderen Erträgen.

aaa) Dividenden, Art. 10 OECD-MA

Nach einer im Schrifttum vertretenen Auffassung sind die ausschüttungsgleichen Erträge ungeachtet des auf Ausschüttungen beschränkten Wortlauts als Dividenden einzuordnen.[530] Im Ergebnis übereinstimmend vertritt die Finanzverwaltung die Ansicht, dass die ausschüttungsgleichen Erträge eines luxemburgischen sowie eines niederländischen Aktienfonds unter Art. 10 Abs. 1 OECD-MA bzw. die entsprechenden Dividendenartikel der betreffenden Abkommen zu subsumieren seien.[531] In der Begründung beruft sich das BMF je-

---

528 *Wolf Wassermeyer*, IStR 2001, 193, 200.
529 *Brinkhaus/Schmitt*, in Brinkhaus/Scherer, AuslInvestmG, Vor §§ 16-20 Rz. 61; *Wolf Wassermeyer*, IStR 2001, 193, 200.
530 *Brinkhaus/Schmitt*, in Brinkhaus/Scherer, AuslInvestmG, Vor §§ 16-20 Rz. 61, mit Ausnahme der Einkünfte aus unbeweglichem Vermögen gem. Art. 6 OECD-MA; *Krabbe*, in Debatin/Wassermeyer, DBA-Griechenland, Art. VI Rz. 22.
531 BMF, RIW 1999, 984.

doch nicht auf den erweiterten Dividendenbegriff in den DBA Deutschland-Luxemburg und Deutschland-Niederlande, sondern auf die Notwendigkeit einer korrespondierenden abkommensrechtlichen Behandlung dieser Erträge mit den aus einem inländischen Wertpapier-Sondervermögen erzielten ausschüttungsgleichen Erträgen. In einem früheren Schreiben hat das BMF die ausschüttungsgleichen Erträge auf Anteilsscheine eines inländischen Wertpapier-Sondervermögens dem Dividendenartikel zugeordnet.[532] Diese Auffassung ist aufgrund der abkommensrechtlichen Anknüpfung an das Recht des deutschen Quellenstaates gem. Art. 10 Abs. 3 Alt. 3 OECD-MA sachlich zutreffend, da die ausschüttungsgleichen Erträge gem. § 2 Abs. 1 S. 1 InvStG zu den Einkünften aus Kapitalvermögen gem. § 20 Abs. 1 Nr. 1 EStG gehören und damit den Einkünften aus Aktien steuerlich gleichgestellt sind.[533]

bbb) Abkommensrechtliche Auslegung

Die von der Finanzverwaltung behauptete These, es sei „folgerichtig"[534], die zu den thesaurierten Erträgen inländischer Investmentfonds vertretene Einkunftsqualifikation auf die thesaurierten Erträge ausländischer Investmentfonds zu übertragen, ist anhand der konkreten Abkommensvorschriften zu überprüfen. Sachliche Gesichtspunkte wie die wirtschaftliche Vergleichbarkeit der beiden Sachverhalte aus der Sicht des deutschen Vertragsstaates können allein nicht genügen, um entgegen abkommensrechtlicher Vorschriften die von einem ausländischen Investmentfonds thesaurierten Erträge dem Dividendenartikel zuzuweisen.[535] Dennoch ist der Auffassung der Finanzverwaltung aufgrund der Besonderheiten der DBA Deutschland-Luxemburg und Deutschland-Niederlande im Ergebnis zuzustimmen. Beide Abkommen enthalten in ihren jeweiligen Schlussprotokollen eine Erweiterung des Dividendenbegriffs nicht nur auf Ausschüttungen aus Anteilsscheinen an einem Investmentvermögen, sondern vielmehr auf „Einkünfte aus Anteilen" einer Kapitalanlagegesellschaft.[536] Der nach

---

[532] BMF, BStBl. I 1998, 367.

[533] *Salomon/Riegler*, DB 2002, 2671, 2673, weisen zu Recht darauf hin, dass durch den Rückgriff auf nationales Steuerrecht im Rahmen des Art. 10 Abs.3 Alt. 3 OECD-MA die Einkünfte aus inländischen Investmentfonds unabhängig von einer Sonderregelung in den DBA als Dividenden im Abkommenssinne zu behandeln seien.

[534] BMF, RIW 1999, 984.

[535] Vgl. *Tischbirek*, in Vogel/Lehner, DBA, Art. 10 Rz. 230, in Bezug auf ausschüttungsgleiche Erträge ausländischer Kapitalgesellschaften.

[536] Prot. Nr. 12 zu Art. 13 DBA-Luxemburg vom 23.08.1958 (BGBl. II 1959, 1270); Prot. Nr. 10 zu Art. 13 DBA-Niederlande vom 16.06.1959 (BGBl. II 1960, 1781).

dem Recht des Anwenderstaates zu bestimmende Ausdruck „Einkünfte" umfasst zweifellos nicht nur die ausgeschütteten Erträge eines Investmentvermögens, sondern auch die ausschüttungsgleichen Erträge. Darin unterscheiden sich diese DBA aber von den übrigen Abkommen mit erweitertem Dividendenbegriff.

Ob hingegen der in den anderen deutschen DBA enthaltene Ausdruck „Ausschüttungen auf Anteilsscheine an einem Investmentvermögen"[537] auch ausschüttungsgleiche Erträge erfasst, bedarf einer eingehenden Untersuchung unter Anwendung der verschiedenen abkommensrechtlichen Auslegungsmethoden. Die mit dem Abkommensabschluss angestrebte einheitliche Rechtsanwendung der DBA erfordert im Grundsatz, dass ein Auslegungsergebnis primär dem Abkommen zu entnehmen ist und nur hilfsweise eine Auslegung nach dem innerstaatlichen Recht des jeweiligen Anwenderstaates vorzunehmen ist.[538] Abkommensrechtliche Begriffe, die im Abkommen selbst nicht näher definiert sind, wie es bei dem Ausdruck „Ausschüttungen" der Fall ist, sind gem. Art. 3 Abs. 2 OECD-MA nach dem Recht des Anwenderstaates auszulegen, „wenn der Zusammenhang nichts anderes erfordert". Die Auslegung nach dem Sinnzusammenhang des Abkommens gewährleistet eine weitgehend abkommensimmanente Regelungshomogenität, stellt also sicher, dass beide Vertragsstaaten die Abkommensvorschriften einheitlich auslegen.[539] Dabei ist im Zweifelsfall diejenige Auslegung vorzugswürdig, die den primären Vertragszweck der Vermeidung der Doppelbesteuerung gewährleistet.[540] Zu den abkommensrechtlichen Auslegungsmethoden gehören die grammatische, die systematische, die historische und die teleologische Auslegung.[541]

(1) Grammatische Auslegung

Wie bereits ausgeführt, beziehen die Sonderregelungen in den deutschen DBA lediglich „Ausschüttungen" auf Anteilsscheine an einem Investmentvermögen in

537 Vgl. Art. 10 Abs. 3 DBA-Argentinien.

538 *Debatin*, DB 1985, Beilage 23, S. 1, 7.

539 *Schaumburg*, Rz. 16.63. Umstritten ist, ob darüber hinaus ein Gebot der Entscheidungsharmonie gilt, d. h. ob der deutsche Vertragsanwender berücksichtigen muss, zu welchem Auslegungsergebnis Rechtsprechung und Behörden des anderen Vertragsstaates gelangt sind. Vgl. dazu *Vogel*, in Vogel/Lehner, DBA, Einl. Rz. 114; ablehnend *Wassermeyer*, in Debatin/Wassermeyer, OECD-MA, Art. 3 Rz. 78; *Kluge*, Rz. R 45.

540 *Schaumburg*, Rz. 16.65; einschränkend *Wassermeyer*, in Debatin/Wassermeyer, OECD-MA, Art. 3 Rz. 78.

541 Art. 3 Abs. 2 OECD-MA enthält keinen Vorrang einer bestimmten Auslegungsmethode.

den Dividendenbegriff ein.[542] Demgegenüber behandeln die speziellen Vorschriften in den Schlussprotokollen der DBA Deutschland-Luxemburg und Deutschland-Niederlande ganz allgemein die „Einkünfte“ auf solche Anteilsscheine als Dividenden.[543] Der Ausdruck „Ausschüttungen“ ist in den Abkommen ebenso wenig definiert wie jener der Einkünfte. Nach seinem allgemeinen Sprachgebrauch wird man unter diesem Begriff jedoch keine thesaurierten Einkünfte verstehen können, die Gegenstand einer fiktiven Ausschüttung sind. Gleiches gilt für die Wortlautfassungen in der Übersetzung des jeweiligen ausländischen Vertragsstaates, welche nach Art. 33 des Wiener Übereinkommens über das Recht der Verträge (WÜRV) vom 23.05.1969[544] für die Auslegung in gleicher Weise verbindlich sind.[545]

(2) Systematische Auslegung

Zur Ermittlung des objektiven Willens der Vertragsparteien ist neben dem Abkommenswortlaut der systematische Zusammenhang der einzelnen Vertragsnorm mit anderen Vorschriften des Abkommens heranzuziehen. Da der erweiterte abkommensrechtliche Dividendenbegriff Bestandteil des Dividendenartikels ist, welcher grundsätzlich eine die Dividende „ausschüttende Gesellschaft“ voraussetzt[546], bestehen Zweifel gegenüber der Einbeziehung ausschüttungsgleicher Erträge. Diese werden nicht tatsächlich gezahlt oder ausgeschüttet, sondern im Wege einer fiktiven Ausschüttung als zugeflossen bzw. ausgeschüttet behandelt. Andererseits belegt die wirtschaftliche Bezeichnung des Investmentfonds

---

542 Einige Abkommen sprechen von „Einkünften aus Ausschüttungen auf Anteilsscheine an einem Investmentvermögen“, vgl. Art. 10 Abs. 3 DBA-Elfenbeinküste, Art. 10 Abs. 5 DBA-Marokko, Art. 10 Abs. 4 DBA-Spanien, Art. 7 Abs. 4 DBA-Südafrika. Teilweise wird statt des Begriffs „Ausschüttungen“ der Begriff „ausgeschüttete Gewinne“ verwandt, so Prot. Nr. 3 zu Art. 10 DBA-Indien, Prot. Nr. 5 zu Art. 10 DBA-Mexiko, Prot. Nr. 2 zu Art. 10 DBA-Venezuela.

543 Prot. Nr. 12 zu Art. 13 DBA-Luxemburg vom 23.08.1958 (BGBl. II 1959, 1270); Prot. Nr. 10 zu Art. 13 DBA-Niederlande vom 16.06.1959 (BGBl. II 1960, 1781).

544 Die Konvention ist in ihrer deutschen Fassung (BGBl. II 1965, 926) seit dem 20.08.1987 Bestandteil des innerstaatlichen Rechts (BGBl. II 1987, 757). Dessen Vorschriften wurden jedoch bereits zuvor beim Abschluss von DBA berücksichtigt. Die Auslegungsregeln des WÜRV gelten subsidiär zu den speziellen Auslegungsregeln der DBA; *Vogel*, in Vogel/Lehner, DBA, Einl. Rz. 105; *Schaumburg*, Rz. 16.69.

545 Art. 33 Abs. 1 WÜRV bestimmt: „Ist ein Vertrag in zwei oder mehr Sprachen als authentisch festgelegt worden, so ist der Text in jeder Sprache in gleicher Weise maßgebend, sofern nicht der Vertrag vorsieht oder die Vertragsparteien vereinbaren, dass bei Abweichungen ein bestimmter Text vorgehen soll.“ Die englischen Abkommensfassungen deutscher DBA übersetzen den Begriff „Ausschüttungen“ mit dem Begriff „distributions“, die spanischen mit „distribucion“ und die französischen mit „distributions“.

546 Vgl. Art. 10 Abs. 4 DBA-USA.

als „Investmentvermögen“, dass es sich bei dem Fonds nicht notwendigerweise um eine Gesellschaft i. S. des Art. 10 Abs. 3 OECD-MA handeln muss. Bedenken gegenüber einer extensiven Begriffsauslegung resultieren vielmehr aus einem Vergleich des Ausdrucks „Ausschüttungen“ mit den ebenfalls in zahlreichen deutschen Abkommen erfassten „Einkünften eines stillen Gesellschafters aus seiner Beteiligung als stiller Gesellschafter“.[547] Der mutmaßliche Wille des deutschen Vertragspartners zur Einbeziehung ausschüttungsgleicher Erträge hätte dementsprechend durch die Formulierung „Einkünfte auf Anteilsscheine an einem Investmentvermögen“ erfolgen können, wie in den DBA mit Luxemburg und den Niederlanden geschehen. Während unter „Einkünften“ alle nach innerstaatlichem Steuerrecht steuerpflichtigen Einkünfte verstanden werden, also insbesondere auch ausschüttungsgleiche Erträge, ist der Begriff der „Ausschüttungen“ gem. § 1 Abs. 3 S. 1 InvStG von dem der ausschüttungsgleichen Erträge gem. § 1 Abs. 3 S. 3 InvStG zu unterscheiden.

(3) Historische Auslegung

Die Materialien zu den deutschen DBA geben keinen Aufschluss darüber, ob die Vertragsstaaten mit dem Ausdruck „Ausschüttungen“ sämtliche steuerpflichtigen Erträge aus in- und ausländischen Investmentfonds erfassen wollten. Demgegenüber ist die Entstehungsgeschichte der speziellen Dividendenregelungen aufschlussreich.

Vor In-Kraft-Treten des KAGG am 17.04.1957[548] wurden in den von der Bundesrepublik Deutschland abgeschlossenen DBA keine Sonderregelungen zu Einkünften aus Investmentvermögen vereinbart.[549] Die Abkommen mit Luxemburg vom 23.08.1958[550] und den Niederlanden vom 16.06.1959[551] enthielten mit als erste überhaupt eine Sonderregelung zu Einkünften aus Investmentfonds und behandelten ganz allgemein die „Einkünfte“ aus entsprechenden Investmentanteilen als Dividenden im abkommensrechtlichen Sinne. Obwohl die Steuer-

---

547 Vgl. *Tischbirek*, in Vogel/Lehner, DBA, Art. 10 Rz. 165.

548 Gesetz vom 16.04.1957, BGBl. I 1957, 378.

549 Vgl. DBA-USA vom 22.07.1954, BGBl. II 1954, 1118; DBA-Großbritannien vom 18.08.1954, BGBl. I 1955, 612; DBA-Österreich vom 04.10.1954, BGBl. II 1955, 749 und DBA-Kanada vom 04.06.1956, BStBl. II 1957, 188. Diese vier Abkommen wurden zwischenzeitlich durch neuere Abkommen aufgehoben, welche jeweils Sonderregelungen zu Ausschüttungen aus Investmentvermögen enthalten.

550 BGBl. II 1959, 1270.

551 BGBl. II 1960, 1781.

pflicht ausschüttungsgleicher Erträge erst 1960 gesetzlich geregelt wurde[552] und der deutsche Vertragspartner damit allen Grund hatte, diese Erträge abkommensrechtlich in den erweiterten Dividendenbegriff einzubeziehen, wurden alle nachfolgenden Abkommen mit einem engeren Wortlaut verfasst. Sämtliche nachfolgenden Abkommen behandeln lediglich „Ausschüttungen" auf Anteilsscheine an einem Investmentvermögen als Dividenden i. S. des Art. 10 Abs. 3 OECD-MA. Diese enge Abkommensformulierung wurde selbst nach In-Kraft-Treten des AuslInvestmG[553] und der damit verbundenen innerstaatlichen Steuerpflicht ausschüttungsgleicher Erträge aus ausländischen Investmentfonds beibehalten. Die weitergehende Begriffsverwendung aus der Zeit vor der erstmaligen Besteuerung ausschüttungsgleicher Erträge legt die Vermutung nahe, dass der deutsche Vertragspartner mit einer möglichen Forderung nach einem weiten Einkünftebegriff auf der Abkommensebene nicht durchgedrungen ist.

Dieses Auslegungsergebnis wird bestätigt durch die unterschiedlichen Wortlautfassungen des früheren DBA Deutschland-Schweden vom 17.04.1959.[554] Art. 3 Abs. 4 S. 2 DBA Deutschland-Schweden verstand unter Dividenden in seiner deutschen Fassung „Ausschüttungen auf Anteilsscheine einer Kapitalanlagegesellschaft", in seiner schwedischen Fassung hingegen „Einkünfte" auf solche Anteilsscheine. Dieser weite schwedische Abkommenswortlaut wurde jedoch im neuen DBA Deutschland-Schweden vom 14.07.1992[555] auch in der schwedischen Fassung auf Ausschüttungen eingeschränkt, obwohl damals und im Gegensatz zur deutschen Rechtslage im Jahr 1959 auch ausschüttungsgleiche Erträge der innerstaatlichen Steuerpflicht unterlagen. Damit deutet auch die Entstehungsgeschichte des DBA Deutschland-Schweden darauf hin, dass die Vertragspartner trotz Einführung der Steuerpflicht thesaurierter Fondserträge im deutschen Steuerrecht diese Erträge nicht als Dividenden im abkommensrechtlichen Sinne einordnen wollten bzw. keine entsprechende Einigung erzielten.

(4) Teleologische Auslegung

Weder die grammatische, die systematische noch die historische Auslegung legitimiert die Einbeziehung ausschüttungsgleicher Erträge in den erweiterten Dividendenbegriff. Dennoch könnte sich ein extensives Verständnis der Sonder-

---

[552] Änderungsgesetz zum KAGG vom 09.08.1960, BGBl. I 1960, 682.
[553] Das AuslInvestmG vom 28.07.1969 (BGBl. I 1969, 986) trat am 01.11.1969 in Kraft.
[554] BGBl. II 1960, 1815.
[555] BGBl. II 1994, 686.

reglung aus dem Sinn und Zweck des erweiterten Dividendenbegriffs ergeben. In der Literatur wird vermutet, dass die Vertragspartner die Abkommensformulierung nicht bis in die letzte Konsequenz durchdacht hätten.[556] Aus Sicht des deutschen Vertragsstaates ist nämlich kein sachlicher Grund ersichtlich, die im innerstaatlichen Recht zur gleichen Einkunftsart gehörenden ausgeschütteten und ausschüttungsgleichen Erträge auf der Abkommensebene unterschiedlich zu behandeln. Die Tatsache, dass der Abkommenswortlaut dem unterstellten Gleichbehandlungswillen keine Rechnung trägt, lässt sich verschiedentlich deuten. Zum einen mag es dem deutschen Vertragspartner darum gegangen sein, die vielfach bestrittene Steuersubjekteigenschaft inländischer Sondervermögen und deren abkommensrechtliche Einordnung als Gesellschaft festzustellen, um das aus dem jeweiligen Dividendenartikel resultierende Quellenbesteuerungsrecht abzusichern.[557] Zum anderen hätte die ausdrückliche Bezugnahme ausschüttungsgleicher Erträge unweigerlich zu einer komplizierten Abkommensfassung geführt.[558]

Die abkommensrechtliche Gleichbehandlung ausgeschütteter und ausschüttungsgleicher Erträge setzt jedoch voraus, dass der Abkommenszusammenhang gewahrt bleibt, insbesondere die in den Verteilungsnormen festgelegte Besteuerungsbefugnis des anderen Vertragsstaates nicht verletzt wird. Ausschüttungsgleiche Erträge aus Investmentfonds, die als Personengesellschaft ausgestaltet sind, können richtigerweise nur dann als Dividenden im Abkommenssinne behandelt werden, wenn das bei ihrer Nichteinbeziehung bestehende Besteuerungsrecht des anderen Vertragsstaates weniger eingeschränkt würde als bei Einbeziehung dieser Erträge in den Dividendenartikel. Diese Annahme kann jedoch weder bei gewerblichen noch bei immobilienverwaltenden bzw. vermögensverwaltenden Personengesellschaften getroffen werden. Die ausschüttungsgleichen Erträge aus ausländischen, gewerblich tätigen Personengesellschaften unterliegen als Betriebsstättengewinne regelmäßig einem in der Höhe uneingeschränkten Besteuerungsrecht des ausländischen Quellenstaates

---

556 *Lechner*, in Gassner/Lang/Lechner, DBA Österreich-Deutschland, S. 81, 94; *Tischbirek*, in Vogel/Lehner, DBA, Art. 10 Rz. 230.

557 Vgl. *Tischbirek*, in Vogel/Lehner, DBA, Art. 10 Rz. 230; *Wolf Wassermeyer*, in Debatin/Wassermeyer, DBA-Kanada, Art. 10 Rz. 75.

558 Es sei denn, die Vertragsstaaten hätten statt ausgeschütteter und ausschüttungsgleicher Erträge weitergehend den Begriff der „Einkünfte aus Investmentanteilen“ verwendet.

gem. Art. 7 Abs. 1 OECD-MA. Dasselbe gilt grundsätzlich für ausländische, grundstücksverwaltende Personengesellschaften gem. Art. 6 Abs. 1 OECD-MA. Für beide Arten von Investmentfonds würde die Einordnung der ausschüttungsgleichen Erträge in den Dividendenartikel regelmäßig eine Beschränkung des Besteuerungsrechts des ausländischen Vertragsstaates dem Umfang nach entsprechend Art. 10 Abs. 2 OECD-MA bedeuten.[559] Demgegenüber könnte der deutsche Vertragsstaat als Quellenstaat für die Erträge aus Anteilen an inländischen Personengesellschaften ein uneingeschränktes Besteuerungsrecht gem. Art. 7 Abs. 1 S. 1, Art. 6 Abs. 1 OECD-MA wahrnehmen. Die Sonderregelungen in den Dividendenartikeln finden auf Einkünfte aus inländischen Personengesellschaften bereits deshalb keine Anwendung, da Personengesellschaften aus Sicht des deutschen Anwenderstaates nicht zu den zugelassenen Rechtsformen inländischer Investmentvermögen i. S. des § 1 Abs. 1 Nr. 1 InvStG gehören. Ein solches Auslegungsergebnis, welches einseitig den deutschen Vertragsstaat begünstigt, hätte wenig Aussicht, von dem ausländischen Vertragsstaat akzeptiert zu werden.[560] Die erweiterte Dividendendefinition ist daher auch aus teleologischen Gesichtspunkten nicht auf ausschüttungsgleiche Erträge auf Anteile an ausländischen Personengesellschaften anwendbar.

ccc) Ergebnis

Es bleibt im Ergebnis festzuhalten, dass ausschüttungsgleiche Erträge aus einer ausländischen Personengesellschaft, auf die das DBA Deutschland-Luxemburg sowie das DBA Deutschland-Niederlande keine Anwendung findet, nicht als Dividenden im abkommensrechtlichen Sinne behandelt werden können, es sei denn, die Erträge würden nach dem Recht des ausländischen Quellenstaates entsprechend Art. 10 Abs. 3 Alt. 3 OECD-MA den Einkünften aus Aktien steuerlich gleichgestellt. Dies dürfte bei Personengesellschaften praktisch ausgeschlossen sein, sofern der Quellenstaat die Gesellschaft nicht per se als Kapital-

---

559 Keine Änderung ergäbe sich für vermögensverwaltende Investmentfonds, deren Erträge sich aus Dividenden zusammensetzen. Für Investmentfonds, deren Erträge aus Zinsen bestehen, lässt sich aufgrund der unterschiedlichen Quellenbesteuerung von Zinsen in den deutschen DBA keine verallgemeinerungsfähige Aussage treffen, ob und inwieweit die Anwendung des erweiterten Dividendenbegriffs zu einer stärkeren Einschränkung des Besteuerungsrechts des ausländischen Vertragsstaates führen würde. Vgl. die Abkommensübersicht zu den Quellensteuersätzen auf Zinsen von *Pöllath*, in Vogel/Lehner, DBA, Art. 11 Rz. 48.

560 Vgl. *Schaumburg*, Rz. 16.54; *Wassermeyer*, in Debatin/Wassermeyer, OECD-MA, Art. 3 Rz. 78.

gesellschaft besteuert oder aber dieser ein Wahlrecht zur Besteuerung als Kapitalgesellschaft einräumt.[561] Grundsätzlich werden die ausschüttungsgleichen Erträge auf Anteile eines als Personengesellschaft strukturierten Investmentfonds bei erweiterter Dividendendefinition in den deutschen DBA genauso behandelt wie unter dem OECD-MA; die abkommensrechtliche Behandlung hängt damit wiederum von der Ausgangsfrage ab, ob die Gesellschaft gewerblich oder vermögensverwaltend tätig ist.

c) Zwischengewinne

aa) OECD-MA

Die abkommensrechtliche Einordnung der gem. § 17 Abs. 2a, § 18 Abs. 1 S. 1 AuslInvestmG steuerpflichtigen Zwischengewinne war bislang nicht Gegenstand einer ausdrücklichen Stellungnahme der Finanzverwaltung. Die Zwischengewinne gehören nach innerstaatlicher Qualifikation entweder zu den Einkünften aus Kapitalvermögen gem. § 20 Abs. 1 Nr. 1 EStG oder zu den betrieblichen Einkunftsarten gem. § 13, § 15 oder § 18 EStG. Aufgrund ihrer steuerlichen Erfassung im Zeitpunkt der Rückgabe oder Veräußerung der Investmentanteile bzw. der Abtretung der Ansprüche aus den Anteilen gem. § 17 Abs. 2a S. 3 AuslInvestmG liegt die Anwendung des Verteilungsartikels über die Besteuerung von Veräußerungsgewinnen gem. Art. 13 OECD-MA nahe.

aaa) Veräußerungsgewinne, Art. 13 OECD-MA

Gem. Art. 13 Abs. 2 OECD-MA können Gewinne aus der Veräußerung beweglichen Vermögens, das Betriebsvermögen einer Betriebsstätte ist, die ein Unternehmen eines Vertragsstaates im anderen Vertragsstaat hat, im Betriebsstättenstaat besteuert werden. Die Abkommensvorschrift schließt ausdrücklich die Gewinne ein, die bei der Veräußerung einer solchen Betriebsstätte erzielt werden. Ist die ausländische Personengesellschaft gewerblich tätig und begründet sie für den deutschen Gesellschafter eine Betriebsstätte, ist der Verkauf eines Gesellschaftsanteils, der zum Betriebsvermögen gehört, unter Art. 13 Abs. 2 OECD-MA zu subsumieren, da die Veräußerung der Beteiligung an der Perso-

---

[561] Vgl. zu den US-amerikanischen sogenannten „check-the-box-regulations" *Prokisch*, in Vogel/Lehner, DBA, Art. 1 Rz. 21.

nengesellschaft als Veräußerung der Betriebsstätte angesehen wird.[562] Der erzielte Veräußerungsgewinn kann gem. Art. 13 Abs. 2 OECD-MA im Sitzstaat der Personengesellschaft besteuert werden.

Art. 13 Abs. 5 OECD-MA enthält eine Auffangvorschrift für alle Veräußerungsgewinne, die in den vorhergehenden Absätzen nicht genannt werden. Danach werden diese Veräußerungsgewinne im Ansässigkeitsstaat des Veräußerers besteuert. Da die Beteiligung an einer vermögensverwaltenden Personengesellschaft keine Betriebsstätte begründet, kann der Verkauf eines entsprechenden Gesellschaftsanteils unter Art. 13 Abs. 1, 5 OECD-MA zu subsumieren sein. Im Zusammenhang mit der Besteuerung von Zwischengewinnen aus Anteilen an einer ausländischen Personengesellschaft ist das Merkmal eines Veräußerungsgewinns i. S. des Art. 13 OECD-MA näher zu betrachten. Dies betrifft zum einen den konkreten Besteuerungsgegenstand der Zwischengewinne, zum anderen die Frage, ob auch die Rückgabe von Investmentanteilen der Veräußerung gleichzusetzen ist.

bbb) Besteuerung von Zwischengewinnen als Form der Substanzbesteuerung

Zwischengewinne enthalten bestimmte Entgelte für die dem Anteilsinhaber noch nicht zugeflossenen oder als zugeflossen geltenden Einnahmen gem. § 17 Abs. 2a S. 2 AuslInvestmG. Dazu gehören in erster Linie Zinserträge und im Wege der Rechnungsabgrenzung bereits aktivierte Ansprüche des Fonds. Der Besteuerungszeitpunkt der Zwischengewinne, welcher gem. § 17 Abs. 2a S. 3 AuslInvestmG im Zeitpunkt der Veräußerung, der Rückgabe oder der Abtretung der Ansprüche aus den ausländischen Investmentanteilen liegt, kann für die Einordnung in die abkommensrechtliche Einkunftsart nicht entscheidend sein. Ebenso ist die innerstaatliche Qualifikation der Zwischengewinne als Einkünfte aus Kapitalvermögen gem. § 17 Abs. 2a S. 1 AuslInvestmG unerheblich.

Der Ausdruck „Veräußerungsgewinn“ ist im OECD-MA selbst nicht definiert. Nach Auffassung des Kommentars zum OECD-MA sollen mit der Verwendung der Worte „Veräußerung von Vermögen“ insbesondere die Gewinne aus der

---

562 *Prokisch*, in Vogel/Lehner, DBA, Art. 13 Rz. 34; *Schaumburg*, Rz. 16.391; *Wassermeyer*, in Debatin/Wassermeyer, OECD-MA, Art. 13 Rz. 79; *Fischer-Zernin*, in Becker/Höppner/Grotherr/Kroppen, OECD-MA, Art. 13 Rz. 20; *Strunk*, in Grotherr/Herfort/Strunk, S. 557; *Kluge*, Rz. S 256.

Veräußerung von Vermögenswerten erfasst werden.[563] Im Detail ist der Begriff des Veräußerungsgewinns gem. Art. 3 Abs. 2 OECD-MA nach dem innerstaatlichen Recht des Anwenderstaates auszulegen.[564] Nach ständiger Rechtsprechung erfüllt die Übertragung des wirtschaftlichen Eigentums an einem Vermögensgegenstand auf einen anderen Rechtsträger den Tatbestand einer Veräußerung i. S. des § 17 Abs. 1 EStG.[565] Gleiches muss für die Veräußerung eines Investmentanteils sowie die Abtretung der Ansprüche aus einem solchen gelten. Bei Betrachtung des Besteuerungsgegenstandes sind die Zwischengewinne als Veräußerungsgewinne i. S. des Art. 13 OECD-MA zu behandeln, da sich der abkommensrechtliche Veräußerungsbegriff auf die Besteuerung der das Vermögen übertragenden Person bezieht.[566] Die auf der Fonds- bzw. Gesellschaftsebene thesaurierten Zinserträge und andere zum Zwischengewinn zählende Einnahmen mögen aus Sicht des Investmentfonds zu den laufenden Erträgen gehören. Aus Sicht des Anteilsinhabers erhöhen sie den Wert seines Anteils und führen im Zeitpunkt der Veräußerung oder der Abtretung der Ansprüche aus den Anteilen zu einer Substanzbesteuerung. Dementsprechend sind die Zwischengewinne bei Ermittlung eines Veräußerungsgewinns gem. § 23 Nr. 2 EStG von dem Veräußerungspreis abzuziehen, um eine doppelte einkommensteuerliche Erfassung zu vermeiden.[567] Richtigerweise führt auch die Rückgabe eines Anteilsscheins an den Investmentfonds zu einer Übertragung des wirtschaftlichen Eigentums an den Vermögensgegenständen auf ein anderes Rechtssubjekt; der Rückgabe des Anteils liegt aus Sicht des Anlegers der gleiche Gewinnrealisierungscharakter zugrunde wie im Falle der Veräußerung an einen neuen Anteilsinhaber.[568] Daher erfüllen sowohl die Veräußerung, die Rückgabe als auch die Abtretung der An-

---

[563] Art. 13 Nr. 5 OECD-MK.

[564] *Fischer-Zernin*, in Becker/Höppner/Grotherr/Kroppen, OECD-MA, Art. 13 Rz. 1 f.; *Schaumburg*, Rz. 16.382; *Prokisch*, in Vogel/Lehner, DBA, Art. 13 Rz. 3. Demgegenüber geht *Wassermeyer* unter Rückgriff auf die einzeln aufgezählten Tatbestände gem. Art. 13 Nr. 5 OECD-MK von einem eigenständigen Abkommensbegriff aus, vgl. *Wassermeyer*, in Debatin/Wassermeyer, OECD-MA, Art. 13 Rz. 3, 21.

[565] Vgl. BFH, BStBl. II 1977, 145, 146; BStBl. II 1983, 640, 642; BStBl. II 1989, 271, 273.

[566] *Wassermeyer*, in Debatin/Wassermeyer, OECD-MA, Art. 13 Rz. 23.

[567] *Lübbehüsen*, in Brinkhaus/Scherer, KAGG, § 39 Rz. 80; *Hennig/Bengard*, BB 1999, 1901, 1902.

[568] Demgegenüber wird bei der innerstaatlichen Besteuerung der Anteilsrückgabe an inländische Sondervermögen die Ansicht vertreten, dass die Rückgabe des Anteilsscheins an die Kapitalanlagegesellschaft zu einem Erlöschen des Wertpapiers führt und eine Besteuerung gem. § 22 Nr. 2, § 23 Abs. 1 S. 1 Nr. 1 Buchst. b EStG ausschließt; vgl. *Baur*, KAGG, Vor § 37a Rz. 57, 99; *Dahm/Hamacher*, WM 1994, Beilage 3, S. 1, 20 f.

sprüche eines Investment- bzw. Gesellschaftsanteils an einer ausländischen Personengesellschaft den Tatbestand der Veräußerung i. S. des Art. 13 Abs. 1, 2 und 5 OECD-MA.

ccc) Ergebnis

Zwischengewinne sind abkommensrechtlich als Veräußerungsgewinne zu behandeln, die bei Beteiligung an gewerblichen Personengesellschaften und Zugehörigkeit der Anteile zum Betriebsstättenvermögen gem. Art. 13 Abs. 2 OECD-MA im ausländischen Betriebsstättenstaat besteuert werden können. Der deutsche Ansässigkeitsstaat vermeidet die Doppelbesteuerung durch Freistellung oder Anrechnung der ausländischen Steuer gem. Art. 23A Abs. 1, Art. 23B Abs. 1 OECD-MA. Ist die Personengesellschaft vermögensverwaltend tätig, sind die Zwischengewinne gem. Art. 13 Abs. 5 OECD-MA ausschließlich im deutschen Ansässigkeitsstaat zu besteuern. Eine Ausnahme gilt für die Veräußerung von Anteilen an immobilienverwaltenden Personengesellschaften; daraus erzielte Veräußerungsgewinne können gem. Art. 13 Abs. 1 OECD-MA im ausländischen Sitzstaat der Personengesellschaft besteuert werden.[569]

bb) Deutsche Abkommenspraxis

Zwischengewinne aus Anteilen an einer ausländischen Personengesellschaft werden von dem erweiterten Dividendenbegriff der deutschen DBA grundsätzlich nicht erfasst. Ein anderes Ergebnis wäre mit dem insoweit eindeutigen Wortlaut der deutschen Abkommen nicht vereinbar.[570] Im Übrigen ist auf die Ausführungen zu den ausschüttungsgleichen Erträgen in der deutschen Abkommenspraxis zu verweisen.[571] Es bleibt daher bei der Behandlung der Zwischengewinne entsprechend dem OECD-MA.

---

[569] Vgl. zu Immobiliengesellschaften in der Rechtsform der Kapitalgesellschaft *Wassermeyer*, in Debatin/Wassermeyer, OECD-MA, Art. 13 Rz. 43; *Prokisch*, in Vogel/Lehner, DBA, Art. 13 Rz. 13.

[570] Eine Ausnahme gilt für die DBA Deutschland-Luxemburg und Deutschland-Niederlande. Die in den jeweiligen Schlussprotokollen dieser Abkommen enthaltene Ausweitung des Dividendenbegriffs auf „Einkünfte" aus Investmentanteilen bezieht sich auf sämtliche steuerpflichtigen Einkünfte des nationalen Rechts und damit auch auf Zwischengewinne.

[571] Kapitel 4, B., III., 2., b), ccc) S. 150.

d) Pauschaler Mehr- bzw. Mindestbetrag

aa) OECD-MA

Der Mehrbetrag i. S. des § 6 S. 1 Hs. 1 InvStG in Höhe von 70 v. H. der Differenz aus dem letzten und dem ersten im Kalenderjahr festgesetzten Rücknahmepreis sowie der Mindestbetrag gem. § 6 S. 1 Hs. 2 InvStG in Höhe von 10 v. H. des letzten im Kalenderjahr festgesetzten Rücknahmepreises verkörpern thesaurierte Erträge des Fonds, welche mangels ordnungsgemäßer Bekanntmachung der Besteuerungsgrundlagen pauschal ermittelt werden.[572] Nach § 6 S. 3 InvStG fällt der Besteuerungszeitpunkt auf den Ablauf des jeweiligen Kalenderjahres, entsprechend dem Zeitpunkt der Besteuerung ausschüttungsgleicher Erträge gem. § 2 Abs. 1 S. 3 InvStG. Aus Sicht des Steuerobjekts sowie der Steuererhebung sind ausschüttungsgleiche Erträge und der Mehrbetrag art- und wesensgleich, weshalb eine abkommensrechtliche Gleichbehandlung vorzunehmen ist. Zunächst ist der Mehrbetrag nach § 6 InvStG kraft Gesetzes keiner Einkunftsart gem. § 2 Abs. 1 EStG explizit zugeordnet. Es besteht jedoch Einigkeit darüber, dass eine ausdrückliche Zurechnungsvorschrift nicht erforderlich ist, da die Besteuerung des Mehrbetrages ein Ersatztatbestand für die Besteuerung ausschüttungsgleicher Erträge darstellt und damit auch eine Zurechnung der Erträge zu den Einkünften aus Kapitalvermögen i. S. des § 20 Abs. 1 Nr. 1 EStG zu erfolgen hat, wenn der Mehrbetrag nicht zu den Betriebseinnahmen des Steuerpflichtigen gehört.[573] Der in der Literatur erhobene Einwand[574], § 6 S. 1 InvStG bzw. der frühere § 18 Abs. 3 AuslInvestmG rechne keine thesaurierten Erträge gegenüber dem Anteilsinhaber zu, sondern setze bei der Wertentwicklung ein, vermag nicht zu überzeugen. Die Anknüpfung an den Rücknahmepreis als steuerliche Bemessungsrundlage hat zwar substanzbesteuernden Charakter. Dies ändert aber nichts daran, dass der Mehrbetrag die nicht nachgewiesenen thesaurierten Erträge ersetzt. Die pauschale steuerliche Ermittlung lässt sich mit der Notwendigkeit einer Grundlage für eine Schätzung der thesaurierten Erträge er-

---

[572] *Brinkhaus*, in Brinkhaus/Scherer, AuslInvestmG, § 18 Rz. 38.

[573] *Beckmann/Scholtz*, in Beckmann/Scholtz/Vollmer, AuslInvestmG, § 18 Rz. 78, verstehen die Zurechnung der Investmenterträge zu den Einkünften aus Kapitalvermögen i. S. des § 20 Abs. 1 Nr. 1 EStG als einen allgemeinen Besteuerungsgrundsatz der Investmentfondsbesteuerung.

[574] *Fock*, RIW 2003, 118, 129.

klären.[575] Im Ergebnis ist der Mehrbetrag abkommensrechtlich mit den ausschüttungsgleichen Erträgen gleich zu behandeln.
Die abkommensrechtliche Einordnung des Mehr- bzw. des Minderbetrags hängt daher wiederum davon ab, ob die Personengesellschaft gewerblich tätig ist oder nicht. Handelt es sich um eine gewerbliche Personengesellschaft, die für den inländischen Gesellschafter und Anteilsinhaber eine Betriebsstätte begründet, und sind die dem pauschal ermittelten Mehr- bzw. Mindestbetrag zu Grunde liegenden Einkünfte der Betriebsstätte zuzurechnen, ist von Betriebsstättengewinnen nach Art. 7 Abs. 1 S. 2 OECD-MA auszugehen, welche im deutschen Ansässigkeitsstaat gem. Art. 23A OECD-MA steuerfrei zu stellen sind. Anders verhält es sich bei vermögensverwaltenden Personengesellschaften. Mangels Betriebsstätte im ausländischen Sitzstaat der Gesellschaft ist der Mehr- bzw. Mindestbetrag nach der Herkunft der thesaurierten Fondseinkünfte aufzuteilen und in die speziellen Verteilungsnormen der Art. 6-21 OECD-MA einzuordnen. Gleiches gilt für die einer Betriebsstätte mangels tatsächlicher Zugehörigkeit nicht zuzurechnenden Einkünfte. Die Vermeidungsmaßnahme im deutschen Ansässigkeitsstaat richtet sich nach dem Vorliegen der betreffenden Verteilungsnorm.

bb) Deutsche Abkommenspraxis

Ebensowenig wie im Falle der Zwischengewinne erfasst die erweiterte Dividendendefinition der deutschen DBA den Mehr- bzw. Mindestbetrag im Sinne des § 6 S. 1 InvStG, abgesehen von den DBA Deutschland-Luxemburg und Deutschland-Niederlande. Die abkommensrechtliche Behandlung stimmt mit der nach dem OECD-MA überein.

3. Zusammenfassung

Die abkommensrechtliche Qualifikation der Einkünfte aus Anteilen an ausländischen Investmentfonds in der Rechtsform der Personengesellschaft ist bei Anwendung des OECD-MA von der Einordnung der Tätigkeit des Investmentfonds als gewerblich oder vermögensverwaltend abhängig. Je nach Beantwortung die-

---

[575] Die pauschale Ermittlung des Mehrbetrages ersetzt die Schätzung der Erträge gem. § 162 Abs. 1 AO, auf welche die Finanzverwaltung in grenzüberschreitenden Fällen auf besondere Art und Weise angewiesen ist. Vgl. zu den erhöhten Mitwirkungspflichten des Steuerpflichtigen und der Schätzungsbefugnis der Finanzverwaltung im allgemeinen BFH, BStBl. II 1989, 462.

ser Ausgangsfrage ergibt sich die im deutschen Ansässigkeitsstaat zu treffende Vermeidungsmaßnahme i. S. der Art. 23A, Art. 23B OECD-MA. Hiervon abweichend ist in der überwiegend durch einen erweiterten abkommensrechtlichen Dividendenbegriff gekennzeichneten deutschen Abkommenspraxis bei Ausschüttungen bzw. ausgeschütteten Erträgen aus entsprechenden Investmentfonds von Dividenden im Abkommenssinne auszugehen. Die übrigen steuerpflichtigen Einkünfte sind nach hier vertretener Auffassung von diesen Sonderregelungen ausgenommen.[576]

Insgesamt resultiert daraus eine uneinheitliche Abkommensanwendung, die mittels ausdrücklicher Regelung der abkommensrechtlichen Behandlung von Einkünften aus Anteilen an inländischen und ausländischen Investmentfonds behoben werden könnte. Zukünftige Abkommensfassungen könnten entweder durch die Formulierung „Ausschüttungen und Einkünfte, die steuerlich wie Ausschüttungen behandelt werden" oder den weitergehenden Ausdruck „Einkünfte aus Investmentanteilen" zu einer Gleichbehandlung wirtschaftlich als gleich erachteter Sachverhalte führen.

IV. Ausländische Investmentfonds in der Rechtsform einer Kapitalgesellschaft

1. Abkommensberechtigung steuerbefreiter Investmentfonds

Die Abkommensberechtigung eines ausländischen Investmentfonds in der Rechtsform einer Kapitalgesellschaft ergibt sich aus dessen Ansässigkeit im ausländischen Vertragsstaat gem. Art. 1 OECD-MA. Für die abkommensrechtliche Behandlung der beim Anteilsinhaber gem. § 2 Abs. 1, § 6 InvStG steuerpflichtigen Einkünfte nach dem OECD-MA soll im Grundsatz von einer in ihrem Sitzstaat unbeschränkt steuerpflichtigen Kapitalgesellschaft ausgegangen werden. Aufgrund der teilweise anzutreffenden Staatenpraxis, Investmentfonds in der Rechtsform einer Kapitalgesellschaft zur Vermeidung einer wirtschaftlichen Doppelbesteuerung in ihrem Sitzstaat sachlich oder persönlich von einer Ertragsbesteuerung zu befreien[577], wird im Folgenden auf die damit verbundenen Zweifelsfragen einer Abkommensberechtigung des Investmentfonds eingegangen. Beispielhaft werden luxemburgische Investmentfonds in der Rechtsform

---

[576] Mit Ausnahme der DBA Deutschland-Luxemburg und Deutschland-Niederlande.

[577] Vgl. *Baur*, KAGG, Einl. III, Rz. 121, 132 und 277 für luxemburgische, niederländische und US-amerikanische Investmentfonds bzw. Investmentgesellschaften.

einer Kapitalgesellschaft betrachtet. Die Ausführungen beruhen auf der Annahme einer übereinstimmenden Qualifikation des ausländischen Investmentfonds als Kapitalgesellschaft durch den luxemburgischen Sitzstaat und den inländischen Ansässigkeitsstaat des Anteilsinhabers.

a) Eigenschaft als Person gemäß Art. 3 Abs. 1 Buchst. a OECD-MA

Grundvoraussetzung einer Abkommensberechtigung des ausländischen Investmentfonds ist die Eigenschaft als „Person" i. S. des Art. 1 i. V. m. Art. 3 Abs. 1 Buchst. a OECD-MA. Der Begriff umfasst „natürliche Personen, Gesellschaften und alle anderen Personenvereinigungen". Der Ausdruck „Gesellschaft" wird von Art. 3 Abs. 1 Buchst. b OECD-MA definiert als „juristische Personen oder Rechtsträger, die für die Besteuerung wie juristische Personen behandelt werden". Nach allgemeiner Auffassung genügt für das Vorliegen einer „juristischen Person" jedenfalls die steuerliche Subjektfähigkeit.[578]

Das luxemburgische Zivil- und Steuerrecht regelt Investmentgesellschaften, deren Geschäftsbetrieb darauf gerichtet ist, Kapital nach dem Grundsatz der Risikomischung anzulegen, im Gesetz vom 20.12.2002 über die Organismen für gemeinschaftliche Anlagen.[579] In der Erscheinungsform der sogenannten „Société d'investissement à capital variable" (SICAV) kann eine Investmentgesellschaft mit variablem Kapital jederzeit neue Anteilsscheine ausgeben und dadurch das Gesellschaftskapital erhöhen.[580] Es handelt sich bei der SICAV um eine Aktiengesellschaft, deren Kapital bei jederzeitiger Ausgabe- und Rücknahmemöglichkeit von Anteilsscheinen ihrem Nettovermögen entspricht. Die SICAV selbst unterliegt gem. Art. 127 Abs. 1 OGA keiner Steuer bis auf eine Gesellschaftsteuer auf Kapitalzuführungen (sogenannte droit d'apport)[581] und eine pauschale Gebühr (sogenannte taxe d'abonnement).[582] Trotz der weitge-

---

[578] Umstritten ist, ob alternativ auch die zivilrechtliche Rechtsfähigkeit genügt, vgl. *Riemenschneider*, S. 68 ff.

[579] Gesetz vom 20.12.2002 (sog. OGA), Amtsblatt vom 31.12.2002, Mémorial A, Nr. 151, S. 3660.

[580] Art. 25, 28 Abs. 1 Buchst. a OGA. Daneben besteht auch die Erscheinungsform der Investmentgesellschaft mit eigenständigem Fondsvermögen. Vgl. zu den Organisationsformen luxemburgischer Investmentfonds *Steichen*, in Debatin/Wassermeyer, DBA-Luxemburg, Anh. Rz. 110; *Bölter/Linner/Otto*, S. 8 f.

[581] Diese Gesellschaftsteuer wird gem. Art. 128 OGA regelmäßig bei der Gründung der SICAV in Form einer Festgebühr erhoben und darf den Betrag von 1.250 Euro nicht überschreiten.

[582] Diese jährlich erhobene Gebühr beträgt gem. Art. 129 Abs. 1 grundsätzlich 0,05 v. H. der Gesamtheit des Nettovermögens zum letzten Tag eines jeden Quartals.

henden Steuerbefreiung der SICAV handelt es sich um eine Aktiengesellschaft und damit um eine juristische Person, die nach den Art. 127-131 OGA als Steuersubjekt eingeordnet wird. Sie erfüllt die Voraussetzungen einer Gesellschaft gem. Art. 3 Abs. 1 Buchst. b OECD-MA.[583]

b) Abkommensrechtliche Ansässigkeit steuerbefreiter Investmentfonds

Die Abkommensberechtigung der SICAV hängt davon ab, ob es sich um eine in einem Vertragsstaat ansässige Person i. S. der Art. 1, Art. 4 Abs. 1 OECD-MA handelt. Dazu ist gem. Art. 4 Abs. 1 S. 1 OECD-MA eine unbeschränkte Steuerpflicht des Investmentfonds auf Grund eines örtlichen Anknüpfungspunktes erforderlich, welcher der Ort der Geschäftsleitung, der Sitz des Fonds oder der Verwaltungsgesellschaft sein kann.[584] Nach herrschender Auffassung ist zur Beurteilung der unbeschränkten Steuerpflicht des betreffenden Rechtsgebildes das Recht des potentiellen Ansässigkeitsstaates zu Grunde zu legen.[585] Dies ist derjenige Vertragsstaat, der die Besteuerung des Welteinkommens für sich beansprucht. Problematisch ist in Bezug auf die luxemburgische SICAV, ob die Steuerbefreiung des Investmentfonds im innerstaatlichen luxemburgischen Steuerrecht dem Begriff „steuerpflichtig" gem. Art. 4 Abs. 1 S. 1 OECD-MA und damit einer Abkommensberechtigung entgegensteht. Dem Wortlaut des Art. 4 Abs. 1 OECD-MA zufolge könnte die abkommensrechtliche Ansässigkeit eine tatsächliche oder effektive Steuerpflicht voraussetzen. Diese Annahme entspräche dem Sinn und Zweck der DBA, Doppelbesteuerungen zu vermeiden. Wenn aufgrund einer Steuerbefreiung eine Doppelbesteuerung von vornherein nicht in Betracht kommt, könnte die Anwendung eines DBA nicht erforderlich sein.

aa) Herrschende Literaturauffassung

Die herrschende Lehre hält innerstaatliche Steuerbefreiungen eines Rechtsträgers für unbeachtlich, da die Ansässigkeit nicht von der tatsächlichen Besteue-

---

[583] *Winandy/Kremer/Fort*, CDFI 1997, S. 589, 613. Das deutsche Pendant zur luxemburgischen SICAV stellt die Investmentaktiengesellschaft mit veränderlichem Kapital gem. §§ 104 ff. InvG dar, die nach § 11 Abs. 1 S. 3 InvStG von der Körperschaftsteuer befreit ist.

[584] Hier ist zu unterstellen, dass sich Geschäftsleitung und Sitz des Fonds in Luxemburg befinden. Luxemburgische SICAV können zwar bestimmte Verwaltungsleistungen auf Dritte übertragen, diese müssen jedoch in Luxemburg ansässig sein, vgl. *Baur*, KAGG, Einl. III, Rz. 108; *Bölter/Linner/Otto*, S. 18.

[585] *Schaumburg*, Rz. 16.164; *Debatin*, in Korn/Debatin, Systematik III, Rz. 22; *Greif*, in Mössner u. a., E 13; *Kluge*, Rz. R 172.

rung mit bestimmten Einkünften abhängig sein könne.[586] Diese Auffassung stützt sich auf den Grundsatz des Verbots einer virtuellen Doppelbesteuerung.[587] Danach scheitert die Anwendung eines DBA nicht daran, dass der Ansässigkeitsstaat die betreffende Person tatsächlich nicht besteuert; es sei ausreichend, wenn die virtuelle Doppelbesteuerung jederzeit zu einer effektiven werden könne, wenn der Ansässigkeitsstaat von seiner Besteuerungsbefugnis Gebrauch mache. Eine Differenzierung zwischen sachlicher und persönlicher Steuerbefreiung wird dabei nicht vorgenommen. In beiden Fällen hänge es nur von der innerstaatlichen, auf steuerpolitischen Erwägungen beruhenden Gesetzestechnik ab, welche Art von Steuerbefreiung vorläge. Im Schrifttum wird aus dieser Argumentation die Konsequenz gezogen, dass auch ein steuerbefreiter Investmentfonds eine steuerpflichtige Person gem. Art. 4 Abs. 1 S. 1 OECD-MA sein könne.[588] Insoweit stimmt diese Auffassung mit den Autoren überein, welche die Ansässigkeit bereits bei bloßem Vorliegen der ortsbezogenen Merkmale des Art. 4 Abs. 1 OECD-MA annehmen, welche zu einer unbeschränkten Steuerpflicht führen können.[589]

bb) Steuerbefreite Organisationen

Der OECD-Musterkommentar behandelt in Nr. 8.2 und 8.3 zu Art. 4 OECD-MA die abkommensrechtliche Ansässigkeit steuerbefreiter Organisationen. Der Kommentar beschränkt sich auf die Wiedergabe der sogenannten Mehrheits- und Mindermeinung unter den OECD-Staaten. Danach betrachten die Mehrheit der Staaten Personen nach innerstaatlichem Steuerrecht selbst dann als unbeschränkt steuerpflichtig, wenn diese die Voraussetzungen einer Steuerbefreiung erfüllen und ihnen tatsächlich keine Steuer auferlegt wird. Es entspreche der überwiegenden Staatenpraxis, diese Personen für Abkommenszwecke als ansässige Personen einzustufen.[590] In einer beispielhaften Aufzählung steuerbefreiter Organisationen werden Pensionsfonds, gemeinnützige und andere Organisatio-

---

586 *Lehner*, in Vogel/Lehner, DBA, Art. 4 Rz. 26; *Wassermeyer*, in Debatin/Wassermeyer, OECD-MA, Art. 4 Rz. 25.

587 *Vogel*, in Vogel/Lehner, DBA, Einl. Rz. 74; *Lehner*, in Vogel/Lehner, DBA, Art. 4 Rz. 26.

588 Für inländische Sondervermögen *Scholtz*, in Beckmann/Scholtz/Vollmer, KAGG, § 38 Rz. 68a; *Fock*, IStR 2001, 203, 204; *Sorgenfrei*, IStR 1994, 465, 472; *Täske*, IWB, F. 1, S. 1437, 1445; *ders.*, in FS Flick, S. 598; *Kronat*, S. 114 f.

589 *Lehner*, in Vogel/Lehner, DBA, Art. 4 Rz. 26; *M. Lang*, IStR 2000, 129, 131; *Debatin*, BB 1989, Beilage 2, S. 1, 7.

590 Art. 4 Nr. 8. 2 OECD-MK.

nen genannt. Ferner wird auf die gegenteilige, in einigen Staaten vertretene Ansicht hingewiesen, wonach steuerbefreite Rechtsträger grundsätzlich nicht abkommensberechtigt sein sollen.[591] Der OECD-MK enthält sich einer eigenen Beurteilung der Rechtsfrage, ob sich eine derartige persönliche oder sachliche Steuerbefreiung auf die abkommensrechtliche Ansässigkeit auswirkt.

cc) Stellungnahme

Die persönliche Steuerbefreiung eines Rechtsgebildes kann weder zu einer generellen Versagung der abkommensrechtlichen Ansässigkeit führen, noch stets als unbeachtlich für die Frage der Ansässigkeit betrachtet werden. Vielmehr ist aufgrund der Konzeption der DBA und dem Verständnis der DBA-Einkunftsarten als Verteilungsnormen eine Differenzierung notwendig. Es ist zu unterscheiden zwischen solchen steuerbefreiten Personen, die als Einkünftezurechnungssubjekt zu behandeln sind und deren persönliche Steuerbefreiung auf steuerpolitischen Überlegungen wie einer gemeinnützigen Tätigkeit beruht, und solchen, deren Einkünfte nicht bei ihnen selbst, sondern bei den an ihnen beteiligten Personen zu besteuern sind. Die zweite Konstellation entspricht einer steuerlich transparenten Besteuerung, die durch die Zurechnung thesaurierter Einkünfte bei den an dem Rechtsgebilde beteiligten Personen gekennzeichnet ist.

Unter dem Verständnis der Art. 6-21 OECD-MA als Vorschriften über die Verteilung eines Steuerobjekts unter den vertragsschließenden Staaten bedarf es einer vorhergehenden Feststellung des Einkünftezurechnungssubjekts, welchem die betreffenden Einkünfte nach innerstaatlichem Recht zugerechnet werden. Die Verleihung einer Steuerbefreiung durch den nationalen Gesetzgeber oder gar die Bezeichnung als steuerbefreites Steuersubjekt kann jedenfalls nicht über die abkommensrechtliche Ansässigkeit entscheiden. Während Personengesellschaften mit den von ihnen erzielten Einkünften aufgrund ihrer steuerlichen Transparenz und der fehlenden Steuersubjekteigenschaft a priori nicht steuerpflichtig und damit nicht ansässig sind, stellt sich bei steuerbefreiten Kapitalgesellschaften wie der luxemburgischen SICAV die Frage, ob diesen als Körperschaftsteuersubjekt die erzielten Einkünfte steuerlich zuzurechnen sind. Zum rechtlichen Prüfungsgegenstand des vermeintlichen Ansässigkeitsstaates wird damit die Frage der Einkünftezurechnung zu dem Rechtsgebilde selbst oder zu

[591] Art. 4 Nr. 8.3 OECD-MK.

den an diesem beteiligten Steuerpflichtigen. Soweit der OECD-MK auf die Anerkennung des Abkommenszugangs persönlich steuerbefreiter Körperschaften durch die Mehrzahl der Vertragsstaaten hinweist, bezieht sich diese Feststellung offensichtlich auf gemeinnützige Körperschaften und ähnliche Organisationen, die zweifellos als Einkünftezurechnungssubjekt zu qualifizieren sind, deren Einkünfte aber aus rechtspolitischen Erwägungen steuerbefreit sind. Die hier geforderte Einkünftezurechnung als Voraussetzung der Ansässigkeit gem. Art. 4 Abs. 1 OECD-MA steht mit dieser Auffassung in Einklang. Will man dem Begriff „steuerpflichtig" i. S. des Art. 4 Abs. 1 S. 2 OECD-MA jedoch eine eigene Bedeutung zumessen, liegt es näher, neben der Steuersubjekteigenschaft zusätzlich eine Einkünftezurechnung zu dem Steuersubjekt zu verlangen.[592] In Bezug auf die luxemburgische SICAV ist dieses Kriterium erfüllt, da die steuerpflichtigen Einkünfte auf einer ersten Stufe der Gesellschaft zugerechnet werden und erst auf einer zweiten Stufe in Form von Ausschüttungen und Gewinnen aus der Veräußerung der Investmentanteile den Anteilsinhabern zugerechnet werden.[593] Daher ist die SICAV als ein selbständiges Einkünftezurechnungssubjekt und als steuerpflichtige Person im Sinne des Art. 4 Abs. 1 OECD-MA zu behandeln.[594] Die gleiche Abkommensberechtigung muss sachlich steuerbefreiten Investmentfonds zuteil werden, da die innerstaatliche Ausgestaltung der Steuerbefreiung keine Differenzierung für Abkommenszwecke rechtfertigt.[595]

2. Abkommensrechtliche Behandlung der steuerpflichtigen Einkünfte

Aus Sicht des deutschen Ansässigkeitsstaates sind die steuerpflichtigen Einkünfte aus einer ausländischen Investmentkapitalgesellschaft unter die Art. 6-21 OECD-MA einzuordnen, um die abzuwendende Maßnahme zur Vermeidung der Doppelbesteuerung zu bestimmen.

---

[592] Ähnlich *Toifl*, in Gassner/Lang/Lechner, Personengesellschaften, S. 121, 143.

[593] *Winandy*, RIW 1987, 921, 927 f. Die von der SICAV vorgenommenen Ausschüttungen unterliegen gem. Art. 127 Abs. 2 OGA keiner Quellensteuer und werden bei nicht Gebietsansässigen nicht besteuert.

[594] Ebenso *Winandy/Kremer/Fort*, CDFI 1997, S. 589, 613; *Steichen*, in Debatin/Wassermeyer, DBA-Luxemburg, Vor Art. 1 Rz. 92. Dieses Ergebnis wird von den Finanzverwaltungen einiger DBA-Vertragsstaaten Luxemburgs geteilt, unter anderen von Deutschland und Österreich, vgl. *Steichen*, in Debatin/Wassermeyer, DBA-Luxemburg, Vor Art. 1 Rz. 92; *Winandy*, RIW 1987, 921, 927.

[595] Vgl. zur sachlichen Steuerbefreiung US-amerikanischer „Regulated Investment Companies" *Woywode*, IWB, F. 8, Gr. 2, S. 675, 676 f.; zur Abkommensberechtigung *Wolff*, in Debatin/Wassermeyer, DBA-USA, Art. 3 Rz. 26; *Schmidt/Blöchle*, IStR 2002, 645, 648.

a) Ausgeschüttete Erträge

aa) OECD-MA

aaa) Dividenden, Art. 10 OECD-MA

Die ausgeschütteten Erträge auf ausländische Investmentanteile an Kapitalgesellschaften sind regelmäßig Dividenden gem. Art. 10 Abs. 3 OECD-MA.[596] Ist der ausländische Investmentfonds eine Aktiengesellschaft, liegen Einkünfte aus Aktien vor; im Übrigen werden die ausgeschütteten Erträge nach dem innerstaatlichen Recht des ausländischen Sitzstaates den Einkünften aus Aktien zumeist gleichgestellt sein.[597] Der Dividendenbegriff ist damit entweder gem. Art. 10 Abs. 3 Alt. 1 OECD-MA oder gem. Art. 10 Abs. 3 Alt. 3 OECD-MA erfüllt. Unabhängig davon, aus welchen Investmenterträgen sich die ausgeschütteten Erträge des Fonds zusammensetzen, sind diese als Dividenden i. S. des Art. 10 Abs. 3 OECD-MA zu qualifizieren. Entgegen *Manke*[598] hat diese abkommensrechtliche Einordnung für nationale Qualifikationszwecke keine Auswirkung, selbst wenn die zu Grunde liegenden Investmentanteile zum Betriebsvermögen des Anlegers gehören. Demnach sind die ausgeschütteten Erträge auf solche Anteile unter die Einkunftsarten der § 13, § 15 und § 18 EStG zu subsumieren, auch wenn es sich nach dem Abkommen um Dividenden handelt. Die abkommensrechtlichen und nationalen Einkunftsarten sind zwar wesensähnlich, stehen jedoch in einem anderen Regelungszusammenhang.

bbb) Vermeidung der Doppelbesteuerung im deutschen Ansässigkeitsstaat

Im deutschen Ansässigkeitsstaat wird die Doppelbesteuerung grundsätzlich durch Anrechnung der ausländischen Quellensteuer gem. Art. 23A Abs. 2 O-ECD-MA vermieden. Eine Steuerfreistellung von ausgeschütteten Erträgen als Dividenden kann sich lediglich aus der deutschen Abkommenspraxis ergeben, da das OECD-MA keine Freistellung von Schachtelbeteiligungen kennt.[599]

---

596 *Gold*, in Strunk/Kaminski/Köhler, AStG/DBA, OECD-MA, Art. 1 Rz. 31; *Brinkhaus/Schmitt*, in Brinkhaus/Scherer, AuslInvestmG, Vor §§ 16-20 Rz. 60; *Wolf Wassermeyer*, IStR 2001, 193, 201; *Kusterer/Kirnberger*, EStB 2000, 287; *Tischbirek*, in Vogel/Lehner, DBA, Art. 10 Rz. 230; *Wassermeyer*, in Debatin/Wassermeyer, OECD-MA, Art. 11 Rz. 90; *Fock*, RIW 2003, 118, 128.

597 *Wolf Wassermeyer*, IStR 2001, 193, 201.

598 *Manke*, JbFStR 1978/79, S. 333, 344.

599 Indes sieht Art. 10 Abs. 2 S. 1 Buchst. a OECD-MA für Schachtelbeteiligungen eine Reduktion des Quellensteuersatzes auf 5 v. H. vor.

bb) Deutsche Abkommenspraxis

aaa) Dividenden, Art. 10 OECD-MA

Enthält das DBA mit dem ausländischen Sitzstaat des Fonds eine erweiterte Dividendendefinition, hat diese für Fondskapitalgesellschaften lediglich deklaratorische Bedeutung, soweit die von der Kapitalgesellschaft ausgeschütteten Erträge zu betrachten sind.[600]

bbb) Vermeidung der Doppelbesteuerung im deutschen Ansässigkeitsstaat

Auch in dieser Konstellation behält der ausländische Vertragsstaat ein in der Höhe beschränktes Besteuerungsrecht auf die Dividende, während Deutschland unter Anrechnung der ausländischen Quellensteuer nach dem entsprechenden Vermeidungsartikel besteuern darf.

(1) Freistellung bei Schachtelbeteiligungen und Anwendung der Hinzurechnungsbesteuerung gemäß § 7 Abs. 7 AStG

In zahlreichen deutschen DBA ist statt der Anrechnung im Falle einer Schachtelbeteiligung die Freistellung der Dividende von der inländischen Bemessungsgrundlage vereinbart. In Betracht kommt dann jedoch die Anwendung der Hinzurechnungsbesteuerung gem. §§ 7 ff. AStG. Nach § 7 Abs. 7 AStG sind die Absätze 1-6a des § 7 AStG nicht anzuwenden, wenn die Einkünfte, für die die ausländische Gesellschaft Zwischengesellschaft ist, nach den Vorschriften des InvStG steuerpflichtig sind, es sei denn, Ausschüttungen oder ausschüttungsgleiche Erträge wären nach einem Abkommen zur Vermeidung der Doppelbesteuerung von der inländischen Besteuerung auszunehmen. Wie bereits dargelegt[601], findet der Vorbehalt zugunsten der Hinzurechnungsbesteuerung grundsätzlich auf alle nach einem DBA steuerbefreiten Investmenterträge Anwendung, außer den steuerbefreiten ausgeschütteten Erträgen i. S. des § 2 Abs. 3 InvStG. Seine eigentliche Bedeutung entfaltet der von § 7 Abs. 7 AStG angeordnete Vorbehalt für Investmenterträge, für die aufgrund von DBA-Schachtelprivilegien eine Steuerbefreiung beansprucht werden kann.

---

[600] Vgl. *Krabbe*, in Debatin/Wassermeyer, DBA-Brasilien, Art. 10 Rz. 32; *ders.*, in Debatin/Wassermeyer, DBA-Griechenland, Art. 10 Rz. 22; *Selling*, in Debatin/Wassermeyer, DBA-Spanien, Art. 10 Rz. 56.

[601] Vgl. Kapitel 3, D., VIII., S. 99 f.

(a) Vorliegen einer DBA-Schachtelbeteiligung

Von Schachtelbeteiligungen spricht man im Abkommensrecht bei Beteiligungen von mindestens 25 v. H. am Nennkapital einer Kapitalgesellschaft, teilweise genügen bereits 10 v. H. der Anteile. Zahlreiche DBA gewähren für Schachtelbeteiligungserträge ein Schachtelprivileg, d. h. die Freistellung von der Besteuerung im Ansässigkeitsstaat des Anteilsinhabers.[602] Die Einführung des nationalen Beteiligungsprivilegs gem. § 8b Abs. 1 KStG hat die Bedeutung des DBA-Schachtelprivilegs verringert, da § 8b Abs. 1 KStG keine bestimmte Beteiligungsquote erfordert.[603] Im Anwendungsbereich der Investmentbesteuerung wird § 8b Abs. 1 KStG jedoch gem. § 2 Abs. 1 S. 1 Hs. 2, Abs. 2 InvStG nur auf solche steuerpflichtigen Erträge angewandt, die sich aus Erträgen i. S. des § 43 Abs. 1 S. 1 Nr. 1 EStG, also insbesondere Dividenden, zusammensetzen. Im Übrigen findet das nationale Beteiligungsprivileg keine Anwendung. Ungeachtet dessen ordnet § 7 Abs. 7 AStG nach seinem Wortlaut die Anwendung der §§ 7 ff. AStG bei Vorliegen einer abkommensrechtlichen Freistellung von der inländischen Bemessungsrundlage an. Daher sind die ausgeschütteten Erträge gem. § 7 Abs. 1, 6 AStG beim inländischen Beteiligten als Hinzurechnungsbetrag steuerpflichtig, wenn es sich um Einkünfte aus einer ausländischen Zwischengesellschaft handelt. Zwar bezieht sich § 7 Abs. 7 AStG nach seinem Wortlaut auf „Ausschüttungen", jedoch sind aufgrund des weiten Begriffsverständnisses gem. § 1 Abs. 3 S. 1 InvStG auch ausgeschüttete Erträge erfasst.

(b) Erzielung sogenannter passiver Einkünfte

Ist der Anwendungsbereich der Hinzurechnungsbesteuerung gem. § 7 Abs. 7 AStG eröffnet, stellt sich die Frage der Erzielung passiver Einkünfte durch die ausländische Fondsgesellschaft gem. § 7 Abs. 1, § 8 Abs. 1 AStG. Nach einer Literaturauffassung können Geschäfte von Investmentgesellschaften Einkünfte aus aktiver Tätigkeit gem. § 8 Abs. 1 Nr. 3 AStG begründen, wenn die Investmentgeschäfte dem Betrieb von Kreditinstituten dienen.[604] Zwar gelte die Definition der Kreditinstitute gem. § 6 Abs. 1 InvG i. V. m. § 1 Abs. 1 S. 2 Nr. 6

---

[602] Vgl. die Abkommensübersicht von *Vogel*, in Vogel/Lehner, DBA, Art. 23 Rz. 90.

[603] *Jacobs* (Hrsg.), S. 549; zur Anwendung des DBA-Schachtelprivilegs auf die gem. § 8b Abs. 5 KStG faktisch verbleibende Körperschaftsteuer i. H. v. 5 v. H. *Vogel*, in Vogel/Lehner, DBA, Art. 23 Rz. 110.

[604] *Brinkhaus/Schmitt*, in Brinkhaus/Scherer, AuslInvestmG, Vor §§ 16-20 Rz. 40; *Flick/Wassermeyer*, in Flick/Wassermeyer/Baumhoff, AStG, § 10 Rz. 227.

KWG unmittelbar nur für inländische Kapitalanlagegesellschaften, sie habe für die Auslegung des § 8 Abs. 1 Nr. 3 AStG aber indizielle Bedeutung dahin gehend, dass die Fondseinkünfte aktiven Einkünften aus Bankgeschäften i. S. des § 1 Abs. 1 S. 2 Nr. 6 KWG gleich stünden. Die Finanzverwaltung vertritt eine differenzierende Betrachtungsweise.[605] Einerseits sollen Investmenttätigkeiten nicht zum Betrieb von Kreditinstituten gehören, so dass es zweifelhaft sein könnte, ob ausländische Investmentgesellschaften aktive Einkünfte gem. § 8 Abs. 1 Nr. 3 AStG erzielen. Andererseits stellt die Finanzverwaltung klar, dass im Zusammenhang mit dem Betrieb von Bankgeschäften Einkünfte aus der Anlage von Mitteln in Grundstücken, Beteiligungen und ähnlichen Vermögenswerten als unschädliche Nebenerträge zu behandeln sind, soweit eine banktübliche Kapitalanlage unter Beachtung des Grundsatzes der Risikostreuung vorliegt.[606]
§ 8 Abs. 1 Nr. 3 AStG ordnet den Betrieb von Kreditinstituten, abgesehen von den dort genannten Geschäften mit den nach § 7 AStG an der ausländischen Gesellschaft beteiligten unbeschränkt Steuerpflichtigen oder mit diesen nahe stehenden Personen, den aktiven Tätigkeiten zu, wenn für die Geschäfte ein in kaufmännischer Weise eingerichteter Betrieb unterhalten wird. Davon kann zumindest im Falle einer gewerblich tätigen Investmentgesellschaft ausgegangen werden. Eine Kapitalgesellschaft, die nach den Grundsätzen des gewerblichen Wertpapier- oder Grundstückshandels einen in kaufmännischer Weise eingerichteten Gewerbebetrieb unterhält und die von Anlegern eingezahlten Gelder im Rahmen einer aufsichtsrechtlich überwachten Investmentanlage verwaltet, steht mit anderen aktiv tätigen Bankinstituten auf einer Stufe.[607] Die pauschale Ausklammerung von Investmentgeschäften gegenüber dem Betrieb von Kreditinstituten kann daher nicht überzeugen.[608] Zu den aktiven Tätigkeiten gehört ferner die Vermietung und Verpachtung i. S. des § 8 Abs. 1 Nr. 6 AStG sowie die Erzielung von Dividenden oder Veräußerungsgewinnen i. S. des § 8 Abs. 1 Nr. 8,

[605] BMF, BStBl. I 1995, Sondernr. 1, Tz. 8.1.3.1., 8.1.3.3 S. 3.
[606] BMF, BStBl. I 1995, Sondernr. 1, Tz. 8.1.3.4.
[607] Ähnlich *Menck*, in Blümich, AStG, § 8 Rz. 29: „Abgedeckt ist die bankmäßige Dienstleistung, einschließlich der Vermögensverwaltung für Kunden, nicht aber das Halten von Vermögenswerten für Dritte nach Art des Holding; dementsprechend gehört hierher das Investmentgeschäft, nicht aber die Beteiligung an Investmentfonds u. ä. als solche."
[608] *Brinkhaus/Schmitt*, in Brinkhaus/Scherer, AuslInvestmG, Vor §§ 16-20 Rz. 40. Nach ihrer Auffassung gehören Investmenttätigkeiten lediglich bei einzelnen vom BMF angesprochenen Tätigkeiten nicht mehr zum Betrieb von Kreditinstituten (Holdingtätigkeit, Vermögensverwaltung und Übernahme von Finanzaufgaben innerhalb eines Konzerns, vgl. BMF, BStBl. I 1995, Sondernr. 1, Tz. 8.1.3.3).

9 AStG. Investmenterträge eines ausländischen Immobilienfonds unterliegen daher regelmäßig nicht der Hinzurechnungsbesteuerung.[609]

(c) Zwischeneinkünfte mit Kapitalanlagecharakter

Der Ausschluss einer aktiven Tätigkeit könnte aber aus § 7 Abs. 6a AStG resultieren. Die Vorschrift knüpft systematisch an die verschärfte Hinzurechnungsbesteuerung von Zwischeneinkünften mit Kapitalanlagecharakter gem. § 7 Abs. 6 AStG an. Sie definiert diese als Einkünfte der ausländischen Zwischengesellschaft i. S. des § 8 AStG, die aus dem Halten, der Verwaltung, Werterhaltung oder Werterhöhung von Zahlungsmitteln, Forderungen, Wertpapieren, Beteiligungen mit Ausnahme der in § 8 Abs. 1 Nr. 8, 9 AStG genannten Einkünfte oder ähnlichen Vermögenswerten stammen, es sei denn, der Steuerpflichtige weist nach, dass sie aus einer Tätigkeit stammen, die einer unter § 8 Abs. 1 Nr. 1 bis 6 AStG fallenden eigenen Tätigkeit der ausländischen Gesellschaft dient, ausgenommen Tätigkeiten i. S. des § 1 Abs. 1 Nr. 6 KWG. Soweit das Investmentvermögen aus Wertpapieren, verbrieften Forderungen und Einlagen besteht, liegen grundsätzlich Vermögenswerte vor, die der Erzielung von Einkünften mit Kapitalanlagecharakter dienen können.

Aufgrund der Bezugnahme des § 7 Abs. 6a AStG auf § 1 Abs. 1 Nr. 6 KWG ließe sich die Auffassung vertreten, dass Investmentgeschäfte i. S. des § 1 Abs. 1 Nr. 6 KWG stets als hinzurechnungspflichtige Zwischeneinkünfte zu behandeln seien.[610] Nach herrschender Lehre erweitert § 7 Abs. 6, 6a AStG durch Senkung der Mindestbeteiligung hingegen lediglich den persönlichen, nicht den sachlichen Anwendungsbereich der Hinzurechnungsbesteuerung.[611] Gem. § 7 Abs. 6 S. 1 AStG beträgt die schädliche Beteiligungsgrenze 1 v. H., während gem. § 7 Abs. 6 S. 3 Hs. 1 AStG auch eine geringere Beteiligung ausreicht, wenn die ausländische Gesellschaft ausschließlich oder fast ausschließlich Bruttoerträge erzielt, die Zwischeneinkünften mit Kapitalanlagecharakter zugrunde liegen. Nach Auffassung von *Menck* dehnen die Sonderregelungen für Zwischeneinkünfte mit Kapitalanlagecharakter den Zielbereich der Hinzurechnungsbesteuerung dadurch aus, dass nicht mehr nur die Aufhebung des DBA-Schutzes bei klassischen Basisgesellschaften in deutschem Mehrheitsbesitz im

---

609 Vgl. *Wassermeyer*, in Flick/Wassermeyer/Baumhoff, AStG, § 8 Rz. 216; *Menck*, AStG, § 8 Rz. 66.

610 In diesem Sinne offenbar *Grotherr*, IWB, F. 3, Gr. 1, S. 2035, 2052.

611 *Menck*, in Blümich, AStG, § 7 Rz. 53, § 10 Rz. 90; *Baranowski*, Rz. 1021.

Vordergrund steht, sondern die Verhinderung einer Einkünfteverlagerung aus der deutschen Besteuerung durch Einschaltung breit gestreuter „investmentfondsähnlicher" Strukturen.[612] Die ausgeschütteten Erträge einer ausländischen Investmentkapitalgesellschaft sind dennoch nicht den Zwischeneinkünften mit Kapitalanlagecharakter zuzuordnen, da es regelmäßig bereits an Zwischeneinkünften fehlt.[613] Zwischeneinkünfte mit Kapitalanlagecharakter setzen Zwischeneinkünfte i. S. des § 8 Abs. 1 AStG voraus.[614] Dazu gehören nicht die den eigenen aktiven Tätigkeiten der Zwischengesellschaft zuzuordnenden Einkünfte. Nach zutreffender Ansicht begründet § 7 Abs. 6a Hs. 2 AStG lediglich eine Verpflichtung des Steuerpflichtigen zum Nachweis, dass Einkünfte aus den im 1. Halbsatz der Vorschrift genannten Wirtschaftsgütern aus aktiven Tätigkeiten gem. § 8 Abs. 1 Nr. 1-6 AStG stammen.[615] Investmentfonds, die etwa Dividendenpapiere halten und Gewinnausschüttungen erhalten, sind gem. § 8 Abs. 1 Nr. 8 AStG aktiv tätig und begründen keine Nachweispflicht beim inländischen Beteiligten. Soweit Tätigkeiten i. S. des § 1 Abs. 1 Nr. 6 KWG, also Investmentgeschäfte von Kapitalanlagegesellschaften, aus dem Funktionsnachweis aktiver Tätigkeiten ausgenommen sind, sollte diese Regelung verhindern, dass sich die an einem Investmentfonds Beteiligten auf die aktive Tätigkeit der Bank als Träger des Fonds berufen können.[616] Eine zwangsläufige Besteuerung als Zwischeneinkünfte mit Kapitalanlagecharakter ist damit jedoch nicht verbunden.

(d) Ergebnis

Zusammenfassend sind ausländische Investmentkapitalgesellschaften, die aufgrund eigener personeller und sachlicher Voraussetzungen Investmentgeschäfte betreiben und nicht lediglich Beteiligungen an anderen Investmentfonds halten, regelmäßig aktiv tätig gem. § 8 Abs. 1 Nr. 3 AStG. Sie erzielen keine hinzurechnungspflichtigen Zwischeneinkünfte. Sofern die ausländische Gesellschaft sowohl aktive als auch passive Tätigkeiten ausübt, ist eine Abgrenzung der aus den jeweiligen Bereichen erzielten Einkünfte nach einer funktionalen Betrach-

---

612 *Menck*, in Blümich, AStG, § 10 Rz. 86a.
613 *Wassermeyer*, in Flick/Wassermeyer/Baumhoff, AStG, § 10 Rz. 227 f.
614 *Wöhrle* in Wöhrle/Schelle/Gross, AStG, § 10 Rz. 38.
615 *Menck*, in Blümich, AStG, § 10 Rz. 93; *Herfort*, in Grotherr/Herfort/Strunk, S. 391. Nach einer anderen Literaturauffassung ist die Ausnahmeregelung für Tätigkeiten des Investmentgeschäfts verfehlt, da diese Tätigkeiten regelmäßig zu den Einkünften aus aktiver Tätigkeit oder zu betrieblichen Nebenerträgen gem. § 8 Abs. 1 Nr. 3 AStG gehörten; *Wassermeyer*, in Flick/Wassermeyer/Baumhoff, AStG, § 10 Rz. 227; *Baranowski*, Rz. 1026.
616 *Menck*, in Blümich, AStG, § 10 Rz. 93.

tungsweise vorzunehmen. Dabei ist die Tätigkeit maßgebend, auf der nach allgemeiner Verkehrsauffassung das wirtschaftliche Schwergewicht liegt.[617]

(2) § 7 Abs. 7 AStG als „Treaty-Override-Vorschrift"

Soweit die ausländische Kapitalgesellschaft ausnahmsweise nicht aktiv tätig ist und die an ihr beteiligten unbeschränkt Steuerpflichtigen mit dem nach § 10 Abs. 1 AStG ermittelten Hinzurechnungsbetrag steuerpflichtig sind[618], stellt sich die Frage der Zulässigkeit der Durchbrechung des DBA-Schachtelprivilegs. § 7 Abs. 7 AStG könnte insoweit als „Treaty-Override-Vorschrift" verstanden werden. „Treaty-Override" bezeichnet das Vorgehen des nationalen Gesetzgebers, DBA durch nachfolgende Gesetzgebung inhaltlich zu verändern bzw. eine nach einem DBA bestehende Steuerbefreiung oder -ermäßigung durch innerstaatliches Recht zu beseitigen oder einzuschränken.[619] Nach herrschender Meinung sind innerstaatliche Regelungen, die sich im Wortlaut ausdrücklich über Regelungen in den DBA hinwegsetzen, zumindest innerstaatlich rechtmäßig.[620] So werden nach der Vorschrift des § 20 Abs. 1 AStG die §§ 7 ff. AStG durch die Vorschriften der DBA nicht berührt; die Besteuerung des Hinzurechnungsbetrages i. S. des § 10 Abs. 1 AStG wird von Art. 7 Abs. 1 S. 1 OECD-MA also nicht untersagt.[621] Zweifelhaft ist aber, ob eine innerstaatliche Vorschrift den Vorrang der DBA auch dann aufheben kann, wenn diese Vorschrift entsprechend § 7 Abs. 7 AStG in einem Gesetz verankert ist, welches selbst nicht die eigentliche Steuerpflicht begründet, die von der abkommensrechtlichen Steuerfreistellung betroffen ist. Die originäre Steuerpflicht von Erträgen aus ausländischen Investmentanteilen ist nämlich Gegenstand des InvStG. Für eine ausdrückliche Erwähnung der Abkommensverdrängung in dem betreffenden Einzelsteuerge-

---

[617] Vgl. BFH, BStBl. II 1990, 1049, 1051; *Henkel*, in Mössner u. a., Rz. E 510; *Schaumburg*, Rz. 10.72; *Wassermeyer*, in Flick/Wassermeyer/Baumhoff, AStG, § 8 Rz. 31 ff.; *Menck*, in Blümich, AStG, § 8 Rz. 15; *Baranowski*, Rz. 894; *Krabbe*, in Lademann, AStG, § 8 Rz. 8.

[618] Vgl. den Beispielsfall bei *Amann/Göttsche/Stockmann*, RIW 2003, 814, 822.

[619] *Kluge*, Rz. R 8.

[620] BFH, BStBl. II 1995, 129; *Schaumburg*, Rz. 3.26, 16.43; *Tipke/Kruse*, AO, § 2 Rz. 1; *Seer*, IStR 1997, 481, 485; *Müller-Dott*, in Flick/Wassermeyer/Baumhoff, KStG, § 26 Rz. 561 f.; *Tillmanns*, in Mössner u. a., B 478; a. A. *Vogel*, in Vogel/Lehner, DBA, Einl. 205, nach dessen Ansicht eine abkommenswidrige innerstaatliche Gesetzgebung nicht rechtmäßig, sondern allenfalls innerstaatlich verbindlich ist; abweichend auch *Leisner*, RIW 1993, 1019 f., im Sinne eines Zitiergebots analog Art. 19 Abs. 1 S. 2 GG.

[621] Vgl. zum „Treaty-Override" durch § 20 Abs. 1 AStG zuletzt *Köhler*, DStR 2003, 1156, 1159.

setz spricht das Gebot rechtsstaatlicher Klarheit.[622] Da das InvStG selbst keine ausdrückliche Regelung zur Verdrängung abkommensrechtlicher Steuerbefreiungen enthält, bleiben Zweifel bestehen, ob die Hinzurechnungsbesteuerung gem. § 7 Abs. 7 AStG nach den Grundsätzen der herrschenden Meinung innerstaatlich rechtmäßig ist.

b) Ausschüttungsgleiche Erträge

aa) OECD-MA

aaa) Dividenden, Art. 10 OECD-MA

Die Finanzverwaltung behandelt neben den ausgeschütteten auch die ausschüttungsgleichen Erträge i. S. des § 2 Abs. 1 S. 1 InvStG als Dividenden gem. Art. 10 Abs. 3 OECD-MA. Koordinierte Ländererlasse aus dem Jahr 1970 beschränken sich auf die Aussage, dass es der steuerlichen Erfassung ausschüttungsgleicher und als ausgeschüttet zu behandelnder Erträge im Sinne der § 17 Abs. 1 S. 1, § 18 Abs. 1 S. 1 AuslInvestmG nicht entgegenstünde, wenn die Investmentgesellschaft Sitz oder Geschäftsleitung in einem Staat habe, mit dem die Bundesrepublik Deutschland ein DBA abgeschlossen habe.[623] In den Abkommen seien keine Bestimmungen enthalten, die es der Bundesrepublik Deutschland verbieten würden, Ausschüttungen und Zufluss der ausschüttungsgleichen Erträge beim Inhaber der Investmentanteile zu fingieren und zu besteuern. Aus den Erlassen ging jedoch nicht hervor, unter welche Verteilungsnorm die thesaurierten Fondserträge einzuordnen wären.[624]

In einem neueren Schreiben hat das Bundesfinanzministerium auf eine Einzelanfrage eine mit den Länderfinanzbehörden abgestimmte Auskunft erteilt, wonach die ausschüttungsgleichen und als ausschüttungsgleich zu behandelnden Beträge „als Dividenden im Sinne der Doppelbesteuerungsabkommen, hier DBA-Niederlande und DBA-Luxemburg, zu behandeln“ seien.[625] Damit verbunden sei die Gewährung des Schachtelprivilegs, wenn die ausländische Investmentgesellschaft in Form einer Kapitalgesellschaft errichtet sei und eine deutsche Gesellschaft im Sinne der Abkommen wesentlich an dieser beteiligt sei. Zur Begrün-

---

[622] Zum verfassungsrechtlichen Rechtsstaatsgrundsatz und „Treaty-Override“ *Vogel*, in Vogel/Lehner, DBA, Einl. Rz. 205.
[623] FM Niedersachsen, DStZ 1970, 453.
[624] FM Niedersachsen, DStZ 1970, 453.
[625] BMF, RIW 1999, 984.

dung seiner Auffassung verweist das Bundesfinanzministerium auf die Anwendung des Art. 10 OECD-MA im Falle der Beteiligung von Steuerausländern an inländischen Wertpapier-Sondervermögen.[626] Bei diesen Investmentfonds hatte die Finanzverwaltung thesaurierte Investmenterträge als Dividenden im Abkommenssinne qualifiziert und sich dabei auf die in § 39 Abs. 1 S. 1 KAGG normierte Gleichstellung der nicht zur Ausschüttung verwendeten Einnahmen des Fonds als Einkünfte i. S. des § 20 Abs. 1 Nr. 1 EStG berufen.[627] Die Qualifizierung der thesaurierten Fondserträge als Dividenden im Anwenderstaat Deutschland ist nach Ansicht der Finanzverwaltung über Art. 10 Abs. 3 Alt. 3 OECD-MA auf die Abkommensebene zu übertragen.

In der Literatur wird die Subsumtion der ausschüttungsgleichen Erträge unter den Dividendenartikel sowie die gewährte Freistellung der Erträge bei einer Schachtelbeteiligung meist ohne nähere Auseinandersetzung mit dem Abkommenswortlaut befürwortet.[628] Nach Ansicht von *Fock* ist die seitens der Finanzverwaltung vertretene Anwendung des DBA-Schachtelprivilegs auf ausschüttungsgleiche Erträge konsequent.[629] Da es im nationalen Investmentsteuerrecht nicht darauf ankomme, ob die Erträge des Fonds ausgeschüttet oder thesauriert würden, sei eine unterschiedliche Behandlung dieser Erträge im Hinblick auf die Anwendung eines Schachtelprivilegs nicht geboten.[630] Es drängt sich die Frage auf, ob thesaurierte Investmenterträge die Voraussetzungen des abkommensrechtlichen Dividendenbegriffs erfüllen.

(1) Abkommensrechtlicher Dividendenbegriff

Die Auffassung der Finanzverwaltung und herrschenden Literatur kann sich zur Begründung der abkommensrechtlichen Dividendeneigenschaft ausschüttungsgleicher Erträge nicht auf Art. 10 Abs. 3 Alt. 3 OECD-MA stützen. Nach dieser Vorschrift erfasst der Dividendenbegriff aus sonstigen Gesellschaftsanteilen stammende Einkünfte, die nach dem Recht des Staates, in dem die ausschüttende Gesellschaft ansässig ist, den Einkünften aus Aktien steuerlich gleichgestellt

---

[626] BMF, RIW 1999, 984.

[627] BMF, BStBl. I 1998, 367.

[628] *Brinkhaus/Schmitt*, in Brinkhaus/Scherer, AuslInvestmG, Vor §§ 16-20 Rz. 60; *Rehm/Lindauer*, IStR 2002, 253, 258; *Rosenberger*, StBp 1972, 245, 248.

[629] *Fock*, RIW 2003, 118, 129.

[630] *Fock*, RIW 2003, 118, 129. Im Übrigen hält der Autor eine analoge Anwendung des früheren § 10 Abs. 5 AStG auf thesaurierte Investmenterträge für sachgemäß, zumal das InvStG bzw. AuslInvestmG keine „Treaty-Override-Vorschrift" i. S. des § 20 Abs. 1 AStG beinhalten würden.

sind. Infolge der Bindung an die Qualifikation des Quellenstaates kann die innerstaatliche Einkunftsqualifikation gem. § 2 Abs. 1 S. 1 InvStG nicht auf die Abkommensebene übertragen werden, da Deutschland nicht Quellenstaat der ausschüttungsgleichen Erträge ist.[631] Demgegenüber beruft sich die Finanzverwaltung[632] bei inländischen Sondervermögen zur Auslegung des Dividendenbegriffs zu Recht auf § 2 Abs. 1 S. 1 InvStG bzw. den früheren § 39 Abs. 1 S. 1 KAGG, da diese Vorschriften eine steuerliche Gleichstellung der ausschüttungsgleichen Erträge mit Einkünften aus Kapitalvermögen gem. § 20 Abs. 1 Nr. 1 EStG und damit Aktien beinhalten und der deutsche Vertragsstaat als Quellenstaat anzusehen ist.[633]

Ob die Anwendung des Art. 10 OECD-MA auf den umgekehrten Fall einer Beteiligung eines Steuerinländers an einem ausländischen Investmentfonds nicht nur „folgerichtig“ ist, wie es die Finanzverwaltung formuliert[634], sondern auch mit dem OECD-MA in Einklang steht, bedarf einer näheren Betrachtung des abkommensrechtlichen Dividendenbegriffs.

Wie die Untersuchung des erweiterten Dividendenbegriffs in den deutschen DBA gezeigt hat, beziehen sich die Sonderregelungen lediglich auf Ausschüttungen bzw. auf ausgeschüttete Erträge, nicht hingegen auf andere Einkünfte.[635] Nach dem OECD-MA können ausschüttungsgleiche Erträge als Dividenden behandelt werden, wenn der ausländische Quellenstaat entsprechend § 2 Abs. 1 S. 1 InvStG eine steuerliche Gleichstellung thesaurierter Fondserträge mit Aktien vorsieht und damit Art. 10 Abs. 3 Alt. 3 OECD-MA zur Anwendung kommt. Davon abgesehen könnte der Dividendenartikel lediglich in dem Fall herangezogen werden, wenn die Definition des Art. 10 Abs. 3 OECD-MA nicht abschließend wäre.

---

631 *Wolf Wassermeyer*, IStR 2001, 193, 201. Vgl. allgemein zur Bindungswirkung der Einkunftsqualifikation des Quellenstaates für den Ansässigkeitsstaat im Rahmen des Art. 10 Abs. 3 OECD-MA *Tischbirek*, in Vogel/Lehner, DBA, Art. 10 Rz. 184; speziell zum DBA-Schweiz *Burmester*, RIW 1987, 298, 301.

632 BMF, BStBl. I 1998, 367.

633 Die Vorschrift wurde sinngemäß von § 2 Abs. 1 S. 1 InvStG übernommen.

634 BMF, RIW 1999, 984; ähnlich *Fock*, RIW 2003, 118, 129, der die wechselseitige Anwendung des Art. 10 OECD-MA durch die Finanzverwaltung für „konsequent“ erachtet.

635 Lediglich die DBA mit Luxemburg und den Niederlanden weisen einen Dividendenbegriff auf, der auch die anderen steuerpflichtigen Einkünfte aus Investmentfonds umfasst.

(a) Tatbestandsmerkmale im Einzelnen

Der dreigliedrige Dividendenbegriff des Art. 10 Abs. 3 OECD-MA unterteilt sich erstens in Einkünfte aus Aktien, Genussaktien oder Genussscheinen, Kuxen und Gründeranteilen, zweitens in Einkünfte aus anderen Rechten mit Gewinnbeteiligung außer Forderungen und schließlich drittens in Einkünfte, die aus sonstigen Gesellschaftsanteilen stammen und nach dem Recht des Staates, in dem die ausschüttende Gesellschaft ansässig ist, den Einkünften aus Aktien steuerlich gleichgestellt sind. Kennzeichnend für Dividenden im Abkommenssinne sind zum einen die Herkunft der Einkünfte aus einem Gesellschaftsanteil und zum anderen das Nichtvorliegen von Einkünften mit Forderungscharakter. Aus dem Wortlaut „sonstige Gesellschaftsanteile" ergibt sich, dass auch in den ersten beiden Alternativen ein Gesellschaftsanteil vorliegen muss.[636] Ein Investmentanteil an einer ausländischen Kapitalgesellschaft vermittelt unzweifelhaft einen Gesellschaftsanteil i. S. des Art. 10 Abs. 3 OECD-MA. Aus dem systematischen Aufbau der Dividendendefinition folgt, dass die in der zweiten Alternative beispielhaft aufgezählten Einkünfte nur insoweit als Dividenden anzusehen sind, als sie aus Rechten mit Gewinnbeteiligung bestehen, nicht hingegen aus Forderungen.[637] Die Abgrenzung gegenüber Einkünften aus Forderungen ist notwendig, da letztere unter den autonom aus dem Abkommen auszulegenden Zinsbegriff des Art. 11 Abs. 3 OECD-MA zu subsumieren sind.[638] Einkünfte aus Forderungen gem. Art. 11 Abs. 3 S. 1 OECD-MA sind Einkünfte aus der Nutzungsüberlassung von Kapital im Rahmen eines bloßen Gläubiger-Schuldner-Verhältnisses.[639] Die Forderung kann zivil-, bilanz- oder öffentlichrechtlichen Charakter haben und muss auf die Rückzahlung von Kapital gerichtet sein.[640] Ergänzend und zur Abgrenzung gegenüber Dividenden bzw. Unternehmensge-

---

[636] *Tischbirek*, in Vogel/Lehner, DBA, Art. 10 Rz. 185; *Wassermeyer*, in Debatin/Wassermeyer, OECD-MA, Art. 10 Rz. 92; *Portner*, in Becker/Höppner/Grotherr/Kroppen, OECD-MA, Art. 10 Rz. 151.

[637] Art. 10 Abs. 3 Alt. 2 OECD-MA spricht von „anderen Rechten – ausgenommen Forderungen – mit Gewinnbeteiligung" und knüpft damit an die 1. Alt. an.

[638] Einkünfte aus Gesellschaftsanteilen i. S. des Art. 10 Abs. 3 OECD-MA und Einkünfte aus Forderungen i. S. des Art. 11 Abs. 3 OECD-MA schließen sich nach zutreffender Auffassung aus, *Wassermeyer*, in Debatin/Wassermeyer, OECD-MA, Art. 11 Rz. 111; *Portner*, in Becker/Höppner/Grotherr/Kroppen, OECD-MA, Art. 10 Rz. 192; *Kluge*, Rz. S 185; *Schaumburg*, Rz. 16.331.

[639] BFH, BStBl. II 1991, 444, 446.

[640] *Portner*, in Becker/Höppner/Grotherr/Kroppen, OECD-MA, Art. 11 Rz. 58; *Wassermeyer*, in Debatin/Wassermeyer, OECD-MA, Art. 11 Rz. 79; *Schaumburg*, Rz. 16.362.

winnen wird gefordert, dass der Kapitalgeber kein Verlust- oder Unternehmerrisiko trägt.[641] Im Falle der Beteiligung eines inländischen Gesellschafters an einer ausländischen Kapitalgesellschaft, bei der die Fondsanteile zu den Gesellschaftsanteilen gehören, trägt der Gesellschafter das Risiko einer Wertminderung seiner Anteile im Gegenzug zu der Erwartung einer Wertsteigerung. Aus der Begriffsabgrenzung gegenüber Dividenden gem. Art. 10 Abs. 3 OECD-MA ergibt sich ferner, dass unter Art. 11 OECD-MA keine durch eine Gesellschafterstellung begründeten Forderungen gehören. Im Ergebnis sind die ausschüttungsgleichen Erträge aus Anteilen an einer ausländischen Investmentkapitalgesellschaft nicht als Einkünfte aus Forderungen zu behandeln.

(b) Bindung an die Qualifikation des Quellenstaates

Zur Beurteilung der Frage, ob und inwieweit die innerstaatliche Qualifikation der ausschüttungsgleichen Erträge auf die Abkommensebene übertragen werden kann, ist zunächst der Umfang der Bindungswirkung des nationalen Rechts des Quellenstaates gem. Art. 10 Abs. 3 Alt. 3 OECD-MA zu bestimmen. Überwiegend wird die Ansicht vertreten, dass auch in den beiden ersten Alternativen des Art. 10 Abs. 3 OECD-MA das Recht des Quellenstaates für den Ansässigkeitsstaat maßgebend sein müsse, um eine abkommensrechtliche Regelungshomogenität zu gewährleisten und dem Sinn der DBA nach einem Ausgleich der Doppelbesteuerung zu entsprechen.[642] Die Gegenauffassung möchte dem Wortlaut des Art. 10 Abs. 3 OECD-MA folgend lediglich in der dritten Alternative auf das Recht des Quellenstaates zurückgreifen, im Übrigen nach Art. 3 Abs. 2 OECD-MA das Recht des Anwenderstaates heranziehen.[643] Die Befürworter einer solchen autonomen Auslegung können sich auf den Abkommenswortlaut beru-

---

641 *Tischbirek*, in Vogel/Lehner, DBA, Art. 10 Rz. 189; *Pöllath*, in Vogel/Lehner, DBA, Art. 11 Rz. 62; *Kluge*, Rz. S 212; *Strunk*, in Grotherr/Herfort/Strunk, S. 536.

642 *Schaumburg*, Rz. 16.330; *Burmester*, RIW 1987, 298, 301; *Debatin*, DStZ/A 1989, 421, 422; *Tischbirek*, in Vogel/Lehner, DBA, Art. 10 Rz. 184; *Portner*, in Becker/Höppner/Grotherr/ Kroppen, OECD-MA, Art. 10 Rz. 156; *Jacobs* (Hrsg.), S. 530.

643 *Wassermeyer*, in Debatin/Wassermeyer, OECD-MA, Art. 10 Rz. 92; *Piltz*, DStR 1989, 133, 135; *Kluge*, Rz. S 180; *Strunk*, in Grotherr/Herfort/Strunk, S. 522; *Schnieder*, IStR 1999, 392, 396. Nach Auffassung des Kommentars zum OECD-MA ist der Meinungsstreit von untergeordneter Bedeutung, da sich die Verfasser des Musterabkommens 1963 mit der Aufzählung der in den ersten beiden Alternativen genannten Einkünften an den insoweit übereinstimmenden Rechtsvorstellungen der OECD-Mitgliedstaaten orientiert hätten. Einkünfte, die unter einen der aufgezählten Begriffe fielen, seien danach zweifellos Dividenden. In Grenzfällen komme die Generalklausel des Art. 10 Abs. 3 Alt. 3 OECD-MA zur Anwendung, die unstreitig auf das Recht des Staates verweise, in dem die ausschüttende Gesellschaft ansässig ist. Vgl. Art. 10 Nr. 23 OECD-MK.

fen, da die Verweisung auf das Recht des Quellenstaates lediglich die Einkünfte aus „sonstigen Gesellschaftsanteilen" umfasst, nicht jedoch die Einkünfte aus Aktien oder anderen Rechten mit Gewinnbeteiligung. Der Dividendenbegriff des Art. 10 Abs. 3 Alt. 1 und 2 OECD-MA ist zumindest ohne ausdrücklichen Verweis auf das Recht des Quellenstaates ein abkommensautonomer Begriff. Als solcher ist er jedoch vor einer Auslegung durch den jeweiligen Anwenderstaat über Art. 3 Abs. 2 OECD-MA nach Sinn und Zweck seines Abkommenszusammenhangs zu interpretieren.

Der Abkommenszusammenhang erfordert richtigerweise eine einheitliche Auslegung, wenn der Quellenstaat die Einkünfte als solche aus Aktien im Sinne des Art. 10 Abs. 3 Alt. 1 OECD-MA behandelt oder eine steuerliche Gleichstellung der Einkünfte mit solchen aus Aktien i. S. des Art. 10 Abs. 3 Alt. 3 OECD-MA vornimmt. Insofern der Quellenstaat die Einkünfte aufgrund seines innerstaatlichen Rechts zumindest wie Dividenden behandelt, ist der Ansässigkeitsstaat an diese Qualifikation gebunden, unabhängig davon, ob die erste oder die dritte Alternative des Art. 10 Abs. 3 OECD-MA angewandt wird. Die dritte Alternative nimmt auf die erste des Art. 10 Abs. 3 OECD-MA unmittelbaren Bezug, indem die steuerliche Gleichstellung der Einkünfte mit solchen aus Aktien tatbestandlich an die erste Alternative anknüpft. Die zweimalige Verwendung des Abkommensbegriffs „Aktien" spricht für eine einheitliche Auslegung nach dem Recht des Staates, in dem die ausschüttende Gesellschaft ansässig ist.[644] Dieses Abkommensverständnis einer verbindlichen Einordnung der Erträge nach dem Recht des Quellenstaates wird dem Sinn der DBA gerecht, eine Doppelbesteuerung auszugleichen.

(c) Qualifikation des Ansässigkeitsstaates

Uneinigkeit besteht darüber, wie zu verfahren ist, wenn der Quellenstaat die betreffenden Einkünfte nicht explizit als Einkünfte aus Aktien behandelt, während der Ansässigkeitsstaat nach seinem innerstaatlichen Recht von Dividenden ausgeht. Teilweise wird die Ansicht vertreten, Art. 10 Abs. 3 OECD-MA erhebe das innerstaatliche Recht des Quellenstaates nur insoweit auf die Abkommensebene, als es positiv durch Gleichstellung bestimmter Einkünfte mit regulären

---

644 Nach herrschender Lehre wendet der Ansässigkeitsstaat das Recht des Quellenstaates autonom an, *Wassermeyer*, in Debatin/Wassermeyer, OECD-MA, Art. 10 Rz. 119; *Wolff*, in Debatin/Wassermeyer, DBA-USA, Art. 10 Rz. 138; a. A. offenbar *Tischbirek*, in Vogel/Lehner, DBA, Art. 10 Rz. 186.

Gewinnausschüttungen von Aktiengesellschaften die Dividendeneigenschaft dieser Einkünfte bewirke. Der Rückgriff auf nationales Recht bedeute jedoch nicht, dass das Recht des Quellenstaates umgekehrt auch negativ mit Bindung für den Ansässigkeitsstaat festlegen könne, wann bestimmte Einkünfte keine Dividenden seien. Vielmehr könne im Ansässigkeitsstaat aufgrund autonomer Abkommensauslegung von einer Dividende auszugehen sein.[645] Danach sollen auch atypische Beteiligungserträge wie der Hinzurechnungsbetrag i. S. des § 10 Abs. 1 AStG als vorweggenommene Dividenden gem. Art. 10 Abs. 3 OECD-MA zu qualifizieren sein, wenn diese für den Steuerpflichtigen Ausfluss aus dessen Beteiligung an der ausländischen Gesellschaft sind und damit aus sonstigen Gesellschaftsanteilen stammen.[646] Das Merkmal des „Zahlens" der Dividende gem. Art. 10 Abs. 1 OECD-MA wird entsprechend weit ausgelegt, wenn es wie im Falle ausschüttungsgleicher Erträge nicht zu einer tatsächlichen Auszahlung der Erträge kommt.[647]

Eine derartige autonome Auslegung nach dem Recht des Anwenderstaates kann gem. Art. 3 Abs. 2 OECD-MA nur dann angewandt werden, wenn der Zusammenhang des Abkommens nichts anderes erfordert. Der Abkommenszusammenhang erfordert aber grundsätzlich eine Auslegung des Dividendenbegriffs nach dem Recht des Quellenstaates. Insofern ist es abkommensrechtlich nicht zu beanstanden, dass Deutschland als Quellenstaat die thesaurierten Einkünfte inländischer Investmentvermögen aufgrund der innerstaatlichen Qualifikation als Einkünfte aus Kapitalvermögen zu den Dividenden im Sinne des Art. 10 Abs. 3 Alt. 3 OECD-MA zählt und von seinem durch Art. 10 Abs. 2 OECD-MA belassenen Besteuerungsrecht Gebrauch macht.

Fehlt es aber nach dem Recht des ausländischen Quellenstaates an einer positiven Gleichstellung der Einkünfte mit regulären Gewinnausschüttungen, kann das innerstaatliche Recht des Ansässigkeitsstaates nicht automatisch zur Auslegung herangezogen werden. Vielmehr darf auch der Zusammenhang mit den übrigen Verteilungsnormen nichts anderes erfordern; insbesondere kann die

---

645 *Tischbirek*, in Vogel/Lehner, DBA, Art. 10 Rz. 223; *Widmann*, in Vogel (Hrsg.), Grundfragen, S. 239, 264.

646 *Tischbirek*, in Vogel/Lehner, DBA, Art. 10 Rz. 224; *Krabbe*, in Lademann, AStG, § 10 Rz. 54; *Leisner*, RIW 1993, 1013, 1016; *Köhler*, BB 1993, 337 ff., 340 f.; *Kluge*, AWD 1972, 411.

647 Vgl. für verdeckte Gewinnausschüttungen *Strunk*, in Grotherr/Herfort/Strunk, S. 527 f.; krit. *Wassermeyer*, in *Flick/Wassermeyer/Baumhoff*, AStG, Vor §§ 7-14 AStG Rz. 105.

Qualifikation des Ansässigkeitsstaates nicht dazu führen, die von den Vertragsstaaten beabsichtigte Verteilung des zugrundeliegenden Steuerobjekts zwischen Quellen- und Ansässigkeitsstaat aufzuheben.
In Bezug auf ausschüttungsgleiche Erträge ist jedoch deren rechtliche und wirtschaftliche Gleichbehandlung mit ausgeschütteten Erträgen einer Kapitalgesellschaft, also eindeutig als abkommensrechtliche Dividenden zu qualifizierenden Einkünften zu berücksichtigen. Zudem ist die Kernvoraussetzung abkommensrechtlicher Dividenden mit dem Ausfluss der Erträge aus einer Gesellschaftsbeteiligung erfüllt.[648] Die innerstaatliche Einkunftsqualifikation kann allerdings nur dann auf Abkommensebene zur Anwendung des Art. 10 Abs. 3 OECD-MA führen, wenn die Erträge keinem abkommensrechtlichen Besteuerungsverbot als Dividende unterliegen und im Übrigen keiner anderen abkommensrechtlichen Einkunftsart zuzuordnen sind.
Dieses Abkommensverständnis wird vom Kommentar zum OECD-MA gestützt. Dieser geht bei der Auslegung des Dividendenbegriffs davon aus, dass die in Art. 10 Abs. 3 Alt. 1 OECD-MA aufgezählten Beispiele in den Mitgliedstaaten der OECD nicht unterschiedlich behandelt werden. Im Übrigen sei die Definition nicht abschließend.[649] Danach können ausschüttungsgleiche Erträge unter Art. 10 Abs. 3 OECD-MA subsumiert werden, wenn der Abkommenszusammenhang nicht gestört und das Steuerobjekt von keiner anderen Verteilungsnorm erfasst wird. Als solche kommt für ausschüttungsgleiche Erträge Art. 7 Abs. 1 S. 1 OECD-MA in Betracht.

(2) Verbot extraterritorialer Besteuerung gemäß Art. 10 Abs. 5 OECD-MA

Die Besteuerung der ausschüttungsgleichen Erträge könnte insoweit mit dem Dividendenartikel des OECD-MA kollidieren, als dieser es untersagte, nichtausgeschüttete Gewinne einer Kapitalgesellschaft im Ansässigkeitsstaat der Anteilseigner zu besteuern. Art. 10 Abs. 5 Alt. 2 OECD-MA besagt, dass in dem Fall, dass eine in einem Vertragsstaat ansässige Gesellschaft Gewinne oder Einkünfte aus einem anderen Vertragsstaat bezieht, dieser andere Staat nicht die Gewinne der Gesellschaft einer Steuer für nichtausgeschüttete Gewinne unter-

---

[648] Vgl. *Tischbirek*, in Vogel/Lehner, DBA, Art. 10 Rz. 224.
[649] Art. 10 Rz. 23 OECD-MK.

werfen darf, selbst wenn die nichtausgeschütteten Gewinne ganz oder teilweise aus in diesem anderen Staat erzielten Gewinnen oder Einkünften bestehen.
Nach einer im Schrifttum vertretenen Auffassung können innerstaatliche Vorschriften, die thesaurierte Gewinne einer ausländischen Kapitalgesellschaft bei inländischen Gesellschaftern erfassen, gegen die von Art. 10 Abs. 5 Alt. 2 OECD-MA untersagte Quellenbesteuerung nichtausgeschütteter Gesellschaftsgewinne verstoßen.[650] Der Abkommenswortlaut zwinge nicht zu dem Schluss, dass nur eine Besteuerung der ausländischen Gesellschaft ausgeschlossen sei. *Wöhrle* verweist auf die Schwierigkeit, eine Formulierung, die ein ausdrückliches Verbot der Gesellschafterbesteuerung enthielt, in den entsprechenden Absatz des Dividendenartikels aufzunehmen, ohne den Besteuerungsgegenstand als nicht ausgeschüttete Gewinne der ausländischen Gesellschaft zu umschreiben.[651] Da Art. 10 OECD-MA die Besteuerung der Dividenden und nicht die des Unternehmensgewinns zum Gegenstand habe, beziehe sich Art. 10 Abs. 5 OECD-MA auf die Besteuerung des Gesellschafters und nicht die der Gesellschaft.[652]
Die herrschende Lehre hält dem zutreffend entgegen, dass Art. 10 Abs. 5 Alt. 2 OECD-MA nur die Besteuerung der ausländischen Gesellschaft durch den Quellenstaat einschränken will, nicht hingegen die Besteuerung des inländischen Anteilseigners. Ein entsprechendes Besteuerungsverbot kann der Abkommensvorschrift nicht entnommen werden.[653] Für diese Auffassung spricht auch der Sinn und Zweck des Art. 10 Abs. 5 OECD-MA. Diese Abkommensvorschrift zielt auf die Konstellation, dass eine ausländische Gesellschaft Einkünfte aus dem Quellenstaat bezieht. § 2 Abs. 1 S. 1 InvStG regelt bezüglich ausschüttungsgleicher Erträge nur die Besteuerung beim inländischen Anteilseigner, nicht diejenige der ausländischen Fondsgesellschaft. Die Abkommensnorm steht einer steuerlichen Behandlung der ausschüttungsgleichen Erträge als Dividenden mit

---

[650] In Bezug auf die §§ 7 ff. AStG *Wöhrle*, in Wöhrle/Schelle/Groß, AStG, Vor §§ 7-14, 108/1-3; *Vogel*, DB 1972, 1406; *Bellstedt*, FR 1972, 248.
[651] *Wöhrle*, in Wöhrle/Schelle/Groß, AStG, Vor §§ 7-14, 108/1-3.
[652] *Wöhrle*, in Wöhrle/Schelle/Groß, AStG, Vor §§ 7-14, 108/3; ebenso schon früher *Vogel*, DB 1972, 1402, 1406; *Bellstedt*, FR 1972, 242, 248; ähnlich *Heinz Flick*, BB 1971, 250.
[653] BFH, BStBl. II 1984, 468; BStBl. II 1990, 113; *Debatin*, in Korn/Debatin, Systematik II, Rz. 139, Systematik IV, Rz. 167 f.; *Kluge*, RIW/AWD 1975, 525, 530 f.; *Wassermeyer*, in Debatin/Wassermeyer, OECD-MA, Art. 10 Rz. 158; *Tischbirek*, in Vogel/Lehner, DBA, Art. 10 Rz. 255; *M. Lang*, IStR 2002, 717, 722; *Portner*, in Becker/Höppner/Grotherr/Kroppen, OECD-MA, Art. 10 Rz. 235, 237; *Schaumburg*, Rz. 16.355.

der Folge eines Besteuerungsrechts im deutschen Ansässigkeitsstaat nicht entgegen.

(3) Zusammenfassung

Zusammenfassend kann es sich bei den ausschüttungsgleichen Erträgen aus einer ausländischen Kapitalgesellschaft als Investmentvermögen um Dividenden gem. Art. 10 Abs. 3 OECD-MA handeln, wenn der Zusammenhang des Abkommens nichts anderes erfordert, insbesondere das Steuerobjekt der ausschüttungsgleichen Erträge keiner anderen Verteilungsnorm zuzuordnen ist. Dazu bedarf es einer Untersuchung des Verteilungsartikels über Unternehmensgewinne.

bbb) Unternehmensgewinne, Art. 7 Abs. 1 OECD-MA

Abkommensrechtlich könnten die ausschüttungsgleichen Erträgen zu den Unternehmensgewinnen i. S. des Art. 7 Abs. 1 S. 1 Hs. 1 OECD-MA gehören, die nur im Ansässigkeitsstaat des Unternehmens besteuert werden könnten, also im ausländischen Sitzstaat der Kapitalgesellschaft. Eine gleichzeitige steuerliche Erfassung der ausschüttungsgleichen Erträge wäre dem deutschen Vertragsstaat untersagt[654]. Die Anwendung des Unternehmensgewinnartikels auf die ausschüttungsgleichen Erträge setzt zum einen die Unternehmenseigenschaft der Kapitalgesellschaft und zum anderen das Erzielen von Unternehmensgewinnen voraus.

(1) Unternehmenseigenschaft des Investmentfonds

Die umschriebene Sperrwirkung des Art. 7 Abs. 1 S. 1 OECD-MA erfordert, dass der Investmentfonds in der Rechtsform einer Kapitalgesellschaft ein „Unternehmen eines Vertragsstaates“ im Sinne dieser Abkommensvorschrift ist. Art. 3 Abs. 1 Buchst. d OECD-MA versteht unter einem „Unternehmen eines Vertragsstaates“ ein Unternehmen, das von einer in einem Vertragsstaat ansässigen Person betrieben wird. Wie bereits ausgeführt[655], muss das Unternehmen eine selbständige, nachhaltige und mit Gewinnerzielungsabsicht unternommene Tätigkeit ausüben, am allgemeinen wirtschaftlichen Verkehr teilnehmen und darf

---

[654] *Schaumburg* bezeichnet den ersten Halbsatz von Art. 7 Abs. 1 S. 1 OECD-MA als vollständige Verteilungsnorm, *Schaumburg*, Rz. 16.223; ähnliche Terminologie bei *Vogel*, in Vogel/Lehner, DBA, Vor Art. 6-22 Rz. 4, 7. Nach dieser Verteilungsnorm sind die Einkünfte ausschließlich in einem Vertragsstaat zu besteuern, während der andere Vertragsstaat eine Freistellung gewährt, ohne dass es der Anwendung des Vermeidungsartikels bedarf.

[655] Kapitel 4, B., III., 2., a), aa), aaa), S. 108.

weder eine Land- und Forstwirtschaft noch eine private Vermögensverwaltung betreiben.

Es könnte erwogen werden, dass eine ausländische Gesellschaft, die dem Rechtstyp einer deutschen Kapitalgesellschaft entspricht, stets kraft ihrer Rechtsform gem. § 8 Abs. 2 KStG die Anforderungen an ein Unternehmen im Abkommenssinne erfüllt und Unternehmensgewinne erzielt, ohne dass es auf eine gewerbliche Tätigkeit der Gesellschaft ankäme.[656] Gem. § 8 Abs. 2 KStG sind alle Einkünfte von Steuerpflichtigen, die nach den Vorschriften des Handelsgesetzbuchs zur Führung von Büchern verpflichtet sind, als Einkünfte aus Gewerbebetrieb zu behandeln. Die herrschende Literatur zieht § 8 Abs. 2 KStG nicht heran, sondern setzt eine gewerbliche Betätigung der Kapitalgesellschaft voraus, um sie als Unternehmen i. S. des Art. 7 Abs. 1 S. 1 OECD-MA einordnen zu können.[657] Auch der BFH lehnt eine Anwendung des § 8 Abs. 2 KStG auf ausländische vermögensverwaltende Kapitalgesellschaften ab.[658] Entscheidend sei, ob die Gesellschaft im Inland eine gewerbliche Tätigkeit ausübe. Sei dies nicht der Fall, fehle es an der Kaufmannseigenschaft i. S. des § 1 HGB und damit an einer Verpflichtung zur Buchführung nach den §§ 238 ff. HGB. Auf eine etwaige Buchführungspflicht nach dem Steuerrecht des ausländischen Sitzstaates komme es nicht an.[659] Ebenso wenig kann darauf abgestellt werden, ob die ausländische Kapitalgesellschaft nach deutschem Recht Bücher führen müsste, wenn sie diesem unterworfen wäre.[660] Da § 8 Abs. 2 KStG lediglich eine Aussage über die Einkünfte eines inländischen Unternehmens in der Rechtsform einer Kapitalgesellschaft trifft, ist die Vorschrift zur Auslegung des abkommensrechtlichen Unternehmensbegriffs nicht aussagekräftig.

Auch der Abkommenszusammenhang verbietet eine völlige Deckungsgleichheit zwischen den innerstaatlichen Einkünften aus Gewerbebetrieb und den Unternehmensgewinnen gem. Art. 7 OECD-MA. Die abkommensspezifische Subsidi-

---

656 Vgl. *Wassermeyer*, in Debatin/Wassermeyer, OECD-MA, Art. 7 Rz. 49; *Wolff*, in Debatin/Wassermeyer, DBA-USA, Art. 7 Rz. 48.

657 *Schaumburg*, Rz. 16.230, Fn. 810; *Farnschläder/Kahl*, IWB, F. 3, Gr. 3, S. 1179; *Wassermeyer*, IStR 1998, 115; *ders.*, in Debatin/Wassermeyer, OECD-MA, Art. 7 Rz. 49; *Strunk*, in Grotherr/Herfort/Strunk, S. 463 f.

658 BFH, BStBl. II 1998, 468, 470, in Bezug auf die Einkünfteermittlungsvorschrift des § 10 Abs. 3 S. 1 AStG; BFH, BFH/NV 1990, 161, 162, in Bezug auf Einkünfte aus beschränkter Steuerpflicht.

659 BFH, BStBl. II 1998, 468, 470.

660 BFH, BStBl. II 1998, 468, 470.

aritätsregel des Art. 7 Abs. 7 OECD-MA sowie die in den Verteilungsnormen verankerte isolierende Betrachtungsweise ist mit den innerstaatlichen Einkünftequalifikationsregeln i. S. der § 8 Abs. 2 KStG, § 15 Abs. 3 Nr. 2 EStG nicht zu vereinbaren.[661] Während letztere auf nationalen, rechtsformgeprägten Besonderheiten des Steuerrechts beruhen, liegt dem abkommensrechtlichen Unternehmensbegriff die Konzeption einer eigengewerblichen Tätigkeit zugrunde. Die gewerbliche Prägung nach deutschem Steuerrecht gem. § 15 Abs. 3 Nr. 2 EStG ohne gewerbliche Tätigkeit der Gesellschaft kann ebenfalls nicht genügen, ein Unternehmen i. S. des Art. 7 OECD-MA zu begründen.[662] Gleiches muss für Kapitalgesellschaften gelten. Andernfalls wäre die abkommensrechtliche Behandlung und damit die Ausübung der Besteuerung durch die Vertragsstaaten allein von der Rechtsform der Unternehmung abhängig; ein solches Ergebnis widerspräche dem Grundsatz der Besteuerung nach der wirtschaftlichen Leistungsfähigkeit des Steuerpflichtigen. Im Ergebnis erfüllt eine ausländische, lediglich vermögensverwaltende Kapitalgesellschaft nicht die Voraussetzungen an ein „Unternehmen" gem. Art. 7 OECD-MA.

(2) Ausschüttungsgleiche Erträge als Unternehmensgewinne

Ob und inwieweit eine ausländische Kapitalgesellschaft als ein Investmentvermögen i. S. des § 1 Abs. 1 Nr. 2 InvStG die Grenze zur bloßen Vermögensverwaltung überschreitet, ist aus Gründen der Gleichmäßigkeit der Besteuerung unter Zugrundelegung des Gewerblichkeitsbegriffs des § 15 Abs. 2 EStG und der bereits dargelegten Grundsätze zum gewerblichen Wertpapier- bzw. Grundstückshandel zu untersuchen. Dies ist im konkreten Einzelfall anhand der Tätigkeit und Ausgestaltung des Investmentfonds zu beurteilen. Überträgt die ausländische Investmentgesellschaft etwa eigene Verwaltungstätigkeiten auf Dritte und verfügt sie selbst über keine oder eine lediglich geringe sachliche und persönliche Organisation zur Verwaltung des Anlagevermögens, wird sie gegebenenfalls als rein vermögensverwaltende Unternehmensform anzusehen sein, deren Einkünfte nicht zu den Unternehmensgewinnen i. S. des Art. 7 Abs. 1 OECD-MA zählen.[663]

---

[661] Ebenso *Schaumburg*, Rz. 16.230.
[662] Vgl. Kapitel 4, B., III., 2., a), aa), aaa), (4), (b), S. 124 f.
[663] Vgl. zur Auslagerung von Verwaltungstätigkeiten einer Kapitalanlagegesellschaft gem. § 16 InvG *Stoschek/Keunecke/Lauermann/Schachinger*, FB 2004, 143, 144 f.

ccc) Einfluss der DBA auf die Zurechnungskonkurrenz thesaurierter Fondserträge

Würde es sich bei den ausschüttungsgleichen Erträgen um Unternehmensgewinne gem. Art. 7 Abs. 1 S. 1 Hs. 1 OECD-MA handeln, könnte die inländische Besteuerung nicht ausgeübt werden, da der deutsche Vertragsstaat nicht der Ansässigkeitsstaat des Investmentfonds bzw. Unternehmens ist. Die ausschüttungsgleichen Erträge wären von der Besteuerung im Inland auszunehmen. Da aus deutscher Sicht nicht die von der ausländischen Investmentgesellschaft erzielten Einkünfte, sondern ausschließlich die dem Anteilsinhaber zuzurechnenden ausschüttungsgleichen Erträge zu betrachten sind, bedarf es der Untersuchung, ob und inwieweit die inländische Steuerpflicht durch die Anwendung des Unternehmensgewinnartikels eingeschränkt wird.

(1) Zurechnungskonkurrenz thesaurierter Fondserträge

Nach einer Literaturauffassung führt die Zuflussfiktion thesaurierter Erträge gem. § 2 Abs. 1 S. 2 InvStG bzw. § 17 Abs. 1 S. 3, § 18 Abs. 1 S. 3 AuslInvestmG zu einem sogenannten Zurechnungskonflikt, der über die Verteilungsnormen des DBA aufzulösen ist.[664] Grundsätzlich erziele der als Kapitalgesellschaft strukturierte Investmentfonds die zu untersuchenden Einkünfte nach den allgemeinen Zurechnungsregeln für juristische Personen. Diese Zurechnung werde durch die Zuflussfiktion des InvStG bzw. des AuslInvestmG durchbrochen mit der Folge, dass Einkünfte des Anteilseigners vorlägen. Der ausländische Sitzstaat des Fonds behandele die noch nicht ausgeschütteten Erträge prinzipiell als Einkünfte einer in seinem Staat ansässigen Person. Zum Quellenstaat werde er nur bezüglich der vom Fonds tatsächlich ausgeschütteten Erträge.[665] Indem der deutsche Ansässigkeitsstaat den Anteilsinhaber bereits vor Ausschüttung der Fondserträge besteuere, resultiere daraus ein Zurechnungskonflikt, da die Vertragsstaaten die thesaurierten Einkünfte unterschiedlichen Personen zurechneten.

Erstmals wurde der Begriff des Zurechnungskonflikts von *Wengler* bei der Bestimmung ausländischer Rechtsgebilde für inländische Besteuerungszwecke erläutert.[666] Seiner Auffassung nach ist ein Zurechnungskonflikt dadurch gekenn-

[664] *Schmidt/Blöchle*, IStR 2002, 645, 649 ff.
[665] *Schmidt/Blöchle*, IStR 2002, 645, 648.
[666] *Wengler*, S. 107.

zeichnet, dass zwei Staaten davon ausgehen, einen bestimmten Tatbestand nur einmal zu besteuern, aber ein Konflikt über die Zurechnung des Steuertatbestandes zu dem Steuersubjekt eintritt. Der eine Staat rechnet den Tatbestand der in seinem Staat ansässigen natürlichen Person zu, der andere Staat der in seinem Staat ansässigen juristischen Person. *Wengler* differenziert zwischen Zurechnungs- und Qualifikationskonflikt, geht aber nicht auf nationale oder abkommensrechtliche Lösungsmöglichkeiten ein.[667]

Der Ausdruck „Zurechnungskonflikt" wird heute meist im Zusammenhang mit Qualifikationskonflikten von Personengesellschaften verwandt. *Debatin* differenziert im Rahmen von Qualifikationskonflikten zwischen der Zurechnung von Einkommen und Vermögen zu einem bestimmten Steuersubjekt (sogenannter subjektiver Zurechnungskonflikt) und der Zurechnung von Einkommen und Vermögen zu einer Betriebsstätte (sogenannter objektiver Zurechnungskonflikt).[668] Seiner Auffassung nach sind subjektive Zurechnungskonflikte nur durch ein Verständigungsverfahren der Vertragsstaaten zu lösen, da sich die subjektive Einkunftszurechnung im Vorfeld der Abkommensanwendung ausschließlich nach innerstaatlichem Recht entscheide und damit außerhalb des Regelungsrahmens der DBA liege.[669] *Loukota* sieht die Ursache eines Zurechnungskonflikts in Abweichungen des innerstaatlichen Rechts der beiden Vertragsstaaten, wie sie auch bei Personengesellschaften auftreten können.[670] Im Gegensatz zu Qualifikationskonflikten erfolge jedoch keine Subsumtion unter verschiedene DBA-Normen, vielmehr bestehe die Abweichung in der Zurechnung der Einkünfte zu verschiedenen Steuersubjekten.[671] *Widmann* geht ähnlich wie *Wengler* von einem Zurechnungskonflikt aus, wenn das Steuerrecht zweier Staaten einen Vorgang zum Anlass nehme, zwei verschiedene Personen zu besteuern.[672] Ein DBA könne einem nationalen Steuertatbestand jedoch nur insoweit entgegenstehen, als die steuerpflichtige Person wegen des Vorgangs, der Grundlage der Besteuerung ist, auch in dem anderen Staat besteuert werde.[673]

---

667 *Wengler*, S. 107, Fn. 13.
668 *Debatin*, in Korn/Debatin, Systematik III, Rz. 150; ebenso *Schaumburg*, Rz. 16.85.
669 *Debatin*, in Korn/Debatin, Systematik III, Rz. 150.
670 *Loukota*, in Gassner/Lang/Lechner, Personengesellschaften, S. 15, 19.
671 Ähnlich *Schmidt*, IStR 2001, 489, 493; *Wassermeyer*, in Debatin/Wassermeyer, OECD-MA, Art. 1 Rz. 28c.
672 *Widmann*, in Vogel (Hrsg.), Grundfragen, S. 235, 253.
673 *Widmann*, in Vogel (Hrsg.), Grundfragen, S. 235, 255 f.

Im Anwendungsbereich des InvStG kann die Einkünftezurechnung ausschüttungsgleicher Erträge gem. § 2 Abs. 1 InvStG an die inländischen Anteilsinhaber zu einem Konflikt mit allgemeinen Zurechnungsregeln über die Besteuerung von Kapitalgesellschaften führen. Geht man davon aus, dass der ausländische Sitzstaat der Kapitalgesellschaft die thesaurierten Gewinne der Gesellschaft zurechnet und keine Ausschüttungsfiktion analog § 2 Abs. 1 S. 3 InvStG vornimmt, sondern die Gewinne ausschließlich bei der Kapitalgesellschaft besteuert, läge ein Konflikt über die Zurechnung von Einkünften zu unterschiedlichen Personen vor. Um eine begrifflich klare Unterscheidung zwischen dem beschriebenen Konflikt in der Zurechnung von Einkünften zu einem Steuersubjekt von Qualifikationskonflikten zu gewährleisten, wird im Folgenden von einer sogenannten Zurechnungskonkurrenz gesprochen.[674]

(2) Einkünftezurechnung und DBA

Die beschriebene Zurechnungskonkurrenz könnte durch die Verteilungsnormen der DBA beseitigt werden, wenn diese die Zurechnung von Einkünften regelten und damit beschränkenden Einfluss auf die innerstaatliche Einkünftezurechnung der Vertragsstaaten nähmen.

(a) Herrschende Meinung

Der BFH hat mehrmals die Auffassung vertreten, dass die Einkünftezurechnung für Zwecke der Anwendung eines DBA nach dem nationalen Steuerrecht zu bestimmen ist.[675] Nach einem Urteil vom 18.12.1986 soll die Frage, ob Zinsen aus Inhaberschuldverschreibungen, die von einem deutschen Bankinstitut ausgegeben worden sind, der schweizerischen Empfängerin auch im steuerrechtlichen Sinne zuzurechnen sind, für Zwecke der Anwendung des DBA Deutschland-Schweiz nach deutschem Steuerrecht zu entscheiden sein.[676] Der BFH deutet das Schweigen der DBA zur Frage der persönlichen Einkünftezurechnung dahin gehend, dass diese Frage nicht zum Regelungsgegenstand der DBA gehöre. Nur in Ausnahmefällen nähmen die DBA auf die Einkünftezurechnung des jeweiligen Vertragsstaates unmittelbar Bezug, wie es etwa in Art. 4 Abs. 11 DBA Deutschland-Schweiz der Fall sei.

---

674 Vgl. *Schaumburg*, Rz. 10.200.

675 BFH, BStBl. II 1970, 569, 571; BStBl. II 1986, 496, 497; BStBl. II 1988, 521, 524; krit. dazu *Wassermeyer*, StuW 1990, 404, 406 f.

676 BFH, BStBl. II 1988, 521, 524.

Im Ergebnis übereinstimmend vertritt die Literatur überwiegend den Standpunkt, die Einkünftezurechnung des jeweiligen Vertragsstaates sei auch für die Anwendung des Abkommens heranzuziehen.[677] Dies wird damit begründet, dass die Steuererleichterungen der DBA nur demjenigen zugute kommen sollen, der in dem betreffenden Vertragsstaat auch tatsächlich der Steuerpflicht unterliege. Die DBA setzten die Steuerpflicht nach dem innerstaatlichen Recht der Vertragsstaaten voraus, bevor sie ihre Schrankenwirkung entfalteten. Eine sachliche Änderung der innerstaatlich begründeten und auf besonderen Einkünftezurechnungsvorschriften beruhenden Steuerpflicht sei den DBA hingegen fremd.[678] Nach Ansicht *Michael Langs* knüpft der abkommensrechtliche Begriff der Einkünfte an das originär innerstaatliche Recht der Vertragsstaaten an, und zwar einerseits betreffend des Steuerobjekts sowie der Höhe der Einkünfte, andererseits betreffend der Zurechung der Einkünfte.[679] Es sei Sache des nationalen Steuergesetzgebers, eigenständige Zurechnungskriterien zu normieren. Daraus resultierende Konflikte mit entgegenstehenden Zurechnungskriterien des anderen Vertragsstaates würden nicht durch eine überlagernde Zurechnungsentscheidung der DBA gelöst. Die DBA verwiesen durch die Bestimmung ihres persönlichen Anwendungsbereichs vielmehr auf die nationalen Rechtsordnungen. So gewährten sie die Abkommensvorteile allen Personen, die in zumindest einem der beiden Vertragsstaaten ansässig seien. Indem die abkommensrechtliche Ansässigkeit gem. Art. 4 Abs. 1 OECD-MA an die Steuerpflicht in einem der beiden Vertragsstaaten anknüpfe, werde deutlich, dass die DBA keine originäre Zurechnungsentscheidung treffen würden.[680] Daraus entstehende Divergenzen in der Frage der Einräumung von Abkommensvorteilen seien zunächst hinzunehmen, wie es bei Qualifikationskonflikten in der Besteuerung von Personengesellschaften der Fall sei. Es sei zu akzeptieren, wenn ein Vertragsstaat die Personengesellschaft besteuere und der andere Staat die Gesellschafter. Abkommensrechtlich sei dann für beide Rechtsträger einzeln zu prüfen, ob sie

---

[677] *M. Lang*, IStR 2002, 717, 719 f.; *Debatin*, in Korn/Debatin, Systematik III, Rz. 42, 49; *Jacobs* (Hrsg.), S. 522; *Wöhrle*, in: Wöhrle/Schelle/Groß, AStG, Vor §§ 7-14, 108/4; *Kluge*, Rz. S 25.

[678] *Debatin*, in Korn/Debatin, Systematik III, Rz. 42.

[679] *M. Lang*, IStR 2002, 717, 719.

[680] *M. Lang*, IStR 2002, 717, 719.

als ansässige Personen unter das Abkommen fielen und wie ihre Einkünfte unter die Verteilungsnormen einzuordnen seien.

(b) Gegenstimmen aus der Literatur

Im Schrifttum wird an dieser Auffassung kritisiert, dass sie jedem Vertragsstaat die Möglichkeit gewährt, Abkommensvorschriften durch abweichende Einkünftezurechnungen des nationalen Rechts zu unterlaufen.[681] Nach Ansicht von *Mössner* kann aus dem Grundsatz, dass die DBA keine Steuerpflicht begründen, nicht gefolgert werden, Unternehmensgewinne auch mit Bindungswirkung auf Abkommensebene entweder der Gesellschaft oder dem Gesellschafter zuzurechnen.[682] Ein Teil der Literatur schlussfolgert sogar, die Zurechnung der Einkünfte unmittelbar den DBA-Verteilungsnormen zu entnehmen.[683]

Im Schrifttum werden schließlich auch vermittelnde Ansichten zur Einkünftezurechnung im Verhältnis des nationalen zum DBA-Recht vertreten. *Sieker* erörtert im Rahmen der Einkunftserzielung unbeschränkt Steuerpflichtiger als Anteilhaber eines US-amerikanischen Trusts, dass das DBA Deutschland-USA die persönliche Zurechnung von Einkünften zwar nicht ausdrücklich zum Regelungsgegenstand habe.[684] Es sei jedoch anzunehmen, dass die beiden Vertragspartner eine möglichst umfassende Vermeidung von Doppelbesteuerungen bei Abschluss des Abkommens beabsichtigt hätten. Dieses Ziel sei aber nur bei übereinstimmenden Vorschriften zur Einkünftezurechnung in den beiden Staaten zu erreichen gewesen. Wenn übereinstimmende nationale Regelungen bestanden, konnten die Vertragspartner von einer ausdrücklichen Aufnahme der gemeinsamen Zurechnungsgrundsätze in das Abkommen absehen, weil keine Doppelbesteuerung zu befürchten war. Nach Auffassung von *Sieker* stellen diese gemeinsamen, wenngleich nicht explizit in dem Abkommen erwähnten Zurechnungsgrundsätze Abkommensrecht dar.[685] Für innerstaatliche Zurechnungsvorschriften, die mit den allgemeinen Zurechnungsgrundsätzen gänzlich unvereinbar seien, bedürfe es hingegen einer ausdrücklichen Ermächtigung des Vertrags-

---

[681] *Flick/Wassermeyer*, in Flick/Wassermeyer/Baumhoff, AStG, § 10 Rz. 171; *Wassermeyer*, RIW 1983, 352, 354; *Fischer-Zernin*, RIW 1987, 785, 788.

[682] *Mössner*, in Brezing u. a., AStG, Vor §§ 7-14 Rz. 36.

[683] *Flick/Wassermeyer*, in Flick/Wassermeyer/Baumhoff, AStG, § 10 Rz. 171; *Schmidt/Blöchle*, IStR 2002, 645, 650 f. in Bezug auf Art. 7 Abs. 1 S. 1 OECD-MA.

[684] *Sieker*, BB 1993, 1257, 1258, in Bezug auf das DBA-USA 1954/64 (BGBl. II 1954, 1118).

[685] *Sieker*, BB 1993, 1257, 1258.

staates im Abkommen. Zu diesen besonderen Zurechnungsvorschriften gehörten etwa die Vorschriften der Hinzurechnungsbesteuerung gem. §§ 7 ff. AStG. Diese mit den DBA grundsätzlich unvereinbaren Vorschriften fänden indes im DBA Deutschland-USA in Protokoll Nr. 1 Buchst. d eine ausdrückliche Ermächtigung und seien damit abkommenskonform.[686]

Dieser Argumentation liegt der Gedanke zu Grunde, die DBA beinhalteten aufgrund ihrer Zielsetzung eine subjektive Einkünftezurechnung, die von übereinstimmenden Zurechnungsgrundsätzen der beiden Vertragspartner ausgeht. Die gesetzgeberische Freiheit des jeweiligen Vertragsstaates zur Regelung der Einkünftezurechnung finde dort ihre Schranken, wo allgemein anerkannte Zurechnungsgrundsätze missachtet würden. Der systematische Nachteil dieser Ansicht besteht darin, dass sie nicht festlegt, wann von allgemeinen Zurechnungsgrundsätzen auszugehen ist. Kollidieren die innerstaatlichen Zurechnungsvorschriften miteinander, bleibt ungewiss, welcher Vertragsstaat sich durchsetzt und eine abkommenskonforme Einkünftezurechnung gewährleistet.

Henkel möchte die Einkünftezurechnung als Verknüpfung von Steuersubjekt und Steuerobjekt grundsätzlich dem innerstaatlichen Recht des Anwenderstaates entnehmen, da die DBA insoweit eine Regelungslücke aufwiesen.[687] Jedoch beschränke sich dieser Rückgriff auf die Frage, welches Steuersubjekt originär Einkünfte i. S. des § 2 Abs. 1 EStG erziele. Die Abkommensvorschriften gingen aber solchen nationalen Vorschriften vor, die aufgrund zusätzlicher Tatbestandsvoraussetzungen eine Zurechnungsänderung von originären Einkünften regelten.[688] Nach dieser Ansicht wären die originär von der ausländischen Kapitalgesellschaft thesaurierten Fondserträge, soweit sie die Bemessungsgrundlage für die Steuerpflicht der ausschüttungsgleichen Erträge i. S. des § 1 Abs. 3 S. 3 InvStG bilden, auf der Abkommensebene der Gesellschaft zuzurechnen. Der steuerliche Zugriff auf diese Einkünfte gem. § 2 Abs. 1 S. 1 InvStG infolge einer innerstaatlichen Zurechnungsänderung würde einen Eingriff in den Abkommensschutz der ausländischen Gesellschaft bedeuten.[689]

---

[686] *Sieker*, BB 1993, 1257, 1259.
[687] *Henkel*, in Mössner u. a., 1. Aufl. 1992, Rz. E 471.
[688] *Henkel*, in Mössner u. a., 1. Aufl. 1992, Rz. E 471, 475.
[689] Vgl. *Henkel*, in Mössner u. a., 1. Aufl. 1992, Rz. E 476.

(c) Stellungnahme

Der Auffassung *Michael Langs* ist insoweit zuzustimmen, als die DBA-Vorschriften grundsätzlich keine Regelungen darüber treffen, welchem Steuersubjekt Einkünfte zuzurechnen sind. Vielmehr ist für die Einkünftezurechnung auf das Recht des jeweiligen Anwenderstaates zurückzugreifen. Dies ergibt sich nicht zuletzt aus dem Verständnis des Art. 4 Abs. 1 OECD-MA, der die Gewährung persönlicher Abkommensberechtigung an die Eigenschaft der Person als Einkünftezurechnungssubjekt nach dem Recht des Ansässigkeitsstaates knüpft. Hiervon zu unterscheiden ist die Frage, ob und inwieweit die DBA Regelungen darüber enthalten, welchem der beiden Vertragsstaaten die Ausübung ihres originären Besteuerungsrechts belassen und welchem Vertragsstaat ein Besteuerungsverzicht auferlegt wird[690]; unabhängig davon, welchem Steuersubjekt die Einkünfte nach nationalem Steuerrecht konkret zugerechnet werden. Ausgehend von dem Verständnis der abkommensrechtlichen Einkunftsarten als Verteilungsnormen sind die Art. 6 ff. OECD-MA darauf gerichtet, eine Verteilung des Steuerobjekts zwischen Ansässigkeits- und Quellenstaat vorzunehmen.[691] Dabei ist es im OECD-MA der Regelfall, dass die Steuerberechtigung des Ansässigkeitsstaates aufrechterhalten und diejenige des Quellenstaates zu umgrenzen ist. In Ausnahmefällen enthalten die Verteilungsnormen jedoch eine abschließende Rechtsfolge dahin gehend, dass das Besteuerungsrecht nur dem Quellenstaat zugewiesen wird, so dass der Ansässigkeitsstaat schon deswegen freizustellen hat.[692] Zu diesen Ausnahmefällen gehört Art. 7 Abs. 1 S. 1 Hs. 1 OECD-MA, wenn beide Vertragsstaaten das Unternehmen einheitlich als eine im Quellenstaat ansässige Gesellschaft anerkennen. Art. 7 Abs. 1 OECD-MA beinhaltet insoweit eine abschließende Regelung in Bezug auf die Verteilung von Unternehmensgewinnen. Ein Besteuerungsrecht des anderen Vertragsstaates ergibt sich aus Art. 7 Abs. 1 S. 1 Hs. 2 i. V. m. S. 2 OECD-MA nur dann, wenn das

---

690 *Burmester*, Grundlagen, S. 262, spricht von einem „staatengemeinsamen Verzichtsgefüge" der DBA; ähnlich *Schaumburg*, Rz. 16.7; *Debatin*, in Korn/Debatin, Systematik I, Rz. 36, 39.

691 *Schaumburg*, Rz. 16.204; *Vogel*, in Vogel/Lehner, DBA, Einl. Rz. 71.

692 *Schaumburg*, Rz. 16.204 f. Nach neuerer Rechtsprechung lassen DBA das jedem Vertragsstaat originär zustehende Besteuerungsrecht unberührt, und zwar auch für solche Einkünfte, die nach dem DBA freizustellen sind. Die vom Abkommen von der Steuer freigestellten Einkünfte seien wie steuerfreie Einkünfte zu behandeln. Insoweit werde nur die Ausübung des Besteuerungsrechts eingeschränkt. So BFH, BStBl. II 1998, 113, 114; zust. *Vogel*, in Vogel/Lehner, DBA, Einl. Rz. 71; *Kluge*, Rz. R 21 ff. m. w. N.

Unternehmen dort eine Betriebsstätte unterhält, der die Gewinne zuzurechnen sind. Der Verteilungskonzeption des Unternehmensgewinnartikels immanent ist also ein Verzicht des Nichtansässigkeitsstaates der Gesellschaft, die Unternehmensgewinne im eigenen Staat zu besteuern. Im Ergebnis regeln die DBA-Verteilungsnormen zwar keine unmittelbare Einkünftezurechnung zu einem bestimmten Steuersubjekt. Indes treffen sie in Einzelfällen eine ausschließliche Entscheidung über die Verteilung des Steuergutes und damit die Ausübung des Besteuerungsrechts der Vertragsstaaten.

(3) Abkommensrechtliche Identität des Steuergutes

Die Vereinbarkeit der Besteuerung ausschüttungsgleicher Erträge gem. § 2 Abs. 1 S. 1 InvStG mit Art. 7 Abs. 1 S. 1 OECD-MA ist jedenfalls dann gegeben, wenn der Besteuerung unterschiedliche Besteuerungsobjekte zu Grunde liegen. Die Abkommensregelung zur Besteuerung von Unternehmensgewinnen gem. Art. 7 Abs. 1 OECD-MA zielt auf den thesaurierten Gewinn der ausländischen Gesellschaft.[693] Zu klären ist, ob die innerstaatlichen Steuervorschriften unmittelbar auf die Gewinne der ausländischen Gesellschaft zugreifen und diese dem inländischen Gesellschafter zurechnen, oder ob sie die Gewinne der ausländischen Gesellschaft unberührt lassen und lediglich eine eigene, originäre Steuerpflicht des inländischen Gesellschafters begründen. § 2 Abs. 1 S. 1 InvStG nimmt eine Zurechnungsänderung vor, indem die Einkünfte des ausländischen Investmentfonds bereits vor ihrer Ausschüttung beim Anteilsinhaber besteuert werden, und zwar einheitlich als Einkünfte aus Kapitalvermögen i. S. des § 20 Abs. 1 Nr. 1 EStG oder als betriebliche Einkünfte. Dadurch könnte die dem Art. 7 Abs. 1 S. 1 OECD-MA immanente Zuordnung des Steuergutes der Unternehmensgewinne zum ausländischen Sitzstaat unzulässig unterlaufen werden.

(a) Funktion des Steuergutes im internationalen Steuerrecht

Im nationalen Steuerrecht wird der Begriff des Steuergutes als ein Lebenssachverhalt verstanden, aus dem wirtschaftliche Leistungsfähigkeit hervorgeht und der sich dem gemäß als potentielle Quelle steuerlicher Zahlungsfähigkeit erweist.[694] Werden auf das gleiche Steuergut mehrere Steuern erhoben, resultiert daraus infolge der Identität der Steuerquelle eine gleichartige Mehrfachbelastung. Bei Beteiligung zweier Staaten an der Erfassung desselben Steuergutes

---

693 *Henkel*, in Mössner u. a., 1. Aufl. 1992, E 470.

694 Vgl. *J. Lang*, in Tipke/Lang, § 7 Rz. 23, 26.

spricht man auch von einer internationalen Doppelbelastung.[695] Die primäre Funktion der DBA, eine Doppelbesteuerung zu vermeiden, wird ergänzt durch deren Aufgabe, aufgrund sachgerechter und konsequent durchgeführter Regeln eine gerechte Zuordnung des Steuergutes unter mehreren Staaten sicherzustellen.[696]

Die internationale Funktion des Steuergutes als Indiz steuerlicher Zugehörigkeit von Quellensachverhalten zum Inland oder zum Ausland führt zu einer Einschränkung des staatlichen Steuerzugriffs für diesen Lebenssachverhalt.[697] Damit einher geht eine Aufteilung des Gesamtsteuergutes auf die einzelnen Zugehörigkeitsstaaten.[698] Nach überzeugender Auffassung ist die objektive Wirtschaftskraft am Ort der Erarbeitung und Erwirtschaftung der Einkünfte steuerlich zu erfassen, während soziale Umstände im Wohnsitzstaat zu berücksichtigen sind.[699] *Burmester* hat in diesem Zusammenhang die leistungsfähigkeits- und zugehörigkeitsindizierende Funktion der Steuergüter herausgestellt, die zu einer Vermeidung wirtschaftshemmender zwischenstaatlicher Ordnungskonflikte beiträgt.[700] Ihrer Auffassung nach entspricht eine gegenstandsbezogene, auf die Steuerquelle als sachliches Steuersubstrat bezogene Besteuerung der wirtschaftlichen Natur des modernen Steuerrechts.[701] Bereits das auf *von Schanz* zurückgehende Kriterium der volkswirtschaftlichen Zugehörigkeit ging bei Doppelbesteuerungskonflikten von einer internationalen Steuerteilung aus, welche dem volkswirtschaftlich näher mit dem Ursprung der Einkünfte verbundenen Quellenstaat einen größeren Anteil des Steuergutes beließ als dem Wohnsitzstaat.[702] In Bezug auf thesaurierte Erträge eines ausländischen Investmentfonds lässt sich als steuerlich geeignetes Zugehörigkeitsindiz im vorerwähnten Sinne einzig die Belegenheit der Investmentgesellschaft im ausländischen Vertragsstaat anführen.

---

695 *Dorn*, VJSchrStFR 1927, S. 189 ff.; *Debatin*, in Korn/Debatin, Systematik I, Rz. 11; *Burmester*, StuW 1993, 221, 222; *dies.*, Grundlagen, S. 248 ff.
696 *Schaumburg*, Rz. 16.37 f.
697 *Burmester*, StuW 1993, 221, 225.
698 *Burmester*, StuW 1993, 221, 225.
699 *Burmester*, StuW 1993, 221, 225; *Endriss*, S. 76.
700 *Burmester*, StuW 1993, 221, 228.
701 *Burmester*, JZ 1993, 698, 700.
702 *von Schanz*, FinArch 1892, S. 1, 8 ff.; vgl. auch *Weber-Fas*, S. 56 f.

(b) Wirtschaftliche Identität des Steuergutes

Da die Anknüpfungspunkte für die Besteuerung in den nationalen Steuerordnungen keine völlige Identität aufweisen, liegt der Konzeption der Verteilungsnormen keine streng juristische, sondern eine wirtschaftliche Identität des Steuerobjekts zu Grunde. Es genügt daher, wenn im Wesentlichen das gleiche Steuergut erfasst wird.[703] Besteuerungsgegenstand der ausschüttungsgleichen Erträge sind gem. § 1 Abs. 3 S. 3 InvStG bestimmte Erträge, die von der Investmentgesellschaft nach Abzug der Werbungskosten nicht zur Ausschüttung verwendet werden. Wirtschaftlich handelt es sich um die Einkünfte der ausländischen Investmentgesellschaft, die im Wege einer Ausschüttungsfiktion gem. § 2 Abs. 1 S. 2 InvStG zum Ende des Geschäftsjahres, in dem sie von der Investmentgesellschaft vereinnahmt wurden, beim Anteilsinhaber steuerpflichtig sind. Auf einer zweiten Stufe erfolgt eine einheitliche Qualifizierung der Erträge als Einkünfte aus Kapitalvermögen i. S. des § 20 Abs. 1 Nr. 1 EStG bei Investmentanteilen im Privatvermögen bzw. Einkünfte i. S. der § 13, § 15 oder § 18 EStG bei Investmentanteilen im Betriebsvermögen. Ungeachtet der konkreten Ausgestaltung des Steuerobjekts im nationalen Steuerrecht sind die ausschüttungsgleichen Erträge ihrer Art und ihrem Umfange nach mit dem Steuergut der Unternehmensgewinne i. S. des Art. 7 Abs. 1 S. 1 OECD-MA identisch. Der steuerliche Zugriff auf einen Teil der thesaurierten Fondserträge durch den deutschen Vertragsstaat bedeutet eine Außerachtlassung der Verteilungs- und Abgrenzungsfunktion des Steuergutes der Unternehmensgewinne; damit wird gegen einen tragenden Grundsatz der DBA verstoßen.[704]

(4) Rechtfertigung aufgrund Völkergewohnheitsrecht

Aus den bisherigen Untersuchungen folgt nicht zwangsläufig, dass die Besteuerung der ausschüttungsgleichen Erträge bei Anwendung eines DBA ausgeschlossen ist. In Betracht kommt eine Rechtfertigung der nationalen Besteuerungsvorschriften aufgrund Völkergewohnheitsrecht. Diese zweite von Art. 38

---

[703] *Schaumburg*, Rz. 12.4; *Spitaler*, S. 180 f.

[704] Ähnlich *Hofmann*, AG 1970, 73, 81; *Schmidt/Blöchle*, IStR 2002, 645, 651. Ebenso für die Hinzurechnungsbesteuerung vor dem In-Kraft-Treten von § 20 Abs. 1 AStG *Henkel*, in Mössner u. a., 1. Aufl. 1992, E 476; ähnlich *Wassermeyer*, in Flick/Wassermeyer/Baumhoff, AStG, § 7 Rz. 7; *Kluge*, RIW/AWD 1975, 525, 531; *Leisner*, RIW 1993, 1013, 1016; *Tulloch*, in Lademann, AStG, § 7 Rz. 14. Vgl. auch zu einer neueren Entscheidung des französischen Conseil d'Etat vom 28.06.2002 *Jacob/Zimmermann*, IWB, F. 3a, Gr. 2, 39, 42; *Amann/Göttsche/Stockmann*, RIW 2003, 814, 820.

Abs. 1 Buchst. b IGH-Statut genannte Rechtsquelle bedeutet eine allgemeine ständige Übung der Staaten, die von der Überzeugung der beteiligten Staaten getragen ist, dass eine Rechtspflicht zu deren Befolgung besteht.[705] In Bezug auf die Besteuerung thesaurierter Fondserträge beim inländischen Steuerpflichtigen gem. § 2 Abs. 1 InvStG ist die Existenz eines Völkergewohnheitsrechts in zweifacher Hinsicht zweifelhaft. Erstens geht die Praxis hier nur von einem Völkerrechtssubjekt, dem deutschen Vertragsstaat aus. Zweitens lässt sich eine allgemeine Zustimmung oder zumindest ein Konsens des ausländischen Vertragsstaates nicht feststellen.[706] Ausländische Vertragsstaaten mit ausgeprägter Fondsindustrie mögen teilweise den Zugriff der deutschen Finanzbehörden auf die thesaurierten Fondserträge hinnehmen, da sie den in ihren Staaten ansässigen Investmentfonds eine Steuervergünstigung einräumen, welche einem unilateralen Verzicht auf das abkommensrechtliche Steuergut gleichkommt. Andererseits kann nicht davon ausgegangen werden, dass dieser Verzicht auf eigenes Steueraufkommen dem anderen Vertragsstaat zugute kommen soll, sondern vielmehr dem einzelnen Investmentanleger. Schließlich sehen die Rechtsordnungen mancher Vertragsstaaten keine Steuerbefreiung thesaurierender Investmentfonds vor[707], sodass die thesaurierten Fondserträge tatsächlich von beiden Vertragsstaaten steuerlich erfasst werden.

Mössner vertritt indes die Auffassung, dass die widerspruchslos hingenommene Praxis eines Vertragsstaates bei der Anwendung seiner nationalen Steuerrechtsvorschriften dazu führen kann, mögliche Verstöße dieser Vorschriften gegen ein DBA als unbedenklich zu erachten.[708] Einschränkend soll es sich jedoch um solche Vorschriften handeln, die dem Missbrauch eines DBA begegnen wollen. Auch der OECD-MK hält nationale Maßnahmen, die gegen den Abkommensmissbrauch gerichtet sind, aus Sicht der Mehrheitsmeinung der OECD-Vertragsstaaten für abkommenskonform, da diese Regeln von den Abkommen nicht angesprochen würden und diese deshalb nicht berührten.[709] Diese nationa-

---

[705] *Ipsen*, § 16 Rz. 2; *Schaumburg*, Rz. 3.12.

[706] Zur sog. „opinio juris" als subjektives Element des Völkergewohnheitsrechts *Ipsen*, § 16 Rz. 12 ff.

[707] Vgl. zur Besteuerung US-amerikanischer „Regulated Investment Companies" *Schmidt/Blöchle*, IStR 2002, 645, 648.

[708] *Mössner*, in Brezing u. a., AStG, Vor §§ 7-14 Rz. 36; ähnlich *Vogel*, in Vogel/Lehner, DBA, Einl. 191 f.; *Tischbirek*, in Vogel/Lehner, DBA, Art. 10 Rz. 255.

[709] Art. 1 Nr. 22 OECD-MK.

len Vorschriften müssten jedoch ferner dem Geist des Abkommens entsprechen; es müsse sich um Maßnahmen gegen Steuerumgehungen handeln, welche die Gleichmäßigkeit und Neutralität der nationalen Steuerrechte in einem internationalen Umfeld sicherstellten. Es verstieße gegen den Geist der Abkommen im Allgemeinen, diese Maßnahmen gegen Steuerumgehungen auf die Produktion, die normale Erbringung von Dienstleistungen und den Handel von Gesellschaften mit echter gewerblicher oder kaufmännischer Tätigkeit zu erstrecken, wenn diese Tätigkeiten auf das wirtschaftliche Umfeld des Staates bezogen seien, in dem die Gesellschaften ansässig sind, und die Situation nach der Art dieser Tätigkeit den Verdacht der Steuerumgehung nicht aufkommen ließe.[710]

Diese die Vereinbarkeit der Hinzurechnungsbesteuerung des AStG mit den DBA betreffende Rechtsauffassung lässt sich nicht auf das InvStG übertragen, da dieses nicht der Abwehr missbräuchlicher oder missbrauchsähnlicher Steuergestaltung dient. Die Vorschriften des InvStG zielen im Grundsatz auf die ertragsteuerliche Gleichbehandlung von inländischen und ausländischen Investmentanteilen.[711] Trotz des sich in bestimmten Bekanntmachungs- und Nachweispflichten manifestierenden ordnungsrechtlichen Charakters dient das InvStG jedenfalls nicht der Abwehr von Missbräuchen unter Ausnutzung abkommensrechtlicher Steuererleichterungen. Inwieweit der Ansatz, nationale Antimissbrauchsvorschriften auf Abkommensebene anzuwenden, einer rechtlichen Grundlage in den DBA entbehrt, bedarf im Anwendungsbereich des InvStG daher keiner näheren Untersuchung. Eine Rechtfertigung der Besteuerung ausschüttungsgleicher Erträge unter dem Gesichtspunkt des Völkergewohnheitsrechts scheidet auch bei Duldung dieser Abkommenspraxis durch den anderen Vertragsstaat aus.

ddd) Zusammenfassung und Ergebnis

Für die abkommensrechtliche Behandlung der ausschüttungsgleichen Erträge aus Anteilen an einer ausländischen Kapitalgesellschaft ist zwischen gewerblichen und vermögensverwaltenden Gesellschaften zu unterscheiden. Ist die Kapitalgesellschaft gewerblich tätig und erzielt sie Unternehmensgewinne i. S. des

---

710 Art. 1 Nr. 26 OECD-MK; ähnlich *Tulloch*, in Lademann, AStG, § 7 Rz. 17, nach dessen Auffassung die Besteuerung thesaurierter Erträge einer im ausländischen Vertragsstaat ansässigen Gesellschaft beim inländischen Gesellschafter nur in „eklatanten Missbrauchsfällen“ mit dem OECD-MA vereinbar sei.

711 BT-Drs. 15/1553, S. 120; vgl. zum AuslInvestmG BT-Drs. 5/3494, S. 14.

Art. 7 Abs. 1 S. 1 OECD-MA, sind die ausschüttungsgleichen Erträge als Bestandteil dieser Unternehmensgewinne anzusehen.[712] Die Erträge sind bis zu ihrer Ausschüttung von der inländischen Besteuerung auszunehmen.[713] Ausschüttungsgleiche Erträge aus Anteilen an Kapitalgesellschaften, die aufgrund vermögensverwaltender Tätigkeit keine Unternehmensgewinne erzielen, sind abkommensrechtlich Dividenden.[714] Trotz fehlender tatsächlicher Auszahlung der Erträge ist der Dividendenartikel der Verteilungsnorm für andere Einkünfte, Art. 21 Abs. 1 OECD-MA, vorzuziehen, da dieser lediglich die in den vorgenannten Artikeln nicht behandelten Einkünfte sowie Einkünfte aus Drittstaaten erfasst.[715] Materiell werden die ausschüttungsgleichen Erträge aber zumindest in den Art. 7, Art. 10 OECD-MA behandelt. Schließlich würde eine zu enge Auslegung des Dividendenartikels dem Ansässigkeitsstaat gem. Art. 21 Abs. 1 OECD-MA die Ausübung eines ausschließlichen Besteuerungsrechts einräumen und damit Umgehungsanreize in der vertraglichen Verteilung des Steuergutes durch innerstaatliche Einkunftsqualifikation Vorschub leisten.

eee) Vermeidung der Doppelbesteuerung im deutschen Ansässigkeitsstaat

(1) Anrechnungs- und Freistellungsmethode

Ausschüttungsgleiche Erträge aus Anteilen einer ausländischen gewerblichen Kapitalgesellschaft sind gem. Art. 7 Abs. 1 S. 1 Hs. 1 OECD-MA im deutschen Ansässigkeitsstaat von der Besteuerung freizustellen. Sie unterliegen nach herrschender Meinung dem Progressionsvorbehalt gem. Art. 23A Abs. 3, Art. 23B Abs. 2 OECD-MA.[716] Werden diese Erträge in einem späteren Veranlagungszeitraum ausgeschüttet, behandelt der deutsche Anwenderstaat diese Ausschüttung als Dividende nach Art. 10 OECD-MA und ist zur Anrechnung einer ausländischen Quellensteuer verpflichtet. Die Doppelbesteuerung von ausschüt-

---

[712] Ebenso i. E. *Schmidt/ Blöchle*, IStR 2002, 645, 651; *Behrens*, in Brinkhaus/Scherer, AuslInvestmG, § 19 Rz. 11; wohl auch *Brinkhaus/Schmitt*, in Brinkhaus/Scherer, AuslInvestmG, Vor §§ 16 ff. Rz. 60; aus dem älteren Schrifttum *Hofmann*, AG 1970, 73, 81; *ders.*, AG 1971, 287, 288 f.; *Kerscher*, AG 1959, 280, 283; differenzierend *ders.*, StuW 1969, 489, 501.

[713] Ebenso für den Hinzurechnungsbetrag nach § 10 AStG *Rättig/Protzen*, IStR 2001, 601, 604 f.

[714] Zu denken ist etwa an ausländische Kapitalgesellschaften mit verschwindend geringer Büro- oder Personalorganisation, a. A. insoweit *Schmidt/Blöchle*, IStR 2003, 685, 688.

[715] Demgegenüber befürworten eine Anwendung des Auffangartikels *W. Wassermeyer*, IStR 2001, 193, 201; *Gold*, in Strunk/Kaminski/Köhler, AStG/DBA, OECD-MA, Art. 1 Rz. 31.

[716] Art. 23A/B Nr. 55 OECD-MK; *Wassermeyer*, in Debatin/Wassermeyer, OECD-MA, Art. 23A Rz. 122; *Vogel*, in Vogel/Lehner, DBA, Art. 23 Rz. 209; a. A. *Grotherr*, in Becker/Höppner/Grotherr/Kroppen, OECD-MA, Art. 23A/23 B Rz. 142 f.

tungsgleichen Erträgen aus einer ausländischen vermögensverwaltenden Kapitalgesellschaft wird durch Steueranrechnung gem. Art. 23A Abs. 2, Art. 23B Abs. 1 OECD-MA vermieden. Die Erträge können im Zeitpunkt der Zuflussfiktion i. S. des § 2 Abs. 1 S. 2 InvStG im Inland besteuert werden, sind aber bei späterer Ausschüttung nach Sinn und Zweck der DBA sowie der innerstaatlichen Unterscheidung i. S. des § 1 Abs. 3 S. 2, 3 InvStG von der Besteuerung freizustellen.[717]

(2) Hinzurechnungsbesteuerung gemäß § 7 Abs. 7 AStG

Die ausschüttungsgleichen Erträge können sowohl beim Anteilsinhaber einer gewerblich tätigen als auch beim Anteilsinhaber einer vermögensverwaltend tätigen Investmentgesellschaft der Hinzurechnungsbesteuerung gem. §§ 7 ff. AStG unterliegen. Zwar ist das InvStG gegenüber dem AStG gem. § 7 Abs. 7 AStG grundsätzlich abschließend; etwas anderes gilt aber nach dieser Vorschrift, wenn Ausschüttungen oder ausschüttungsgleiche Erträge nach einem DBA von der inländischen Bemessungsrundlage auszunehmen sind. Dies ist zum einen gegeben, wenn die Erträge als Unternehmensgewinne der ausländischen Fondsgesellschaft nach Art. 7 Abs. 1 S. 1 Hs. 1 OECD-MA ausschließlich im ausländischen Sitzstaat besteuert werden können. Zum anderen liegt eine abkommensrechtliche Steuerbefreiung vor, wenn die Erträge aus Anteilen einer vermögensverwaltenden Kapitalgesellschaft stammen, eine Schachtelbeteiligung an dieser Gesellschaft gehalten wird und das betreffende deutsche DBA eine Freistellung der Dividende von der Bemessungsrundlage vorsieht. Im Rahmen des OECD-MA können lediglich Anteile an gewerblichen Investmentgesellschaften zu einer Steuerfreistellung der ausschüttungsgleichen Erträge auf Seiten des inländischen Anteilsinhabers führen.

Nach hier vertretener Auffassung steht eine Kapitalgesellschaft, die nach den Grundsätzen des gewerblichen Wertpapier- oder Grundstückshandels einen in kaufmännischer Weise eingerichteten Gewerbebetrieb unterhält und die von Anlegern eingezahlten Gelder im Rahmen einer aufsichtsrechtlich überwachten Investmentanlage verwaltet, mit anderen aktiv tätigen Bankinstituten gem. § 8 Abs. 1 Nr. 3 AStG auf einer Stufe. Aus § 7 Abs. 6 a AStG ergibt sich kein anderes Ergebnis. Die ausschüttungsgleichen Erträge einer gewerblich tätigen In-

[717] Vgl. Art. 10 Rz. 39 OECD-MK.

vestmentkapitalgesellschaft sind damit regelmäßig nicht den Zwischeneinkünften mit Kapitalanlagecharakter zuzuordnen, da keine Zwischeneinkünfte vorliegen werden.[718]

bb) Deutsche Abkommenspraxis

aaa) Dividenden, Art. 10 OECD-MA

Nach einer Literaturansicht erfasst die erweiterte Dividendendefinition in der Mehrzahl der von Deutschland abgeschlossenen DBA auch die ausschüttungsgleichen Erträge der Fondsgesellschaft.[719] Diese Auffassung setzt sich, abgesehen von den DBA Deutschland-Luxemburg und Deutschland-Niederlande, über den Wortlaut und die Entstehungsgeschichte der Ergänzungstatbestände hinweg.[720] Die Behandlung ausschüttungsgleicher Erträge aus gewerblichen Kapitalgesellschaften als Dividenden würde zudem die uneingeschränkte Besteuerungsbefugnis des ausländischen Quellenstaates nach Art. 7 Abs. 1 S. 1 OECD-MA negieren und widerspräche daher dem mutmaßlichen Willen des ausländischen Vertragsstaates. Eine extensive Auslegung des Wortlauts „Ausschüttungen" unter Einbeziehung ausschüttungsgleicher Erträge ist daher abzulehnen. Die ausschüttungsgleichen Erträge können nur dann als Dividenden im abkommensrechtlichen Sinne behandelt werden, wenn sie nach dem Recht des ausländischen Quellenstaates gem. Art. 10 Abs. 3 Alt. 3 OECD-MA den Einkünften aus Aktien steuerlich gleichgestellt werden.[721] Demgegenüber entspräche die Ausdehnung des Dividendenbegriffs auf ausschüttungsgleiche Erträge aus vermögensverwaltenden Kapitalgesellschaften durchaus dem mutmaßlichen Willen des ausländischen Vertragsstaates, da der Zusammenhang der Verteilungsnormen nicht entgegensteht. Diese Auslegung entspricht bereits der Beurteilung nach dem OECD-MA, so dass die Anwendung des erweiterten Dividendenbegriffs insoweit nur deklaratorische Bedeutung hat.

---

718 Im Übrigen gelten die zur Hinzurechnungsbesteuerung von Ausschüttungen und ausgeschütteten Erträgen geäußerten Bedenken für die Besteuerung der ausschüttungsgleichen Erträge entsprechend; vgl. Kapitel 4, B., IV., 2., a), bb), bbb), (2), S. 169 f.

719 *Wolf Wassermeyer*, IStR 2001, 193, 201; *Gold*, in Strunk/Kaminski/Köhler, AStG/DBA, OECD-MA, Art. 1 Rz. 31.

720 Es wird hiermit auf die Ausführungen zu ausschüttungsgleichen Erträgen aus ausländischen Personengesellschaften verwiesen, Kapitel 4, B., III., 2., b), bb), bbb), S. 144 ff.

721 *Tischbirek*, in Vogel/Lehner, DBA, Art. 10 Rz. 230.

bbb) Steuerfreistellung bei Schachteldividenden

Zu einer Freistellung der ausschüttungsgleichen Erträge aus vermögensverwaltenden Kapitalgesellschaften kann die Anwendung eines DBA-Schachtelprivilegs führen, wenn der Dividendenbegriff des Methodenartikels mit dem des Dividendenartikels übereinstimmt. Soweit in den Methodenartikeln eine Dividende vorausgesetzt wird, die einer Kapitalgesellschaft von einer anderen gezahlt wird, ist eine Abweichung im Wortlaut des Verteilungs- gegenüber dem Methodenartikel nicht festzustellen. Auch hier verdient eine einheitliche Abkommensauslegung den Vorzug.[722] Die Freistellung ausschüttungsgleicher Erträge im deutschen Ansässigkeitsstaat steht wiederum unter dem Vorbehalt von § 7 Abs. 7 AStG.

Bei der Freistellung sind die Besonderheiten des Progressionsvorbehalts in der deutschen Abkommenspraxis zu beachten. Der abkommensrechtliche Progressionsvorbehalt bezieht sich in nahezu allen deutschen DBA abweichend von Art. 23A Abs. 3 OECD-MA lediglich auf die Einkünfte, die entsprechend Art. 23A Abs. 1 OECD-MA von der Besteuerung auszunehmen sind, also der Vermeidungsnorm.[723] Freistellungen durch Verteilungsnormen werden von diesen abkommensrechtlichen Progressionsvorbehalten nicht erfasst. Die unter Art. 7 Abs. 1 S. 1 OECD-MA fallenden ausschüttungsgleichen Erträge aus Anteilen an gewerblichen Kapitalgesellschaften sind daher nicht nur steuerbefreit, sie unterliegen richtigerweise auch keinem Progressionsvorbehalt.[724]

c) Zwischengewinne

aa) OECD-MA

Die gem. § 17 Abs. 2a, § 18 Abs. 1 S. 1 AuslInvestmG steuerpflichtigen Zwischengewinne sind abkommensrechtlich Veräußerungsgewinne i. S. des Art. 13 Abs. 5 OECD-MA.[725] Die ausländische Kapitalgesellschaft begründet für den inländischen Anteilsinhaber bzw. Aktionär keine Betriebsstätte, so dass die Ver-

---

[722] Vgl. Kapitel 4, B., III., 2., a), bb), bbb), (1), S. 139 f.

[723] *Grotherr*, IWB, F. 3, Gr. 2, S. 673, 680 ff.; vgl. die Abkommensübersicht von *Vogel*, in Vogel/Lehner, DBA, Art. 23 Rz. 229.

[724] A. A. BFH, Urteil vom 17.12.2003, Az. I R 14/02, noch nicht veröffentlicht; BFH, IStR 2002, 239, 240; BFH, BStBl. II 2002, 660 f. Nach dieser Rechtsprechung setzt die Einbeziehung der nach einer Verteilungsnorm freizustellenden Einkünfte in den inländischen Progressionsvorbehalt nicht voraus, dass ein DBA sie erlaubt; die Einbeziehung sei nur dann ausgeschlossen, wenn ein DBA sie ausdrücklich verbiete. Die Bedeutung von Art. 23A Abs. 3 OECD-MA sei gegenüber § 32b Abs. 1 Nr. 2 EStG rein deklaratorisch.

[725] *Schmidt/Blöchle*, IStR 2002, 645, 652.

äußerung des Gesellschaftsanteils nicht als Veräußerung beweglichen Betriebsstättenvermögens gem. Art. 13 Abs. 2 OECD-MA zu behandeln ist. Vielmehr kommt die Auffangklausel des Art. 13 Abs. 5 OECD-MA zur Anwendung, die das Besteuerungsrecht für die in den vorgenannten Absätzen nicht genannten Veräußerungsgewinne dem Ansässigkeitsstaat des Veräußerers zuweist. Sie erlangt ihre eigentliche Bedeutung für Gewinne aus der Veräußerung von Anteilen an Kapitalgesellschaften.[726] Zwischengewinne verkörpern die durch bestimmte thesaurierte Erträge des Fonds entstandene Wertsteigerung des Investmentanteils und wirken sich im Zeitpunkt der Veräußerung, Rückgabe oder Abtretung der Ansprüche aus den Investment- bzw. Gesellschaftsanteilen gewinnrealisierend aus. Die Rückgabe eines Anteils an eine Kapitalgesellschaft ist ebenso wie der Rückkauf eigener Aktien aus Sicht des Anteilsinhabers abkommensrechtlich als Veräußerung anzusehen.[727] Damit kann Deutschland als Ansässigkeitsstaat des Anteilsinhabers ein ausschließliches Besteuerungsrecht ausüben; die Vermeidungsartikel des Art. 23 OECD-MA bleiben außer Betracht.

bb) Deutsche Abkommenspraxis

Die erweiterte Dividendendefinition bezieht sich in den deutschen DBA, außer den DBA Deutschland-Luxemburg und Deutschland-Niederlande, nicht auf Zwischengewinne, weshalb die abkommensrechtliche Behandlung auch bei entsprechenden Sonderregelungen mit der des OECD-MA übereinstimmt.[728] Abweichend von Art. 13 Abs. 5 OECD-MA werden Veräußerungsgewinne jedoch in einigen deutschen DBA unter Anlehnung an das UN-MA im Sitzstaat der ausländischen Gesellschaft besteuert und die ausländische Quellensteuer entweder angerechnet oder eine Steuerfreistellung gewährt.[729]

d) Pauschaler Mehr- bzw. Mindestbetrag

Der pauschal ermittelte Mehr- bzw. Mindestbetrag gem. § 6 S. 1 InvStG erfasst die nicht nachgewiesenen thesaurierten Erträge der ausländischen Kapitalgesellschaft. Bei Anteilen an einer gewerblichen Kapitalgesellschaft ist der Mehrbe-

---

[726] *Prokisch*, in Vogel/Lehner, DBA, Art. 13 Rz. 59, 62; *Wassermeyer*, in Debatin/Wassermeyer, OECD-MA, Art. 13 Rz. 135; *Schaumburg*, Rz. 16.400; *Fischer-Zernin*, in Becker/Höppner/Grotherr/Kroppen, OECD-MA, Art. 13 Rz. 42.

[727] Zum Rückkauf eigener Aktien *Prokisch*, in Vogel/Lehner, DBA, Art. 13 Rz. 66 m. w. N.

[728] A. A. *Wolf Wassermeyer*, IStR 2001, 193, 201.

[729] *Prokisch*, in Vogel/Lehner, DBA, Art. 13 Rz. 75; *Wassermeyer*, in Debatin/Wassermeyer, OECD-MA, Art. 13 Rz. 135.

trag als Unternehmensgewinn gem. Art. 7 Abs. 1 S. 1 Hs. 1 OECD-MA anzusehen und nur im ausländischen Sitzstaat der Kapitalgesellschaft zu besteuern.[730] Bei Anteilen an einer vermögensverwaltenden Kapitalgesellschaft kommt der Dividendenartikel mit der grundsätzlich zu gewährenden Anrechnung im deutschen Ansässigkeitsstaat zur Anwendung.

Wiederum ist die erweiterte Dividendendefinition in den deutschen DBA, abgesehen von den DBA Deutschland-Luxemburg und Deutschland-Niederlande nur auf Ausschüttungen bzw. ausgeschüttete Erträge anwendbar, nicht hingegen auf den Mehr- bzw. Mindestbetrag.[731] Es bleibt demnach bei der Qualifikation nach dem OECD-MA.

3. Zusammenfassung

Entsprechend der Situation bei Investmentanteilen an ausländischen Personengesellschaften variiert die abkommensrechtliche Behandlung der Einkünfte aus Anteilen an ausländischen Kapitalgesellschaften nach der entweder als gewerblich oder als vermögensverwaltend einzustufenden Tätigkeit der Gesellschaft in ihrem Sitzstaat. Die daraus resultierenden divergierenden Ergebnisse werden durch die unzureichende Fassung in den erweiterten abkommensrechtlichen Dividendenartikeln nicht vereinheitlicht. Die Besteuerung der ausschüttungsgleichen Erträge verstößt im Falle von Anteilsbesitz an ausländischen, nicht lediglich vermögensverwaltenden Kapitalgesellschaften gegen die abkommensrechtliche Verteilungskonzeption für Unternehmensgewinne. Bis zum Zeitpunkt ihrer Ausschüttung können diese Erträge im deutschen Ansässigkeitsstaat des Anteilsinhabers nicht besteuert werden.

V. Ausländische Investmentfonds in der Rechtsform eines Sondervermögens

In den Rechtsordnungen zahlreicher ausländischer Staaten findet sich eine Ausgestaltung der Investmentfonds nach dem Vertragstyp, entsprechend inländischen Sondervermögen gem. § 2 Abs. 2, §§ 30 ff. InvG.[732] Eine Qualifikation dieser ausländischen Sondervermögen als steuerlich intransparente Kapitalgesellschaften oder Körperschaftsteuersubjekte einerseits oder als steuerlich trans-

---

[730] *Schmidt/Blöchle*, IStR 2002, 645, 651.
[731] A. A. *Wolf Wassermeyer*, IStR 2001, 193, 201.
[732] Vgl. *Baur*, KAGG, Einl. III, Rz. 112, 137, 240, betreffend luxemburgische, österreichische und schweizerische Investmentfonds des Vertragstyps.

parente Personengesellschaften andererseits kann für innerstaatliche Besteuerungszwecke unterbleiben, da § 1 Abs. 1 Nr. 2 InvStG rechtsformunabhängig auf sämtliche ausländischen Investmentvermögen anzuwenden ist.[733] Während auf eine Einordnung des ausländischen Sondervermögens für nationale Besteuerungszwecke nach dem vom RFH[734] entwickelten Rechtstypenvergleich verzichtet werden kann, stellt sich bei Anwendung eines DBA die Frage der Anerkennung des ausländischen Sondervermögens als ein transparentes oder aber als ein intransparentes Rechtsgebilde. Es ist dabei zu untersuchen, ob das ausländische, nichtrechtsfähige Sondervermögen abkommensberechtigt ist, um aus dieser Vorfrage eine Einordnung der von den Anteilsinhabern zu versteuernden Einkünfte unter die Art. 6-21 OECD-MA vornehmen zu können. Im Folgenden wird von einer ausländischen Gesetzeslage ausgegangen, die dem deutschen InvG hinsichtlich der rechtlichen Ausgestaltung des Sondervermögens entspricht.[735]

1. Abkommensberechtigung des Investmentfonds

a) Eigenschaft als Gesellschaft gemäß Art. 3 Abs. 1 Buchst. b OECD-MA

Ein ausländischer Investmentfonds, der als nichtrechtsfähiges Sondervermögen analog § 2 Abs. 2, §§ 30 ff. InvG strukturiert ist, könnte abkommensrechtlich als „Gesellschaft" oder als eine „andere Personenvereinigung" eingeordnet werden. Die Gesellschaftseigenschaft erfordert gem. Art. 3 Abs. 1 Buchst. b OECD-MA, dass das Sondervermögen entweder eine juristische Person oder ein Rechtsträger ist, der für die Besteuerung wie eine juristische Person behandelt wird. Überwiegend versteht man unter juristischen Personen im Abkommenssinne die in § 1 Abs. 1 Nr. 1-4 KStG genannten Rechtsgebilde, während zu den Rechtsträgern, die für die Besteuerung wie juristische Personen behandelt werden, die unter § 1

---

733 Demgegenüber bestand vor In-Kraft-Treten des InvStG bzw. des AuslInvestmG die Notwendigkeit eines Rechtstypenvergleichs zur Einordnung der aus dem Rechtsgebilde erzielten Investmenterträge. Vgl. zur Besteuerung der Erträge aus Anteilen an einem österreichischen Sondervermögen BFH, BStBl. II 1971, 47.

734 RFH, RFHE 27, 72.

735 Auf die einzelnen Steuerrechtsordnungen der ausländischen Vertragsstaaten und die konkrete Ausgestaltung der Investmentfonds kann an dieser Stelle nicht eingegangen werden. Die Untersuchung beschränkt sich auf die Abkommensberechtigung eines Sondervermögens, das entsprechend den innerstaatlichen Vorschriften des InvG zivilrechtlich nichtrechtsfähig ist.

Abs. 1 Nr. 5-6 KStG fallenden Rechtsgebilde gehören.[736] Ausländische nichtrechtsfähige Sondervermögen, die analog § 2 Abs. 2, §§ 30 ff. InvG strukturiert sind, könnten im Wege eines Rechtstypenvergleiches mit Zweckvermögen i. S. des § 1 Abs. 1 Nr. 5 KStG gleich gesetzt werden. In diesem Falle handelte es sich bei den Investmentfonds um Rechtsträger, die für die Besteuerung wie juristische Personen behandelt werden.[737]

aa) Zweckvermögen im Sinne des § 1 Abs. 1 Nr. 5 KStG

Unter einem Zweckvermögen wird allgemein ein selbständiges, einem bestimmten Zweck dienendes Sondervermögen verstanden, das aus dem Vermögen des Widmenden ausgeschieden ist, aus dem eigene Einkünfte fließen und das wenigstens wirtschaftliche Selbständigkeit besitzt.[738] Das Vermögen muss derart zweckgebunden sein, dass eine einseitige Aufhebung der Zweckwidmung durch den das Vermögen Widmenden nicht mehr möglich ist. Ferner wird eine Handlungsfähigkeit des Zweckvermögens in der Art vorausgesetzt, dass Organe bestellt sind, die mit rechtlicher Wirkung für das Zweckvermögen handeln können.[739] In der Literatur ist streitig, ob Sondervermögen analog § 2 Abs. 2, §§ 30 ff. InvG ihrer Natur nach Zweckvermögen i. S. des § 1 Abs. 1 Nr. 5 KStG sind.

aaa) Sogenannte Zweckvermögenstheorie

Im Schrifttum wird teilweise die Auffassung vertreten, dass Sondervermögen analog § 2 Abs. 2, §§ 30 ff. InvG die Voraussetzungen eines „anderen Zweckvermögens des privaten Rechts" gem. § 1 Abs. 1 Nr. 5 KStG erfüllen.[740] *Aigner* stellt für das dem deutschen KStG entsprechende österreichische KStG auf die wirtschaftliche Selbständigkeit der Investmentfonds ab.[741] Ausgehend von der

---

[736] *Wilke*, in Becker/Höppner/Grotherr/Kroppen, OECD-MA, Art. 1 Rz. 6, Art. 3 Rz. 13, 20; *Wassermeyer*, in Debatin/Wassermeyer, OECD-MA, Art. 1 Rz. 25.

[737] Umstritten ist, ob sich die Steuersubjektivität nach dem Recht des Errichtungs- bzw. Sitzstaates der Gesellschaft, nach dem Recht des Anwenderstaates oder nach dem Recht eines der beiden Vertragsstaaten bestimmt, vgl. *Vogel*, in Vogel/Lehner, DBA, Art. 3 Rz. 13 m. w. N.; *Wassermeyer*, in Debatin/Wassermeyer, OECD-MA, Art. 3 Rz. 19. Im Folgenden wird unterstellt, dass das ausländische Steuerrecht keine Fiktion des nichtrechtsfähigen Sondervermögens als ein Zweckvermögen analog § 11 Abs. 1 S. 1 InvStG aufweist. Andernfalls wäre mit der erstgenannten, herrschenden Auffassung von der abkommensrechtlichen Personeneigenschaft des Fonds auszugehen.

[738] BFH, BStBl. II 1993, 388, 389; *Rengers*, in Menck, KStG, § 1 Rz. 107; *Herrmann*, in Herrmann/Heuer/Raupach, KStG, § 1 Rz. 48.

[739] *Frotscher*, in Frotscher/Maas, KStG, § 1 Rz. 37.

[740] *Aigner*, S. 100, für österreichische Sondervermögen; offen gelassen von *Streck*, StuW 1975, 135.

[741] *Aigner*, S. 100.

Definition eines Zweckvermögens als eine Vermögensmasse, die gegenüber dem sonstigen Vermögen eines Steuerpflichtigen verselbständigt ist, um einen bestimmten Zweck zu erfüllen, gehörten österreichische Sondervermögen zu dieser Gruppe der Körperschaftsteuersubjekte. Insbesondere seien die Fonds in Verwaltung, Rechnungslegung und Verwendung ihrer Einkünfte selbständig. Allerdings ergebe sich aus § 3 öKStG, der § 3 Abs. 1 KStG entspricht, hinsichtlich der innerhalb eines Kapitalanlagefonds erwirtschafteten Erträge keine Steuerpflicht des Zweckvermögens, da der Jahresertrag eines Kapitalanlagefonds unmittelbar bei den Anteilsinhabern im Wege offener Ausschüttungen oder ausschüttungsgleicher Erträge zu versteuern sei.

bbb) Herrschende Lehre

Die herrschende Lehre argumentiert unter Hinweis auf die frühen Anmerkungen aus der Zeit der Entstehungsgeschichte des KAGG, nichtrechtsfähige Sondervermögen erfüllten nicht die Merkmale eines körperschaftsteuerpflichtigen Zweckvermögens gem. § 1 Abs. 1 Nr. 5 KStG.[742] Während in der häufig in Bezug genommenen Anmerkung *Jungs* keine Begründung für die Ablehnung des Zweckvermögensbegriffs dargelegt wird[743], beruft sich *Steinberg* auf die weithin anerkannte Definition, wonach ein Zweckvermögen eine selbständige Vermögensmasse mit einem bestimmten Verwendungszweck sei, das aus dem Vermögen des Widmenden ausgeschieden ist.[744] Diese Voraussetzungen seien bei nichtrechtsfähigen Sondervermögen nicht erfüllt, da diese nicht aus dem Vermögen der Anteilsinhaber ausgesondert seien. Zur Vermeidung einer ansonsten notwendigen einheitlichen und gesonderten Feststellung von Besteuerungsgrundlagen hätte der Gesetzgeber das Sondervermögen und die Einkünfte daraus steuerrechtlich verselbständigen wollen und daher die Fiktion eines Zweckvermögens gem. § 11 Abs. 1 S. 1 InvStG bzw. dem früheren § 38 Abs. 1 S. 1 KAGG geschaffen.[745] In der Begründung abweichend lehnt *Kerscher* die Zweckvermögenseigenschaft der nach dem Vertragstyp organisierten Investmentfonds in der Rechtsform des Sondervermögens ab, weil neben der Aussonderung und getrennten Verwaltung des Vermögens dessen Verwendung für ei-

---

742 *Lübbehüsen*, in Brinkhaus/Scherer, KAGG, § 38 Rz. 15; *Baur*, KAGG, § 38 Rz. 6; *Scholtz*, in Beckmann/Scholtz/Vollmer, KAGG, § 38 Rz. 8.
743 *Jung*, WM 1957, Beilage Nr. 4, 29, 30.
744 *Steinberg*, DB 1957, 196, 197; ebenso *K.-J. Henkel*, S. 97 f.
745 *Steinberg*, DB 1957, 196, 197.

nen bestimmten Zweck hinzukommen müsse, welche hier mangels bestimmter Zweckwidmung nicht gegeben sei.[746] Schließlich ergebe sich aus der gesetzgeberischen Fiktion des § 11 Abs. 1 S. 1 InvStG bzw. des früheren § 38 Abs. 1 S. 1 KAGG, dass die Sondervermögen nicht bereits ihrer Natur nach Zweckvermögen sein könnten.

ccc) Stellungnahme

Einer Entscheidung für oder gegen die originäre Zweckvermögenseigenschaft ausländischer Sondervermögen analog § 2 Abs. 2, §§ 30 ff. InvG hat eine Auslegung des Begriffs des Zweckvermögens anhand der Gesetzessystematik des § 1 Abs. 1 KStG voranzugehen. Wenn das KStG den bürgerlich-rechtlich nichtrechtsfähigen Zweckvermögen nach § 1 Abs. 1 Nr. 5 KStG Steuersubjekteigenschaft einräumt und damit den Weg über die Bindung an zivilrechtliche Institute i. S. des § 1 Abs. 1 Nr. 1-4 KStG verlässt, bedarf es einer steuerspezifischen Auslegung des Begriffs.

Ausgangspunkt bleibt die Definition des Zweckvermögens als eine selbständige, einem bestimmten Zweck dienende Vermögensmasse, die aus dem Vermögen des Widmenden ausgeschieden ist und eigene Einkünfte erzielt. Der oder die Vermögensgegenstände müssen den wirtschaftlichen Eigentumsbereich eines Steuerpflichtigen verlassen, ohne den wirtschaftlichen Eigentumsbereich eines anderen Steuerpflichtigen zu erreichen, so dass die eigenständige Leistungsfähigkeit in den Vordergrund rückt. An die Stelle wirtschaftlicher Verfügungsmacht des Eigentümers tritt eine bestimmte Zweckbindung, die den Eigentümer hindert, das Vermögen für seine eigenen Zwecke zu verwenden. Die Zweckbindung setzt einen endgültigen Verzicht auf die für den Zweck bereitgestellten Wirtschaftsgüter voraus. Diese ist aber nur gewährleistet, wenn sich der Verzicht sowohl auf die aus dem Vermögen erzielten Erträge als auch auf den Vermögensstamm bezieht.[747]

Richtigerweise erfüllen Sondervermögen i. S. der § 2 Abs. 2, §§ 30 ff. InvG diesen Zweckvermögensbegriff nicht. Die Anteilsinhaber erwerben nach Übertragung des Eigentums an ihrem einbezahlten Geld einen Anteil an dem aus diesem Geld sowie den davon angeschafften Vermögensgegenständen bestehenden Sondervermögen. Befinden sich diese Vermögensgegenstände im

---

[746] *Kerscher*, StuW 1964, 480, 488.
[747] *Streck*, StuW 1975, 135, 140.

(Mit)Eigentum der Anteilsinhaber, hat sich das wirtschaftliche Eigentum an dem Sondervermögen zwar abgesondert, jedoch nicht ausreichend verselbständigt, um als Zweckvermögen zu fungieren. Insbesondere kann die in der kollektiven Geldanlage bestehende Zweckbindung des Sondervermögens von Anteilsinhaberseite insoweit aufgehoben werden, als der Anleger eine Rücknahme seines Anteils von der Kapitalanlagegesellschaft verlangt. Es kommt nicht darauf an, ob der Anleger durch Rücknahme seines Anteilsscheines gegen Auszahlung des entsprechenden Vermögensanteils die Zweckbindung der in dem Sondervermögen befindlichen Vermögensgegenstände einseitig aufheben kann. Entscheidend ist, dass bei wirtschaftlicher Betrachtung der Anteil des Anlegers an dem Sondervermögen nicht ausreichend verselbständigt ist, da dem Anteilsscheininhaber durch die Rücknahmeverpflichtung der Kapitalanlagegesellschaft zumindest die Verfügungsmöglichkeit über seinen Vermögensanteil belassen wird.[748]

bb) Rechtstypenvergleich des Sondervermögens mit einem Zweckvermögen

Erfüllen ausländische Sondervermögen analog § 2 Abs. 2, §§ 30 ff. InvG nicht per se die Merkmale eines Zweckvermögens i. S. des § 1 Abs. 1 Nr. 5 KStG, könnten diese dennoch Rechtsträger sein, die für die Besteuerung wie juristische Personen behandelt werden. Dazu müsste das Sondervermögen im Wege eines Rechtstypenvergleiches mit einem Zweckvermögen i. S. des § 1 Abs. 1 Nr. 5 KStG vergleichbar sein. In diesem Falle wäre die abkommensrechtliche Eigenschaft als „Gesellschaft" gem. Art. 3 Abs. 1 Buchst. b OECD-MA gegeben.[749]

aaa) Notwendigkeit und Grundsätze des Rechtstypenvergleichs

Nach allgemeiner Auffassung bezieht sich der Rechtstypenvergleich lediglich auf die privatrechtliche Gestaltung des ausländischen Rechtsgebildes, nicht je-

---

748 Ähnlich *Steinberg*, DB 1957, 196, 197; *Lübbehüsen*, in Brinkhaus/Scherer, KAGG, § 38 Rz. 14.

749 Behandelt der ausländische Vertragsstaat das Sondervermögen analog § 1 Abs. 1 Nr. 5 als ein Zweckvermögen, erübrigt sich nach herrschender Lehre die Vornahme eines Rechtstypenvergleiches für Abkommenszwecke. In diesem Fall wäre das Sondervermögen auch aus Sicht des deutschen Anwenderstaates als ein Rechtsträger anzusehen, der gem. Art. 3 Abs. 1 Buchst. b OECD-MA für die Besteuerung wie eine juristische Person behandelt wird, vgl. *Vogel*, in Vogel/Lehner, DBA, Art. 3 Rz. 13; auf die mangelnde Aussagekraft einer Steuerpflicht des Rechtsgebildes in seinem Errichtungs- bzw. Sitzstaat für die Vornahme des Typenvergleiches für innerstaatliche Besteuerungszwecke hinweisend *Mössner*, in Mössner u. a., Rz. B 47.

doch auf seine steuerrechtliche Behandlung im ausländischen Sitzstaat.[750] Im Rahmen der vom RFH entwickelten und nach wie vor gültigen zweistufigen Vorgehensweise wird das ausländische Rechtsgebilde nach seiner wirtschaftlichen und rechtlichen Stellung im ausländischen Staat betrachtet und anschließend bestimmt, mit welchem deutschen Rechtstyp die meiste Ähnlichkeit besteht.[751] Auf die zivilrechtliche Subjektfähigkeit im ausländischen Sitzstaat kommt es nicht an; ein ausländisches Sondervermögen analog § 2 Abs. 2, §§ 30 ff. InvG kann daher dem Typus eines deutschen Körperschaftsteuersubjekts entsprechen. Maßgebend ist vielmehr, ob das ausländische Rechtsgebilde nach seiner Gesamtheit, unter Beachtung seiner wirtschaftlichen Stellung und seines rechtlichen Aufbaus nach ausländischem Recht weitgehend mit dem Aufbau und der wirtschaftlichen Bedeutung eines deutschen Rechtsgebildes übereinstimmt, vorliegend dem Typus eines Zweckvermögens.
Die in der Literatur vertretene Ansicht, wonach sich der Typenvergleich ausländischer Erwerbsgesellschaften nur auf inländische Erwerbsgesellschaften, d. h. Kapital- und Personengesellschaften, nicht hingegen auf die anderen Rechtsgebilde des § 1 Abs. 1 Nr. 2-5 KStG bezieht[752], steht dem Typenvergleich ausländischer Sondervermögen mit inländischen Zweckvermögen nicht entgegen, da es sich bei Sondervermögen nicht um typische Erwerbsgesellschaften handelt. Schließlich gibt auch Art. 3 Abs. 1 Buchst. b OECD-MA zu verstehen, dass nicht nur juristische Personen Abkommensschutz beanspruchen können, sondern auch solche Rechtsträger, die wie juristische Personen besteuert werden. Dies trifft gerade auf die Körperschaftsteuersubjekte gem. § 1 Abs. 1 Nr. 2-5 KStG zu, die nicht zu den Kapitalgesellschaften gehören. Im Ergebnis bedarf es für Abkommenszwecke eines Typenvergleichs mit den in § 1 Abs. 1 Nr. 1-6 KStG genannten körperschaftlichen Rechtsgebilden.[753] Im vorliegenden Kontext geht es um ein Rechtsgebilde, dessen Körperschaftsteuersubjekteigenschaft sich al-

[750] *Piltz*, S. 69; *Mössner*, in Mössner u. a., Rz. B 9; *Kluge*, Rz. M 11, R 164; *Wassermeyer*, in Debatin/Wassermeyer, OECD-MA, Art. 3 Rz. 18; *Grotherr*, in Grotherr/Herfort/Strunk, S. 140 f.

[751] Vgl. RFH, RFHE 27, 72, 78; BFH, BStBl. II 1968, 695, 696; BStBl. II 1988, 588, 590; BStBl. II 1993, 399, 400 f.

[752] *Hey*, in FS Debatin, S. 121, 135.

[753] *Wassermeyer*, in Debatin/Wassermeyer, OECD-MA, Art. 3 Rz. 18, 19; *Mössner*, in Mössner u. a., Rz. B 45; *Kluge*, Rz. R 164; vgl. auch *Schaumburg*, Rz. 6.14; *Henkel*, in Mössner u. a., Rz. E 124; einschränkend *Grotherr*, in Grotherr/Herfort/Strunk, S. 139, der § 1 Abs. 1 Nr. 6 KStG ausschließlich auf inländische juristische Personen des öffentlichen Rechts anwenden möchte.

lein aus § 1 Abs. 1 Nr. 5 KStG ergeben kann. Zu den dort genannten Körperschaftsteuersubjekten gehören „nichtrechtsfähige Vereine, Anstalten, Stiftungen und andere Zweckvermögen des privaten Rechts". Zwar knüpft auch diese Vorschrift an bestimmte zivilrechtliche Rechtsformen an; indes setzt sich das deutsche Steuerrecht insoweit über die zivilrechtliche Bindung hinweg, indem es den aufgezählten, zivilrechtlich nichtrechtsfähigen Personen die Eigenschaft als Körperschaftsteuersubjekt verleiht.

bbb) Abstrakter versus konkreter Rechtstypenvergleich

Dem Typenvergleich hat die Entscheidung voranzugehen, ob der Vergleich auf der Grundlage des allgemein geltenden ausländischen Zivilrechts (sogenannte abstrakte Betrachtung) oder auf der Grundlage der vertraglichen oder satzungsmäßigen Vereinbarungen der Investmentgesellschaft und ihrer Anleger (sogenannte konkrete Betrachtung) zu erfolgen hat. Im Zusammenhang mit ausländischen Gesellschaften hat der BFH eine Gesamtwürdigung der maßgebenden ausländischen Bestimmungen über die Organisation und Struktur der Gesellschaft vorgenommen, ohne die konkrete Gestaltung der inneren Verhältnisse der Gesellschaft im Einzelfall zu berücksichtigen.[754] Überzeugender ist die in der Literatur vertretene Auffassung, welche die zulässigen Abweichungen vom gesetzlichen Leitbild des ausländischen Rechtsgebildes in den Typenvergleich einbezieht.[755] Der Typenvergleich hat sich am wirtschaftlichen Gehalt des Sondervermögens zu orientieren, wie er sich aus den rechtlich zulässigen Vereinbarungen der Investmentgesellschaft mit den Anteilsinhabern über die konkrete Ausgestaltung ergibt. Andernfalls würde der Typenvergleich auf einer bloßen abstrakten Rechtsformbetrachtung beruhen, die den konkreten Sachverhalt vernachlässigt und wirtschaftlich gleiche Verhältnisse steuerlich möglicherweise ungleich behandelt.[756] Eine konkret-individuelle Betrachtung ausländischer Sondervermögen ist an dieser Stelle aufgrund der Vielzahl ausländischer Rechtsordnungen einschließlich der Besonderheiten in den Vertragsverhältnissen zwischen der Kapitalanlagegesellschaft bzw. dem Investmentfonds und den Anteils-

[754] BFH, BStBl. II 1992, 972, 973, in Bezug auf die unbeschränkte Körperschaftsteuerpflicht einer liechtensteinischen AG; BFH, DB 1993, 1219, 1220.

[755] *Hey*, in FS Debatin, S. 121, 138 f.; *Mössner*, in Mössner u. a., Rz. B 46; *Jacobs* (Hrsg.), S. 502; *Riemenschneider*, S. 55.

[756] Damit unterscheidet sich die Beurteilung ausländischer Rechtsgebilde von der Beurteilung inländischer Rechtsgebilde für nationale Besteuerungszwecke, vgl. *Hey*, in FS Debatin, S. 121, 139.

inhabern nicht möglich. Es wird davon ausgegangen, dass die Struktur des ausländischen Sondervermögens den gesetzlichen Vorgaben der §§ 30 ff. InvG und damit einem Investmentfonds deutschen Rechts i. S. des § 2 Abs. 1, 2 InvG entspricht.[757]

ccc) Rechtstypus inländischer Zweckvermögen gemäß § 1 Abs. 1 Nr. 5 KStG

Ein Rechtstypus kann nur durch eine unbestimmte Zahl von Merkmalen beschrieben werden, von denen das eine oder andere fehlen kann, ohne die Zuordnung zum Typus auszuschließen. Eine völlige Übereinstimmung des ausländischen mit dem inländischen Rechtsgebilde wird nicht gefordert. Vielmehr genügt die Vergleichbarkeit mit einem Rechtssubjekt, das die meiste Ähnlichkeit aufweist.[758] Sowohl Sondervermögen als auch Zweckvermögen i. S. des § 1 Abs. 1 Nr. 5 KStG sind aus dem Privat- oder Betriebsvermögen eines Steuerpflichtigen rechtlich abgesonderte Vermögensmassen, aus denen eigene Einkünfte fließen.[759] Ein Zweckvermögen muss ferner Handlungsfähigkeit in dem Sinne besitzen, dass Organe bestellt sind, die mit rechtlicher Wirkung für das Zweckvermögen handeln können.[760] Sondervermögen i. S. der § 2 Abs. 2, §§ 30 ff. InvG unterscheiden sich von Zweckvermögen lediglich darin, dass letztere endgültig einem bestimmten Zweck gewidmet sind, während Sondervermögen durch vorherige Verfügung der Berechtigten wieder anteilsmäßig in deren Vermögen gelangen können. Ausländische Sondervermögen, die als nichtrechtsfähige Vermögensmassen die bei ihnen eingelegten Gelder nach dem Grundsatz der Risikomischung anlegen, sind jedoch nach ihrem rechtlichen Aufbau und ihrer wirtschaftlichen Struktur dem Typus eines Zweckvermögens wesensähnlich. Es sind daher Rechtsträger i. S. des Art. 3 Abs. 1 Buchst. b OECD-MA, die für die Besteuerung wie juristische Personen behandelt werden.

Dem steht auch § 3 Abs. 1 KStG nicht entgegen. Nach dieser Vorschrift sind nichtrechtsfähige Personenvereinigungen, Anstalten, Stiftungen und andere

---

[757] Dies bedeutet im Umkehrschluss, dass sich das Ergebnis ändern kann, wenn die konkrete Ausgestaltung der Rechtsbeziehung zwischen Sondervermögen und Anteilsinhaber nach der ausländischen Rechtsordnung nicht dem deutschen Typus eines Sondervermögens i. S. des § 30 InvG entspricht.

[758] Vgl. *Wengler*, S. 105; *Grotherr*, in Grotherr/Herfort/Strunk, S. 140; *Mössner*, in Mössner u. a., Rz. B 44.

[759] *Frotscher*, in Frotscher/Maas, KStG, § 1 Rz. 37.

[760] *Frotscher*, in Frotscher/Maas, KStG, § 1 Rz. 37.

Zweckvermögen körperschaftsteuerpflichtig, wenn ihr Einkommen weder nach dem KStG noch nach dem EStG unmittelbar bei einem anderen Steuerpflichtigen zu versteuern ist. Aufgrund der tatbestandlichen Anknüpfung an die in § 1 Abs. 1 Nr. 5 KStG genannten Rechtsgebilde ist § 3 Abs. 1 KStG einschränkende Wirkung für die persönliche Körperschaftsteuerpflicht der genannten Rechtsgebilde zuzumessen.[761] Die Vorschrift diente seit ihrer Einführung der Vermeidung einer Doppelbesteuerung der Körperschaft einerseits und der an dieser beteiligten Einzelpersonen andererseits.[762] Sie verkörpert eine subsidiäre Körperschaftsteuerpflicht, wenn das in dem Rechtsgebilde erzielte Einkommen nicht originär bei anderen Personen aufgrund anderer Vorschriften des KStG oder EStG zu versteuern ist.[763] Während Personengesellschaften mit den von ihnen erzielten Einkünften aufgrund ihrer steuerlichen Transparenz und der fehlenden Steuersubjekteigenschaft a priori nicht steuerpflichtig und damit grundsätzlich nicht ansässig sind, sind den Sonder- bzw. Zweckvermögen die von diesen erzielten Einkünfte steuerlich zuzurechnen. Zwar werden sowohl ausgeschüttete als auch bestimmte thesaurierte Investmenterträge den Anteilsscheininhabern zugerechnet. Dennoch erzielt das Sondervermögen zunächst ein eigenes materielles Einkommen.[764] Die Einkünfte des Sonder- bzw. Zweckvermögens sind auch nur insoweit bei den Anteilsinhabern zu versteuern, als sie nicht analog § 2 Abs. 3 InvStG steuerbefreit sind. Im Gegensatz zu Mitunternehmern wird die Zurechnung zwischen Einkunftsquelle und Anteilsinhaber damit durchbrochen. Des weiteren setzt eine Ausschüttungsfiktion analog § 2 Abs. 1 S. 2 InvStG die vorhergehende Zurechnung der ausschüttungsgleichen Erträge gegenüber dem Investmentfonds voraus.[765] Im Ergebnis ist das Einkommen der Zweckvermögen nicht analog § 3 Abs. 1 KStG bei den Anteilsscheininhabern zu versteuern.[766]

---

761 *Brezing* in Herrmann/Heuer/Raupach, KStG, § 3 Rz. 33; *Frotscher*, in Frotscher/Maas, KStG, § 3 Rz. 1.

762 Vgl. amtl. Begr., RStBl. 1935, 81, 83: „Bei nichtrechtsfähigen Vereinen, bürgerlichrechtlichen Gesellschaften und anderen nichtrechtsfähigen Gebilden ist es oftmals schwierig festzustellen, wem das Einkommen zuzurechnen ist. Bisweilen geht das Einzelrecht dem Gesamthandsverhältnis vor. In diesen Fällen soll das Einkommen unmittelbar bei den einzelnen Gesellschaftern, die ihrerseits sowohl Körperschaften wie Einzelpersonen sein können, erfaßt werden. Die Vorschrift vermeidet daher die Doppelbesteuerung." Vgl. auch *Graffe*, in Dötsch/Eversberg/Jost/Witt, KStG, § 3 Rz. 10.

763 *Brezing*, in Herrmann/Heuer/Raupach, KStG, § 3 Rz. 4.

764 So *Sorgenfrei*, IStR 1994, 465, 466.

765 Vgl. BFH, BStBl. II 2001, 22, 23; *Wolf Wassermeyer*, IStR 2001, 193, 197.

766 A. A. *Aigner*, S. 100 ff., für österreichische Kapitalanlagefonds.

ddd) Ergebnis

Ausländische Sondervermögen analog § 2 Abs. 2, §§ 30 ff. InvG erfüllen nach ihrem rechtlichen Aufbau und ihrem wirtschaftlichen Gehalt die wesentlichen Merkmale eines inländischen Zweckvermögens gem. § 1 Abs. 1 Nr. 5 KStG. Sie verkörpern damit Rechtsträger, die für die Besteuerung wie juristische Personen behandelt werden.[767] Abkommensrechtlich handelt es sich um Gesellschaften gem. Art. 3 Abs. 1 Buchst. a, b OECD-MA.[768] Ob die bloße Fiktion des Sondervermögens als Zweckvermögen gem. § 11 Abs. 1 S. 1 InvStG ausreichen würde, um von einem Rechtsträger i. S. des Art. 3 Abs. 1 Buchst. b OECD-MA ausgehen zu können, der wie eine juristische Person besteuert wird, kann dahinstehen, da Sondervermögen zumindest aufgrund ihres Rechtstypus körperschaftsteuerpflichtigen Zweckvermögen entsprechen.

b) Ansässigkeit des Sondervermögens gemäß Art. 4 Abs. 1 OECD-MA

Um die Abkommensberechtigung zu erlangen, muss der in der Rechtsform eines Sondervermögens strukturierte Investmentfonds die Voraussetzungen einer in einem Vertragsstaat ansässigen Person gem. Art. 1, Art. 4 Abs. 1 OECD-MA erfüllen. Dies ist gegeben, wenn der Fonds nach dem Recht dieses Staates dort aufgrund eines örtlichen Merkmals steuerpflichtig ist. Örtliche Anknüpfungspunkte eines einem ausländischen Recht unterstehenden Investmentfonds kann entweder der Ort der Geschäftsleitung oder der Sitz des Fonds oder der Kapitalanlagegesellschaft sein. Nach den vorhergehenden Untersuchungen zu steuerbefreiten ausländischen Investmentfonds, die als Kapitalgesellschaften strukturiert sind, hindert die Steuerbefreiung als solche nicht die Abkommensberechtigung des Fonds, wenn dieser als Einkünftezurechnungssubjekt zu behandeln

---

767 *Wolf Wassermeyer*, IStR 2001, 193, 202; wohl auch *Wassermeyer*, in Debatin/Wassermeyer, OECD-MA, Art. 10 Rz. 118.

768 *Sorgenfrei*, IStR 1994, 465, 468; *Wolf Wassermeyer*, IStR 2001, 193, 202; vgl. auch *Wassermeyer*, in Debatin/Wassermeyer, OECD-MA, Art. 3 Rz. 18, nach dessen Auffassung alle Körperschaften, Personenvereinigungen und Vermögensmassen, die bei einer hypothetischen Besteuerung im Inland unter §§ 1 f. KStG oder unter § 20 Abs. 1 Nr. 1 EStG fallen würden, juristische Personen i. S. des Art. 3 Abs. 1 Buchst. b OECD-MA sind. Diesem Verständnis liegt eine autonome Abkommensauslegung nach dem Recht des Anwenderstaates zu Grunde.

ist.[769] In der Literatur ist die Anerkennung einer abkommensrechtlichen Ansässigkeit von Sondervermögen i. S. der § 2 Abs. 2, §§ 30 ff. InvG umstritten.[770]

aa) Restriktive Auffassung

Nach einer Literaturauffassung sind Investmentfonds in der Rechtsform eines nichtrechtsfähigen Sondervermögens nicht als in einem Vertragsstaat ansässige Personen i. S. des Art. 4 Abs. 1 S. 1 OECD-MA anzuerkennen.[771] Überwiegend wird die Ansässigkeit im abkommensrechtlichen Sinne im Zusammenhang mit einer Erstattungsberechtigung des Sondervermögens für die vom anderen Vertragsstaat erhobene Quellensteuer auf die dem Fonds zufließenden Investmenterträge diskutiert. *Debatin* hat sich gegen eine Erstattungsberechtigung ausgesprochen, da inländische Sondervermögen nach dem früheren § 38 KAGG steuerlich transparent ausgestaltet seien.[772] Nach Ansicht von *Tischbirek* würden die dem Fonds zufließenden Erträge durch sie hindurch den Anteilsscheininhabern zugerechnet.[773] Der steuerliche Charakter dieser Erträge bleibe daher unberührt. Dies verdeutliche insbesondere die in § 2 Abs. 3 Nr. 1 InvStG bzw. dem früheren § 40 Abs. 1 KAGG normierte Steuerfreiheit von Veräußerungsgewinnen, soweit diese nicht zu Betriebseinnahmen des Anteilsinhabers gehörten. In diesen Vorschriften komme nicht etwa eine bloße Steuervergünstigung der Investmentanleger zum Ausdruck, sondern eine grundsätzliche Entscheidung des deutschen Gesetzgebers über eine steuerlich transparente Ausgestaltung der nach dem Vertragstyp organisierten Investmentfonds.

Innerhalb dieser Literaturmeinung besteht Uneinigkeit darüber, unter welchen Umständen in der deutschen Abkommenspraxis den Investmentsondervermögen eine Abkommens- und damit Quellensteuer-Erstattungsberechtigung anzuerkennen ist. Teilweise wird eine solche Erstattungsberechtigung bei Geltung von ent-

---

769 Vgl. Kapitel 4, B., IV., 1., b), S. 159 ff.

770 Die nachfolgenden Ausführungen beziehen sich auf die steuerrechtliche Behandlung von Investmentfonds in analoger Anwendung des InvStG. Es wird unterstellt, dass der ausländische Vertragsstaat ein identisches Steuerrecht aufweist.

771 *Debatin*, in Korn/Debatin, Systematik IV, Rz. 230; *Wassermeyer*, in Debatin/Wassermeyer, OECD-MA, Art. 10 Rz. 118; *Tischbirek*, in Vogel/Lehner, DBA, Art. 10 Rz. 211 ff.; *Portner*, in Becker/Höppner/Grotherr/Kroppen, OECD-MA, Art. 10 Rz. 26; *Strunk*, in Grotherr/Herfort/Strunk, S. 526 f.; *Wolff*, in Debatin/Wassermeyer, DBA-USA, Art. 10 Rz. 135; offengelassen von *Prokisch*, in Vogel/Lehner, DBA, Art. 1 Rz. 55; *Baur*, KAGG, § 40 Rz. 29.

772 *Debatin*, in Korn/Debatin, Systematik IV, Rz. 230.

773 *Tischbirek*, in Vogel/Lehner, DBA, Art. 10 Rz. 211; ähnlich *Strunk*, in Grotherr/Herfort/Strunk, S. 526 f.

sprechenden Verständigungsvereinbarungen mit den Finanzbehörden des anderen Vertragsstaates befürwortet[774], teilweise wird auf die Sonderregelungen in den deutschen DBA zurückgegriffen, welche die Ausschüttungen auf Anteile an Investmentvermögen ausdrücklich dem Dividendenartikel zuordnen.[775] Der letzteren Auffassung zufolge ergebe sich aus den Sonderregelungen im Umkehrschluss, dass die Investmentfonds als in einem Vertragsstaat ansässige Gesellschaften zu behandeln seien.[776]

bb) Extensive Auffassung

Nach einer anderen Auffassung im Schrifttum sind Investmentfonds in der rechtlichen Ausprägung als steuerbefreite Zweckvermögen analog § 2 Abs. 2, §§ 30 ff. InvG, § 11 Abs. 1 InvStG abkommensberechtigt.[777] Die als Zweckvermögen i. S. des § 1 Abs. 1 Nr. 5 KStG qualifizierten Sondervermögen seien Rechtsträger i. S. des Art. 3 Abs. 1 Buchst. b OECD-MA, die für die Besteuerung wie juristische Personen behandelt würden.[778] Sie erfüllten auch das Ansässigkeitskriterium, da dieses durch eine innerstaatliche Steuerbefreiung nicht entfalle.

Nach Ansicht von *Täske* belegten ferner die deutschen DBA die Abkommensberechtigung der Sondervermögen, indem sie deren Ausschüttungen ausdrücklich als Dividenden behandelten, gleichsam einer Ausschüttung anderer selbständiger Rechtsträger.[779] Dieser Argumentation ist entgegenzuhalten, dass die deut-

---

[774] *Debatin*, in Korn/Debatin, Systematik IV, Rz. 230; *Portner*, in Becker/Höppner/Grotherr/Kroppen, OECD-MA, Art. 10 Rz. 32.

[775] *Tischbirek*, in Vogel/Lehner, Art. 10 Rz. 230.

[776] A. A. *Portner*, in Becker/Höppner/Grotherr/Kroppen, OECD-MA, Art. 10 Rz. 30; *Wassermeyer*, in Debatin/Wassermeyer, OECD-MA, Art. 10 Rz. 118. Nach deren Auffassung werden Investmentsondervermögen durch die Qualifizierung von Ausschüttungen auf Anteile an Investmentsondervermögen als Dividenden nicht mit abkommensberechtigten Gesellschaften gleichgestellt. Vielmehr müssten die Sondervermögen dazu gem. Art. 4 Abs. 1 OECD-MA als ansässige Gesellschaft einzuordnen sein. Dies sei bei inländischen Sondervermögen nicht der Fall, da diese nicht wie juristische Personen besteuert würden.

[777] *Baur*, KAGG, § 38 Rz. 41; *Beckmann/Scholtz*, in Beckmann/Scholtz/Vollmer, KAGG, § 38 Rz. 68a; *Sorgenfrei*, IStR 1994, 465, 472; *Täske*, IWB, F. 1, S. 1437, 1444; *ders.*, in FS Flick, S. 587, 597; *Kronat*, S. 114 f.; *Fock*, IStR 2001, 203, 204; *ders.*, RIW 2003, 118, 124; *Scheurle*, DStZ 1995, 646; *Brinkhaus/Schmitt*, in Brinkhaus/Scherer, AuslInvestmG, Vor §§ 16 ff. Rz. 63; *Lübbehüsen*, in Brinkhaus/Scherer, KAGG, § 38 Rz. 44; *Wolf Wassermeyer*, IStR 2001, 193, 202; *ders.*, in Debatin/Wassermeyer, DBA-Argentinien, Art. 10 Rz. 26; *ders.*, in Debatin/Wassermeyer, DBA-Kanada, Art. 10 Rz. 75; *Wolff*, in Debatin/Wassermeyer, DBA-USA, Art. 3 Rz. 25; *Schmidt/Heinsius*, IStR 2003, 235, 238; *Meinhardt*, DStR 2003, 1780, 1781 f.; *Schmittmann/Gerdes*, IStR 2003, 541, 544.

[778] *Täske*, in FS Flick, S. 587, 598; *Wolf Wassermeyer*, in Debatin/Wassermeyer, DBA-Kanada, Art. 10 Rz. 75.

[779] *Täske*, in FS Flick, S. 587, 598.

sche Abkommenspraxis auch Beleg für die fehlende Abkommensberechtigung nichtrechtsfähiger Sondervermögen sein könnte. *Fock* verweist auf die Vorschriften der § 4 Abs. 1 InvStG bzw. § 40 Abs. 3 KAGG, welche DBA-steuerbefreite Investmenterträge auf Seiten des Anlegers steuerfrei stellen. Diese Regelungen wären deklaratorisch, wenn die Anteilsinhaber per se abkommensberechtigt wären und die Steuerbefreiung beanspruchen könnten.[780] Die Abkommensberechtigung der Sondervermögen sei schließlich mit dem Transparenzgrundsatz des deutschen Investmentwesens vereinbar, da dieser Grundsatz bewusst lückenhaft im Gesetz verankert sei und lediglich für die Zielvorstellung des Gesetzgebers stehe, den Fondsanleger mit dem Direktanleger wirtschaftlich gleich zu stellen. Daraus könne nicht auf die steuerliche Transparenz des Fonds für Abkommenszwecke geschlossen werden.[781]

cc) Stellungnahme

Für die Abkommensberechtigung eines Investmentfonds in der Rechtsform eines Sondervermögens sprechen zunächst anerkannte Praktikabilitätsgründe. Es ist unbestritten, dass eine eigene Quellensteuer-Erstattungsberechtigung des Fonds gegenüber einer anteilsmäßigen Erstattungsberechtigung jedes einzelnen Anteilsscheininhabers aus Effizienz- und Kostengründen vorteilhaft ist. Müsste sich der einzelne Anteilsscheininhaber um Erstattung der möglicherweise in dritten Staaten einbehaltenen Quellensteuern bemühen, würde oftmals eine Erstattung unterbleiben, da die einbehaltenen Steuerbeträge entsprechend dem Anteil am Investmentvermögen zu gering sein werden, um die mit der Ermäßigung verbundenen Kosten aufzuwenden. Im Ergebnis verbliebe eine definitive Belastung mit ausländischen Quellensteuern. Die in der heutigen Praxis teilweise anzutreffende Einräumung der Vertretungsmacht gegenüber dem Sondervermögen zur Geltendmachung der Quellensteuerermäßigung für den Anleger ist insbesondere dann unzureichend, wenn der Anteilsscheininhaber in einem Drittstaat ansässig ist und der Quellenstaat eine Ansässigkeitsbescheinigung des Anlegers im Sitzstaat des Sondervermögens verlangt.[782] Die in der Praxis wünschenswerte

---

780 *Fock*, RIW 2003, 118, 124.

781 *Täske*, IWB, F. 1, S. 1437, 1445. Auch die Empfehlungen der IFA auf ihrem Kongress 1971 sahen in der anzustrebenden steuerlichen Transparenz des Investmentfonds keinen Hinderungsgrund für eine Abkommens- bzw. Quellensteuererstattungsberechtigung des Fonds, vgl. dazu *Gunnar Fleischmann*, BB 1971, 584, 586.

782 Vgl. *Lübbehüsen*, in Brinkhaus/Scherer, KAGG, § 38 Rz. 50.

und zur Verwirklichung eines international freien Kapitalverkehrs notwendige Abkommensberechtigung des Sondervermögens bedarf jedoch einer Rechtsgrundlage.

Setzt man für die abkommensrechtliche Ansässigkeit gem. Art. 4 Abs. 1 OECD-MA voraus, dass die betreffende Rechtsperson nach dem nationalen Steuerrecht des vermeintlichen Ansässigkeitsstaates als Einkünftezurechnungssubjekt behandelt wird, erfüllen Sondervermögen i. S. d. § 2 Abs. 2, §§ 30 ff. InvG diese Voraussetzung. Ihnen werden die erzielten Erträge auf einer ersten Stufe steuerlich zugerechnet; die verwaltende Kapitalanlagegesellschaft entscheidet nach Beschlussfassung über die Ausschüttung, Thesaurierung oder Wiederanlage der Investmenterträge. Indem § 2 Abs. 1 S. 2 InvStG unabhängig eines Gewinnausschüttungsbeschlusses die nicht ausgeschütteten Fondserträge mit Ablauf des Geschäftsjahres dem Anteilsinhaber gegenüber zurechnet, ändert dies nicht die vorhergehende Zurechnung der Erträge zu dem Sondervermögen selbst.[783] Eine eigene Einkünftezurechnung gegenüber dem Investmentfonds steht der grundlegenden Entscheidung für eine Ausgestaltung der Investmentfonds nach der Vertragsform und einer wettbewerbsneutralen Besteuerung nicht entgegen, soweit sich die gesetzliche Konzeption einer persönlichen Steuerbefreiung des Sondervermögens analog § 11 Abs. 1 S. 2 InvStG bedient. Ebenso wenig wie bei den Investmentfonds des Gesellschaftstyps kann eine persönliche oder sachliche Steuerbefreiung der abkommensrechtlichen Ansässigkeit entgegenstehen, sofern die seitens des Fonds erzielten Erträge nicht unmittelbar bei den Anteilsinhabern besteuert werden.

Des weiteren weisen Sondervermögen durch den inländischen Sitz sowie die inländische Geschäftsleitung der Kapitalanlagegesellschaft ein ortsbezogenes Merkmal i. S. des Art. 4 Abs. 1 OECD-MA auf. Dem Investmentfonds ist der Verwaltungssitz der Kapitalanlagegesellschaft mit eigenständiger sachlicher und personeller Organisation zuzurechnen. Damit sind Sondervermögen analog § 2 Abs. 2, §§ 30 ff. InvG als abkommensrechtliche Steuersubjekte gem. Art. 1, Art. 4 Abs. 1 OECD-MA anzuerkennen.

---

[783] *Wolf Wassermeyer*, IStR 2001, 193, 202; vgl. auch BFH, BStBl. II 2001, 22, 23.

c) Exkurs: Abkommensberechtigung von Sondervermögen in der Abkommenspraxis

Die deutsche Finanzverwaltung hat in der Vergangenheit Verständigungsregelungen mit einigen ausländischen Vertragsstaaten getroffen, um inländischen Sondervermögen eine eigene Abkommensberechtigung zur Geltendmachung von Quellensteuervergünstigungen einzuräumen. Diese Praxis erklärt sich aus der verbreiteten Auffassung der ausländischen Steuerbehörden, inländischen Sondervermögen die Steuersubjekteigenschaft zu versagen.

aa) Verständigungsvereinbarungen

Die von der Finanzverwaltung mit ausländischen Staaten bzw. Behörden getroffenen Vereinbarungen beziehen sich auf die Geltendmachung von Quellensteuer-Ermäßigungen im jeweils anderen Vertragsstaat. Die erste Verständigungsvereinbarung dieser Art beruht auf einem Erlass des Finanzministeriums Nordrhein-Westfalen vom 14.12.1964.[784] Danach sind deutsche Sondervermögen im Verhältnis zur Schweiz insoweit abkommensberechtigt, als die Anteile des Sondervermögens von deutschen Anteilsinhabern gehalten werden. Entsprechende Vereinbarungen bestehen mit Großbritannien[785], Luxemburg und den Niederlanden.[786] In einem Schreiben betreffend das Revisionsprotokoll zum DBA Deutschland-Frankreich wurde vereinbart, dass deutsche Investmentfonds uneingeschränkt abkommensberechtigt sind, wenn mindestens 75 v. H. der Investmentanteile von in Deutschland ansässigen Anteilsinhabern gehalten werden.[787]

Im Verhältnis zu ausländischen Investmentsondervermögen, die in Deutschland eine Erstattung einbehaltener Kapitalertragsteuern beantragen, verfährt die Finanzverwaltung dementsprechend, indem sie diesen Fonds regelmäßig nur in der anteilsmäßigen Höhe der von in dem ausländischen Vertragsstaat ansässigen Anteilsinhabern eine Quellensteuer-Ermäßigung gewährt.

---

784 FM Nordrhein-Westfalen, DB 1965, 53.

785 FM Nordrhein-Westfalen, DB 1966, 1255.

786 Vgl. *Prokisch*, in Vogel/Lehner, DBA, Art. 1 Rz. 72; *Lübbehüsen*, in Brinkhaus/Scherer, KAGG, § 38 Rz. 49.

787 BMF, Schreiben vom 22.10.1970, BStBl. I 1970, 1000. Im Übrigen wird die französische Quellensteuer auf Ausschüttungen französischer Investmentgesellschaften auf 15 v. H. gesenkt.

Da nach hier vertretener Auffassung bereits die bestehenden DBA, soweit sie dem OECD-MA entsprechen, Investmentfonds vom Typus inländischer Sonder- bzw. Zweckvermögen eine vollständige Abkommensberechtigung gewähren, treten die Verständigungsvereinbarungen gegenüber den DBA zurück. Eine in den Vertragsstaaten geübte Verwaltungspraxis kann nicht dazu führen, das gem. Art. 59 Abs. 2 S. 1 GG ergangene Zustimmungsgesetz zu Lasten des Steuerpflichtigen anders auszulegen als bei Nichtbestehen einer derartigen Verwaltungsübung.[788] Einer Verständigungsvereinbarung, die die Regelung eines Abkommens oder des danach anzuwendenden Steuerrechts verändert, kommt nach ständiger Rechtsprechung keine Außenwirkung zu.[789]

bb) Art. 25b Abs. 4 DBA Deutschland-Frankreich

Als bislang einziges DBA sieht das DBA Deutschland-Frankreich eine besondere Abkommensvorschrift vor, die eine Antragsberechtigung zur Entlastung von Abzugsteuern für Investmentfonds regelt. Art. 25b Abs. 4 DBA Deutschland-Frankreich betrifft Investmentfonds, die steuerabzugspflichtige Kapitalerträge erzielen und in ihrem Sitzstaat keiner Ertragsbesteuerung unterliegen. Nach dieser Vorschrift kann der Investmentfonds oder die Investmentgesellschaft die Entlastung von den Quellensteuern für die abkommensberechtigten Kapitalanleger insgesamt geltend machen. Investmentfonds in diesem Sinne sind neben französischen Investmentfonds des Vertragstyps auch inländische Sondervermögen i. S. der § 2 Abs. 2, §§ 30 ff. InvG.[790]

cc) Sonderregelungen in den Dividendenartikeln der deutschen DBA

Neben der Sonderregelung im DBA Deutschland-Frankreich könnte die erweiterte Dividendendefinition in den deutschen DBA eine Abkommensberechtigung der Investmentsondervermögen begründen.[791]

Haben sich die Vertragsstaaten auf eine beidseitig verpflichtende Erweiterung des Abkommensbegriffs geeinigt, zielt die Erweiterung darauf ab, den Investmentfonds in beiden Staaten einheitlich und damit wie eine abkommensberech-

---

[788] BFH, BStBl. II 1987, 171, 172; für die Berücksichtigung einer zwischen den Vertragsstaaten bestehenden Übung bei der Auslegung des Abkommens hingegen BFH, BStBl. II 1988, 810, 814.

[789] BFH, BFH/NV 1990, 705; BFH, BStBl. II 1997, 15, 17; zustimmend *Wassermeyer*, in Debatin/Wassermeyer, OECD-MA, Art. 3 Rz. 79.

[790] *Rademacher*, in Becker/Höppner/Grotherr/Kroppen, DBA-Frankreich, Art. 25b Rz. 12.

[791] *Brinkhaus/Schmitt*, in Brinkhaus/Scherer, AuslInvestmG, Vor §§ 16-20 Rz. 63.

tigte Körperschaft zu behandeln. Beide Vertragsstaaten behandeln die Ausschüttungen auf Anteile an dem Investmentfonds als Dividende und verständigen sich auf eine Besteuerung sowohl im Quellen- als auch im Ansässigkeitsstaat. Dem Investmentfonds wird unabhängig von seiner Rechtsform die Eigenschaft als zur Ausschüttung von Dividenden fähige Gesellschaft eingeräumt. Dies beinhaltet konsequenterweise auch die Erstattungsberechtigung des Fonds für eine im anderen Staat erhobene Quellensteuer. Damit haben sich die Vertragsstaaten durch die erweiterte Definition des Dividendenbegriffs auch auf eine partielle Abkommensberechtigung der Investmentfonds geeinigt.

Bezieht sich die erweiterte Dividendendefinition nur auf die Quellenbesteuerung in Deutschland, hat sich der ausländische Vertragsstaat damit vorbehalten, die ausgeschütteten Erträge bzw. Ausschüttungen aus einem in seinem Staat ansässigen Investmentfonds abkommensrechtlich unter eine andere Verteilungsnorm zu subsumieren. Einseitig den deutschen Quellenstaat betreffende Erweiterungen des Dividendenbegriffs in den deutschen DBA können danach nicht Rechtsgrundlage einer partiellen Abkommensberechtigung des Investmentfonds sein.[792]

2. Abkommensrechtliche Behandlung der steuerpflichtigen Einkünfte

a) Ausgeschüttete Erträge

aa) OECD-MA

Ein Teil der Literatur behandelt die ausgeschütteten Erträge auf Anteile eines Investmentfonds in der Rechtsform eines nichtrechtsfähigen Sondervermögens insoweit als Dividenden gem. Art. 10 Abs. 3 OECD-MA, als die Erträge aus entsprechenden Beteiligungserträgen bestehen.[793] Die abkommensrechtliche Zuordnung der steuerpflichtigen ausgeschütteten Erträge zu einer abkommensrechtlichen Einkunftsart hängt danach von der originären Quelle ab, aus der das Sondervermögen die Einkünfte erzielt hat.[794] Diese Auffassung beruht auf der Vorstellung einer völligen steuerlichen Transparenz des Investmentfonds. Rich-

---

[792] Weitergehend insoweit *Brinkhaus/Schmitt*, in Brinkhaus/Scherer, AuslInvestmG, Vor §§ 16-20 Rz. 63, die bei Bestehen einer erweiterten Dividendendefinition stets von einer Erstattungsberechtigung des Investmentfonds ausgehen.

[793] *Tischbirek*, in Vogel/Lehner, DBA, Art. 10 Rz. 211; *Wassermeyer*, in Debatin/Wassermeyer, OECD-MA, Art. 11 Rz. 90; *Schaumburg*, Rz. 16.334; *Rosenthal*, in Debatin/Wassermeyer, DBA-Australien, Art. 11 Rz. 50; *Kluge*, Rz. S 194.

[794] *Schaumburg*, Rz. 16.334, Fn. 1182.

tigerweise unterliegen Sondervermögen jedoch einem eingeschränkten Transparenzprinzip, das weder einer Behandlung des Fonds als abkommensberechtigte Gesellschaft noch der Einordnung der auf die Investmentanteile entfallenden Erträge unter den Dividendenbegriff entgegen steht. Die Finanzverwaltung sowie eine neuere Lehrmeinung wenden auf die ausgeschütteten Erträge aus einem Sondervermögen stets den Dividendenartikel des Art. 10 OECD-MA an.[795]

Dem ist nach hier vertretener Ansicht unter der Voraussetzung, dass das Sondervermögen als abkommensberechtigte Person zu behandeln ist, regelmäßig zuzustimmen. Das Sondervermögen gilt als eine in einem Vertragsstaat ansässige Gesellschaft i. S. des Art. 10 Abs. 1, 3 OECD-MA. Die Erträge aus Anteilen an dem Sondervermögen sind den Erträgen aus Anteilen an einer Investmentkapitalgesellschaft zumindest wesensähnlich und stehen den Einkünften aus Aktien jedenfalls dann gleich, wenn die nationale Einkunftsqualifikation des Sitzstaates von Dividenden analog § 2 Abs. 1 S. 1 InvStG ausgeht.[796] Die Annahme einer abkommensrechtlichen Qualifikation des Sondervermögens als Gesellschaft i. S. des Art. 10 Abs. 3 OECD-MA impliziert eine Gläubigerstellung des Anteilsinhabers aus seiner Beteiligung an der Gesellschaft. Die ausgeschütteten Erträge auf Anteile eines Sondervermögens erfüllen damit regelmäßig den abkommensrechtlichen Dividendenbegriff und können im deutschen Ansässigkeitsstaat grundsätzlich unter Anrechnung der ausländischen Quellensteuer gem. Art. 23A Abs. 2, Art. 23B Abs. 1 OECD-MA besteuert werden.

bb) Deutsche Abkommenspraxis

Nach überzeugender Auffassung kommt es für die abkommensrechtliche Dividendeneigenschaft nicht darauf an, ob das Investmentvermögen, an dem die Anteile gehalten werden, in der Form eines steuerlich transparenten Investmentfonds organisiert ist oder als steuersubjektfähige Investmentgesellschaft, deren Ausschüttungen unabhängig vom ursprünglichen Charakter der Einnahmen Di-

---

[795] BMF, BStBl. I 1998, 367: „Es wird hierzu die Auffassung vertreten, daß *auch* (Anm.: Hervorhebung durch Verf.) thesaurierte Fondserträge als Dividenden anzusehen sind.“; *Fock*, RIW 2003, 118, 126; aus dem älteren Schrifttum *Hundertmark*, BB 1969, 1262, 1264.

[796] *Wolf Wassermeyer*, IStR 2001, 193, 202.

videnden sind.[797] Damit sind nicht nur die ausgeschütteten Erträge bzw. Ausschüttungen derjenigen ausländischen Sondervermögen unter den Dividendenartikel zu subsumieren, die analog § 2 Abs. 2, §§ 30 ff. InvG, § 11 Abs. 1 InvStG ausgestaltet sind, sondern ganz allgemein die entsprechenden Erträge aller steuerlich transparenter Sondervermögen.[798]

Die ausgeschütteten Erträge können unter Anrechnung ausländischer Quellensteuern im deutschen Ansässigkeitsstaat gem. Art. 23A Abs. 2 OECD-MA besteuert werden. Eine Steuerfreistellung aufgrund einer Schachtelbeteiligung wird regelmäßig tatbestandlich nicht erfüllt sein, da die DBA regelmäßig eine Kapitalgesellschaft als ausschüttendes Rechtssubjekt voraussetzen.[799] Dies entspricht auch dem Sinn und Zweck von Schachtelbefreiungen, eine inländische Einmalbesteuerung von Ausschüttungen in solchen Fällen zu gewährleisten, in denen sich steuerpflichtige Körperschaften in einer für Unternehmen kennzeichnenden Weise für ihre Wirtschaftstätigkeit ausländischer Tochtergesellschaften bedienen.[800] Im Übrigen stünde eine Freistellung unter dem Vorbehalt der Hinzurechnungsbesteuerung gem. § 7 Abs. 7 AStG.

b) Ausschüttungsgleiche Erträge

aa) OECD-MA

aaa) Dividenden, Art. 10 OECD-MA

Die ausschüttungsgleichen Erträge gehören zu den Dividenden i. S. des 10 Abs. 3 Alt. 3 OECD-MA, wenn der ausländische Sitzstaat des Fonds diese Erträge steuerlich den Einkünften aus Aktien gleichstellt. Nach Ansicht der Finanzverwaltung sind die ausschüttungsgleichen Erträge gem. § 2 Abs. 1 InvStG bzw. §

---

[797] *Tischbirek*, in Vogel/Lehner, DBA, Art. 10 Rz. 230; *Fock*, RIW 2003, 118, 126; *Wolff*, in Debatin/Wassermeyer, DBA-USA, Art. 10 Rz. 135; a. A. *Wolf Wassermeyer*, IStR 2001, 193, 202.

[798] Für die Literaturansicht, welche von einer eigenen Abkommensberechtigung inländischer Sondervermögen nach dem OECD-MA ausgeht, hat die erweiterte Dividendendefinition in den deutschen DBA rein deklaratorische Bedeutung, *Wolf Wassermeyer*, in Debatin/Wassermeyer, DBA-Argentinien, Art. 10 Rz. 26; *Krabbe*, in Debatin/Wassermeyer, DBA-Brasilien, Art. 10 Rz. 32; *ders.*, in Debatin/Wassermeyer, DBA-Dänemark, Art. 10 Rz. 34.

[799] Vgl. BMF, Schreiben vom 12.05.1989, DB 1989, 1165, wonach zwar als Empfänger einer Schachteldividende eine steuerpflichtige Körperschaft, Personenvereinigung oder Vermögensmasse in Betracht kommen soll. Die Beteiligung müsse jedoch an einer ausländischen Kapitalgesellschaft bestehen.

[800] BMF, Schreiben vom 12.05.1989, DB 1989, 1165; vgl. auch *Wassermeyer*, in Debatin/Wassermeyer, OECD-MA, Art. 23A Rz. 55; *Vogel*, in Vogel/Lehner, DBA, Art. 23 Rz. 87.

17 Abs. 1 S. 1, § 18 Abs. 1 S. 1 AuslInvestmG unabhängig ihrer Qualifikation durch den ausländischen Sitzstaat des Investmentfonds als Dividenden im abkommensrechtlichen Sinne zu qualifizieren.[801] Diese Ansicht geht aus der Anwendung des Schachtelprivilegs nach den DBA Deutschland-Luxemburg und Deutschland-Niederlande auf die ausschüttungsgleichen Erträge hervor. In der Literatur wird daraus allgemein die Schlussfolgerung gezogen, die ausschüttungsgleichen Erträge aus Anteilen an ausländischen Investmentfonds seien stets unter den Dividendenartikel zu subsumieren.[802] Richtigerweise ist der Anwendung des erweiterten Dividendenartikels auf ausschüttungsgleiche Erträge eines Investmentsondervermögens nach dem DBA Deutschland-Luxemburg und dem DBA Deutschland-Niederlande zuzustimmen, da diese DBA ganz allgemein die „Einkünfte“ auf ausländische Investmentanteile als Dividenden behandeln.[803] Für die übrigen deutschen DBA ohne eine entsprechende Erweiterung des Dividendenbegriffs erfordert die Regelungshomogenität des Art. 10 Abs. 3 OECD-MA eine vorrangige Qualifikation der Erträge nach dem Recht des Quellenstaates.

Eine Gleichsetzung der ausgeschütteten mit den ausschüttungsgleichen Erträgen aufgrund des nationalen Rechts des deutschen Anwenderstaates kann nur dann auf das Abkommen durchschlagen, wenn erstens das Recht des Quellenstaates die ausschüttungsgleichen Erträge nicht eigens qualifiziert und zweitens der Abkommenszusammenhang nichts anderes erfordert. Insofern entspricht die Situation derjenigen bei ausländischen Investmentkapitalgesellschaften. Der Subsumtion unter den Dividendenartikel hat die Untersuchung voranzugehen, ob die ausschüttungsgleichen Erträge nicht vorrangig als Unternehmensgewinne des deutschen Anteilsinhabers nach Art. 7 Abs. 1 OECD-MA zu qualifizieren sind.

bbb) Unternehmensgewinne, Art. 7 Abs. 1 OECD-MA

Inländische Anteilsinhaber eines ausländischen Investmentsondervermögens könnten abkommensrechtlich ein Unternehmen betreiben, dessen Geschäftstätigkeit im Sitzstaat des Sondervermögens ausgeübt wird. Dazu müsste das Sondervermögen selbst unternehmerisch tätig sein und Gewinne aus Gewerbebetrieb erzielen. Gem. § 8 Abs. 2 KStG sind die Einkünfte eines Steuerpflichtigen

[801] BMF, RIW 1999, 984.
[802] *Fock*, RIW 2003, 118, 129.
[803] Prot. Nr. 12 zu Art. 13 DBA-Luxemburg vom 23.08.1958 (BGBl. II 1959, 1270); Prot. Nr. 10 zu Art. 13 DBA-Niederlande vom 16.06.1959 (BGBl. II 1960, 1781).

als Einkünfte aus Gewerbebetrieb zu behandeln, wenn eine Buchführungspflicht nach den Regeln des Handelsgesetzbuchs besteht. Weder für inländische noch für vergleichbare ausländische Sondervermögen besteht eine solche Buchführungspflicht, stattdessen sieht § 3 Abs. 1 InvStG eine Überschussrechnung vor. Ein Sondervermögen kann gem. § 8 Abs. 1 KStG i. V. m. § 2 Abs. 1 EStG Einkünfte unterschiedlicher Einkunftsarten erzielen. Indes führt die gewerbliche Tätigkeit der als Kapitalgesellschaft organisierten Kapitalanlagegesellschaft nicht zur Gewerblichkeit des Sondervermögens, da letzteres ein steuerlich selbständiges Rechtssubjekt darstellt, das von dem Körperschaftsteuersubjekt der Kapitalanlagegesellschaft zu trennen ist. Die herrschende Lehre vertritt die Ansicht, das Sondervermögen sei nicht gewerblich tätig und erziele deshalb keine gewerblichen Einkünfte.[804] Je nach Art der im Sondervermögen gehaltenen Vermögensgegenstände seien die Einkünfte als solche aus Kapitalvermögen oder aus Vermietung und Verpachtung einzuordnen. Diese Auffassung stützt sich auf die Ansicht der Finanzverwaltung[805] und die Rechtsprechung des BFH[806] zur Investitionszulagenförderung inländischer Sondervermögen, die mangels betrieblichem Anlagevermögen derselben zu verneinen sei. In der Literatur wird teilweise eingewandt, die moderne Fondsverwaltung beschränke sich nicht allein auf bloße Vermögensverwaltung; eine Beschränkung auf die Fruchtziehung aus zu erhaltendem Kapital sei bei der Vielzahl von Transaktionen eines aus Wertpapieren bestehenden Sondervermögens der Ausnahmefall.[807] Ferner verfügten Sondervermögen über eine eigene Büroorganisation und professionelles Personal in Gestalt professioneller Fondsverwalter, was zu einer gewerblichen Betätigung führe. Demnach erzielten Investmentsondervermögen grundsätzlich gewerbliche Einkünfte.[808] Dieser Auffassung ist zu widersprechen, da das Sondervermögen als solches nicht selbst über Sach- oder Personalkräfte verfügt, sondern vielmehr die Kapitalanlagegesellschaft diese Mittel bereitstellt. Das Sondervermögen mag abkommensrechtlich als Gesellschaft zu behandeln sein, es erfüllt jedoch nicht die Voraussetzungen eines Unternehmens i. S. der Art. 7

---

804 *Scholtz*, FR 1991, 192, 198; *Beckmann/Scholtz*, in Beckmann/Scholtz/Vollmer, KAGG, § 38 Rz. 9; *Baur*, KAGG, § 38 Rz. 11.
805 BMF, BStBl. I 1982, 569, 571, Tz. 9.
806 BFH, BStBl. II 1990, 394, 395.
807 *Lübbehüsen*, in Brinkhaus/Scherer, KAGG, § 38 Rz. 17.
808 *Kronat*, S. 195 ff.; *Lindemann*, DStZ 2003, 559, 560.

Abs. 1, Art. 3 Abs. 1 Buchst. c OECD-MA. Der Erwerb und die Verwaltung von Wertpapieren oder Immobilien begründet als solches keinen Gewerbebetrieb. Daher ist der Auffassung zu folgen, wonach Sondervermögen nicht gewerblich tätig sind. Die Investmenterträge des Sondervermögens sind weder Unternehmensgewinne, noch begründet die Beteiligung der inländischen Anleger an ausländischen Sondervermögen im deutschen Ansässigkeitsstaat ein Unternehmen, für das im ausländischen Sitzstaat des Sondervermögens eine Betriebsstätte unterhalten wird.

Des weiteren kann die Position des Anteilsscheininhabers weder rechtlich noch wirtschaftlich mit der eines Mitunternehmers einer Personengesellschaft verglichen werden. Rechtlich gesehen hat der Anteilsinhaber keinerlei Entscheidungsbefugnis über die Zusammensetzung und Investitionen des Sondervermögens. Der Anteilsschein verkörpert lediglich die kapitalmäßige Beteiligung an dem Sondervermögen und insbesondere das Recht auf anteilige Gewinnausschüttungen. Auch bei wirtschaftlicher Betrachtung ist es nicht der inländische Anleger, der das ausländische Sondervermögen unternehmerisch einsetzt, sondern die im Sitzstaat des Investmentfonds tätigen Fondsverwalter. Im Ergebnis sind die thesaurierten Erträge eines ausländischen Sondervermögens nicht als Unternehmens- oder Betriebsstättengewinne gem. Art. 7 Abs. 1 OECD-MA einzuordnen.[809]

ccc) Ergebnis

Die auf Anteile an ausländischen Sondervermögen erzielten ausschüttungsgleichen Erträge sind ebenso zu behandeln wie die ausschüttungsgleichen Erträge aus einer ausländischen vermögensverwaltenden Kapitalgesellschaft. Die Erträge gehören aufgrund abkommensautonomer, erweiternder Auslegung des Art. 10 Abs. 3 OECD-MA zu den Dividenden im abkommensrechtlichen Sinne. Als solche können sie grundsätzlich im Inland unter Anrechnung der aus-

---

[809] Ebenso für österreichische Sondervermögen *Aigner*, S. 119. Abweichend *Wolf Wassermeyer*, IStR 2001, 193, 202. Nach dessen Auffassung erzielen Anleger, deren Investmentanteile zum Betriebsvermögen gehören, Unternehmensgewinne i. S. des Art. 7 Abs. 1 OECD-MA, sofern die Einkünfte nicht als Dividenden zu qualifizieren sind. Die Begründung einer ausländischen Betriebsstätte durch das Sonder- bzw. Zweckvermögen wird von *Wolf Wassermeyer* hingegen nicht erwogen. Im Ergebnis besteht nach dieser Ansicht ein uneingeschränktes Besteuerungsrecht des deutschen Vertragsstaates.

ländischen Quellensteuer gem. Art. 23A Abs. 2, Art. 23B Abs. 1 OECD-MA besteuert werden.[810]

bb) Deutsche Abkommenspraxis

Die Sonderregelungen deutscher DBA, die einen erweiterten Dividendenbegriff enthalten, sind zwar grundsätzlich nur auf Ausschüttungen bzw. ausgeschüttete Erträge des ausländischen Investmentfonds anzuwenden, nicht aber auf ausschüttungsgleiche Erträge. Da letztere aber bereits nach dem OECD-MA unter Art. 10 Abs. 3 OECD-MA zu subsumieren sind, ist die Anwendung des erweiterten Dividendenbegriffs der deutschen DBA auf diese Erträge nur von deklaratorischer Bedeutung. Regelmäßig können die ausschüttungsgleichen Erträge unter Anrechnung einer ausländischen Quellensteuer im deutschen Ansässigkeitsstaat entsprechend Art. 23A Abs. 2, Art. 23B Abs. 1 OECD-MA besteuert werden. Auch hier gilt, dass eine Freistellung der Erträge von der inländischen Besteuerung aufgrund einer Schachtelbeteiligung an der fehlenden Eigenschaft des Fonds als Kapitalgesellschaft scheitert. Sofern ein Schachtelprivileg ausnahmsweise auch auf Ausschüttungen einer Vermögensmasse Anwendung findet, stünde die Freistellung der Erträge, abgesehen von der Erfüllung eines Aktivitätsvorbehalts, unter dem Vorbehalt der Hinzurechnungsbesteuerung gem. § 7 Abs. 7 AStG.

c) Zwischengewinne

aa) OECD-MA

Die gem. § 17 Abs. 2a, § 18 Abs. 1 S. 1 AuslInvestmG steuerpflichtigen Zwischengewinne sind abkommensrechtlich Veräußerungsgewinne i. S. des Art. 13 Abs. 5 OECD-MA.[811] Das ausländische Sondervermögen begründet für den inländischen Anteilsinhaber keine Betriebsstätte, so dass die Veräußerung des Investmentanteils nicht als Veräußerung beweglichen Betriebsstättenvermögens nach Art. 13 Abs. 2 OECD-MA zu behandeln ist. Dem Anteil an einer ausländischen Investmentkapitalgesellschaft entsprechend kommt die Auffangklausel des Art. 13 Abs. 5 OECD-MA zur Anwendung, die das Besteuerungsrecht für die in den vorgenannten Absätzen nicht genannten Veräußerungsgewinne dem Ansässigkeitsstaat des Veräußerers belässt. Damit steht Deutschland als Ansäs-

---

[810] I. E. ebenso *Fock*, RIW 2003, 118, 129.
[811] *Schmidt/Blöchle*, IStR 2002, 645, 652.

sigkeitsstaat des Anteilsinhabers das ausschließliche Besteuerungsrecht für die Zwischengewinne zu. Der Vermeidungsartikel des Art. 23 OECD-MA findet keine Anwendung.

bb) Deutsche Abkommenspraxis

Die erweiterte Dividendendefinition bezieht sich, abgesehen von den DBA Deutschland-Luxemburg und Deutschland-Niederlande, nicht auf die Zwischengewinne, weshalb die abkommensrechtliche Behandlung auch bei entsprechenden Sonderregelungen in den deutschen DBA mit der nach dem OECD-MA übereinstimmt.[812]

d) Pauschaler Mehr- bzw. Mindestbetrag

Der pauschale Mehr- bzw. Mindestbetrag gem. § 6 S. 1 InvStG ist bei Anteilen an einem ausländischen Sondervermögen ebenso wie bei Anteilen an ausländischen vermögensverwaltenden Kapitalgesellschaften als Dividende gem. Art. 10 Abs. 3 OECD-MA zu behandeln.[813] Grundsätzlich erfolgt eine Steueranrechnung im Inland gem. Art. 23A Abs. 2, Art. 23B Abs. 1 OECD-MA. Die gleiche abkommensrechtliche Behandlung ergibt sich in den deutschen DBA.

3. Zusammenfassung

Sowohl die ausgeschütteten als auch die ausschüttungsgleichen Erträge aus Anteilen an einem ausländischen Sondervermögen sowie der pauschal zu ermittelnde Mehr- bzw. Mindestbetrag sind abkommensrechtlich als Dividende zu behandeln. Die Erträge können grundsätzlich unter Anrechnung der ausländischen Quellensteuer nach Art. 23A Abs. 2, Art. 23B OECD-MA bzw. den entsprechenden Abkommensvorschriften in den deutschen DBA im Inland besteuert werden. Eine Ausnahme gilt für die gem. § 17 Abs. 2 a, § 18 Abs. 1 S. 1 AuslInvestmG steuerpflichtigen Zwischengewinne, die abkommensrechtlich als Veräußerungsgewinne nach Art. 13 Abs. 5 OECD-MA ausschließlich im deutschen Ansässigkeitsstaat zu besteuern sind, ohne dass eine Anrechnung ausländischer Steuern gem. Art. 23A Abs. 2, Art. 23B Abs. 1 OECD-MA in Betracht kommt.

---

[812] A. A. *Wolf Wassermeyer*, IStR 2001, 193, 202.

[813] Abweichend *Wolf Wassermeyer*, IStR 2001, 193, 202, der die innerstaatliche Qualifikation (Einkünfte aus Kapitalvermögen bei Anteilen im Privatvermögen bzw. gewerbliche Einkünfte bei Anteilen im Betriebsvermögen) über Art. 3 Abs. 2 OECD-MA heranzieht.

Kapitel 5: Überlegungen de lege ferenda

Die vorstehenden Untersuchungen konstatieren im Ergebnis eine uneinheitliche Behandlung der steuerpflichtigen Einkünfte aus Anteilen an ausländischen Investmentfonds im Recht der DBA. Da die Durchsetzung des innerstaatlichen Steueranspruchs auf der Abkommensebene von der rechtlichen Ausgestaltung des Investmentfonds und seiner konkreten Geschäftstätigkeit im ausländischen Sitzstaat abhängig und dabei gegebenenfalls dem Grunde nach eingeschränkt ist, unterliegen inländische Anteilsinhaber einer potentiell unterschiedlichen steuerlichen Belastungswirkung. Dem erklärten Ziel des deutschen Gesetzgebers zufolge, eine möglichst gleichmäßige und gleich belastende Besteuerung von Einkünften aus Anteilen an inländischen und ausländischen Investmentfonds zu normieren[814], werden im Folgenden Überlegungen für eine zukünftige, möglichst abkommenskonforme Erfassung dieser Einkünfte angestellt. Neben den bereits angedeuteten abkommensrechtlichen Änderungsvorschlägen wird auf eine Reformüberlegung der innerstaatlichen Investmentbesteuerung eingegangen.

A. Abkommensrechtliche Konkretisierung des Dividendenbegriffs

Die Ausführungen zur abkommensrechtlichen Einordnung der Einkünfte aus Anteilen an ausländischen Investmentvermögen des Gesellschaftstyps haben gezeigt, dass die nach innerstaatlichem Recht vorgenommene einheitliche Qualifikation der steuerpflichtigen Einkünfte als Einkünfte aus Kapitalvermögen auf der Abkommensebene nicht durchgreift. Dies gilt nach den bestehenden deutschen DBA selbst bei Anwendung der in den jeweiligen Dividendenartikeln enthaltenen Sonderregelungen betreffend Ausschüttungen auf Anteilsscheine an Investmentvermögen. Um den innerstaatlichen Besteuerungsumfang gem. § 2 Abs. 1 S. 1, § 6 S. 1 InvStG abkommensrechtlich abzusichern, bestehen unterschiedliche Möglichkeiten. Zum einen könnten in die DBA Regelungen integriert werden, die einen ausdrücklichen Vorbehalt der nationalen Besteuerung von Einkünften aus ausländischen Investmentanteilen vorsehen. Eine solche abkommensrechtliche Lösung findet sich bereits in einigen deutschen DBA in Bezug auf die Hinzurechnungsbesteuerung nach dem AStG[815] und wird zur Ver-

---

[814] BT-Drs. 15/1553, S. 120; BT-Drs. 5/3494, S. 14, 25.

[815] Vgl. Prot. Nr. 1 Buchst. d DBA-USA (BGBl. II 1991, 378); Verhandlungsprotokoll DBA Deutschland-Schweiz vom 29.09.1971, BStBl. I 1975, 505.

meidung eines „Treaty Override“ durch den nationalen Gesetzgeber im Schrifttum allgemein befürwortet.[816] Zum anderen könnten bestehende sowie zukünftige Dividendenbestimmungen der deutschen Abkommen in Anlehnung an die DBA Deutschland-Luxemburg[817] und Deutschland-Niederlande[818] auf alle Einkünfte aus Anteilen an Investmentvermögen ausgeweitet werden. Beide Vorgehensweisen setzen jedoch einen entsprechenden Regelungswillen des anderen Vertragsstaates voraus. Abgesehen von der langwierigen Nach- oder Neuverhandlung völkerrechtlicher Verträge könnte einer Ausdehnung des Dividendenbegriffs auf alle Einkünfte aus Anteilsscheinen an einem Investmentfonds die Verhandlungsbereitschaft des ausländischen Sitzstaates des Investmentfonds entgegenstehen, soweit damit eine Verschiebung der abkommensrechtlich eingeräumten Besteuerungsrechte einhergeht. Dies wäre zumindest bei einseitigen, lediglich für deutsche Besteuerungszwecke geltenden Sonderregelungen zu befürchten.

Um den abkommensrechtlichen Zusammenhang der Verteilungsnormen zu wahren, ist eine begrifflich klare Ausdehnung der bestehenden Dividendensonderregelungen auf Ausschüttungen sowie steuerlich gleichgestellte Erträge aus Anteilen an Investmentvermögen vorzugswürdig. Danach wären aus deutscher Anwendersicht neben den ausgeschütteten Erträgen auch die ausschüttungsgleichen Erträge sowie der pauschale Mehrbetrag i. S. des § 6 S. 1 InvStG als Dividenden entsprechend Art. 10 Abs. 3 OECD-MA zu behandeln. Als Konsequenz einer derartigen Erweiterung ergäbe sich eine einheitliche Anwendung des Dividendenartikels auf alle Einkünfte aus Anteilen an inländischen sowie ausländischen Investmentfonds.

B. Nationale Reformüberlegung

Der Gesetzgeber deutet in der amtlichen Begründung des InvStG an, im Rahmen einer zukünftigen Neugestaltung der Besteuerung von Kapitalerträgen einschließlich privater Veräußerungsgewinne das Transparenzprinzip sowie die Steuerfreiheit inländischer Investmentfonds zu hinterfragen.[819] Diese Reformüberlegung wird mit der Einführung einer umfassenden Abgeltungsteuer für

---

816 *Jacobs* (Hrsg.), S. 525; *Kluge*, Rz. R 145; *Jacob/Zimmermann*, IWB, F. 3a, Gr. 2, S. 39, 42.
817 Prot. Nr. 12 zu Art. 13 DBA-Luxemburg vom 23.08.1958 (BGBl. II 1959, 1270).
818 Prot. Nr. 10 zu Art. 13 DBA-Niederlande vom 16.06.1959 (BGBl. II 1960, 1781).
819 BT-Drs. 15/1553, S. 120.

Kapitalerträge einschließlich aller Investmenterträge verbunden.[820] De lege lata hält der Gesetzgeber die Anwendung des Transparenzprinzips aufrecht, um auf diesem Wege bestehende Besteuerungslücken bei der Erfassung privater Veräußerungsgewinne zu schließen.[821] Nach geltendem Einkommensteuerrecht sind Gewinne aus der Veräußerung von Investmentanteilen des Privatvermögens grundsätzlich steuerfrei, sofern nicht ausnahmsweise die Tatbestände der § 17 Abs. 1, § 23 Abs. 1 S. 1 Nr. 2 EStG erfüllt sind. Unabhängig von der gesetzgeberischen Überlegung, Veräußerungsgewinne mit abgeltender Wirkung an der Einkunftsquelle zu besteuern, stellt sich die Frage, welche Folgen sich aus der allgemeinen Steuerpflicht von Veräußerungsgewinnen für die Besteuerung von Investmenterträgen ergeben könnten.

I. Allgemeine Steuerpflicht von Veräußerungseinkünften

Aktuellen Anlass zu Überlegungen für eine umfassende Steuerpflicht von Veräußerungseinkünften gibt das Urteil des Zweiten Senats des Bundesverfassungsgerichts vom 9. März 2004.[822] Auf einen Vorlagebeschluss des BFH[823] hat das BVerfG entschieden, dass die Vorschrift des § 23 Abs. 1 Nr. 1 Buchst. b EStG in der für die Veranlagungszeiträume 1997 und 1998 geltenden Fassung mit Art. 3 Abs. 1 GG unvereinbar und nichtig sei, soweit Veräußerungsgeschäfte bei Wertpapieren betroffen seien. Zwar sei die gesetzlich begründete materielle Steuerpflicht von Einkünften aus privaten Wertpapier-Veräußerungsgeschäften verfassungsrechtlich nicht zu beanstanden. Die dem Gesetzgeber zuzurechnende mangelhafte Durchsetzung dieser materiellen Pflicht verstoße jedoch gegen das verfassungsrechtliche Gebot tatsächlich glei-

---

820 Der Ausdruck Abgeltungsteuer steht für eine im Abzugswege an der Einkunftsquelle erhobene Steuer, die nach erfolgtem Abzug abgeltend wirkt, indem die Einkünfte grundsätzlich nicht mehr in die allgemeine einkommensteuerliche Bemessungsgrundlage einbezogen werden. Die der Abgeltungsteuer unterliegenden Einkünfte werden einem pauschalen Steuersatz unterworfen. Während die abgeltende Besteuerung von Zinsen im europäischen Ausland bereits verbreitet ist und im Schrifttum überwiegend positiv betrachtet wird, unterliegt ihre Anwendung im Inland unter Einbeziehung von Dividenden und Veräußerungsgewinnen derzeit der Prüfung des BMF. Vgl. *Welling/Kayser*, FR 2003, 1204, 1207; allgemein *Tipke*, StRO II, S. 712 f. m. w. N.

821 BT-Drs. 15/1553, S. 120: „Der Gesetzentwurf übernimmt das Transparenzprinzip in seiner bisherigen Ausgestaltung ohne Veränderungen. Damit werden dessen Komplizierungen fortgeschrieben und auf die Investment-Aktiengesellschaften sowie die Auslands-Fonds ausgedehnt, um EU-rechtlichen Bedenken Rechnung zu tragen und wegen der geltenden Steuerfreiheit von privaten Veräußerungsgewinnen Besteuerungslücken zu vermeiden."

822 BVerfG, 2 BvL 17/02 vom 09.03.2004, im Internet abrufbar unter http://www.bverfg.de/entscheidungen/ls20040309_2bvl001702.html

823 BFH, BStBl. II 2003, 74.

cher Steuerbelastung durch gleichen Gesetzesvollzug mit der Folge, dass die materielle Steuernorm selbst verfassungswidrig sei.[824] Das BVerfG erkennt in der Steuererhebung auf private Veräußerungsgewinne bei Wertpapieren im Wege des Veranlagungsverfahrens ein strukturelles Erhebungsdefizit, welches unter anderem auf das in § 30a Abs. 3 S. 2 AO angeordnete Verbot von Kontrollmitteilungen über Guthabenkonten zurückzuführen sei.[825] Ungeachtet dieses Erhebungsdefizits hält das BVerfG an seiner ständigen Rechtsprechung fest, dass der Gesetzgeber verfassungsrechtlich nicht gehindert ist, Gewinne aus der Veräußerung von Gegenständen des Privatvermögens zu besteuern.[826]

Ein Referentenentwurf[827] der Bundesregierung zum StVergAbG enthielt bereits ein Konzept zur Besteuerung privater Veräußerungsgewinne einschließlich solcher aus der Veräußerung von Investmentanteilen. Unter Anwendung eines Steuersatzes von 15 v. H. sollte eine gleichmäßige Besteuerung von Veräußerungsgewinnen auf Wertpapiere und vermietete Immobilien erfolgen. Dieser Gesetzesentwurf stand in Einklang mit einer vielfach vertretenen Auffassung, nach der das Leistungsfähigkeitsprinzip eine gleichmäßige Besteuerung von Veräußerungsgewinnen des betrieblichen und privaten Erwerbsvermögens erfordert.[828]

De lege ferenda würde die lückenlose Besteuerung privater und betrieblicher Veräußerungsgewinne im Anwendungsbereich der Investmentfondsbesteuerung die Aufhebung der Steuerpflicht ausschüttungsgleicher Erträge rechtfertigen. Deren gesetzliche Einführung im Jahr 1959[829] ging nämlich auf die steuerlich motivierte Gründung eines vollthesaurierenden Investmentfonds zurück, welcher es seinen Anlegern ermöglichte, ihre im Privatvermögen gehaltenen Anteile nach Ablauf der Spekulationsfrist steuerfrei zu veräußern.[830] Die bei thesaurierenden Investmentfonds anzunehmende Wertsteigerung der Investmentanteile wäre bei Einführung einer allgemeinen Steuerpflicht von Veräußerungseinkünf-

---

824 BVerfG, 2 BvL 17/02 vom 09.03.2004, Absatz-Nr. 61, im Internet abrufbar unter http://www.bverfg.de/entscheidungen/ls20040309_2bvl001702.html.

825 BVerfG, 2 BvL 17/02 vom 09.03.2004, Absatz-Nr. 98 ff., 121, im Internet abrufbar unter http://www.bverfg.de/entscheidungen/ls20040309_2bvl001702.html.

826 BVerfG, 2 BvL 17/02 vom 09.03.2004, Absatz-Nr. 63 f. m. w. N., im Internet abrufbar unter http://www.bverfg.de/entscheidungen/ls20040309_2bvl001702.html.

827 BT-Drs. 15/287; BT-Drs. 15/480, S. 3.

828 *Tipke*, StRO II, S. 650 ff., S. 860; *J. Lang*, S. 56 ff.; *Kanzler*, FR 2000, 1245, 1255.

829 Gesetz vom 09.08.1960, BGBl. I 1960, 682.

830 Vgl. dazu eingehend *K.-J. Henkel*, S. 111 ff.

ten im Zeitpunkt des Anteilsverkaufs bzw. der Gewinnrealisierung steuerpflichtig. Damit ließen sich im Übrigen die nach Aufhebung der Zwischengewinnbesteuerung bestehenden Besteuerungslücken schließen und steuerlich motivierte Ausweichreaktionen der Anteilsinhaber vermeiden.

Eine generelle Besteuerung von Gewinnen aus der Veräußerung von Investmentanteilen bedeutet jedoch nicht zwangsläufig die völlige Aufhebung des Transparenzprinzips. Die Einführung einer Endbesteuerung führt lediglich zu einer weiteren Durchbrechung des ohnehin lückenhaften Transparenzgrundsatzes. Die von *Scheurle* erwogene Aufhebung des Transparenzprinzips würde hingegen eine steuerliche Doppelbelastung auf der Ebene des Investmentfonds und der des Anlegers auslösen.[831] Eine solche ließe sich allenfalls durch uneingeschränkte Anwendung des Halbeinkünfteverfahrens gem. § 3 Nr. 40 Buchst. a, d EStG, § 8b KStG abmildern. Als alternatives Besteuerungsmodell käme ein Abzug von Dividendenausschüttungen vom zu versteuernden Einkommen des Investmentfonds nach dem Vorbild der US-amerikanischen „Regulated Investment Company" in Betracht.[832]

II. Abkommensrechtliche Folgerungen

Um dem Leistungsfähigkeitsprinzip zu genügen, müssen sowohl Einkünfte aus der Veräußerung von inländischen als auch Einkünfte aus der Veräußerung von ausländischen Investmentanteilen besteuert werden. Unter dem Blickwinkel der OECD-Verteilungsnormen wäre eine innerstaatliche Steuerpflicht auf Einkünfte aus der Veräußerung von Anteilen an ausländischen Investmentvermögen insoweit vorteilhaft, als diese Einkünfte regelmäßig im deutschen Ansässigkeitsstaat besteuert werden könnten. Demgegenüber unterliegen die ausschüttungsgleichen Erträge aus Anteilen an Investmentfonds des Gesellschaftstyps nach den Untersuchungen dieser Arbeit regelmäßig dem Besteuerungsrecht des ausländischen Vertragsstaates. Aus Sicht des deutschen Vertragsanwenders würde eine allgemeine Steuerpflicht von Veräußerungseinkünften zur Ausschöpfung des abkommensrechtlich uneingeschränkten Besteuerungsrechts i. S. des Art. 13 Abs.

---

831 *Scheurle*, DStZ 1995, 646, 648.

832 Dieses Modell lag einem Entwurf zur Änderung des KAGG vom 14.04.1959 zu Grunde (BT-Drs. 3/967). Dieser bestimmte in § 1 Nr. 2 Buchst. a, dass die Steuerbefreiung von Sondervermögen unter der Vertragsbedingung stehe, alle Dividenden und Zinsen an die Anteilsinhaber auszuschütten. Der Entwurf erlangte jedoch aufgrund des Widerstandes einzelner Kapitalanlagegesellschaften keine Gesetzeskraft. Vgl. *K.-J. Henkel*, S. 118 f.

5 OECD-MA führen, soweit die Veräußerung von ausländischen Investmentanteilen durch Steuerinländer betroffen ist. Umgekehrt bedeutete der Verzicht auf die Besteuerung thesaurierter Fondserträge bei Beteiligung ausländischer Investoren an inländischen Investmentfonds eine potentielle Steuereinbuße. Während ausschüttungsgleiche Erträge aufgrund der innerstaatlichen Behandlung als Einkünfte aus Kapitalvermögen der inländischen Quellenbesteuerung nach Art. 10 Abs. 2, Abs. 3 Alt. 3 OECD-MA unterliegen, können Gewinne aus der Veräußerung von inländischen Investmentanteilen gem. Art. 13 Abs. 5 OECD-MA nur im ausländischen Ansässigkeitsstaat des Veräußerers besteuert werden. Fiskalische Gesichtspunkte als Legitimationsbasis der geltenden Investmentbesteuerung können jedoch nicht dazu dienen, die festgestellten Abkommensschranken gegenüber dem innerstaatlichen Besteuerungsanspruch außer Kraft zu setzen.

III. Steuersystematische Überlegungen

Im Hinblick auf die konkrete Durchführung der Besteuerung von Veräußerungseinkünften sind die Vor- und Nachteile der unterschiedlichen Steuererhebungsformen gegeneinander abzuwägen. Die in der Gesetzesbegründung des InvStG angekündigte Abgeltungsteuer auf Investmenterträge einschließlich der Gewinne aus der Veräußerung von Investmentanteilen offenbart systematische Schwächen. Sie kollidiert mit dem einer Besteuerung nach der wirtschaftlichen Leistungsfähigkeit immanenten objektiven Nettoprinzip, also der steuerlichen Berücksichtigung der mit den Bruttoerträgen zusammenhängenden Aufwendungen.[833] Nachteil einer Abgeltungsteuer wäre der Ausschluss von Verlusten aus Veräußerungsgeschäften bei der steuerlichen Einkunftsermittlung. Im Anwendungsbereich der DBA würde die abkommensrechtliche Verteilung der Besteuerungsgüter zwischen Quellen- und Ansässigkeitsstaat zulasten des letzteren gehen, wenn die Erwerbsaufwendungen ausschließlich im Ansässigkeitsstaat berücksichtigt würden, während der Quellenstaat die Bruttoeinkünfte mit abgeltender Wirkung besteuert.[834] Aufgrund dieser systematischen Nachteile spricht viel dafür, dem Steuerpflichtigen eine Option zur Veranlagung mit seinen Einkünften einzuräumen, um die mit den Bruttoerträgen in Zusammenhang stehenden Aufwendungen berücksichtigen zu können. Daneben käme eine Veranla-

---

[833] *Tipke*, StRO II, S. 763.
[834] *J. Hey*, IWB, Gr. 1, S. 2003, 2014.

gung denjenigen Steuerpflichtigen zugute, deren persönlicher Steuersatz unter dem proportionalen Steuersatz einer Abgeltungsteuer läge.

Als alternatives Besteuerungskonzept verbleibt die Einführung spezieller Meldepflichten der Kreditinstitute an die Finanzbehörden, um eine gleichmäßige Vollziehung des Besteuerungsanspruchs zu gewährleisten. Die Kreditinstitute übernehmen als Depotbanken im Auftrag der Kapitalanlagegesellschaften gem. § 20 Abs. 1, §§ 24 f. InvG die Verwahrung der zum Investmentvermögen gehörenden Vermögensgegenstände sowie die Verbuchung der Investmenterträge. Sie verfügen dadurch über alle steuerlich relevanten Informationen, aus denen sich Art und Umfang der Investmenterträge eines Anteilsinhabers ergibt. Dazu gehören auch die Anschaffungskosten des Steuerpflichtigen für seinen Investmentanteil. Durch gesetzliche Verankerung entsprechender Meldepflichten ließe sich die Erfassung ausgeschütteter Investmenterträge sowie der Veräußerungsgewinne aus Investmentanteilen sicherstellen. Zwar können die einer ausländischen Rechtsordnung unterliegenden Investmentfonds oder ausländische Depotbanken keiner gesetzlichen Meldepflicht unterworfen werden. Jedoch würden im Wege der für den öffentlichen Vertrieb der ausländischen Investmentanteile erforderlichen Anteilsverwahrung durch eine inländische Depotbank gem. § 131 InvG bzw. 136 Abs. 1 Nr. 2 InvG regelmäßig Mitteilungspflichten in Bezug auf Anteile an ausländischen Investmentfonds bestehen.[835] In jedem Falle müsste das gegenwärtig in § 30a Abs. 2 AO normierte Verbot, von den Kreditinstituten zum Zwecke der allgemeinen Überwachung Mitteilungen über die bei ihnen geführten Konten zu verlangen, aufgehoben werden.[836]

IV. Ergebnis

Die vorstehenden Überlegungen reflektieren Reformansätze, welche eine gleichmäßige Besteuerung von Veräußerungsgewinnen einschließlich solcher aus dem Verkauf von Investmentanteilen im deutschen Steuerrecht ermöglichen. Unabhängig von der konkreten Ausgestaltung der Erhebungsform, der Einführung einer Abgeltungsteuer, einer Kapitalertragsteuer mit Vorauszahlungscharakter oder spezieller Meldepflichten der Depotbanken an die Finanzbehörden,

---

835 Desweiteren könnte die für eine Anwendung der §§ 2 und 4 InvStG erforderliche Bekanntmachung der ausschüttungsgleichen Erträge gem. § 5 Abs. 1 Nr. 2 InvStG durch die Bekanntmachung eines etwaigen Veräußerungserlöses ersetzt werden.

836 Zur Kritik an § 30a AO im Rahmen der geltenden Zinsbesteuerung *Tipke/Kruse*, AO, § 30a Rz. 38.

könnte eine Steuerpflicht von Gewinnen aus der Veräußerung von Investmentanteilen die steuerliche Erfassung ausschüttungsgleicher Erträge ersetzen. Die abkommensrechtlich uneinheitliche Besteuerung thesaurierter Fondserträge wäre damit beseitigt.

Kapitel 6: Zusammenfassung

Der nationale Gesetzgeber folgt bei der Besteuerung von Erträgen aus Investmentfondsanteilen der Leitidee des Transparenzprinzips, beabsichtigt also die steuerliche Gleichbehandlung der Kapitalanlage über einen Investmentfonds mit einer Direktanlage. Dieses in zahlreichen Einzelbestimmungen verwirklichte Prinzip findet auf der Ebene der DBA keine Entsprechung. Vielmehr sieht sich die innerstaatlich weit reichende Steuerpflicht der Investmenterträge eigenen abkommensrechtlichen Besteuerungsschranken ausgesetzt.

Sowohl das AuslInvestmG als auch das am 01.01.2004 in Kraft getretene InvStG beurteilen das Vorliegen eines ausländischen Investmentfonds rechtsformunabhängig nach der sogenannten wirtschaftlichen Betrachtungsweise. Neben den im Inland üblichen Investmentfonds des Vertragstyps können demnach sowohl klassische Investmentfonds des Gesellschaftstyps als auch neuere Anlageformen wie „Private-Equity-Fonds“ in der Rechtsform einer Personengesellschaft den Anwendungsbereich der spezialgesetzlichen Ertragsbesteuerung eröffnen. Grundvoraussetzung ist, dass die ausländischen Rechtsgebilde die gesetzlichen Merkmale eines ausländischen Investmentvermögens aufweisen. Stets ist gem. § 1 S. 2 InvG ein Vermögen zur gemeinschaftlichen Kapitalanlage erforderlich, das nach dem Grundsatz der Risikomischung in bestimmte Vermögensgegenstände angelegt ist. Die mit der wirtschaftlichen Betrachtungsweise verbundenen Rechtsunsicherheiten bei Anwendung des AuslInvestmG auf ausländische Investmentfonds hat das InvStG übernommen.

Die frühere Einteilung ausländischer Investmentfonds in sogenannte weiße, graue und schwarze Fonds ist hingegen mit In-Kraft-Treten des InvStG entfallen. Letzteres knüpft jedoch ebenso wie das AuslInvestmG unterschiedliche Besteuerungsfolgen an den Umfang der bekannt gemachten Besteuerungsgrundlagen durch den ausländischen Fonds. Die verfassungswidrige pauschale Ertragsbesteuerung ehemals schwarzer Fonds im Falle einer negativen Wertentwicklung spiegelt sich im Kern in § 6 InvStG wider. Zu einer Besserstellung des Anteilsinhabers gegenüber der Rechtslage nach dem AuslInvestmG führt die Berücksichtigung ausländischer Zuflusssteuern im Rahmen einer „All-Country-Limitation“. Weitgehend unverändert besteht die Möglichkeit der Berücksichtigung ausländischer Abzugsteuern, die im Sitzstaat des Investmentfonds auf die ausgeschütteten Erträge erhoben werden. Eine wesentliche Neuerung gegenüber der Besteuerung nach dem AuslInvestmG stellt die innerstaatliche Steuerbefreiung von ausgeschütteten und ausschüttungsgleichen Erträgen dar, auf deren Besteuerung die Bundesrepublik Deutschland verzichtet hat oder verzichtet hätte, wenn der Anteilsinhaber die Einkünfte in Form einer Direktanlage erzielt hätte. Die zur Ermittlung der steuerbefreiten Erträge erforderliche Betrachtung der einzelnen Einkunftsquellen ersetzt nicht die abkommensrechtliche Prüfung, ob die steuerpflichtigen Erträge nach einem DBA zwischen dem deutschen Ansässigkeitsstaat des Anteilsinhabers und dem ausländischen Quellenstaat bzw. Sitzstaat des Investmentfonds von der inländischen Besteuerung auszunehmen sind. Der innerstaatlich umfassenden Steuerpflicht von Investmenterträgen werden im Anwendungsbereich der DBA Schranken gesetzt, die unter bestimmten Voraussetzungen zu einer Freistellung der Investmenterträge von der inländischen Besteuerung führen. Da die innerstaatlichen Bestimmungen keine abkommensverdrängenden Vorschriften beinhalten, ist die Bundesrepublik Deutschland an der Einbeziehung der steuerpflichtigen Erträge in die inländische Steuerbemessungsgrundlage gehindert. Die seitens des deutschen Vertragsstaates anzuwendenden Maßnahmen zur Vermeidung einer Doppelbesteuerung bestehen in der Freistellung der Investmenterträge von der inländischen Besteuerung oder in der Anrechung einer im ausländischen Vertragsstaat erhobenen Quellensteuer. Aufgrund des abkommensrechtlichen Regelungszusammenhangs zwischen Vermeidungsmaßnahmen und den einzelnen Verteilungsnormen ist aus deutscher Sichtweise eine inzidente Prüfung der Einkünftetatbestände der Art. 6-21 OECD-MA erforderlich. Die abkommensrechtliche Untersuchung der einzelnen Investmenterträge hat ergeben, dass die von der deutschen Finanzverwaltung vertretene Einordnung der Erträge als Dividenden teilweise gegen das OECD-MA sowie die geltenden deutschen DBA verstößt. Hervorzuheben sind die auch im Rahmen von Investmentfondserträgen zu berücksichtigenden DBA-Grundsätze des Betriebsstätten- und Belegenheitsprinzips. Deren Wirkungsweise lässt sich anhand einer Typusbetrachtung ausländischer Investmentfonds aufzeigen. Ausländische Investmentfonds sind für Abkommenszwecke aus Sicht des deutschen Vertragsanwenders in steuerlich transparente Personengesellschaften, steuerlich intransparente Kapitalgesellschaften sowie zivilrechtlich nichtrechtsfähige, aber steuersubjektfähige Sondervermögen einzuteilen. Unter der Annahme einer übereinstimmenden Subjektqualifikation des Investmentfonds durch den ausländischen Vertragsstaat können sowohl die ausgeschütteten als auch die thesaurierten Investmenterträge aus Anteilen an einer ausländischen, gewerblich tätigen Personengesellschaft als Betriebsstättengewinne im ausländischen Sitzstaat des Fonds besteuert werden, während Deutschland die Einkünfte unter Progressionsvorbehalt aus der inländischen Besteuerung freistellt. Das Betriebsstättenprinzip wird in der deutschen Abkommenspraxis teilweise von den Sonderregelungen zu den Ausschüttungen auf Anteile an Investmentfonds zu Gunsten des Dividendenartikels verdrängt. Letzterer findet jedoch nach abkommensrechtlicher Auslegung der erweiterten Dividendenbegriffe regelmäßig keine Anwendung auf die von dem Investmentfonds thesaurierten Erträge. Anders stellt sich die Situation im Falle von vermögensverwaltenden Personengesellschaften dar. Deren Erträge sind der jeweiligen Einkunftsquelle entsprechend unter die Art. 6-21 OECD-MA einzuordnen; insofern ist eine vollständige abkommensrechtliche Transparenz des Investmentfonds gegeben.

Die üblicherweise als Kapitalgesellschaften strukturierten Investmentfonds des Gesellschaftstyps sind unabhängig von einer sachlichen oder persönlichen Steuerbefreiung nach dem innerstaatlichen Recht ihres Sitzstaates Gesellschaften im abkommensrechtlichen Sinne. Die aus Anteilen an diesen Gesellschaften erzielten ausgeschütteten Erträge gehören stets zu den Dividenden i. S. des Art. 10 Abs. 3 OECD-MA. Demgegenüber fällt die abkommensrechtliche Behandlung der nicht ausgeschütteten Fondserträge uneinheitlich aus. Im Falle von gewerblich tätigen Investmentgesellschaften besteht ein ausschließliches Besteuerungsrecht des ausländischen Sitzstaates, da die Erträge materiell als Unternehmensgewinne gem. Art. 7 Abs. 1 S. 1 OECD-MA zu behandeln sind. Außer den Sonderregelungen in den deutschen DBA mit Luxemburg und den Niederlanden hat diese Einordnung auch in der deutschen Abkommenspraxis Bestand. Der Rechtslage bei Personengesellschaften vergleichbar ist eine Abgrenzung zu vermögensverwaltenden Investmentfonds vorzunehmen. Die Einkünfte aus entsprechenden Investmentanteilen können gem. Art. 10 Abs. 1, Art. 23A Abs. 2 OECD-MA unter Anrechnung einer ausländischen Quellensteuer im deutschen Ansässigkeitsstaat besteuert werden. Zum gleichen Ergebnis führt die Beteiligung an ausländischen Investmentfonds in der Rechtsform eines Sondervermögens, vorausgesetzt, die Rechtsgebilde sind als Gesellschaften im Abkommenssinne zu behandeln.

Sind die Investmenterträge aufgrund der Anwendung des Art. 7 Abs. 1 S. 1 Hs. 1 OECD-MA oder der Freistellungsmethode gem. Art. 23A Abs. 1 OECD-MA von der inländischen Besteuerung auszunehmen, unterliegen die Erträge aufgrund der „Treaty-Override-Vorschrift“ des § 7 Abs. 7 AStG der Hinzurechnungsbesteuerung, sofern deren Voraussetzungen im Einzelnen erfüllt sind. Eine darüber hinaus gehende Steuerpflicht innerstaatlich steuerbefreiter Investmenterträge nach den §§ 7 ff. AStG ist ausgeschlossen.

Die festgestellte Divergenz in der abkommensrechtlichen Behandlung der Einkünfte aus Anteilen an ausländischen Investmentfonds ließe sich auf zweierlei Art beseitigen oder zumindest mildern. Zum einen empfiehlt sich eine Erweiterung des abkommensrechtlichen Dividendenbegriffs in Anlehnung an die Sonderregelungen der DBA Deutschland-Luxemburg und Deutschland-Niederlande. Zum anderen ist eine Aufhebung der innerstaatlichen Besteuerung nicht ausgeschütteter Fondserträge bei gleichzeitiger Einführung einer generellen Veräußerungsgewinnbesteuerung auf Investmentanteile zu erwägen. Auf diese Weise ließe sich eine abkommenskonforme und den verfassungsrechtlichen Anforderungen einer gleichmäßigen Besteuerung gerecht werdende Systematik im deutschen Einkommen- und Investmentsteuerrecht verwirklichen.

Literaturverzeichnis

Aigner, Dietmar Johannes, Kapitalanlagefonds im Recht der Doppelbesteuerungsabkommen, Wien 2001

Altfelder, Stefan, Investmentfonds – endlich verständlich? – Plädoyer für ein prinzipiengeleitetes Steuerrecht, FR 2000, S. 299-314.

Amann, Robert / Göttsche, Max / Stockmann, Frank, Aktuelle Änderungen im deutschen internationalen Steuerrecht, RIW 2003, S. 814-822.

Ammon, Kurt, Die steuerliche Behandlung der internationalen Kapitalanlagegesellschaften bzw. Anlagefonds unter Berücksichtigung der wesentlichen kontroll- und währungspolitischen Gesichtspunkte in den verschiedenen Ländern, Generalbericht zum 25. IFA-Kongress 1971 in Washington, Cahiers de droit fiscal international, Volume LVIa, Amsterdam 1971, S. I/1-111.

Assmann, Heinz-Dieter / Schütze, Rolf A., Handbuch des Kapitalanlagerechts, 2. Aufl., München 1997.

Bärenz, Uwe/ Veith, Amos, Das BMF-Schreiben zur Abgrenzung zwischen privater Vermögensverwaltung und gewerblicher Tätigkeit bei Private Equity Fonds, BB 2004, S. 251-256.

Baranowski, Karl-Heinz, Besteuerung von Auslandsbeziehungen, 2. Aufl., Herne 1996

Baur, Jürgen, Investmentgesetze, 2. Aufl., Berlin 1997.

Becker, Enno, Die Grundlagen der Einkommensteuer, München 1940.

Becker, Helmut / Höppner, Horst-Dieter / Grotherr, Siegfried / Kroppen, Heinz-Klaus (Hrsg.), DBA-Kommentar, Herne, Stand September 2003.

Beckmann, Klaus / Scholtz, Rolf-Detlev / Vollmer, Lothar, Investment, Ergänzbares Handbuch für das gesamte Investmentwesen, Berlin, Stand September 2003.

Bellstedt, Christoph, Beteiligung an ausländischen „Zwischengesellschaften" nach dem Außensteuergesetzentwurf, FR 1972, S. 242-248.

Blumers, Wolfgang / Witt, Sven-Christian, Gewerblichkeit durch Beteiligung an Kapitalgesellschaften, DB 2002, S. 60-65.

Bölter, Hendrick / Linner, Corinna / Otto, Lieselotte, Handbuch für die Besteuerung von ausländischen Fondsvermögen, Neuwied 1998.

Bonin, Christoph, BB-Forum: Der Aktiengewinn im Entwurf des Investmentsteuergesetzes, BB 2003, S. 2545-2548.

Blümich, Walter / Ebling, Klaus, Einkommensteuergesetz, Körperschaftsteuergesetz, Gewerbesteuergesetz, Kommentar, München, Stand Oktober 2003.

Brezing, Klaus / Krabbe, Helmut / Lempenau, Gerhard / Mössner, Jörg / Runge, Berndt, Außensteuerrecht, Kommentar, Herne/Berlin 1991.

Brinkhaus, Josef / Scherer, Peter, Gesetz über Kapitalanlagegesellschaften, Auslandinvestment-Gesetz, München 2003.

Brosch, Wolfgang, Die Besteuerung der Investmentzertifikate, BB 1967, S. 792-794.

Brüggemann, Ernst, Internationales Investmentsparen, München 1968.

Buciek, Klaus, Anmerkung zu BFH-Urteil vom 11. Oktober 2000 I R 99/96, DStZ 2001, S. 52-53.

Bünning, Martin, Steuerliche Aspekte der Beteiligung von Inländern an ausländischen Venture Capital und Private Equity Fonds, FR 2002, S. 982-993.

Büschgen, Hans E., Das kleine Bank-Lexikon, 2. Aufl., Düsseldorf 1997.

Burmester, Gabriele, Überlegungen zur Auflösung von Schweizer Zwischengesellschaften, RIW 1987, S. 298-306.

Burmester, Gabriele, Grundlagen internationaler Regelungskumulation und –kollision, unter besonderer Berücksichtigung des Steuerrechts, Baden-Baden 1993.

Burmester, Gabriele, Begriff und Funktion des Steuergutes im Steuerrecht, StuW 1993, S. 221-230.

Burmester, Gabriele, Zur Jurisdiktionshoheit der Staaten im Steuerrecht, JZ 1993, S. 687-703.

Burmester, Gabriele, Die Anrechnungsmethode im deutschen Steuerrecht, in Gassner, Wolfgang / Lang, Michael / Lechner, Eduard (Hrsg.), Die Methoden zur Vermeidung der Doppelbesteuerung, Wien 1995, S. 241-268.

Burmester, Gabriele, Ausgewählte international-steuerrechtliche Probleme der stillen Gesellschaft, in Haarmann, Wilhelm (Hrsg.), Unternehmensstrukturen und Rechtsformen im Internationalen Steuerrecht, Köln 1996, S. 122-150.

von Caemmerer, Ernst, Kapitalanlage- oder Investmentgesellschaften, JZ 1958, S. 41-50.

Carlé, Thomas, Die Besteuerung von Kapitalerträgen nach dem Investmentsteuergesetz, DStZ 2004, S. 74-77.

Carlé, Thomas, Rechtsprechungsentwicklungen zum gewerblichen Grundstückshandel, KÖSDI 2003, S. 13653-13663.

Dahm, Joachim / Hamacher, Rolfjosef, Neues Einkommensteuerrecht für moderne Finanzinstrumente, WM 1994, Beilage 3, S. 1-24.

Dannecker, Achim, Wesentliche Ertragsteueränderungen 2004 – Schwerpunkt Unternehmensbesteuerung, DStZ 2004, S. 67-73.

Debatin, Helmut, Die Bilanzbündeltheorie im Spiegel des internationalen Steuerrechts, DB 1978, S. 2437-2443.

Debatin, Helmut, Qualifikationsprobleme im Doppelbesteuerungsrecht, FR 1979, S. 493-499.

Debatin, Helmut, System und Auslegung von Doppelbesteuerungsabkommen, DB 1985, Beilage 23, S. 1-8.

Debatin, Helmut, Subjektiver Schutz unter Doppelbesteuerungsabkommen, BB 1989, Beilage 2, S. 1-10.

Debatin, Helmut, Anwendung von Doppelbesteuerungsabkommen als Gegenstand verfehlter Rechnungshofsrüge, DStZ/A 1989, S. 421-423.

Debatin, Helmut, Zur Behandlung von Beteiligungen an Personengesellschaften unter den Doppelbesteuerungsabkommen im Lichte der neueren Rechtsprechung des Bundesfinanzhofs, BB 1992, S. 1181-1188.

Debatin, Helmut, Vorbemerkungen: Systematik des internationalen Steuerrechts und Grundzüge des deutschen Außensteuerrechts, in Korn, Rudolf / Debatin, Helmut (Hrsg.), Doppelbesteuerung, Kommentar, München, Stand Oktober 2003.

Debatin, Helmut / Wassermeyer, Franz, Doppelbesteuerung, Kommentar, München, Stand Oktober 2003.

Dembowski, Anke, Steuerliche Behandlung von Zwischengewinnen bei Investmentfonds, BuW 1994, S. 266-267.

Doetsch, Ewald/ Eversberg, Horst/ Jost, Werner F./ Witt, Georg W., Körperschaftsteuergesetz, Kommentar, Stuttgart, Stand Oktober 2003.

Dorn, Herbert, Das Recht der internationalen Doppelbesteuerung, VJSchrStFR 1927, S. 189-249.

Ed, Lynne / Bongaarts, Paul, The taxation of investment funds, Generalbericht zum 51. IFA-Kongress 1997 in Neu Delhi, Cahiers de droit fiscal international, Volume LXXXIIb, Amsterdam 1997, S. 107-153.

Eimermann, Dieter, Änderungen des Außensteuergesetzes, „Korb II“ – und Investmentmodernisierungsgesetz, NWB, Fach 3, S. 12721-12724.

Endriss, Horst Walter, Wohnsitz- oder Ursprungsprinzip?, Köln 1967.

Farnschläder, Marion / Kahl, Ilona, Anwendung des § 15 Abs. 3 Nr. 2 EStG bei Beteiligung an ausländischen Personengesellschaften, IWB, F. 3, Gr. 3, S. 1179-1182.

Fischer, Lutz, Die Beteiligung an ausländischen Personengesellschaften vor dem Hintergrund der Betriebsstätten-Verwaltungsgrundsätze vom 24.12.1999, in Kirchhof, Paul / Lehner, Moris / Raupach, Arndt. /. Rodi, Michael (Hrsg.), Staaten und Steuern, Festschrift für Klaus Vogel, München 2000, S. 963-986.

Fischer, Peter, Anmerkung zu BFH, Urteil vom 11.10.2000 – I R 99/96, FR 2001, S. 156-157.

Fischer-Zernin, Justus, Doppelbesteuerungsabkommen als Instrument des Völkerbundes und des innerstaatlichen Rechts, RIW 1987, S. 785-790.

Flachmann, Klaus, Die Spannweite des Auslandsinvestmentgesetzes, ZfK 1972, S. 59-60.

Fleischmann, Gunnar, Bericht über den 25. Kongreß der „International Fiscal Association", BB 1971, S. 584-589.

Fleischmann, Michael, Bilanzrechtliche und ertragsteuerliche Behandlung von Investmentfonds, StuB 2002, S. 216-220.

Flick, Heinz, Vereinbarkeit des Steuerfluchtgesetzes mit Doppelbesteuerungsabkommen, BB 1971, S. 250-251.

Flick, Hans / Wassermeyer, Franz / Baumhoff, Hubertus, Außensteuerrecht, Kommentar, Köln, Stand November 2003.

Flick, Hans / Wassermeyer, Franz / Wingert, Karl-Dieter / Kempermann, Michael, DBA Deutschland-Schweiz, Kommentar, Köln, Stand Juli 2003.

Fock, Till Henning, Steuerabzug von ausländischen Investmenterträgen mit DBA-Schutz?, IStR 2001, S. 203-206.

Fock, Till Henning, Investmentanlage und Doppelbesteuerungsschutz, RIW 2003, S. 118-131.

Fock, Till Henning, Investmentbesteuerung im künftigen Recht, BB 2003, S. 1589-1593.

Fock, Till Henning, Die Besteuerung von Veräußerungsgewinnen eines Grundstücks-Sondervermögens mit in- und ausländischen Anteilscheininhabern, DStR 2000, S. 855-863.

Fock, Till Henning / Stoschek, Uwe, Die Auswirkungen des geplanten Steuersenkungsgesetzes auf die Besteuerung von Investmentfonds und ihrer Anteilinhaber, FR 2000, S. 591-600.

Franken, Paul, Anmerkung zu BFH, Urteil vom 7.4.1992 (VIII R 79/88) – WM 1992, 1695, WuB I G 3. – 1.92

Frotscher, Gerrit / Maas, Ernst (Hrsg.), Körperschaftsteuergesetz, Umwandlungssteuergesetz, Loseblatt-Kommentar, Freiburg, Stand Januar 1992.

Gassner, Wolfgang / Konezny, Gerd, Die vermögensverwaltende Personengesellschaft aus abkommensrechtlicher Sicht, in Gassner, Wolfgang / Lang, Michael / Lechner, Eduard (Hrsg.), Personengesellschaften im Recht der Doppelbesteuerungsabkommen, Wien 2000, S. 235-247.

Geßler, Ernst, Das Recht der Investmentgesellschaften und ihrer Zertifikatsinhaber, WM 1957, Sonderbeilage Nr. 4, S. 10-28.

Gosch, Dietmar, Anmerkung zum Urteil des BFH vom 7. 8. 2002 – I R 10/01, StBp 2003, S. 157-159.

Graetz, Joerg, Ausländische Investmentfonds in einem Privatdepot – Überlegungen aus steuerlicher Sicht, in Warth & Klein (Hrsg.), Professionelle Vermögensverwaltung, Stuttgart 1999, S. 109-135.

Grotherr, Siegfried, International relevante Änderungen durch das Gesetz zur Umsetzung der Protokollerklärung zum Steuervergünstigungsabbaugesetz („Korb II-Gesetz") – Teil II, IWB, F. 3, Gr. 1, S. 2035-2056.

Grotherr, Siegfried, Zum sachlichen Anwendungsbereich des Progressionsvorbehalts im Abkommensrecht Treaty Overriding durch Rechtsprechung und Finanzverwaltung?, IWB, F. 3, Gr. 2, S. 673-688.

Grotherr, Siegfried / Herfort, Claus / Strunk, Günther, Internationales Steuerrecht, 2. Aufl., Achim 2003.

Gründl, Helmut, Risikomischung, Anlegerschutz und Auslandsinvestmentgesetz, WISt 1993, S. 163-165.

Hammer, Markus, Auslandsfonds statt Inlandsfonds – nicht immer ein steuerlicher Nachteil, DStZ 2001, S. 857-858.

Harenberg, Friedrich E., Besteuerung von Erträgen aus Auslandsinvestmentfonds, PIStB 2002, S. 201-209.

Harenberg, Friedrich E., Verkauf von Fondsanteilen kurz vor Ausschüttung kein Gestaltungsmissbrauch, GStB 2001, S. 81-82.

Harenberg, Friedrich E., Besteuerungsregeln des AuslInvestmG sind abschließend, KFR 2001, S. 209-212.

Heinze, Gerhard B., Steuerliche Diskriminierung ausländischer Immobilien-Investmentfonds, deren Anteile im Inland vertrieben werden dürfen, DB 1969, S. 1955-1956.

Helde, Stefanie, Dreiecksverhältnisse im Internationalen Steuerrecht unter Beteiligung einer Betriebstätte, Köln 2000.

Heller, Birgit, Investmentrechtliches Ziel und steuerrechtliche Wirkung des Ertragsausgleichs bei inländischen Publikums-Sondervermögen, DStZ 2003, S. 261-265.

Heller, Birgit / Hammer, Markus, Auswirkungen des Steuersenkungsgesetzes auf den Aktienfondsmarkt, DStZ 2001, S. 118-122.

Hemmelrath, Alexander, Besonderheiten bei der Beteiligung von Steuerinländern an Personengesellschaften in DBA-Staaten, IStR 1995, S. 570-574.

Henkel, Karl-Joachim, Die steuerliche Behandlung der Investmentgesellschaften in Deutschland, Gelsenkirchen 1961

Hennig, Hans-Jürgen / Bengard, Bodo, Steuerliche Änderungen durch das „Steuerentlastungsgesetz 1999/ 2000/ 2002“, BB 1999, S. 1901-1905.

Herbst, Christian / Brehm, Mark, Österreichische Immobilieninvestmentfonds – Wiener Steuerschmankerl? –, IWB, Gr. 2, S. 561-572.

Herrmann, Carl / Heuer, Gerhard / Raupach, Arndt, Einkommensteuer- und Körperschaftsteuergesetz, Kommentar, Köln, Stand Oktober 2003.

Hey, Friedrich E. F., Stellung der US (Delaware) Limited Liability Company im internationalen Steuerrecht, in Burmester, Gabriele / Endres, Dieter (Hrsg.), Außensteuerrecht, Doppelbesteuerungsabkommen und EU-Recht im Spannungsverhältnis, Festschrift für Helmut Debatin zum 70. Geburtstag, München 1997.

Hey, Johanna, Das Territorialitätsprinzip als theoretische Grundlage der beschränkten Steuerpflicht, IWB, F. 3, Gr. 1, S. 2003-2016.

Höreth, Ulrike / Schiegl, Brigitte, Referentenentwurf eines Investmentsteuergesetzes, DStZ 2003, S. 553-555.

Hörster, Ralf, BB-Gesetzgebungsreport: Gesetz zur Umsetzung der Protokollerklärung der Bundesregierung zur Vermittlungsempfehlung zum Steuervergünstigungsabbaugesetz („Korb II“) und Gesetz zur Änderung des Gewerbesteuergesetzes und anderer Gesetze, BB 2004, S. 245-247.

Hofmann, Heinrich, Die ertragsteuerliche Behandlung ausländischer Investmentanteile, AG 1970, S. 73-81.

Hofmann, Heinrich, Zweifelsfragen bei der ertragsteuerlichen Behandlung ausländischer Investmentanteile, AG 1971, S. 287-295.

Hueck, Alfred / Canaris, Claus Wilhelm, Wertpapierrecht, 12. Aufl., München 1986

Hundertmark, Dedo, Zur Ertragsbesteuerung ausländischer Investment-Zertifikate, BB 1969, S. 532-533.

Hundertmark, Dedo, Zur Ertragsbesteuerung ausländischer Investment-Zertifikate nach dem neuen Investmentgesetz, BB 1969, S. 1262-1265.

Hundertmark, Dedo / Klöne, Herbart, Die Ertragsbesteuerung von Investmentanteilen, StB 1969, S. 205-211.

Hundertmark, Dedo / Klöne, Herbart, Investment und Steuern, Bad Wörishofen 1970.

Ipsen, Knut, Völkerrecht, 4. Aufl., München 1997.

Jacob, Friedhelm / Zimmermann, Yves-Charles, Vorrang der Doppelbesteuerungsabkommen vor der französischen Zugriffsbesteuerung, IWB, F. 3 a, Gr. 2, S. 39-42.

Jacob, Friedhelm, Handkommentar DBA-USA, Herne 1992.

Jacobs, Otto H. (Hrsg.), Internationale Unternehmensbesteuerung, 5. Aufl., München 2002.

Jung, Franz, Die Besteuerung des Sondervermögens und der Anteilinhaber nach dem Gesetz über Kapitalanlagegesellschaften, WM 1957, Beilage Nr. 4, S. 29-35.

Kahl, Christoph, Sind Auslandsimmobilienfonds vom Auslandsinvestmentgesetz bedroht?, FAZ vom 05.07.2002, S. 45.

Kanzler, Hans-Joachim, Problematik der steuerlichen Behandlung von Veräußerungsgewinnen, FR 2000, S. 1245-1255.

Kayser, Joachim/ Steinmüller, Jens, Die Besteuerung von Investmentfonds ab 2004, FR 2004, S. 137-146.

Kayser, Joachim / Steinmüller, Jens, Hedge-Fonds im Überblick – Funktionsweise, aufsichts- und steuerrechtliche Behandlung aus Investorensicht –, FR 2002, S. 1269-1279.

Kerscher, Wilhelm M., Die Besteuerung der Investment-Gesellschaften und deren Zertifikatsinhaber, AG 1959, S. 280-284.

Kerscher, Wilhelm M., Die steuerlichen Verhältnisse ausländischer Kapitalanlagegesellschaften und der von diesen ausgegebenen Anteile in der Bundesrepublik, StuW 1964, S. 479-494.

Kerscher, Wilhelm M., Besteuerung der Sondervermögen und der ausgegebenen Anteile, StuW 1969, Spalte 489-504.

Kleineidam, Hans-Jochen, Die abkommensrechtliche Behandlung von Erträgen aus Beteiligungen im ausländischen Betriebsstättenvermögen oder: Ist der Betriebsstättenvorbehalt gerechtfertigt?, IStR 2004, S. 1-5.

Kluge, Volker, Basisgesellschaften und Doppelbesteuerungsabkommen, RIW 1975, S. 525-532.

Kluge, Volker, Das Internationale Steuerrecht, 4. Aufl. München 2000.

Knobbe-Keuk, Brigitte, „Qualifikationskonflikte“ im internationalen Steuerrecht der Personengesellschaften, RIW 1991, S. 306-316.

Köhler, Stefan, Aktuelles Beratungs-Know-how Internationales Steuerrecht, DStR 2003, S. 1156-1160.

Krabbe, Helmut, Berücksichtigung ausländischer Steuern vom Einkommen bei der deutschen Besteuerung, BB 1980, S. 1146-1150.

Kronat, Oliver, Die internationale Besteuerung von Wertpapier-Investmentfonds, Frankfurt 2002.

Kusterer, Stefan / Kirnberger, Christian, Besteuerungsfolgen bei weißen, grauen oder schwarzen Fonds, EStB 2000, S. 287-289.

Lademann, Fritz, Einkommensteuergesetz, Kommentar, Stuttgart, Stand April 2003.

Lang, Joachim, Die Bemessungsgrundlage der Einkommensteuer, Köln 1981/88.

Lang, Michael, Qualifikationskonflikte bei Personengesellschaften, IStR 2000, S. 129-134.

Lang, Michael, CFC-Regelungen und Doppelbesteuerungsabkommen, IStR 2002, S. 717-723.

Laux, Manfred / Päsler, Rüdiger, Wertpapier-Investmentfonds, Frankfurt 1992.

Lechner, Eduard, Die Behandlung von Dividenden nach dem neuen DBA Österreich-Deutschland, in Gassner, Wolfgang / Lang, Michael / Lechner, Eduard (Hrsg.), Das neue Doppelbesteuerungsabkommen Österreich-Deutschland, Wien 1999, S. 81-95.

Leis, Gert, Steueränderungen zum 1.1.2004 im Überblick, FR 2004, S. 53-71.

Leisner, Walter, Abkommensbruch durch Außensteuerrecht?, RIW 1993, S. 1013-1020.

Leistikow, Michael / Ellerkmann, Dirk, BB-Gesetzgebungsreport: Neuerungen nach dem Investmentgesetz, BB 2003, S. 2693-2701.

Lindemann, Alexander, Gewerbesteuerliche Fragen bei inländischen Investmentfonds einschließlich Hedgefonds, DStZ 2003, S. 559-565.

Lindemann, Alexander, Anmerkungen zum Diskussionsentwurf eines modernen Investmentsteuergesetzes, FR 2003, S. 890-903.

Lohr, Jörg-Andreas / Graetz, Jörg, Die Besteuerung ausländischer Investmentfonds bei privaten Kapitalanlegern, Düsseldorf 1995.

Lohr, Jörg-Andreas/ Graetz, Jörg, Die Besteuerung von Erträgen aus ausländischen Investmentanteilen bei privaten Kapitalanlegern nach dem Steuerentlastungsgesetz 1999/2000/2002, DB 1999, S. 1341-1346.

Loukota, Helmut, Der OECD-Report zur Anwendung des OECD-Musterabkommens auf Personengesellschaften, in Gassner, Wolfgang / Lang, Michael / Lechner, Eduard (Hrsg.), Personengesellschaften im Recht der Doppelbesteuerungsabkommen, Wien 2000, S. 15-25.

Lübbehüsen, Dieter/ Schmitt, Rainer, Geplante Änderungen bei der Besteuerung der Investmentanlage nach dem Referentenentwurf zum neuen Investmentsteuergesetz, DB 2003, S. 1696-1701.

Lübbehüsen, Dieter / Schmitt, Rainer, Investmentsteuergesetz – Änderungen gegenüber dem Regierungsentwurf, DB 2004, S. 268-273.

Lüdicke, Jürgen, Internationale Aspekte des Steuervergünstigungsabbaugesetzes, IStR 2003, S. 433-444.

Mader, Martin, Steuervorteile bei Kapitalanlagen in Dachfonds aufgrund gesetzgeberischer Besteuerungslücke, StBp 1997, S. 106-107.

Manke, Klaus, Personengesellschaften im internationalen Steuerrecht, JbFStR 1978/79, S. 333-353.

Meinhardt, Sebastian, Quellensteuerbelastung ausländischer Zinserträge trotz Doppelbesteuerungsabkommen beim Direkt- und Investmentfondsanleger, DStR 2003, S. 1780-1783.

Mössner, Jörg Manfred, u. a., Steuerrecht international tätiger Unternehmen, 1. Aufl., Köln 1992.

Mössner, Jörg Manfred, u. a., Steuerrecht international tätiger Unternehmen, 2. Aufl., Köln 1998.

Nissen, Karl-Heinz, Zur Besteuerung ausländischer Investmentanteile, ZfK 1968, S. 917-918.

OECD-Bericht, Taxation of Cross-Border Portfolio Investment, Mutual Funds and Possible Tax Distortions, Paris 1999.

Oho, Wolfgang / Remmel, Matthias, Die Besteuerung von Hedge-Fonds-Zertifikaten im Privatvermögen, BB 2002, S. 1449-1456.

Palandt, Otto, Bürgerliches Gesetzbuch, Kommentar, 63. Aufl., München 2004.

Pfaar, Michael / Welke, Gernot, Steuerliche Fragen bei der Beteiligung privater Anleger an ausländischen Private Equity und Venture Capital Fonds, IWB, Gr. 3, S. 1317-1332.

Pflüger, Hansjörg, Verkauf ausländischer Fondsanteile: Zwischengewinne oder Zinszufluss?, PIStB 2001, S. 149-151.

Philipps, Günther, Grundfragen des Auslandsinvestmentgesetzes – Zum Geltungsbereich des § 1 Abs. 1 S. 1 AuslInvestmG, WID 1969, S. 22-34.

Philipps, Günther, Handbuch des Auslandsinvestmentrechts, Bad Wörishofen 1970

Philipps, Günther, Neue Formen der Kapitalanlage in Deutschland dargestellt am Beispiel des Vertriebs von Anteilen einer GmbH & Co KG, WID 1971, S. 8-10.

Piltz, Detlev Jürgen, Die Personengesellschaften im internationalen Steuerrecht der Bundesrepublik Deutschland, Heidelberg 1981

Piltz, Detlev Jürgen, Liquidation ausländischer Kapitalgesellschaften in den Doppelbesteuerungsabkommen, DStR 1989, S. 133-136.

Plewka, Harald / Watrin, Christoph, Besteuerung von Auslandinvestmentfonds auf dem Prüfstand von Verfassungs- und Europarecht, DB 2001, S. 2264-2268.

Pöllath, Reinhard / Rodin, Andreas, Privately Placed Closed-End Funds For Crossborder Investment From and Into Germany, Breuninger, Gottfried E. (Hrsg.), Steuerrecht und Europäische Integration, Festschrift für Albert J. Rädler, München 1999, S. 487-517.

Rädler, Albert J., Entspricht die deutsche Besteuerung der Investmentfonds dem EG-Recht?, in Bertl Romuald (Hrsg.), Praxis und Zukunft der Unternehmensbesteuerung, Festschrift für Gerald Heidinger, Wien 1995, S. 53-76.

Rättig, Horst / Protzen, Peer Daniel, Die im Entwurf eines Gesetzes zur Fortentwicklung des Unternehmenssteuerrechts vorgesehenen Änderungen der Hinzurechnungsbesteuerung der §§ 7-14 AStG, IStR 2001, S. 601-610.

Rehm, Helmut / Lindauer, Jürgen, Ertragsteuerliche Beurteilung der Beteiligung unbeschränkt Steuerpflichtiger an einem US Real Estate Investment Trust, IStR 2002, S. 253-258.

Renk, E. G., Die durch die Investmenttrusts oder Anlagefonds mit internationalem Charakter aufgeworfenen Fiskalprobleme, Generalbericht zum zweiten Thema des 16. IFA-Kongresses in Athen 1962, Cahiers de droit fiscal international, Volume 47b, Amsterdam 1970 (Nachdruck), S. XI-XLII.

Riemenschneider, Sven, Abkommensberechtigung von Personengesellschaften und abkommensrechtliche Behandlung der Einkünfte aus Beteiligungen inländischer Gesellschafter an ausländischen Personengesellschaften, Frankfurt 1995

Rutkowsky, Stefan, Probleme der Besteuerung von Investmentanteilen, NJW 1971, S. 1348-1349.

Salomon, Klaus / Riegler, Bernhard Maria, Die Entlastung ausländischer Kapitalanleger von Abzugsteuern nach Doppelbesteuerungsabkommen, DB 2002, S. 2671-2680.

von Schanz, Georg, Zur Frage der Steuerpflicht, FinArch 1892, Bd. 2, S. 1-74.

Schaumburg, Harald, Internationales Steuerrecht, 2. Aufl., Köln 1998.

Schaumburg, Harald / Rödder, Thomas, Unternehmenssteuerreform 2001, München 2000

Schefczyk, Michael / Peterson, Christa, Venture Capital-Fonds: Vermögensverwaltung oder Gewerbebetrieb?, BB 2002, S. 805-811.

Scheurle, Florian, Besteuerung des Zwischengewinns aus Investmentanteilen, NWB, F. 3, S. 9101-9114.

Scheurle, Florian, Unstimmigkeiten im Besteuerungssystem des Investmentrechts – illustriert an der Besteuerung des Zwischengewinns –, DStZ 1995, S. 646-648.

Schmidt, Christian, Personengesellschaften im internationalen Steuerrecht nach dem OECD-Bericht „The Application of the OECD Model Tax Convention to Partnerships" und den Änderungen im OECD-MA und im OECD-Kommentar im Jahre 2000, IStR 2001, S. 489-497.

Schmidt, Christian / Blöchle, Daniel, Einkünfte aus Auslandinvestmentfonds bei Anwendung von Doppelbesteuerungsabkommen, IStR 2002, S. 645-652.

Schmidt, Christian / Blöchle, Daniel, Anrechnungs- oder Freistellungsmethode bei (bloßen) Immobilieneinkünften aus Personengesellschaften, wenn die Zielländer dem Intransparenzprinzip folgen, IStR 2003, S. 685-692.

Schmidt, Christian / Dendorfer, Wilhelm, Beteiligungen an US-amerikanischen Immobilienfonds – Doppelbesteuerung von Zinserträgen aufgrund von Qualifikationskonflikten –, IStR 2000, S. 46-50.

Schmidt, Ludwig, Einkommensteuergesetz, Kommentar, 22. Aufl., München 2003.

Schmidt, Olaf / Heinsius, Martin, Die italienische Betriebsstätte eines offenen Immobilienfonds – Anforderungskriterien und Zurechnungsfragen nach italienischem und internationalem Steuerrecht, IStR 2003, S. 235-240.

Schmitt, Bernd, Strafbesteuerung „schwarzer" Fonds gemäß § 18 Abs. 3 AIG verfassungs- und europarechtswidrig?, DStR 2002, S. 2193-2199.

Schmittmann, Peter / Gerdes, Katja, Besteuerung von in- und ausländischen Grundstücksgesellschaften auf Ebene des Anteilscheininhabers eines deutschen Grundstücks-Sondervermögens, IStR 2003, S. 541-547.

Schnatmeyer, Susanne, Anwendbarkeit des Auslandinvestment-Gesetzes auf Asset-Backed-Securities, WM 1997, S. 1796-1799.

Schnieder, Ernst-August, Die atypische stille Gesellschaft im Recht der deutschen DBA, IStR 1999, S. 392-397.

Scholtz, Rolf-Detlev, Besteuerung der Investmenterträge, FR 1989, S. 192-198.

Schuch, Josef, Der Anrechnungshöchstbetrag, in Gassner, Wolfgang / Lang, Michael / Lechner, Eduard (Hrsg.), Die Methoden zur Vermeidung der Doppelbesteuerung, Wien 1995, S. 11-59.

Schuhmann, Helmut, Zwischengewinn und Zuflussprinzip, DStZ 1997, S. 371-372.

Seer, Roman, Grenzen der Zulässigkeit eines treaty overridings am Beispiel der Switch-over-Klausel des § 20 AStG (Teil I), IStR 1997, S. 481-486.

Sieker, Klaus, Deutsche Ertragsbesteuerung von US-Trusts, BB 1991, S. 1975-1981.

Sieker, Klaus, Zur Einkommensbesteuerung von Ausschüttungen eines US-Trusts, BB 1993, S. 1257-1259.

Söffing, Günther, Zum Gesetz über den Vertrieb ausländischer Investmentanteile, über die Besteuerung ihrer Erträge sowie zur Änderung und Ergänzung des Gesetzes über Kapitalanlagegesellschaften, InfStW 1969, S. 412-422.

Sorgenfrei, Ulrich, Steuerlicher Transparenzgrundsatz und DBA-Berechtigung deutscher offener Investmentfonds, IStR 1994, S. 465-473.

Spitaler, Armin, Das Doppelbesteuerungsproblem bei den direkten Steuern, 2. Aufl., Köln 1967.

Sradj, Martina / Mertes, Horst, Steuerliche Aspekte des Investmentmodernisierungsgesetzes, DStR 2003, S. 1681-1686.

Sradj, Martina / Mertes, Horst, Neuregelungen bei der Besteuerung von Investmentvermögen, DStR 2004, S. 201-207.

Steinberg, Wilhelm, Die steuerrechtlichen Vorschriften des Gesetzes über Kapitalanlagegesellschaften, DB 1957, S. 196-199.

Stoschek, Uwe / Keunecke, Ulrich / Lauermann, Hans-Ulrich / Schachinger, Oliver, Behandlung von Immobilien-Investmentfonds nach dem Investmentmodernisierungsgesetz, FB 2004, S. 143-151.

Stoschek, Uwe / Peter, Alexander F. / Bittner, Ben, Teilwertabschreibung auf Anteilscheine am Sondervermögen von Kapitalanlagegesellschaften, FR 2003, S. 941-954.

Stoschek, Uwe/ Protzen, Peer Daniel G., Gewinne aus Private Equity Fonds als nicht steuerbare Vermögensmehrungen – insbesondere zur Besteuerung von Beteiligungsveräußerungen, FR 2001, S. 816-829.

Stoschek, Uwe / Lauermann, Hans Ulrich, Ertragsteuerliche Behandlung von Erträgen aus Venture Real Estate-Fonds bei institutionellen Investoren, FB 2002, S. 675-680.

Streck, Michael, Die Steuerpflicht nichtrechtsfähiger Stiftungen und anderer Zweckvermögen, StuW 1975, S. 135-146.

Strobl-Haarmann, Elisabeth / Krause, Martin, Die Besteuerung der direkten und indirekten Beteiligung an Auslandsfonds, in Hommelhoff, Peter/ Zätzsch, Roger / Erle, Bernd (Hrsg.), Gesellschaftsrecht, Rechnungslegung, Steuerrecht, Festschrift für Welf Müller zum 65. Geburtstag, München 2001, S. 365-396.

Strunk, Günther / Kaminski, Bert, Aktuelle Entwicklungen bei der Besteuerung von ausländischen Betriebsstätten und Personengesellschaften in Abkommensfällen, IStR 2003, S. 181-187.

Strunk, Günther / Kaminski, Bert / Köhler, Stefan, Außensteuergesetz, Doppelbesteuerungsabkommen, Kommentar, Bonn 2004.

Sutter, Franz Philipp, Die abkommensrechtliche Stellung der atypisch stillen Beteiligung, in Gassner, Wolfgang / Lang, Michael / Lechner, Eduard (Hrsg.), Personengesellschaften im Recht der Doppelbesteuerungsabkommen, Wien 2000, S. 205-234.

Täske, Jochen, Zu einigen Steuerfragen im Umfeld der Investmentfonds, in Klein, Franz / Stihl, Hans Peter / Wassermeyer, Franz / Piltz, Detlev J. / Schaumburg, Harald (Hrsg.), Unternehmen Steuern, Festschrift für Hans Flick, Köln 1997, S. 587-600.

Täske, Jochen, Die Besteuerung von Investmentfonds, IWB, F. 1, S. 1437-1446.

Tibo, Frank, Steuersenkungsgesetz – Besteuerung von Erträgen aus Wertpapier-Investmentfonds, DB 2000, S. 2291-2294.

Tipke, Klaus, Die Steuerrechtsordnung, Band 2, 2. Aufl., Köln 2003.

Tipke, Klaus / Lang, Joachim, Steuerrecht, 17. Aufl., Köln 2002.

Tipke, Klaus / Kruse, Heinrich Wilhelm, Abgabenordnung, Finanzgerichtsordnung, Köln, Stand Oktober 2003.

Toifl, Gerald, Personengesellschaften mit Drittstaatseinkünften aus abkommensrechtlicher Sicht, in Gassner, Wolfgang / Lang, Michael / Lechner, Eduard (Hrsg.), Personengesellschaften im Recht der Doppelbesteuerungsabkommen, Wien 2000, S. 121-151.

Tullius, Hein, Neue steuerrechtliche Vorschriften zu Investmenterträgen, DB 1969, S. 1715-1723.

Tullius, Hein, Zur einkommensteuerlichen Behandlung der Erträge aus ausländischen Investmentanteilen bis 1969 (I), DB 1969, S. 1307-1310.

Tullius, Hein, Zur einkommensteuerlichen Behandlung der Erträge aus ausländischen Investmentanteilen bis 1969 (II), DB 1969, S. 1362-1364.

Vogel, Horst, Schwerpunkte des Außensteuerreformgesetzes in Verbindung mit dem neuen deutsch-schweizerischen Doppelbesteuerungsabkommen, DB 1972, S. 1402-1411.

Vogel, Klaus / Lehner, Moris, DBA, Kommentar, 4. Aufl., München 2003.

Wagner, Siegfried, Die Anwendung des Methodenartikels eines DBA auf Dividenden-, Zins- und Lizenzeinkünfte einer ausländischen Betriebsstätte, IWB, Gruppe 2, S. 1067-1078.

Walter, Wolfgang, Strafsteuer für „schwarze" Investmentfonds auch bei Kapitalgesellschaften?, GmbHR 2002, S. 1015-1016.

Wassermeyer, Franz, Die Hinzurechnungsbesteuerung als Qualifikationsproblem des nationalen und internationalen Steuerrechts, RIW 1983, S. 352-354.

Wassermeyer, Franz, Die Auslegung von Doppelbesteuerungsabkommen durch den Bundesfinanzhof, StuW 1990, S. 404-412.

Wassermeyer, Franz, Anmerkung zu BFH, Urteil vom 27. 8. 1997, I R 8/97, IStR 1998, S. 115.

Wassermeyer, Wolf, Ausländische Investmentfonds im Internationalen Steuerrecht, IStR 2001, S. 193-203.

Wassermeyer, Wolf, Der zweite Entwurf des Investmentsteuergesetzes vom 20. 8. 2003, DB 2003, S. 2085-2090.

Watrin, Christoph / Goksch, Sebastian, Problembereiche der Besteuerung inländischer Private Equity-Fonds, DB 2002, S. 341-345.

Weber-Fas, Rudolf, Staatsverträge im internationalen Steuerrecht, Tübingen 1982

Welling, Berthold / Kayser, Joachim, 8. Berliner Steuergespräch: "Abgeltungssteuer – Ist eine Gesamtlösung zur Neuordnung der Besteuerung von Kapitalerträgen in Sicht?", FR 2003, S. 1204-1207.

Wengler, Wilhelm, Beiträge zum Problem der internationalen Doppelbesteuerung. Die Begriffsbildung im internationalen Steuerrecht, in Rabel, Ernst (Hrsg.) Beiträge zum ausländischen und internationalen Privatrecht, Heft 11, Berlin 1935.

Widmann, Sigfried, Zurechnungsänderungen und Umqualifikationen durch das nationale Recht in ihrem Verhältnis zum DBA-Recht, in Vogel, Klaus (Hrsg.), Grundfragen des internationalen Steuerrechts, München 1985, S. 239-257.

Winandy, Jean-Pierre / Kremer, Claude / Fort, Eric, Nationalbericht Luxemburg, in Cahiers de droit fiscal international, Volume LXXXIIb, Amsterdam 1997, S. 589-615.

Winandy, Jean-Pierre, Finanzierung und Kapitalanlage über Luxemburg, RIW 1987, S. 921-929.

Wöhrle, Winfried / Schelle, Diether / Gross, Ekkehard, Aussensteuergesetz, Kommentar, Stuttgart, Stand Dezember 2002.

Woywode, Uwe, Besteuerung deutscher Anteilseigner von US-Kapitalanlagegesellschaften, IWB, F. 8, Gr. 2, S. 675-682.

Peter Lang · Europäischer Verlag der Wissenschaften

Klaus Eicker

Grenzüberschreitende gemeinnützige Tätigkeit

Das deutsche Gemeinnützigkeits- und Spendenrecht im Spannungsfeld zwischen nationalen Steuervergünstigungen, Doppelbesteuerungsabkommen und EG-Recht

Frankfurt am Main, Berlin, Bern, Bruxelles, New York, Oxford, Wien, 2004.
XLII, 276 S., 1 Tab.
Europäische Hochschulschriften: Reihe 2, Rechtswissenschaft. Bd. 4063
ISBN 3-631-52918-X · br. € 51.50*

Die Begrenztheit des deutschen Gemeinnützigkeitsrechts auf Körperschaften mit Sitz und Geschäftsleitung in Deutschland findet ihren legitimen Ursprung in der traditionellen Ausrichtung gemeinnütziger Tätigkeit auf lokale, regionale und nationale Bereiche sowie in der staatspolitischen Rechtfertigung der Steuervergünstigungen für gemeinnützige Körperschaften. Gemeinnützige Aktivitäten machen wegen des mittlerweile in Teilbereichen international geprägten Gemeinwohlverständnisses und wegen der Schaffung des europäischen Binnenmarkts aber nicht an den Grenzen Halt. Die steuerlichen Vergünstigungen stehen jedoch nur Organisationen mit Sitz und Geschäftsleitung in Deutschland zu. Nationale steuerliche Bestimmungen stehen aber unter dem Vorbehalt der zwingenden Regelungen der EG-Grundfreiheiten. Die mittlerweile einschlägige Rechtsprechung des Europäischen Gerichtshofs im Anwendungsbereich der Marktgrundfreiheiten lässt nämlich die Erkenntnis reifen, dass das EG-Recht in allen Rechtsbereichen zu beachten ist. Es stellt sich somit die Frage, ob aus heutiger Sicht die territoriale Ausrichtung des deutschen Gemeinnützigkeitsrechts noch aufrecht erhalten werden kann. Vor diesem Hintergrund soll geklärt werden, ob und unter welchen Voraussetzungen es verfassungsrechtlich und europarechtlich gerechtfertigt ist, den ausländischen gemeinnützigen Einrichtungen mit wirtschaftlichen oder ideellen Tätigkeiten in Deutschland bzw. im Einklang mit deutschen Interessen einen Anspruch auf Steuervergünstigungen einzuräumen.

Printed by
CPI books GmbH, Leck

FSC
www.fsc.org
MIX
Papier | Fördert
gute Waldnutzung
FSC® C083411

Kolibri 360 GmbH
Ferdinand-Jühlke-Straße 7
99095 Erfurt, Deutschland
produktsicherheit@kolibri360.de